대중문화의
탄생

신화에서 마녀, 신들림, 농담, 히스테리까지 우리가 몰랐던

대중문화의
탄생

프레드 E. H. 슈레더 외 지음 | 노승영 옮김

시대의창

신화에서 마녀, 신들림, 농담, 히스테리까지 우리가 몰랐던
대중문화의 탄생

개정판 1쇄 2017년 7월 10일 펴냄
개정판 2쇄 2017년 10월 2일 펴냄

지은이 프레드 E. H. 슈레더 외
옮긴이 노승영
펴낸이 김성실
제작처 한영문화사

펴낸곳 시대의창   **등록** 제10－1756호(1999. 5. 11)
주소 03985 서울시 마포구 연희로 19－1
전화 02)335－6121   **팩스** 02)325－5607
전자우편 sidaebooks@daum.net
페이스북 www.facebook.com/sidaebooks
트위터 @sidaebooks

ISBN 978－89－5940－648－7 (03900)

잘못된 책은 구입하신 곳에서 바꾸어드립니다.

이 책에 실린 사진 일부는 저작권자를 찾지 못했습니다.
저작권자가 확인되는 대로 정식 동의 절차를 밟겠습니다.

이 도서의 국립중앙도서관 출판시도서목록(CIP)은
서지정보유통지원시스템 홈페이지(http://seoji.nl.go.kr)와
국가자료공동목록시스템(http://www.nl.go.kr/kolisnet)에서 이용하실 수 있습니다.
(CIP제어번호: CIP2017014834)

그분의 책상 위에서는
온 세상의 역사가 대중오락이었다.
이 책을 우리 아버지께 바친다.

5000년 전의 대중문화가 내게 말을 걸다

　　　　　　이 책의 원서를 처음 마주했을 때 든 생각은
'논쟁적인 주제를 다룬 흥미로운 책'이라는 것이었습니다. 하지만 막
상 번역을 시작하니 내가 이 책을 왜 집어 들었을까 하는 후회가 밀려
왔습니다. 르네상스적 인간을 지향하기는 하지만, 아직 그와는 거리
가 먼 상황에서 동서고금을 넘나드는 글들을 따라가려니 여간 고역
이 아니더군요.

　처음에는 popular culture를 '민중문화'로 해야 하나 '대중문화'로
해야 하나 고민이었는데, 관련 서적을 읽어보니 '대중문화'의 뜻으로
mass culture를 쓰는 것은 미국의 독특한 사정이었고(지금은 바뀌고 있
다고 합니다) 유럽은 원래 popular culture를 썼다고 하는군요. 게다가
'민중문화'라는 용어는 우리나라에서 이미 특별한 외연을 얻었고요.

하지만 popular culture가 '계급을 전제한 피지배 계층의 문화'라는 취지는 이 책에도 여전히 살아 있습니다.

책에 대한 전반적인 인상은 '어려운 분야를 쉽게 쓰려고 노력했다'는 것입니다. 아시리아학, 중세 영어, 중세 프랑스어, 고대 귀신론, 마녀학, 《성인전》, 프랑수아 비용, 브로드사이드 발라드, 판티족 아사포 등은 대부분의 독자에게 생소한 단어일 것입니다. 하지만 각 분야의 전문가가 전문적인 내용을 쓴 것이 아니라 일반인을 대상으로 쓴 것이라 내용이 평이하고 어떻게 보면 흥미 위주입니다.

대중문화(또는 문화) 연구에서 학제 간 연구 분위기가 조성되고 있는데, 이 책은 일찍이 그러한 접점을 찾으려 노력했습니다. 사실 대중(또는 피지배층)은 고대부터 현대까지를 아우르는 공통 개념 자격이 충분하니까요.

1장 '인쇄술 이전의 대중문화를 발견하다'는 고대 대중문화 연구의 의의를 밝힌 머리말입니다. 엘리트 문화와도 민속문화와도 다른 대중문화의 독특한 성격을 잘 보여줍니다. 도시가 등장하고 조세제도가 생겨나고 대규모 토목 사업이 추진되면서 대량생산, 대량 유통, 대량 소비의 구조가 정착되고 이것이 대중문화로 이어지게 되죠.

2장 '문자 이전의 고대 기록 체계'는 문자가 상형문자 → 설형문자 → 표음문자로 발달했다는 주장에 이의를 제기하고, '불라'라는 점토판으로부터 고대의 회계 체계와 물표 → 설형문자의 발전 과정을 제시합니다. 참신한 가설을 세우고 유물 증거를 토대로 이를 입증하는 흥미로운 고고학 연구 사례입니다.

3장 '아시리아인의 유머감각을 찾아서'는 기독교 성경에서 포악한 민족으로 그려지는 아시리아인이 실제로는 현세의 즐거움을 누리고 유머감각을 가지고 있었다는 주장을 폅니다. 아시리아인의 속담, 그림, 문자 기록 등에서는 인류 공통의 유머 코드를 찾아볼 수 있습니다.

4장 '고전 세계의 도회적 삶'은 도시와 시골의 차이, 배후지를 문화적으로 지배하면서도 경제적으로 종속된 도시의 이중적 성격, 도시를 다스리는 최고의 도시인 로마의 이미지 등을 다룹니다.

5장 '고전 시대의 의사 이미지'는 의사에 대한 통념이 예나 지금이나 다르지 않음을 보여줍니다. 돈을 밝히고 음모를 꾸미고 고객을 속이고 형편없는 실력으로 환자를 죽이는 의사의 사례들을 풍부한 문헌을 통해 들고 있습니다.

6장 '신들림, 섹스, 히스테리: 고대 후기 귀신론의 성장'은 그리스 시대에 신이 선택된 소수에게 허락한 신들림이던 광기가 기독교 시대에 들어 악마의 소행으로 바뀌는 과정을 보여줍니다. 철학과 기독교의 금욕주의를 매개로 하여 히스테리의 병인病因에 대한 설명이 귀신들림으로 이어지는 필자의 분석이 흥미진진합니다.

7장 '그리스와 로마의 마녀: 문학적 관습인가, 풍작을 기원하는 여사제인가?'는 현대의 마녀 이미지가 고전 시대에 이미 형성되었으며 이를 부계사회의 등장과 연결해 설명합니다. 부계사회가 되면서 신비로운 존재였던 여성은 부정不淨한 존재로 전락합니다.

8장 '로마의 가정 종교: 고고학으로 살펴본 대중미술'은 로마 가정에 모신 제단을 통해 이들의 가신 신앙을 들여다봅니다. 베스타, 라레스, 페나테스 등의 누멘은 기독교가 전래된 뒤에도 살아남아 이탈리아인의 가정에 스며 있습니다.

9장 '초기 기독교의 대중문학: 신약 외경'은 신약 외경이 당시 사회에 대해 많은 것을 알려주는 정보의 보고寶庫임을 일깨우며 이것을 진짜로 믿으려는 경향을 경고합니다.

10장 '중세 대중종교 연구에 대한 방법론적 고찰'은 중세 대중종교를 연구하려는 사람에게 적절한 방법론을 일러주는 글입니다.

11장 '공시적·통시적 대중문화 연구와 고대 영국 비가'는 시간이 지남에 따라 특정 문화 현상이 엘리트 문화에서 대중문화로 이행하고 재해석을 통해 새로 인기를 얻게 되는 과정을 설명합니다. 호메로스의 작품이 번역을 통해 대중문화의 반열에 올랐듯 고대 영국 비가(엘레지)도 새로운 수용자를 만날 수 있으리라 기대합니다.

12장 《영국 남부 성인전》을 통한 오락, 교화, 대중교육'은 기독교인을 위한 읽을거리인 《영국 남부 성인전》이 성인의 삶을 닮고 죽음을 의연하게 맞이하는 자세를 가르치는 역할을 했음을 지적합니다. 로마 시대의 성인전은 통속화되면서 대중문화 현상이 됩니다.

13장 '고딕 시대의 사랑과 죽음: 프랑수아 비용과 도시, 파리'는 최초의 도시 시인 프랑수아 비용의 시 세계를 펼쳐 보입니다. 궁정 시의 목가적 전통에서 벗어나 거리의 창녀, 사기꾼, 광대를 소재로 삼으면서 비용은 에로스와 타나토스의 통념을 뒤집습니다.

14장 '르네상스 시대 영국의 도회지 브로드사이드 발라드에 나타난 사회적 테마'는 인쇄되어 전파된 노래 가사 브로드사이드의 독특한 주제를 논합니다. 기독교적 통념을 지지하는 것처럼 보이면서도 실제로는 체제를 조롱하고 전복적인 세계관을 보이는 브로드사이드의 새로운 면을 알 수 있습니다.

15장 '종교개혁을 이끈 것은 대중이었다'는 루터의 종교개혁이 결국 제후의 도움으로 추진되었다는 통념에 반기를 들고, 대중이 지배 집단과 상호작용하여 종교개혁을 추진 또는 이에 저항했음을 보여줍니다.

16장 '계급, 세대, 사회 변화: 1636~1656년 매사추세츠 세일럼의 사례'는 청교도 법정의 기록을 토대로 청년 문화가 변화하는 동력을 설명합니다. 하위 집단은 청교도 지배 집단과 다른 가치관을 가지고 있으며 법정을 전쟁터로 '활용'합니다. 청교도 가치관은 이들에게 이용될 뿐 결정적인 영향력을 행사하지 못합니다.

17장 '시멘트 사자와 헝겊 코끼리: 판티족 아사포의 대중미술'은 판티족의 군사 조직 아사포의 대표적인 미술 양식인 포수반(신전)과 깃발에 나타난 상징을 분석합니다.

이 책은 대중문화 연구가 이토록 다양한 분야를 대상으로 삼을 수 있으며, 분야들의 접점에서 새로운 통찰력을 얻을 수 있음을 보여줍니다. 또한 근대 이후의 개념으로 알고 있던 대중문화가 실은 5000년의 유구한 역사를 지닌 현상임을 강조합니다. 그리하여 우리는 현대 대중문화의 단초가 이미 고대 세계에 존재했음을 알 수 있습니다.

고대의 대중은 지금의 우리가 누리는 것 못지않게 흥미진진하고 다채로운 문화적 혜택을 누렸습니다. 시대를 초월하는 대중문화의 매력에 빠져보시기 바랍니다.

노승영

엘리트 문화에 치우친
고전 문화 연구의 방향을 바로잡다

이 책을 엮으면서 내가 세운 목표는 네 가지다. 첫째, 20세기 미국의 매스컬처mass culture에 국한되어 있는 대중문화 연구의 지평을 넓히고자 했다. 둘째, 여러 분야의 연구자들이 대중적 현상의 다양한 측면을 연구하고 있음을 알리고자 했다. 셋째, 이들 연구를 '대중문화'라는 공통의 범주로 묶어낸 사례를 제시하고자 했다. 마지막으로, 대중문화뿐 아니라 각 연구 분야에 대한 지식을 좀 더 많은 사람들에게 알리고자 했다.

이 책이 탄생한 계기는 1976년에 열린 시카고 대중문화학회 학술대회로 거슬러 올라간다. 당시 나는 '1776년 이전의 대중문화'라는 섹션을 준비하고 있었고, 이와 관련한 수십 편의 논문이 이미 제출되었다. 이 중 몇 편을 추리고 대럴 아문센과 나의 글을 더해 1977년 겨울

《대중문화 저널*Journal of Popular Culture*》(XI:3)에 '인쇄술 이전의 대중문화'(이 책에서 '인쇄술'은 금속활자를 이용한 활판 인쇄물이 유럽 대중에게 보급된 것을 일컫는다-옮긴이)라는 제목의 특집을 실었다. 그런데 얼마 지나지 않아 볼링그린 대학 출판부에서 내용을 증보해 단행본으로 출간하자고 제의해왔다. 이후 논문 8편을 덧붙이고《대중문화 저널》에 실린 논문을 모두 수정해 나온 것이 바로 이 책이다.

나는《대중문화 저널》특집의 소개글에서 이렇게 말한 바 있다. "시간과 지면의 제약 때문에 고고학적 연구 성과와 유럽 이외 지역에 대한 연구를 담아내지 못한 것이 아쉽다." 그 아쉬움은 이 책으로 해결되었다. 고고학 분야에서는 데니즈 슈만트-베세라트, 로날드 마르케세, 데이비드 제럴드 오어가 필자로 참여했으며, 윌슨 스트랜드가 쓴 아시리아인의 유머 이야기와 도런 로스가 쓴 아프리카 판티족의 아사포 이야기는 유럽과 고전 세계라는 범주를 훌쩍 뛰어넘는다. 마르케세는《대중문화 저널》에서 자세하게 다루지 않은 도시라는 테마를 속속들이 파헤쳤으며, 오버헬만, 오어, 벵코, 클라센은 피에르 볼리오니가 명쾌하게 소개한 '민중의 종교생활'을 더 깊이 파고들었다. 예술사가인 로스와 슈만트-베세라트는 문학에 치우쳐 있던 방법론의 균형을 맞추었으며, 공시성과 통시성을 논한 팀 랠리의 이론적 논문은 문학 연구를 한 차원 끌어올렸다.

이쯤에서 이 책의 제목과 부제목을 설명하는 것이 좋겠다. '대중문화 5000년'이라는 원제는 대중문화의 기간이 5000년으로 한정된다는 뜻이 아니라 상징적인 의미로 이해해야 한다. 즉 (일반적으로 최근의 역사에만 한정되던) 대중문화 현상의 시간 범위가 그렇게 길다는 뜻이다.

'인쇄술 이전의 대중문화'라는 부제목은 좀 더 명확하다. 이것은 인쇄술의 대중 보급이 사회사와 문화사에서 분수령을 이루었다는 통념을 반영한 것이다. 물론 일리가 있는 생각이지만, 이 책을 읽다 보면 '인쇄술 이전'이라는 기준이 적절하지 않음을 깨닫게 될 것이다. 오늘날의 문화에도 인쇄술의 직접적인 영향과 거리가 먼 분야가 있는가 하면, 과거 메트로폴리탄 문화에서는 비非문학작품이 인쇄술과 비슷한 방법으로 대량 복제·유포되었다. 게다가 과거와 마찬가지로 지금도 대중문화 영역 중에는 인쇄술과 무관한 것이 많다. 서커스, 종교 제의, 정치 집회, 군대 퍼레이드, 뉴스 보도 등은 문자나 인쇄술에 전적으로 좌우된 적이 한 번도 없다. 하지만 필자들 사이에서는 인쇄술을 기준으로 여러 문화를 구분하는 것이 간편하겠다는 의견이 많았다. 인쇄술은 연대기, 지리적 경계, 이데올로기, 사회나 표현의 형식 구조보다는 덜 자의적인 잣대다. 물론 인쇄술도 자의적이기는 하지만 기술과 문화의 관계 ─ 즉 이 책의 바탕이 되는 테마 ─ 를 포착할 수 있다는 점에서 의의가 있다.

감사의 글은 각 장에 실려 있지만, 새로운 필자를 찾아내는 데 도움을 준 로날드 마르케세와 로빈 포이너에게 이 자리를 빌려 다시 감사를 전한다. 책을 만들어가는 과정마다 격려와 도움을 아낌없이 베푼 볼링그린 대학 출판부의 레이 브라운과 팻 브라운에게도 감사한다.

차례

1 들어가며:
인쇄술 이전의 대중문화를 발견하다

이 글에서는 대중문화가 19세기와 20세기의 산물이 아니며 오랜 역사를 가지고 있다고 주장한다. 프레드 E. H. 슈레더는 대중문화 연구 운동의 학제적 측면을 부각하고, 그중에서도 비非엘리트 문화에 호의적인 분야를 지목한다. 슈레더는 역사적 관점이 연구자에게만 유용한 것이 아님을 강조하면서 옛 대중문화를 포착하고 (연구의 성과를 높이는) 교차점을 찾아낼 수 있는 포괄적 정의를 제시한다.

프레드 E. H. 슈레더 Fred E. H. Schroeder

미네소타 대학 덜루스 캠퍼스에서 인문학을 가르친다. 중서부 대중문화학회 회장을 지냈고, 대중문화학회 부회장을 맡고 있으며, 《대중문화 저널》, 《대중문화 아이콘*Icons of Popular Culture*》, 《대중문화와 교육과정*Popular Culture and Curricula*》에 글을 기고했다. 저서로 대중예술을 주제로 한 《무법의 미학*Outlaw Aesthetics*》과 《박물관과 도서관의 20세기 대중문화*Twentieth-Century Popular Culture in Museums and Libraries*》가 있다.

　　　　　　내가 옛 대중문화를 처음 발견한 곳은 시카
고 자연사박물관이다. 여느 대중문화 학도와 마찬가지로, 내가 이 분
야에 발을 들여놓은 것은 20세기 미국의 '대량 유통되는 매체 오락'에
대한 관심 때문이었다. 당시에 나의 관심사는 '문화적 인공물을 대량
생산한 시기가 어디까지 거슬러 올라가는가'였다. 이것이야말로 진짜
대중문화의 본질적인 특징이라고 생각했기 때문이다. 시카고 자연사
박물관을 찾는 수많은 관람객과 마찬가지로, 나는 고대사와 고고학,
이집트학의 아득하고도 이국적인 문화를 살펴보기 위해 지하 전시
관으로 내려갔다. 그런데 그때 진흙으로 만든 거푸집 하나가 눈에 들
어왔다. 거푸집은 장례식과 대중 종교의식에 쓰는 조그만 우샤브티
를 대량생산하기 위한 것이었다. 같은 날, 티벳에서 출토된 비슷한 거

푸집도 관찰할 수 있었다. 나는 소니 라디오, 코카콜라 병, 싸구려 통속소설, 1640년 신대륙에서 인쇄된 최초의 책 《베이 시편서 *Bay Psalm Book*》, 구텐베르크 성경을 꿰는 기술적 연결 고리를 발견했다는 확신이 들었다. 고대 대중문화를 발견한 것이다.

더 중요한 사실은 이 발견 덕분에 내가 자유를 얻었다는 것이다. 이 책을 읽는 독자들도 옛 대중문화를 발견하는 데서 오는 자유를 경험하기 바란다. 이 발견에는 두 가지 의미가 있다. 첫 번째 의미는 대중문화를 현대의 현상으로 치부하는 사람들이 과거를 '발견'하게 된다는 것이다. 늘 그렇듯 과거를 알게 되면 유용한 관점을 얻을 수 있다. 연구자는 선례와 인과관계, 발전의 과정을 새로 발견함으로써 현대의 현상을 더 분명히 파악할 수 있다. 하지만 온고溫故는 학계에만 유용한 것이 아니다. 오늘날 전 세계의 수많은 사람들에게도 그 가치는 동일하다.

우리가 사는 세상 어디에서나 현대의 고유한 병폐를 탄식하는 목소리가 끊이지 않는다. '현대 생활의 복잡성', '기술혁명', '소외', '비개인적 힘', '도덕의 타락', '기준의 하락', '군중심리' 등은 우리가 대처할 수 없는, 전례 없는 현상으로 간주된다. 과거를 존중하고 과거 연구의 유용함을 인정하는 사람조차 역사, 문학, 예술의 전통적인 '엘리트 문화 선집'을 현대사회에 적용하기에는 이미 늦었다고 생각한다. 여가를 즐기는 엘리트 계급이 줄어들고 지식의 독점이 무너졌기 때문이다. 전통적인 문화적 '선집'이 권력·특권·천재성·정교한 표현력을 지닌 사람들의 작품과 생활로 이루어졌다면, 이제 우리는 역사적 관점으로부터 대중과 대중심리 그리고 변화와 위기·혼란·절망의 시대에 대중이 보여준 회복력과 적응력을 찾아낼 수 있다. 역사에서 구체적인 교훈을 얻을 수 없다는 것은 누구나 아는 사실이다. 그렇다고 해서 현대사회만의 고유한 상황이라고 할 만한 것도 딱히 없는 듯하다. 적어도 선례가 존재하거나 과거에서 닮은꼴을 찾아낼 수 있다. 대중문화도 예외가 아니다.

두 번째 의미는 다양한 분야의 전문가들에게 공통의 관심사를 '발견'한다는 것이다. 이 또한 학계와 일반 대중에게 두루 유용하다. 대중문화는 결코 새로운 분야가 아닌데도, 대중문화 연구자들은 자신의 분야에 얽매인 채 다른 분야의 연구자와 의견을 교환하려 하지 않았다. 영어학, 역사학, 사회학 같은 전통적인 '단일' 학문뿐 아니라 고전, 중세 연구, 비교문학, 고고학 같은 학제 간 연구도 상황은 마찬가지다. 이 책은 다양한 분야의 최신 연구를 망라한다. 기나긴 역사를 넘나드는 이들 연구를 묶어주는 것은 대중문화라는 공통의 끈이다. 이를 통해 대중문화를 바라보는 관점을 다양하게 확대할 수 있을 뿐 아니라 여러 관점의 교차를 통해 소중한 열매를 거둘 수 있을 것이다. 이렇게 발견한 공통의 관심사는 현대사회에도 적용할 수 있다.

현대는 '지식 폭발의 시대'이자(15세기 유럽과 19세기 일본의 예에서 보듯 이것은 전혀 사실이 아니다) '전문화의 시대'라고들 말한다. 지식인들은 지식 폭발과 고도의 전문화로 인한 소통 불능 현상에 무력감을 느낀다. 의사결정 권한 또한 소수의 전문가 손에 넘어갔다. 문자해독과 교육이 보편화되고 통신 기술이 전 세계를 연결하고 인류가 로마제국과 (기독교 시대의) 중세 유럽 못지않은 공통 기호로 묶이려는 이 찰나에 이러한 현상이 벌어지고 있다는 사실은 역설적이다. 전 세계에서 지식에 대한 접근이 정점에 도달하는가 싶더니 이내 나락으로 떨어지는 꼴이다. 이것을 단순히 C. P. 스노가 말하는 '두 문화'의 문제로 치부할 수는 없다. 지금은 인문학자들끼리도 접점을 찾아보기 힘들기 때문이다. 고전학자는 중세학자의 연구를 들여다보지 않는다. 미국학 연구는 고전학자와 중세학자 모두에게 외면받는다. 다들 소통을 거부한 채 자기만의 쳇바퀴를 돌 뿐이다.

그렇다고 해서 각자의 전문성을 포기하라는 말은 아니다. 여러 분야에서 융합이 이루어지고 있는 현실을 부정하려는 것도 아니다. 다만, 다양한 연구 분야를 연결하는 공통 관심사에 대해 소통할 수단을 찾아야 한다는 말이다. 나는 우리가 이 연구에서 공통 관심사를 찾는다면 인간에 대한 공통 관심사도 찾을 수 있으리라 믿는다. 연구의 적합성은 한 분야의 전문 지식에서가 아니라 여러 분야의 연결에서 찾아야 한다.

이 책의 논문들은 각기 전문 분야를 다루면서도 현대 대중문화와 끊임없는 인문학적 관심사로 이어진다. 또한 현대 대중매체의 발달 및 도입 이전의 대중문화를 연구하는 다양한 접근법을 살펴볼 수 있다. 각 분야의 전문가들이 대중문화 연구에 동원하는 다양한 방법을 살펴보는 것은 흥미로운 일이다. 이를테면 고고학은—우리가 걸작이라 부르는 뛰어난 과거의 유물을 찾아내는 것은 여전히 모든 고고학자의 꿈일 테지만—두 가지 면에서 대중문화와 밀접하게 연관되어 있다. 첫째, 고고학자들은 과거 도굴꾼의 감식안을 대체하는 과학적 방법을 받아들였다. 둘째, 걸작보다는 대중적 유물의 수가 많다는 지극히 현실적인 이유가 있다.

이 책에서 피에르 볼리오니가 지적하듯, 마르크스주의가 지배적인 나라의 전문 학자들은 이데올로기적인 이유로 전통적인 엘리트 문화와 지배계급의 문화, 예술사를 버리고 대중심리와 대중운동을 탐구했다. 하지만 고고학의 예에서 보듯 마르크스주의의 영향 없이도 대중문화를 지향하는 분야들이 있다. 이를테면 의학사에서는 위대한 선구자를 강조하던 전통에서 벗어나 일상적인 진료와 민간 의료를 비롯한 행동과학에 눈길을 돌리고 있다. 이 책에 실린 여러 고전학자의 글에서도 비슷한 관심사를 찾아볼 수 있다. 대중문화와 본질적으로 연관된 또 다른 물질문화 분야로는 기술사技術史가 있다. 데니즈 슈만트-베세라트의 글은 이런 맥락에서 읽어봄직하다. 로날드 마르케세의 글에서 보듯, 최근 수십 년 새 불어닥친 도시사都市史 열풍은 초기 도시의 대중심리 연구에 대한 새로운 지평을 열었다. 문학 연구에서는 융의 원형 이론과 소수집단 연구 등의 영향으로 문학 수용자에 대한 관심이 늘었다. 이 때문에 ―다른 분야도 마찬가지지만― 이름난 작가와 작품을 연구할 연구자가 부족한 형편이다. 대중문화 연구가 수많은 학문 분야에서 주목받고 있음은 분명한 사실이다.

이쯤에서 '과연 대중문화에 한계가 있는가'라는 의문이 생길 것이다. 시카고 자연사박물관에서의 '발견'이 내게 선사한 것은 자유가 아니라 방종이었을까? 예술과 역사를 비롯한 온갖 분야를 아우르려면 대중문화의 정의를 어떻게 내려야 할까?

대중문화의 정의는 수없이 많다. 자신의 연구에 알맞은 잠정적 정의를 얻어낸 사람이라면 이 주제가 지겨울 만도 하다. 대중문화 연구자는 누구나 자신이 어떤 주제를 다루는지 알고 있다고 생각한다. 자신이 '다루지 않는' 주제가 무엇인지는 더 분명히 파악하고 있다. 예술, 사상, 담론, 생활양식의 엘리트적이고도 세련된 전통은 분명히 아니다. 세련된 전통을 떠받치는 것은 '여가'일 테지만, 이 여가는 계급 구조와 연관되어 있다. 여가와 계급 중 무엇이 먼저인지는 알 수 없지만, 유한계급이 부를 소유하게 되면 사상·표현·행동·대상을 정제해 최고를 선택할 시간적 여유가 생긴다. 여가·정제·숙고·연마·후원 등은 전부 우리 모두가 갈고닦은 것, 습득한 것, 즉 세련된 것과 밀접하게 얽혀 있다.

문화적 스펙트럼의 반대쪽 끝에는 민간전승이 있다. 민속문화가 대중의 문화이기는 하지만 이 또한 대중문화가 뜻하는 바는 아니다. 민간전승은 지역에 국한되며, 본질적으로는 개인적인 일대일 관계의 지배를 받는다. 부모·조부모·부족의 현인이 문화의 전달자 역할을 맡으며, 학습은 눈앞에서 직접 이루어진다. 다른 문화와 접촉하는 일은 제한적이거나 아예 없다. 권위는 멀리 있지 않다. 초자연적 힘을 제외하면 권위는 실제 인물에게 구현되어 있으며 눈으로 볼 수 있다. 무엇보다 민속문화는 본질적으로 문맹층의 문화다.

쉽게 말해서 고립된 채 살아가는 뉴기니 산악 부족에게는 대중문화를 찾아볼 수 없다는 것이다. 카스틸리오네(귀족의 예의범절을 규정한 《궁정인》의 저자-옮긴이)가 식자층의 의식적이고 코스모폴리탄적인 교양의 기준을 확립한 르네상스 시대 우르비노의 궁정에서도 대중문화를 찾을 수 없을 것이다. 양극단을 제외하면 대중문화를 명쾌하게 정의하기란 불가능하다. 한편 두 극단의 문화는 대중 전통의 발전에 영향을 미치기 때문에 이런 질문들을 하게 된다. 대중문화는 궁정 문화를 반영한 것인가? 아니라면, 대중문화는 민속문화가 외부 문화의 영향을 받아 발전한 것인가? 그것도 아니라면, 대중문화는 제3의 실체, 즉 경제적·정치적·기술적 요인의 독자적인 결과물인가?

해답은 세 견해가 모두 부분적으로 맞다고 할 수 있지만, 그중에서도 마지막 요인이 가장 중요하다고 생각한다. 다시 말하면, 나는 대량생산, 대량 유통, 대량 소통이야말로 대중문화를 구별하는 주요 특징이라는 애초의 믿음을 버리지 않았다. 이 정의에 주목한다면 엘리트 전통과 민간전승의 놀라운 유사성이 분명히 드러난다. 두 전통 모두 직접적인 대인관계가 특징이다. 엘리트 집단이 예술가와 유행 선도자, 지도자, 사상가를 아는 것은 매체와 중개인을 통해서가 아니라 직접 접촉을 통해서다. 우르비노 궁정인들은 라파엘로 그림의 모작을 감상하지 않았다. 라파엘로와 함께 거닐고 이야기를 나누었다. 현대의 부호들은 재클린 부비에 케네디 오나시스와 헨리 키신저의 근황을 《뉴스위크Newsweek》에서 읽지 않았다. 그들은 이들과 함께 여행하고 파티를 즐겼다. 거트루드 스타인과 마담 퐁파두르의 살롱, 새뮤얼 존슨, 데이비드 개릭, 조수아 레이놀즈의 카페, 엘리자베스 1세, 하룬 알 라시드, 몬테수마, 프톨레마이오스의 매혹적인 궁전, 공자, 페트로니우스, 소크라테스의 토론 모임은 간접 문화가 아니다. 모닥불과 키바kiva(푸에블로 인디언이 제의에 쓴 지하 방-옮긴이)의 문화가 그렇듯, 이들의 문화 또한 직접적이고 개인적이다. 오해를 피하기 위해 두 문화의 엄청난 차이점을 다시 한 번 밝혀둔다. 엘리트 문화는 식자층과 부유층의 문화, 무엇보다 코스모폴리탄적 문화다. 민속문화는 문맹층의 문화이며 자급적이고 지역에 국한된다. 하지만 어느 쪽도 문화를 간접적으로 받아들이지는 않는다.

　대중문화를 탄생시킨 주역은 세금이다. 조세제도는 가족, 부족, 혈족의 자연 단위를 넘어서는 정치조직, 경제체제, 이데올로기가 나타났음을 뜻한다. 또한 의사소통의 범위가 확장되었으며, 이와 더불어 권위와 생계, 통치의 범위가 지역을 뛰어넘었음을 뜻하기도 한다. 이는 메트로폴리스의 존재를 의미한다. 그렇다고 해서 대중문화 자체가 도회적 문화라는 말은 아니다. 일요판 신문을 읽는 서스캐처원 밀밭의 농부, 교구 예배당에 출석하는 중세 노섬브리아 소작농, 로마제국의 인구조사에 참여하기 위해 고향으로 돌아가는 나자렛 목수는 모두 대중문화에 참여하고 있는 것이다. 토론토의 십대 소녀, 캔터베리의 순례자, 로마 목욕탕의 광대와 정도는 다를지 몰라도 대중문화인 것만은 분명하다. 하지만 대중문화가 농촌 경제에서 직접 생겨났다고 보기는 힘들다. 농촌의 생활양식은 자연의 순환에 지배되기 때문에 사계절의 변화 없이 한결같은 메트로폴리스의 생활양식을 받아들이기는 힘들다. '메트로폴리스'는 '어머니 도시'라는 뜻이다. 메트로폴리스가 자식을 낳고 배후지와 식민시colony에 영향력을 행사하기 위해 반드시 규모가 커야 하는 것은 아니다. 필요한 것은 일관성을 부여할 수단이다. 조세제도, 효율적인 통신체계, 일종의 대량생산 기술은 앞서 언급한 바 있다. 하지만 메트로폴리스 개념의 뒤에는 무엇이 있을까? 메트로폴리스가 주변 지역에 일관성을 부여해야 하는 이유는 무엇일까? 그 해답은 정복과 공공사업에서 찾아야 한다.

　정복과 공공사업은 동시에 이루어지는 경우가 많은데, 헬레니즘 시대와 로마 시대에서 보듯 군사 정복이 일어나면 대규모 공공사업이 이어진다. 스페인이 멕시코와 페루를 정복했을 때처럼, 정복이 대규모 공공사업 계획을 수반하지 않는 것처럼 보일 때도 있다. 하지만 스페인인들이 도시와 사원, 도로, 수로, 기록을 오로지 파괴하기만 한 것처럼 보이는 곳에서도 실제로는 선교원, 요새, 부두, 광산 공사가 끊임없이 벌어지고 있었다. 한편 일반적인 의미의 정복 없이 공공사업만으로 메트로폴리스의 영향력을 확장한 경우도 있다. 특히 관개 및 배수 공사는 사람이 살지 않던 지역에 문화를 확대하는 평화적인 수단이지만, 중상주의적 식민 사업조차 언제나 전쟁의 외양을 띤 것은 아니었다. 메소포타미아와 이집트는 전자의, 그리스와 페니키아는 후자의 좋은 예다. 이러한 요인이 대중문화의 발전에 얼마나 영향을 미쳤는지는—특히 이 책을 읽기 전이라면—아직 실감하기 힘들 것이다. 하지만 정복과 공공사업이 직접적인 권위에 종속되지 않는 대중과 더불어 비순응적인 개인행동을 용납하지 않는 경제구조를 만들어낸다는 점을 이해한다면, 정복과 공공사업에는 중개적 (또는 대리적) 권위와 순응을 보장하는 조직이 반드시 필요하다는 것을 분명히 알 수 있다. 이렇게 볼 때 대중문화 현상을 현대의 산물로 간주하는 것은 매우 근시안적이고 편협한 생각이다.

하지만 현대의 대중문화와 과거의 대중문화는 결정적인 차이점이 있다. 1450년의 활판 인쇄술 발명과 값싼 종이의 생산은 프로테스탄트 개혁에 박차를 가했으며, 이와 더불어 대중의 문자해독 능력을 부쩍 끌어올렸다. 구텐베르크와 현대 대중문학의 시차는 지역마다 다르지만 대략 100~200년으로 본다. 루터는 구텐베르크 이후 75년이 지난 뒤에 대중에게 영향을 미치기 시작하며, 이탈리아인들이 이텔

릭 서체와 문고본 서적, 악보 인쇄를 발명한 것은 종교개혁과 때를 같이한다. 하지만 북유럽에서 주로 카드와 종교 기념물의 형태로 나타나는 대량생산 방식의 대중미술은 책자 인쇄보다 먼저 나타났다.

종교는 인쇄술 이전 대중문화와 이후 대중문화 사이의 공통분모, 또는 둘을 가르는 기준이다. 종교적 문화 산물과 관례가 일찍부터 대량생산되거나 대량 보급된 것은 대중에게 일관된 가치와 순응적 태도를 심어주어야 했기 때문이다. 고대 이집트에서 종교 공예품을 대량생산하기 위해 만든 거푸집을 내가 발견하게 된 것도 이런 까닭이다. 하지만 구텐베르크 혁명 이후, 종교적·정치적·경제적·군사적 측면에 국한되던 대중문화는 오락 대중문화에 자리를 내주었다. 이 현상은 이 책에 실린 글들의 논점을 파악하는 길잡이다.

오늘날 일반인들이 '대중문화'라는 단어를 듣고 가장 먼저 떠올리는 것은 만화책, 텔레비전 코미디, 서부영화, 미스터리 통속소설, 패스트푸드 같은 대중오락이다. 이것은 은행, 슈퍼마켓, 학교, 교회, 군대처럼 고고학적으로 중요한 요소가 '문화'의 통속적 정의에 포함되지 않기 때문이다. 하지만 전문교육을 받은 사람조차 '대중문화'라는 용어를 접하면 고고학적·사회학적 지식을 망각한 채 오락이라는 더 협소한 —따라서 더 손쉬운—것들만 떠올린다. 그 이유는 세속적이고 도락적인 대량생산이 새로운 우위를 차지한 데서 찾아야 할 것이다. 내가 '새로운 우위'라는 표현을 쓴 것은 이러한 증가세가 전 세계에서 기하급수적으로 가속화되고 있기 때문이다. 따라서 텔레비전, 영화, 라디오, 코미디 쇼, 신문이 보급되기 이전에 대중들은 어떤 식으로 오락을 즐겼을지를 물어보면 대답하지 못하는 사람이 대부분이다. 해답의 일부는 민속 연구에서 찾을 수 있다. 길거리 놀이나 민요 가락 등 자생적인 전통적 여가 활용은 오늘날까지도 계속된다. 하지만 민속 연구는 엘리트 문화의 것이든 민속문화의 것이든 대중오락이나 제도화된 활동, 필사된 통속물을 다루지는 않았다. 일반적으로, 민속문화를 다루지 않는 문화사가들은 스펙트럼의 반대편에서 걸작을 추려내는 일에 몰두했다. 따라서 엘리자베스 시대 잉글랜드의 문학 수용자에 대해 많은 사실이 밝혀진 것은 대중 수용자와 이들의 대중오락보다는 셰익스피어에 대한 관심 때문이었다. 이 책의 관심사는 민속과 걸작 사이에 있는 방대한 중간 지대의 오락이다.

방대한 미개척 분야를 탐구하려는 연구자를 비롯해 전문적인 연구 분야의 극히 일부를 보여주는 이 책을 어떻게 읽어야 할지 궁금한 독자라면 대중문화 연구의 이 같은 측면을 명심해야 한다. 앞에서 말했듯, 모든 문화적 종합(이 경우에는 대립)은 궁극적으로 전문 연구를 기반으로 삼아야 한다. 이 소개글의 광범위한 일반화는 전문 분야의 엄격한 검증을 거쳐야 할 것이다. 다양한 전문 분야에서 대중문화의 여러 측면에 관심을 보이기는 했지만 탐구할 영역은 무궁무진하다. 앞에서 지적했듯 이것은 비교적 새로운 관심사다. 지금까지는 대중문화의 학제 간·문화 간 협력이라는 구호가 무색하게 상호 참조가 거의 이루어지지 않았으며, 20세기 매스컬처와의 비교를 통한 현실 적용 또한 찾아보기 힘들었다.

내가 제안한 대중문화의 확장된 정의와 이 책에 제시된 옛 대중문화의 사례에서 대중문화의 범위가 얼마나 넓은지, 시기가 어디까지 거슬러 올라가는지 감을 잡은 다음에는 흥미로운 탐구 주제를 찾기 위해 교차점을 살펴보아야 한다. 가장 흔히 발견되는 교차점은 전통적인 비非메트로폴리탄적 문화가 지배적인 메트로폴리탄 문화를 주입받는 지점이다. 이곳에서는 언제나 긴장, 저항, 전복과 치환, 재해석, 융합이 일어난다.

이러한 교차점 중에서 가장 잘 알려진 것은 기독교 문화가 이교도 민속문화에 미친 영향이다. 이를테면 축제가 이교적 관례에서 벗어났다고는 하지만 그렇다고 해서 지배계급의 신학 원리를 그대로 따른 것도 아니었다. 이와 관련된 교차점으로 언어가 있다. 카이사르 침공 이전의 갈리아에서 로마 식민지를 거쳐 프랑스에 이르는 1000여 년 동안 전체 인구의 문법과 어휘가 두 차례 바뀌었다. 이런 변화는 언제, 어떻게, 얼마나 오랫동안 일어났을까? 언어적 예술 형태는 어떻게 바뀌었을까? 이와 비슷한 언어적 교차는 메소아메리카 Mesoamerica(고고학에서 중앙아메리카를 일컫는 용어 – 옮긴이)에서도 일어났으며, 서아시아와 북아프리카에도 여러 사례가 있다. 또 다른 교차점은 문학이 구비 전승을 만나는 (또한 문자로 고정시키는) 지점이다. 이 책에서는 두 논문이 이 교차점을 탐구한다. 클라우스 얀코프스키의 13세기 《영국 남부 성인전》 연구는 문맹과 반문맹 대중에게 낭독된 문학작품을 탐구하며, 프레더릭 바게의 17세기 브로드사이드 발라드 연구도 — 발라드는 인쇄되어 유통되었지만 — 비슷한 형태를 보여준다.

대중문화 측면에서 가장 중요한 교차점은 제조 기술과 창조적 과정이 만나는 지점이다. 이 글에서는 두 용어를 가장 포괄적인 의미로 사용한다. 독자 중에는 자신의 정의를 수정해야 할 사람도 있을 것이다. 200년이라는 시간 동안 제조 기술은 원거리 에너지원을 동력으로 이용한 자동화된 기계 생산을 일컫게 되었으며, 창조적 과정은 낭만적이고 직관적이며 (신비주의적) 영감을 받은 예술적 표현을 뜻하게 되었기 때문이다. 하지만 넓게 보자면, 제조 기술은 물건을 만드는 방법을 뜻하며 창조적 과정은 물건을 마음속으로 구상하는 방법과 더불어 개념을 객관적 실체로 바꾸는 전략을 일컫는다. 이 같은 폭넓은 정의를 염두에 두고 우리는 거푸집, 도안, 공식구公式句(문학에서 쓰는 정형화된 표현-옮긴이)를 눈여겨보아야 한다.

거푸집은 가장 확실한 대량생산 기법이다. 거푸집은 제작자와 생산물이, 생산자와 소비자가 소외되어 있음을 보여주며 메트로폴리탄(즉 '어머니 도시')의 가치 체계를 나타낸다. 물론 거푸집에도 모호한 구석이 있기는 하다. 이를테면 거푸집 제작의 납형법(밀랍으로 원형을 만들어 주형토를 발라 이긴 후 불 속에 넣어 밀랍을 녹이는 방법-옮긴이) 공정은 아주 오래된 방식이지만 대규모의 대량생산에는 알맞지 않다. 메소포타미아 상인과 관리가 점토판에 날인하는 데 쓰던 인장은 개인을 위해 생산되었다. 이것은 거푸집이 대중문화의 본보기라는 일반적인 주장을 반박하는 예외라기보다는 거푸집의 기능을 문화적 상황에 맞게 이해할 때 정확성을 기하라는 주의 정도로 받아들이면 될 것이다.

도안과 공식구는 대중문화의 범위를 물질적 생산물 이상으로 확장하지만, 거푸집과 마찬가지로 모호한 부분이 있기 때문에 연구할 때 신중을 기해야 한다. 민속학자라면 누구나 아는 바이지만, 문맹의 지역 문화에서는 창조적 과정이 대개 '암기한 공식구의 변용'이라는 형태를 띤다. 이는 발라드의 반복구와 상투적 구절뿐 아니라《베오울프 *Beowulf*》와《일리아스*The Iliad*》같은 방대한 문학적 서사시 아래에 깔려 있는 구비 전승에도 해당한다.

한편 민속문화의 장식 예술은 도안의 산물이다(도자기나 직물 디자인을 떠올려보라). 하지만 이러한 도안은 대개 기구를 쓰지 않고 손수 제작하기 때문에 (물론 민속예술가에게 독창성, 심지어 '창조성'이 결여된 경우도 있지만) 본本이나 도안집을 이용하거나 브로드사이드 인쇄물에서 노래를 배우는 것과 같은 수준으로 대량 복제되지는 않는다(물론 도안집과 브로드사이드는 인쇄술과 문자해독을 전제한다). 하지만 필사된 도안과 공식구가 있다는 사실 자체는 민속문화가 아닌 대중문화의 흔적이라 할 수 있다. 이를테면 방대한 고대 이집트 기록(이를테면 《사자死者의 서書The Book of the Dead》)들에서 개별적인 것이라고는 (빈칸에 채워넣은) 망자와 기증자, 장소의 이름뿐이다. 거대한 석상과 목상을 조각할 때면 장인들은 격자무늬 파피루스를 들여다보며 저마다 다른 위치에서 작업할 수 있다. 이와 비슷한 예로 고전기 로마에는 비트루비우스의 《건축 십서十書The Books on Architecture》가 있다. 이 책은 물론 로마제국의 궁정 건축을 다루고 있지만 그 토대는 그리스와 로마의 기술 지침서와 도안이다. 다시 말하자면 대량 유통이나 문자해독 능력의 보편화를 전제하지 않더라도, 필사된 도안과 공식구는 대중문화와 일관된 메트로폴리탄 양식에서 활용하는 수단이 될 수 있다.

엘리트 유행 선도자나 붙박이 농민이 아닌 사람 중에도 대중문화의 교차를 실천하는 이들이 있다. 이를테면 고딕 시대에 파리를 다룬 조지프 J. 헤이스의 글과 식민지 시대 매사추세츠에 대한 존 프라이의 글에 묘사된 반反문화 하층계급에서부터 석공, 상인, 학생, 군인처럼 매우 유동적인 행위자까지 다양하다. 이들 누구도 자연의 순환에 얽매이지 않으며, 특히 후자는 모두가 엘리트 문화의 전달자다. 미국에서 제2차 세계대전을 계기로 빈곤층의 흑인과 백인, 인디언이 백인 중산층 못지않은 문자해독 능력과 포부를 지니게 되었듯이 군사 징집은 알렉산드로스, 키루스, 카이사르 시절에도 대중의 생활양식에 막대한 영향을 미쳤다. 이 모든 현상의 교차점은 도시다. 하지만 우리는 이에 대해, 적어도 당시 도시민의 생활양식에 대해서는 아는 것이 거의 없다. 기록을 찾아보기 힘든 것은 도시민에 주목한 저술가가 드문 탓이다. 아리스토파네스, 아풀레이우스, 유베날리스, 초서, 세바스티안 브란트를 제외하면, (우리 비전문가 눈에) 18세기 코미디와 19세기 소설이 나오기 전까지 도시민을 날카롭고 꼼꼼하게 관찰한 사례는 찾아보기 힘들다. 도회지에서 살아가는 사람들을 묘사한 그림은 더 드물어 고작해야 자크 칼로와 윌리엄 호가스 정도가 있을 뿐이다. 풍자 작가는 중요한 정보원이지만 이들의 견해는 언제나 한 번 걸러서 받아들여야 한다. 엘리트 계급은 도회적 대중문화에 흥미를 가진 적이 한 번도 없으며, 그중에서도 종교 개혁가들의 관찰은 더더욱 왜곡되어 있다. 구약의 선지자, 신약의 사도, 히에로니무스와 아우구스티누스 같은 교부, 수많은 중세 변증론자에게 도시는 창녀이자 유혹의 소굴이었다.

인쇄술 이전의 대중문화 연구에서 중요하게 살펴볼 마지막 교차점은 만인에게 평등한 두 가지, 죽음과 세금이다. 죽음은 종교와 연관되어 있지만, 얀코프스키와 헤이스는 죽음의 세속적 차원을 탐구한다. 한편 죽음은 질병, 트라우마, 의약품을 연상시키기도 한다. 대럴 아문센, 제럴드 에릭슨, 스티브 오버헬만의 글은 모두 의료에 관심을 두고 있다. 세금과 화폐는 정부와 사법제도를 내포하며, 존 프라이는 뉴잉글랜드 법원 기록에서 이제껏 숨겨진 하위문화를 찾아냈다.

그 밖에도 매우 독창적으로 연구해볼 만한 분야가 많이 남아 있다. 하지만 만만한 작업은 아니다. 이 책 하나만 해도 지금껏 번역된 적이 없는 수메르어, 고전·중세 라틴어, 비잔틴 그리스어, 중세 영어, 중세 프랑스어의 문헌이 인용되어 있다. 우리는 전문가에게 많은 도움을 받고 여러 분야의 전문가와 손잡아야 한다. 학제 간 연구의 가장 중요한 전제조건은 문제를 해결하는 데 (또는 문제를 더 넓은 관점에서 바라보는 데) 얼마나 많은 지식이 필요한지를 냉철하게 평가하는 능력이지만, 이를 위해서는 자신의 분야 바깥에 있는 자료와 문헌, 2차 연구를 참조해야 한다. 일반적으로는 권위 있는 연구를 위한 적절한 수단을 갖추는 데만 평생이 걸릴 것이다. 하지만 이 책이 문화적 배타성과 소극적인 학문 풍토, 이른바 20세기 중심주의를 경고하는 소임 정도는 할 수 있으리라 기대한다. 휘발성의 매스컬처 시대에 우리가 맞닥뜨리는 중요한 문제들을 해결하려면 역사적 관점에서 접근해야 한다. 우리는 머나먼 과거의 대중문화를 발견하는 만큼 우리 자신을 발견하게 될지도 모른다.

2
문자 이전의 고대 기록 체계

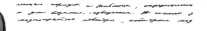

대중문화는 일회용 문화다. 당대에 인기를 누리던 대중적 제품과 현상은 다음 세대가 되면 가치가 추락한다. 이로 인한 역설은, 한 점의 걸작이 무시무시한 자연적·역사적 재앙을 이기고 살아남는 반면 무수한 대중적 제품은 '외면'이라는 피할 수 없는 힘 때문에 오히려 희소해진다는 것이다.

데니즈 슈만트-베세라트의 글은 두 가지 측면의 외면을 이야기한다. 슈만트-베세라트가 문자의 첫 선조라 주장하는 조그만 진흙덩이는 문자가 발달하자 모든 가치를 잃었으며, 박물관에서도 귀한 유물에 치여 오랫동안 방치되었다. 고고학에서 가장 하찮은 유물인 질그릇 조각에나 비길법한 홀대를 받은 것이다. 슈만트-베세라트의 글은 추리소설처럼 전개된다. 버림받은 진흙 조각과 '불라bullae'라는 이름의 기묘한 진흙 용기가 세계 곳곳에서 발견되는 수수께끼는 추상적인 의사소통 기호가 발명된 시기가 통상적인 문자의 발명 연대인 기원전 3100년경보다 거의 3000년이나 앞선다는 주장으로 이어진다. 이와 더불어 슈만트-베세라트는 상형문자가 그 뒤에 나타난 2차 발명이라고 주장한다. 기술이 발전하고 새로운 물품이 등장하자 이를 나타내기 위해 상형문자를 새로 만들었다는 것이다. 이 글은 대중문화의 시작 연대를 1만 년 전으로 끌어올릴 뿐 아니라 대중문화의 변함없는 세 가지 특징인 일관된 복제, 중개되는 의사소통, 상업 부문과의 긴밀한 연계를 보여준다.

●●

데니즈 슈만트-베세라트Denise Schmandt-Besserat

파리 에콜 뒤 루브르를 거쳐 하버드 대학과 래드클리프 대학에서 수학했다. 현재 텍사스 오스틴 대학 미술 및 미술사학과 명예교수이자 중동연구소 부소장이다. 그는 이번 연구를 위해 베네르-그렌 재단과 텍사스 대학 연구원의 후원을 받아 수십 개국의 박물관과 고고학 유적을 답사했다. 연구 결과는 《시리아-메소포타미아 연구Syro-Mesopotamian Studies》와 《사이언티픽 아메리칸Scientific American》에 실렸다.

문자는 세계 여러 지역에서 여러 번에 걸쳐, 특히 기원전 1300년경 중국에서, 기원전 600년경 메소아메리카에서, 기독교 시대 이스터 섬에서 독립적으로 발명되었다. 일반적으로는 메소포타미아(지금의 이라크)에 살던 수메르인이 기원전 3100년경에 문자를 처음 발명했다고 알려져 있다. 이 추측의 근거는 수메르의 도시 우루크에서 출토된 약 4000건의 문서다.

우루크의 고대 문서는 독특한 점이 많다. 이를테면 문자는 '점토판 tablet'이라는 쿠션 모양의 진흙덩이에 기록되었다. 하지만 진흙은 재료로서는 매우 비실용적이다. 부드러워서 쉽게 뭉개지며 쓰기 전에 오랫동안 건조하거나 구워야 하기 때문이다. 한편 초기 문서를 최초로 연구한 독일 학자 A. 팔켄슈타인은 점토판이 볼록하게 생긴 것을

그림 1. 숫자가 기록된 점토판. 이란 수사에서 출토. 루브르 박물관 고대 동양전시실(프랑스, 파리)

그림 2. 기호를 새긴 우루크 점토판. 페르가몬 박물관(독일)

보고 놀랐다. 진흙보다는 다른 지역에서 선택한 짐승의 뼈와 거북의 등딱지(중국), 돌(메소아메리카), 나무(이스터 섬)가 더 적절한 재료인 듯했다. 메소포타미아에서 진흙을 선택한 이유에 대해 전문가들은 흔히 이 지역이 충적평야라서 다른 재료를 구할 수 없었을 거라고 말한다. 하지만 뼈와 돌이 드물었을 리는 없기 때문에 이 설명으로는 부족하다. 수메르인은 부드러운 점토판에 나무나 뼈, 상아로 만든 펜으로 글자를 새겼다. 펜은 한쪽은 뭉툭하고 다른 한쪽은 뾰족하게 생겼다. 글자는 기본적으로 두 가지 종류로 나뉜다. 펜의 뭉툭한 끝으로는 숫자 기호를 썼으며(그림 1), 뾰족한 끝으로는 물품을 나타내는 다른 기호를 썼다(그림 2).

문자의 기원에 대한 지금의 학설은 (사물을 작은 그림으로 나타내는) 상형문자 단계에서 글자가 진화했으며, 필경사가 글자를 흘려 쓰는 바람에 점차 추상적으로 바뀌다가 기원전 3000년에 설형문자가 탄생했다고 주장한다. 하지만 초기 우루크 점토판은 이 가설에 부합하지 않는다. 작은 그림 형태로 된 글자는 드물게 나타날 뿐 아니라 야생동물(여우, 늑대 등)과 새로운 기술(전차, 썰매 등) 등 비일상적인 단어에만 쓰이기 때문이다. 대다수 기호는 일반인이 쉽사리 이해할 수 없을 만큼 추상적이다. 실제로 우루크 점토판은 대부분 해독되지 않았으며 금석학자들에게 수수께끼로 남아 있다. 해독된 몇 가지 기호는 기원전 2000년의 설형문자에서 몇 단계를 거쳐 고대의 원형을 추적할 수 있는 것들이다. 중요한 사실은 우루크 필경사들이 1500여 개에 달하는 아주 다양한 기호를 사용했다는 것이다. 내용을 살펴보면, 점토판은 대부분 상업 거래, 토지 매매, 보수 지급 등을 다루는 경제 문서다. 자주 나오는 단어로는 식량, 맥주, 의복, 양, 소, 여자 등이 있다.

1929~1930년에 율리우스 요르단이 이끄는 독일 조사단이 우루크에서 고대 점토판을 처음 발견한 뒤로 키시와 우바이드 등 메소포타미아 여러 곳에서 비슷한 문서가 발견되었다. 최근 메소포타미아 지역뿐 아니라 멀리 떨어진 곳(이란의 고딘 테페, 시리아의 하부바 카비라와 제벨 아루다)에서도 비슷한 점토판이 발견되자 고고학자들은 깜짝 놀랐다. 점토판이 사원 경내에서 발견된 우루크를 제외하면 출토 장소는 대개 개인의 가옥이었으며, 봉인된 용기와 인장은 이곳에서 상업 활동이 이루어졌음을 보여준다.

점토판에 기록된 다양한 기호와 추상적인 형태, 점토판의 광범위한 지리적 분포로 보건대 우루크의 고대 문서는 문자의 발생이 아니라 이미 발전한 단계를 나타낸다는 견해가 금석학자 사이에서 힘을 얻고 있다. 시기를 알 수 없는 과거에 진정한 상형문자 단계가 존재했으며, 이 기간 동안 글자 수가 증가해 우루크의 추상적 단계로 발전했다는 가설이 제기되었다. 이를 뒷받침하는 증거가 하나도 출토되지 않은 이유는 나무, 양피지, 파피루스처럼 썩기 쉬운 재료를 쓴 탓에 모두 유실되었기 때문이라는 것이다. 하지만 내가 조사한 바에 따르면, 앞에서 강조한 점토판의 특징(진흙을 재료로 선택한 것, 점토판의 볼록한 모양, 글자 형태)은 우루크 점토판의 선조를 알려주는 귀중한 단서인지도 모른다.

1958년에 시카고 대학 동양연구소의 고故 A. 레오 오펜하임은 고대 서남아시아의 물표物標, token를 토대로 기록 체계의 존재를 밝혀냈다. 오펜하임은 누지(이라크)의 왕궁 유물 중에서 발견된 짤막한 상업 메모를 번역해 ―메모에는 '산가지'(아카드어로는 아브누)를 '넣었다', '옮겼다', '치웠다'라고 써 있었다 ―기원전 1500년경 누지의 필경사들이 쓰던 정교한 설형문자 체계와 더불어, 왕궁 관리들이 물표를 기반으로 하는 편리한 회계 체계를 이용했으리라고 추정했다. 이 회계 체계는 주로 왕궁의 수많은 가축을 관리하는 데 쓰였다. 왕궁에서는 가축 한 마리당 물표를 하나씩 부여했다. 가축이 태어날 때마다 물표를 용기에 넣었고, 담당자나 사육 장소가 바뀌거나 털을 깎을 때마다 물표를 해당 용기로 옮겼으며, 도살하거나 제사에 바칠 때마다 물표를 치웠다. 이 덕분에 어느 때든 가축의 현황을 점검하고 문맹의 양치기들을 효과적으로 관리할 수 있었다. 겉에 가축 48마리의 자세한 목록이 새겨져 있고 안에는 물표가 48개 들어 있는 독특한 모양의 '계란형' 점토판이 누지와 같은 지층에서 발견되자 오펜하임의 가설은 사

그림 3. 누지(이라크)에서 출토
된 계란형 점토판. Ernest R.
Lacheman.

실로 입증되었다(그림 3). 이것은 관리 문서에 기록된 대로 물표를 왕
궁의 한 부서에서 다른 부서로 옮긴 표시인 듯하다. 누지의 속이 빈
점토판은 출토 당시 온전한 상태였으며, 조사단은 내용물을 확인하
기 위해 한쪽 끝을 조심스럽게 개봉했다. 그런데 안타깝게도 안에 들
어 있는 물표가 유실되는 바람에 물표의 정확한 모양은 알 수 없다.

피에르 아미에는 오펜하임의 연구를 토대로 1964년에 수사(이란)에
도 비슷한 회계 체계가 존재했음을 밝혀냈다. 이것은 '불라'라는 이름
의 속이 빈 진흙 공으로, 안에는 물표가 들어 있었다. 피에르 아미에
의 발견이 중요한 이유는 기원전 3100년경으로 거슬러 올라가는 수
사의 불라가 기록 체계의 출현 시기를 2000년이나 앞당기기 때문이

그림 4. 수사(이란)에서 출토된 불라. 안에 물표가 들어 있었다. 루브르 박물관(프랑스, 파리).

다. 문자와 비교하면 같거나 조금 앞선 시기다. 또한 아미에는 물표의
속성을 기록해두었다. 물표는 구, 원반, 원뿔, 사면체, 원통형을 비롯
한 기하학적 형태와 불규칙한 형태를 띠고 있었다(그림 4).

1969년에 나는 서남아시아에서 진흙이 처음 사용된 시기를 알아내
려는 연구 프로젝트를 시작하면서, 그 일환으로 서남아시아, 유럽, 미
국의 박물관에서 기원전 9000~7000년의 진흙 출토품을 대부분 관
찰했다. 흙구슬, 토우, 흙벽돌, 회반죽 조각만을 기대한 나는 뜻밖의
물체를 발견했다. 그것은 다양한 모양의 작은 물표들이었다.

가장 흔한 것은 구, 원반, 원뿔, 사면체였지만 계란형, 삼각형(초승달 모
양), 쌍원뿔(원뿔 두 개를 양쪽 끝이 뾰족하도록 붙인 것-옮긴이), 직사각형, 그
밖에 설명하기 힘든 이상한 모양도 있었다(그림 5). 물표는 평균 1~2센
티미터의 작은 크기였으며 편차는 3~5밀리미터였다. 대부분 형태별
로 크기가 다양했으며, 특히 작은 원뿔(약 1센티미터)과 큰 원뿔(약 3~4센
티미터), 작은 구(약 1센티미터)와 큰 구(약 3센티미터)를 관찰할 수 있었다
(그림 5). 구는 4분의 3, 2분의 1, 4분의 1 등 다양한 조각으로 발견되었

그림 5. 기원전 6500년경 자르모(이라크)에서 출토된 물표(원뿔, 원반, 사면체). 시카고 대학, 동양연구소(미국).

다. 일부 물표에는 깊이 새긴 선, 얇게 눌러 찍은 원, 붙여넣은 덩어리와 고리 모양 등 특수한 표지가 달려 있었다(이 글에서 '표지marking'는 물표에 표시한 특수한 기호를, '표시mark'는 불라 표면에 재현한 물표의 이미지를 뜻한다-옮긴이). 이 표지는 모두 특별한 의미를 나타내는 듯하다.

모든 형태는 진흙을 주물럭거렸을 때 자연스럽게 생기는 단순한 기하학적 모양이었다. 물표는 작은 진흙덩이를 손바닥 사이에 놓고 굴리거나 손끝으로 꼬집는 간단한 방법으로 만들 수 있다. 진흙은 입자가 고우며, 체질하거나 반죽하는 등 특별한 처리를 한 흔적은 보이지 않았다. 색깔은 황갈색에서 빨간색까지 다양했으며 회색이거나 거무스름한 것도 많았다. 모두 불에 구은 흔적이 있었다. 물표는 모든 신석기 유적에서 어김없이 발견되며 대량으로 출토되기도 한다. 이를테면 기원전 6500년경의 초기 정착지 자르모(이라크)에서는 구 1153개, 원반 206개, 원뿔 106개가 출토되었다. 물표는 대개 가옥 바닥에서 발견되었다. 물표가 담겼던 바구니와 가죽 주머니는 세월이 흐르면서 분해되었을 것이다. 물표는 유적지 여러 곳에 흩어져 있었지만 대개는 저장 공간에 15개 이상씩 모여 있었다.

내가 이 작은 물체에 호기심을 느낀 것은 특별한 모양, 정성스러운 만듦새, 방대한 수량으로 보건대 무언가 중요한 쓰임새가 있으리라고 생각했기 때문이다. 가장 의아한 것은 물표가 어디에나 존재한다는 사실이었다. 내가 물표를 발견한 곳은 이라크와 이란이지만 터키와 레반트에도 있었다. 심지어 이집트를 지나 하르툼과 인더스 강 유역에까지 분포했음을 암시하는 자료도 있었다(그림 6).

나는 물표에 대한 정보를 수집하면서 발굴자를 만날 때마다 쓰임새를 물었지만 아무도 모르는 것 같았다. 물표는 발굴 보고서에 기록되지 않는 경우가 많으며, 기록되는 경우에도 '목적이 불확실한 물체'나 '미상의 물체'라는 제목이 붙는다. 벨트 동굴 발굴 보고서에서 칼턴 S. 쿤은 작은 기하학적 물체를 발견한 고고학자의 일반적인 반응을 익살스럽게 표현했다. "지층 11과 12에서 정체를 알 수 없는 원뿔형의 굽지 않은 진흙 물체가 출토되다. 아무리 보아도 좌약처럼 생겼다. 어디에 썼는지 통 알 수가 없다." 형태를 통해 물표의 쓰임새를 추측한

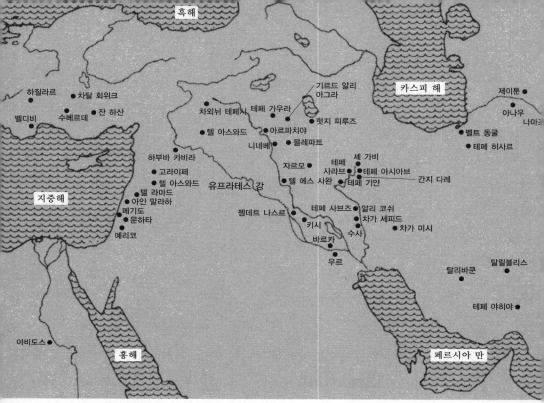

흑해

하질라르
벨디비
수베르데
잔 하산
차탈 회위크

차외뉘 테페시 테페 가우라
기르드 알리 아그라
카스피 해
제이툰
아나우
나마
핫지 피루즈
텔 아스와드
아르파치야
벨트 동굴
테페 히사르
니네베
믈레파트
자르모
세 가비
하부바 카비라
고라이페
텔 아스와드
유프라테스 강
텔 에스 사완
테페 사라브
테페 아시아브
테페 기안
간지 다레
지중해
텔 라마드
아인 말라하
메기도
문하타
예리코
젬데트 나스르
키시
바르카
우르
테페 사브즈
알리 코쉬
차가 세피드
수사
차가 미시
아비도스
홍해
페르시아 만
탈리바쿤
탈릴블리스
테페 야히야

그림 6. 물표의 분포를 보여주는 지도. 작성: Ellen Simmons.

사람도 있었다. 이를테면 어떤 사람은 원뿔이 여성을 도식적으로 표현한 토우라고 생각했지만, 다른 사람들 눈에는 남근, 손톱, 장기짝, 부적으로 보였다. 구는 대개 구슬이나 새총 알로 해석되지만 월터 B. 에머리와 비비언 브로먼은 산가지일 가능성을 제기했다. 물표의 쓰임새를 알아내기가 힘들었던 까닭은 물표가 형태에 따라 별도로 분류된 탓에 이들이 같은 범주에 속한다고 생각할 수 없었기 때문이다.

나는 물표 수백 개에 대한 정보를 수집한 지 한참 뒤에 물표가 피에르 아미에가 수사의 불라에서 발견한 산가지와 같다는 사실을 깨달았다. 처음에는 둘이 연관되어 있을 리 없다고 생각했다. 기원전

9000∼7000년의 물표와 수사의 물표 사이에는 3000년의 시차가 있었기 때문이다. 하지만 기원전 7000∼4000년의 여러 유적에서 나온 진흙 출토품을 조사한 결과 이러한 물표가 전 시기에 걸쳐 꾸준히 발견되었음이 입증되었다. 따라서 앞에서 언급한 연구 결과를 종합하면, 물표를 기반으로 고대 서남아시아에서 널리 쓰이던 기록 체계가 존재했음을 확인할 수 있다. 이 회계 체계는 고대의 여느 계수 체계와 다를 바 없다. 고전기 로마에서는 '칼쿨루스calculus'라는 물표를 사용했으며, 7세기부터 18세기 말까지 영국 재무부에서는 재무장관의 책상에 놓인 산가지로 개인이 납부할 세금을 계산했다. 지금도 이라크 양치기들은 조약돌로 가축의 수를 기록하며, 서남아시아의 시장에서는 아직도 주판을 흔히 찾아볼 수 있다.

하지만 고대 서남아시아의 기록 체계는 현대에 비해 더 복잡했던 것 같다. 물표는 15개의 주요 유형으로 이루어지며(그림 7) 크기, 조각의 비율, 표지에 따라 200개의 하위 유형으로 나눌 수 있다. 각 형태는 특별한 의미를 전달하는 것으로 보이며 이 중 일부는 수량을, 나머지는 물품을 나타낸다고 가정할 수 있다.

물표의 다양한 의미를 알아내는 실마리는 우루크의 고대 점토판에 새겨진 기호에서 찾을 수 있을지도 모른다. 거꾸로 물표의 의미를 알면 점토판을 해독하는 데 도움이 될 것이다. 실제로도 많은 글자들이 물표의 형태를 정확히 표상하는 것처럼 보인다. 이를테면 십자 모양이 새겨진 원반은 양羊을 나타내는 기호(십자 모양을 원으로 둘러싼 것)와 비슷하며, 평행선이 네 개 그어진 원반은 의복을 나타내는 기호(평행선 네 개를 원으로 둘러싼 것)를 닮았다(그림 8). 기름을 나타내는 기호는 최

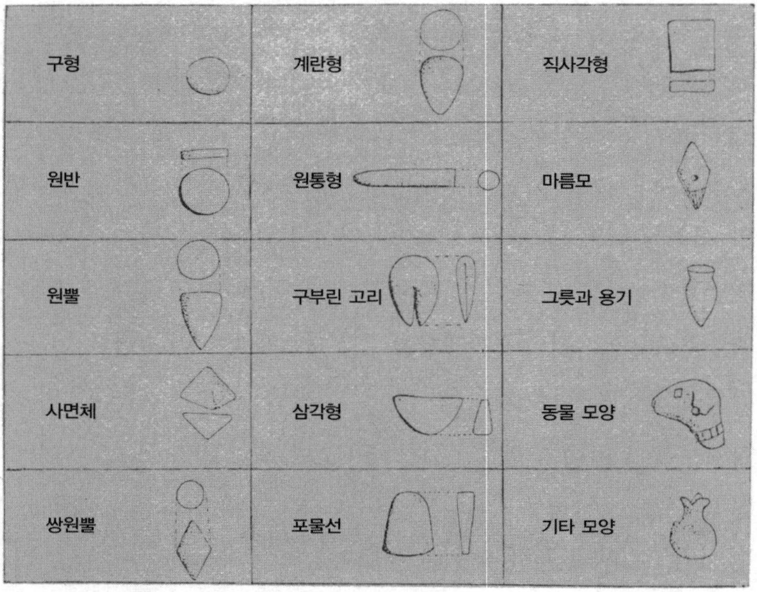

구형		계란형		직사각형	
원반		원통형		마름모	
원뿔		구부린 고리		그릇과 용기	
사면체		삼각형		동물 모양	
쌍원뿔		포물선		기타 모양	

그림 7. 부호의 15가지 유형과 그 하위 유형. 작성: Ellen Simmons

대 지름을 따라 원형으로 깎아낸 계란형 물표 모양이다. 수를 나타내는 기호 또한 물표에 대응되며, 특히 작은 원뿔은 1, 구는 10, 큰 원뿔은 60에 해당한다. 쌍원뿔과 삼각형 같은 물표들도 해독되지 않은 기호와 대응한다. 물표 체계의 발전 과정을 보면 물표와 기호의 관계가 우연이 아니며, 물표가 문자로 이어졌음을 알 수 있다.

최초의 물표가 발견된 신석기 초기는 인류 사회에 크나큰 변화가 일어난 시기였다. 물표는 농경과 작물화, 가축화가 (수렵 채집에 기반을 둔) 옛 경제를 서서히 대체한 신석기 현상의 일환이었을 것이다. 따라서 농경에 따른 정착 생활로 기록이 필요하게 된 것이라 추측할 수 있다. 초기 농경민은 새로운 문제들에 부딪혔는데, 그중에서 가장 중요

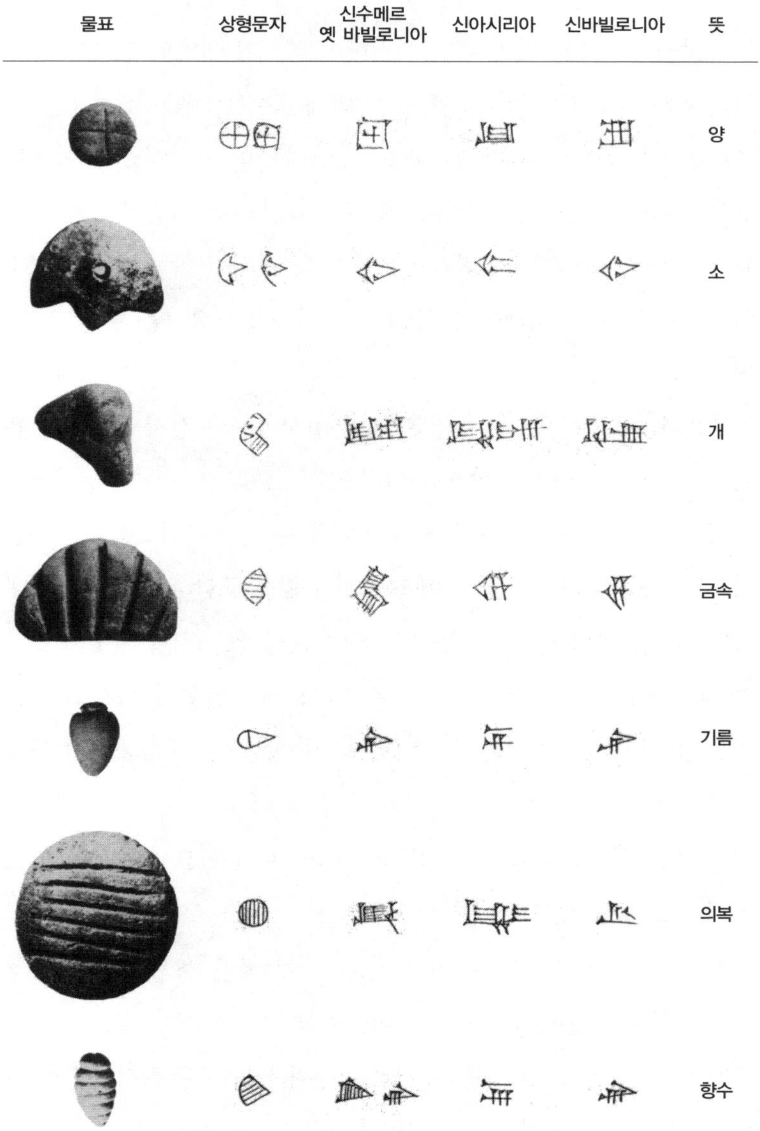

물표	상형문자	신수메르 옛 바빌로니아	신아시리아	신바빌로니아	뜻
					양
					소
					개
					금속
					기름
					의복
					향수

그림 8. 물표가 설형문자로 발전하는 과정.

한 것은 수확물의 저장이었다. 수확물의 일부는 일가족이 일 년 내내, 특히 춘궁기에 먹고살기 위해 저장해야 했으며 씨앗의 일부는 파종하기 위해 따로 떼어두어야 했다. 두 번째 문제는 (예전에 유목 생활을 할 때 다니던) 생태적으로 다양한 지역에서 물자를 얻는 것이었다. 이들은 유목 생활을 계속하는 부족과 교역 관계를 맺고 먼 지방의 외래 산물과 원료를 수확물과 교환했을지도 모른다. 따라서 식량 자원을 관리하고 타 부족과 교역해야 할 필요성이 기록의 필요성을 낳았으리라 짐작된다.

물표가 발견된 최초의 유적은 테페 아시아브와 간지-이-다레 유역(이란)이며, 둘 다 기원전 8500년경으로 거슬러 올라간다. 당시에도 물표는 구, 원반, 원뿔, 사면체, 계란형, 원통형, 구부린 고리, 삼각형, 직사각형, 도식화된 동물 등 아홉 가지 유형을 포함하는 정교한 형태였다. 구의 4분의 1 조각, 2분의 1 조각, 4분의 3 조각을 비롯해 표지가 새겨진 원뿔, 구, 원반 등 하위 유형도 20개에 달했다. 이후 1000년 동안 물표 체계의 진화를 추적해보면, 기원전 8000~4000년의 신석기 및 금석병용기 시대에는 변화가 거의 없었음을 알 수 있다. 이것은 기존 물표 체계가 초창기 농경민의 가정경제의 필요에 잘 들어맞았기 때문일 것이다.

기원전 6500년경 테페 사라브의 물표 출토품은 28가지 하위 유형으로 나뉘며, 기본형(구, 원반, 원뿔, 사면체, 삼각형, 직사각형, 동물 모양 등)을 크기와 표지로 달리 나타냈다. 새로운 하위 유형 중에는 사각뿔과 (장식적으로 표현한) 소머리 모양이 있었다.

금석병용기 시대에는 공동체의 잉여생산물이 세금의 형태로 사원에 축적되기 시작했을 가능성이 있다. 개인의 납세 현황을 추적하려면 기록이 필요했을 테지만, 이 같은 새로운 회계의 필요성은 기존 체계로도 감당할 수 있었을 것이다. 기원전 5500∼4500년의 텔 아르파치야, 텔 에스-사완, 차가 세피드, 자파라바드 유적에서 출토된 물표에서는 사소한 변화만이 나타난다. 바뀐 점이라고는 쌍원뿔 형태에서 새로운 유형이 등장했고, 기존의 찍고 긁어내는 기법 대신 검은 점과 선을 칠했다는 것뿐이었다.

기록 체계에서 주목할 만한 변화가 일어난 것은 기원전 3500∼3100년경 청동기시대 들어서였다. 이 시기에 두 번째의 거대한 문화 '혁명'이 일어난다. 도시가 탄생한 것이다. 고대 메소포타미아와 이란의 유적을 조사한 바에 따르면, 인구가 급격히 증가하면서 사람들이 밀집해 사는 도회적 중심지가 전통적인 촌락 옆에 생겨난다. 다양한 유형의 이들 정착지에서 출토된 유물을 보면 수공업이 전문화되고 대량생산이 시작되었음을 알 수 있다. 역청이나 청동 같은 원료와 돌접시나 도기 같은 완제품을 제조하는 곳은 특정 장소에 몰려 있었던 듯하다. 이를테면 돌림판이 발명되자 산업적 도자기 공방이 생겨나 멀리까지 제품을 공급할 수 있었으며, 이렇게 제작된 도자기가 가정에서 만든 기존 도자기를 대체했다. 수공업이 전문화됨에 따라 근거리, 원거리 교역도 부쩍 활성화되었다. 청동기 유적에서 흑요석과 라피스라줄리(짙은 청색을 띠는 준보석準寶石 – 옮긴이) 같은 수입품이 발견된 것을 볼 때 멀리 떨어진 외국과 교역이 성행했음을 알 수 있다. 집약적 교역에 기반을 둔 새로운 경제체계가 생겨나자 기록의 필요성도 덩달아 커졌다. 생산, 제품 보관, 운송, 임금 지급을 하려면 정확한 계산이 필요했다. 상인들은 분쟁에 대비해 거래 내역을 보관해야 했다. 기원전 3100년경이 되자 더 복잡한 상업적 회계가 필요해졌다.

기록 체계의 주요한 변화를 설명하기 전에 우루크, 텔로, 파라(메소포타미아), 수사, 초가 미시(이란), 하부바 카비라(시리아) 등 기원전 4000년의 유적에서 구, 원반, 원통형, 원뿔, 사면체, 쌍원뿔, 직사각형 등 모든 유형의 물표가 여전히 발견되고 있음을 일러둔다. 이와 더불어 포물선, 평행사변형, 용기의 축소판 등 새로운 유형의 물표가 출토되었다. 하지만 가장 중요한 변화는 표지가 많아졌다는 것이다. 앞에서 언급한 지역에서 출토된 기원전 3100년경 물표 660개를 토대로 한 최근 연구에서는 물표의 55퍼센트에 표지가 새겨져 있었다(그림 9). 대부분은 뾰족한 막대기나 펜으로 깊은 홈을 파서 새긴 것이었다.

표지는 물체에서 가장 눈에 잘 띄는 곳에 새겼으며 당시의 예술품이 그렇듯 대칭을 이루었다. 구, 원뿔, 계란형, 원통형 등 둥글게 생긴 물표는 사방에서 볼 수 있도록 가운데에 표지를 새긴 반면 원반, 삼각형, 직사각형 같은 납작한 물표는 한쪽 면에만 표지를 새겼다. 패턴은 대부분 평행선이지만 교차하거나 열십자 모양을 한 선들도 있다. 선의 개수는 제멋대로 정한 것이 아닌 듯하다. 한 개부터 열 개까지 모든 개수가 관찰되지만 그중에서도 한 개, 두 개, 세 개, 다섯 개가 가장 눈에 띈다. 두 개를 제외하면 홀수 개가 더 많이 쓰이고 있음은 주목할 만하다. 물표의 4퍼센트에는 막대기나 펜의 뭉툭한 끝으로 둥근 표지가 찍혀 있으며, 이는 모든 유형에 골고루 나타난다(그림 9). 둥근 표지는 한 개만 찍혀 있거나 여섯 개가 한 줄로 또는 세 개씩 두 줄로 찍혀 있다. 드물지만 덩어리나 고리 모양의 표지를 붙여넣은 물표도

그림 9. 기원전 3100년경 수사(이란)에서 출토된 물표(선을 새긴 것, 둥근 모양을 찍은 것, 구멍을 뚫은 것). 루브르 박물관(프랑스, 파리).

있다. 표지가 많아진 것은 물표 체계의 정확성을 높이고 (방대한 개념을 표현할 수 있도록) 어휘를 늘려야 했기 때문일 것이다.

눈에 띄는 특징 중 또 하나는 물표를 제작할 때 공을 더 많이 들였다는 것이다. 진흙은 입자가 매우 고왔으며, 불순물을 제거하기 위해 체로 쳤음이 분명했다. 물표는 조심스럽게 제작되었다. 모서리가 매우 똑바르고 날카로워 마치 거푸집으로 찍어낸 듯했지만, 크기가 제각각인 것을 보면 하나씩 따로 만들었을 것이다. 메소포타미아뿐 아니라 시리아와 이란에 걸쳐 발견된 물표들이 진흙의 양, 색깔, 제조 방법, 표면 처리 면에서 매우 유사하다는 사실은 물표가 일반 가정이 아니라 공방에서 제작되었음을 뜻한다. 물표 체계의 또 다른 중대한 변화는 구멍이다(그림 9).

기원전 3100년경 물표의 30퍼센트에는 조그만 구멍이 뚫려 있다.

구멍은 15가지 유형에서 발견되었으며, 이들은 기본형과 (선을 새기고 둥근 모양을 찍은) 하위 유형으로 나뉜다. 다시 말해서 모든 유형의 물표는 구멍이 뚫린 것과 뚫리지 않은 것이 섞여 있는 듯하다. 이는 물표를 그냥 손으로 다룰 수도 있고 끈에 꿰어 쓸 수도 있다는 뜻이다. 몇 가지 사용 방법을 생각해보자. 첫째, 물표를 부적처럼 목에 건다. 둘째, 주판처럼 물표를 평행한 막대기에 꽂는다. 마지막으로, 특정한 거래에 쓰인 물표를 함께 엮어둔다. 구멍이 작아서 가는 끈만 통과할 수 있는 것을 보면 마지막 가설이 가장 그럴듯해 보인다. 더 중요한 사실은 구멍에서 닳은 흔적을 찾을 수 없었다는 것이다. 이것은 물표를 한 번만 썼거나 무게를 가하지 않고 썼음을 나타낸다(이를테면 물표를 끈에 꿰어 보관했을 수 있다).

'불라'라는 진흙 용기가 나타난 것도 기원전 3100년경이다. 불라는 특정한 거래를 나타내는 물표들을 안전하게 모아두어야 했음을 보여준다. 용기를 만드는 법은 간단해서, 테니스공 크기의 진흙덩이를 손가락으로 눌러 속을 비우고 물표를 집어넣으면 된다. 그런 다음 진흙으로 입구를 막아 불라를 밀봉한다. 불라의 진흙 표면은 원래 매끈했을 텐데, 표면의 무늬는 거래 당사자들이 (수메르 관습에 따라) 거래 승인 표시로 찍은 인장 자국일 것이다. 실제로 대부분의 불라는 인장이 두 개씩 찍혀 있다(그림 10).

피에르 아미에는 불라가 농촌에서 제작되어 도시의 유통 센터로 운송되는 완제품 ─ 이를테면 직물 ─ 의 교환 영수증 구실을 했으리라 추정한다. 생산자가 중간상에게 제품을 넘겨주면서 건네는 불라 안에는 제품의 수량에 해당하는 물표가 들어 있었다. 불라는 위조를 방

그림 10. 포로를 나타내는 인장이 찍힌 불라. 수사(이란)에서 출토. 루브르 박물관(프랑스, 파리).

지하기 위해 단단히 밀봉되었다. 제품을 받은 사람은 불라를 깨뜨려 수량이 정확한지 확인했다. 이같이 불라는 매우 편리한 수단이었지만, 커다란 단점이 한 가지 있었다. 불투명한 진흙 용기에 들어 있는 물표의 개수를 볼 수 없기에 수량을 확인하려면 반드시 불라를 깨뜨려야 한다는 것이었다. 해결책은 안에 넣은 물표를 불라 표면에 표시하는 것이었다(그림 4).

구형 표시는 구나 원반을 나타내고, 원뿔형 표시는 원뿔을 나타내는 식이다. 가장 눈길을 끄는 예는 하부바 카비라에서 출토된 것으로, 진흙 불라 안에는 계란형 물표 여섯 개가 들어 있었으며, 물표는 최대 지름을 따라 깊은 홈이 파여 있었다. 물표들이 불라 표면의 표시에 꼭 들어맞는 것을 보면 물표를 불라 안에 넣기 전에 불라 표면에 찍은 것이 분명했다. 불라 표면의 계란형 함몰 부위에는 물표의 홈이 파인 자리를 따라 튀어나온 자국이 있었다. 이 표시는 우루크 점토판에서 '기름'을 나타내는 초기 기호와 생김새가 똑같다. 이 표시 방법을 고안한 사람은 물표 체계를 대체할 의도가 없었겠지만, 결과적으로 그렇게 되었다. 불라와 봉인을 깨뜨리지 않고도 언제든 물표의 수량과 종류를 '읽을' 수 있다는 것은 매우 편리한 혁신이었다. 이는 물표 자체가 아니라 물표의 이미지 —기호—를 이용했다는 점에서 고대 기록 체계와 문자의 중요한 연결 고리로 볼 수 있다. 이것은 물표와 우루크 점토판의 초기 기호가 비슷하게 생긴 이유를 밝혀줄 열쇠다. 불라 외부의 표시 체계가 널리 채택되고 이해되자마자 내부의 물표 체계는 쓸모를 잃고 사라진 것이 틀림없다. 속이 빈 진흙 공(불라)은 속이 꽉 찬 진흙 공(점토판)으로 바뀌었고, 안에 들어 있던 물표는 겉의 표시로 바뀌었다(그림 1). 물표 체계에서 문자 체계로 넘어간 것이다.

불라와 초기 점토판에 기호를 표시하는 방법은 아직 조잡했으며 물표, 손가락, 뭉툭한 막대기 등 다양한 도구가 이용되었다. 따라서 기호의 정확도가 떨어졌으며, 특히 구와 원반, 원뿔과 사면체를 구분하기 힘들었다. 이후에 뾰족한 전용 도구나 펜으로 긁어 쓰는 방법이 개발되자 물표의 형태와 다양한 표지를 더 정확하게 표현할 수 있었다. 이들 기호를 상형문자라 불러도 무방할 것이다. 하지만 기호는 대상물 자체의 모양을 재현한 것이 아니라 앞선 기록 체계에서 대상물을 나타내는 물표를 재현한 것이었다. 문자가 발전함에 따라 금속 도구, 쟁기, 전차 등 (해당 물표가 존재하지 않는) 새로운 발명품을 나타내는 어휘가 문자화되었으며, 이것이야말로 진정한 상형문자 — 즉 사물 자체를 그린 기호 — 였다.

통념과 달리 문자는 갑자기 발명된 것이 아니라 기원전 9000년 이전에 서남아시아에 독자적으로 존재하던 기록 체계의 발전 단계를 나타내는 것인지도 모른다. 이 최초의 회계 체계는 다양한 기하학적·불규칙적 형태의 물표가 토대가 되었다. 이 체계는 기원전 4000년까지 별다른 수정 없이 쓰이다가 교역이 발달하자 급격히 변화되었다. 상거래용 물표를 안전히 보관할 진흙 용기(불라) 표면에 안에 든 물표 개수를 표시해 새긴 것이다. 물표의 이미지(또는 기호)를 이용하는 체계는 매우 효과적이었으며, 이내 기존 기록 체계를 대체했다. 이 가설이 옳다면 고대 점토판의 특징들, 특히 진흙을 재료로 쓴 이유와 모양이 볼록한 이유를 설명할 수 있다. 둘 다 점토판의 선조인 불라의 특징이기 때문이다. 이것은 초기의 일부 기호가 추상적인 형태인 이유 — 물표의 형태를 나타낸 것이기 때문 — 와 문자가 방대한 지리적 영역에서 급속히 받아들여진 이유를 설명하는 것이다. 문자는 서남아시아 전역에서 5000년 동안 쓰이던 옛 기록 체계에서 빌려온 친숙한 형태를 기반으로 삼았다.

3
아시리아인의 유머감각을 찾아서

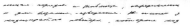

우리가 알고 있는 고대 서아시아(근동) 사람들의 이미지는 성경에서 유래한다. 성경을 직접 읽지 않더라도 영화나 역사 소설, 교회학교의 읽을거리, 성경 만화책을 통해 이미지를 형성하는 것이다. 1000년이 지나도록 이들의 이미지는 (선인이든 악당이든) 미소와 유머감각이라고는 찾아볼 수 없는 사람으로 묘사되었다. 이들의 웃음은 무자비한 정복자의 음산한 외침이요, 이들의 환희는 금지된 난교를 벌이는 찰나일 뿐이다.

하지만 윌슨 E. 스트랜드는 많은 역사가와 아시리아 학자가 이 같은 대중적 이미지를 부추겼다고 말한다. 그는 기원전 18∼기원전 7세기를 누빈 이 호전적이고도 관료적인 나라에도 유머감각이라는 인간적인 특징이 있었다고 주장한다. 스트랜드는 자민족 중심주의와 20세기 중심주의로 유머를 판단하지 말라며, 아시리아인에게 희극적 감각뿐 아니라 섹스, 세대차, 헛똑똑이, 타 민족 등을 희롱하는 유머감각이 있음을 보여주는 예를 다양하게 제시한다. 이것은 쉬운 일이 아니다. 미소의 기원이 이빨을 드러내고 으르렁거리는 표정이며 웃음의 기원이 저열한 비웃음이라는 희극 이론을 들먹이지 않더라도, 우리는 기지 넘치는 아이러니로 간주되는 옛 속담이 한때는 심오한 지혜의 표현이었으며 엄숙한 예식 장면에 하찮은 세부 묘사를 집어넣은 그림이 중요한 신화적 전거典據를 인용한 것이 아닌지 알 도리가 없다.

스트랜드가 다루는 분야는 대중문화 연구에 풍부한 결실을 가져다줄 수 있다. 유머, 놀이, 희극은 문화사에서 좀처럼 주목을 받지 못하는 분야다. 대체로 역사는 지배계급이 원하는 방식으로 이야기되며, 불굴의 의지로 용감하게 싸우고 건전하게 사고하는 데서 존재 가치를 찾는다. 우리의 야망, 보상, 영광이 대중과 신의 웃음거리가 될 수도 있다는 생각은 애써 외면한다.

● ●

윌슨 E. 스트랜드 Wilson E. Strand

미시건 주 홀랜드의 호프 칼리지에서 역사를 가르치고 있다. 이 글은 시카고 대학 동양연구소 국립 인문학기금 박사후 세미나의 결과물이다.

영생을 얻으려는 모험에 실패한 길가메시는
인간의 팔자를 생각하며 위안을 얻는다.

낮이고 밤이고 기뻐할지어다.
하루하루 기쁨의 잔치를 즐길지어다.[1]

아슈르바니팔(그의 도서관에서 길가메시 서사시가 발견되었다)이 왕이 된
뒤 받은 편지를 보면 기쁨에 들뜬 그의 백성도 길가메시와 같은 즐거
움을 누리고 있었다. "노인은 춤추고, 젊은이는 행복의 노래를 부르
고, 여인과 처녀는 기쁨에 겨워 여자의 도리[출산]를 배우는도다."[2] 아
슈르바니팔이 치세 말년에 엘람(이란 남서 지역의 고대국가―옮긴이)과의

힘겨운 전투를 앞둔 어느 날, 꿈에 여신 이슈타르가 나타나 그를 안심시킨다. "먹고 마시고 즐길지어다."[3] 그러면서 적敵은 자신에게 맡기라고 말한다.

아시리아인에 대해 사전 지식이 없는 학생이 이런 근거만을 접한다면 아시리아인은 쾌락을 좋아하는 민족이었으며 신의 명을 따라 행복한 삶을 추구하고 누렸다고 결론 내릴 것이다. 실제로도 아시리아인에게 하루하루는 음악과 춤, 여흥으로 가득한 "기쁨의 잔치"였을 것이다.

음악, 악기, 음악가가 아시리아인의 삶에서 드물지 않았다는 —특히 종교 행사와 왕실 행사에서— 근거는 적지 않다.[4] 센나케리브와 아슈르바니팔은 왕궁에서 음악을 즐겼으며,[5] 잔치가 일상적으로 벌어진 듯하다. 그중에서도 맥주와 포도주를 곁들인 왕실 축제가 가장 성대했을 것이다. 아슈르나시르팔 2세는 열흘 동안 잔치를 벌이면서 손님 6만 9574명에게 환대를 베푼 것을 자랑하기도 했다.[6]

아시리아인에게 유머감각도 있었을까? 유머를 '재미를 일으키는 것'으로 정의한다면, 삶의 기쁨으로 충만한 사람에게는 풍부한 유머감각이 있으리라고 짐작할 수 있다.

하지만 사람들은 아시리아인에게 유머감각이 있을 가능성조차 외면한다. 아시리아인이라고 하면 사람들은 '동방의 채찍'이라는 이미지를 가장 먼저 떠올리며, 유머감각이 없는 민족이 하나라도 있다면 —인간 본성에 비추어볼 때 그럴 리 없지만— 그것은 아시리아인일 것이라고 말한다. 아시리아 왕이 거대한 건물의 건축자요, 독실한 신앙인이요, 문학의 후원자이자 수호자였다는 사실이 밝혀져도 그러한 이미지는 바뀌지 않는다. 아시리아인이야말로 전쟁의 민족이었기 때문이다. 한 저술가는 아시리아인이 피에 굶주린, 비인간적이고 두렵고 사악한 민족이라고 말한다. 아시리아인은 전쟁 자체가 목적이요, 본성에 내재한 폭력을 분출하는 수단이었으며 승리는 남을 고문할 절호의 기회였다는 것이다. 이 저술가는 고대 아시리아인을 제대로 이해하고 싶다면 "고통의 정원"을 들여다보라고 말한다.[7]

사람들은 아시리아인이 이토록 냉정하고 폭력적인 성격을 띠게 된 원인을 다양하게 설명한다. 야콥센은 메소포타미아의 혹독하고 예측할 수 없는 자연환경을 원인으로 제시한다.[8] 기름진 유역을 차지하고, 군침을 흘리는 이웃 나라에 둘러싸여 있으니 그럴 수밖에 없다고 말하는 사람도 있다. 혹자는 아시리아인의 성격이 종교 탓이라고, 또는 아시리아인의 종교가 성격 탓이라고 말하기도 한다. 콩트노는 "아시리아인은 인류 역사상 가장 가혹한 종교의 속박을 받았으며" 일상생활은 "가혹한 의무의 거미줄" 속에 얽혀 있었다고 단언한다. 한 발만 잘못 디뎌도 의례를 범할 수 있으며 그랬다가는 하늘의 분노가 온갖 불운의 형태로 쏟아지리라는 것이다. 심지어 저승에 가서도 태양의 온기를 누리지 못하고 메소포타미아의 사나운 모래 폭풍에 시달린다고 한다. 아시리아인은 "어찌할 수 없는 고통에 사로잡힌 포로"였다. 콩트노는 아시리아인에게 "웃음은 낯선 존재"였다고 단호하게 결론 내린다.[9] 아시리아인의 성격을 이보다 더 암울하게 표현한 말은 없을 것이다. 하지만 이 글에서는 인간의 본성을 논하지 않고도 —비록 뚜렷한 증거가 부족하기는 하지만— 아시리아인에게 유머감각이 없지 않았음을 입증하려 한다.

현대의 유머는 종류가 무궁무진하며, 시간이나 거리가 조금만 떨어져도 이해가 되지 않거나 이해되더라도 웃음을 주지 못한다. 영국인에 대해 알지 못하는 미국인이 영국 잡지 《펀치Punch》에 실린 만평을 보고 웃지 못하는 것은 이 때문이다. 유머는 외부인이 간과하기 쉬운 특정한 동시대의 전거, 단어의 뜻, 대조, 사회적 이해를 토대로 하는 경우가 많다. 현대인 중에서 메소포타미아인의 말장난을 이해할 사람은 아시리아 학자뿐이다. 그것도 정신을 바짝 차려야 알아차릴 수 있다. 유머는 가장 정교하고도 난해한 인간의 표현 수단이므로 현대인이 아무리 노력하더라도 옛 유머를 온전히 이해할 수는 없다.

문맹인들의 일상 유머는 대다수가 구두로만 전해진다. 이를테면 메소포타미아의 권주가勸酒歌 중에서 지금껏 남아 있는 것은 수메르어로 쓰인 것 하나뿐이다. 이 노래가 살아남은 것은 맥주가 선사하는 '즐거운 기분', '행복한 마음', 신나는 분위기를 칭송했기 때문이 아니라 맥주의 여신 닌카시Ninkasi를 찬미하는 일종의 종교문학이었기 때문이다.[10] 하지만 맥주와 포도주와 노래는 언제나 사람들과 함께했기 때문에 틀림없이 아시리아인도 권주가를 불렀을 것이다.

유머가 기록으로 전하지 않는 또 다른 이유는 가치의 변화 때문이다. 카시테kassite 시대 이전에 풍부하던 메소포타미아 속담이 후대의 공식 문학에서 거의 자취를 감춘 것은 필경사들이 기록할 가치를 느끼지 못했기 때문이다. 하지만 이들 속담이 신아시리아와 신바빌로니아 편지에 삽입된 것을 보건대 구전으로는 전해 내려왔을 것으로 보인다.

편지에도 유머가 등장하지만 아주 가끔일 뿐이다. 바빌로니아의 한 관리는 상관에게 보낸 편지에서 자기 임지에 의사도 석공도 없는데 벽이 무너지고 있다고 불평한다. 벽을 당장 보수하지 않으면 돌이 떨어져 사람이 다칠지도 모른다는 것이다. 관리는 상관에게 석공을 보내달라고, 안 되면 의사라도 보내달라고 청한다.[11]

기록된 유머를 연구할 두 가지 주요 자료는 문학과 미술이다. 하지만 미술 속의 유머는 눈을 크게 뜨지 않으면 보이지 않는다. 대영박물관에 소장된 얕은 부조 작품에서는 사자탈을 쓴 광대 두 명이 맨발로 뛰어다니고 옆에서는 한 남자가 기타를 퉁긴다.[12] 이 장면은 군 숙영지를 묘사한 작품의 일부이며, 시기는 (아시리아 왕 중에서 가장 난폭하고 잔인하다고 일컫는) 아슈르나시르팔 2세 재위로 거슬러 올라간다. 니네베의 한 부조 작품은 악단이 악기를 연주하며 행진하고 여자와 아이들이 손뼉을 치며 뒤따르는 흥겨운 장면을 담고 있지만,[13] 이것은 엘람의 왕 테우만을 무찌른 것을 기념하는 개선 행진이었다.

미술가나 관객, 또는 둘 다가 익살스럽게 여겼을 작품이 더 있지만 속단하기는 힘들다. 동물 교향악단은 익살스러운 민담을 떠올리게 했을 것이다.[14] 배를 채우기보다는 입을 맞추는 데 더 열중하는 낙타 두 마리도 있다.[15] 겁에 질린 사냥꾼을 수사슴(그림 1)이 눈을 반짝이며 쳐다본다.[16] 엄숙한 표정으로 공물을 들고 있는 사람과 그의 단정히 빗은 머리 위로 원숭이가 킥킥거리며 기어오른다.[17] 아슈르나시르팔 2세가 군침을 흘리며 포도주 잔을 바라본다.[18]

하지만 왕실 화가들이 왕족을 놀림감으로 삼았을 가능성은 희박하다. 현대인에게 익살스럽게 보이는 것이 고대인에게는 그렇지 않았을지도 모른다. 이를테면 아슈르나시르팔 왕이 병사를 이끄는 장면

그림 1. 사슴 사냥. 사슴의 길게 뺀 목과 눈, 작품의 전체 구성은 심각한 분위기를 자아내지 않는다. 알레포 국립박물관(시리아).

이 있다. 목부터 턱까지 갑옷을 두른 왕은 아메디를 포위한 채 힘겨운 전투를 벌이고 있다. 90미터 높이의 성채 꼭대기에서 적들이 공격을 퍼붓는데, 아시리아 왕을 보호하는 것은 고작 파라솔 하나뿐![19]

한편 쿠두루가 아들과 함께 염소 가죽에 올라탄 채 아래로 비행하는 장면은[20] 승리한 아시리아인의 자부심을 드높이고 적들의 무력한 처지를 비웃기 위한 것이었을지도 모른다. 궁정 생활을 즐기는 아슈르바니팔과 왕비 옆에 서 있는 나무에는 오늘날 크리스마스트리에 별을 달듯 엘람의 왕 테우만의 소름 끼치는 머리가 달려 있다.[21] 이 악명 높은 작품(그림 2)은 대조적 상황이나 적의 나약함을 일깨워 (요즘 대학생에게와 마찬가지로) 아시리아인에게 웃음을 자아냈을지도 모른다. 하

그림 2. 풍족한 삶을 누리는 아시리아 왕과 왕비를 그린 이 유명한 작품은 전형적이고 매우 진지해 보인다. 하지만 크리스마스트리 장식처럼 매달린 적의 머리를 보라. 소름 끼치는 세부 묘사는 웃음을 자아내기 위한 것일까? 대영박물관(영국, 런던).

지만 아시리아 미술은 계산된 공포를 일으키려 했든 종교적 목적을 위해서였든 아시리아의 군사적 위업을 강조했다. 따라서 이집트인들이 일상생활에서 소중하게 간직한 흥겨운 장면들이 아시리아 미술에서는 부적절하거나 군주의 뜻에 반하는 것으로 완전히 무시되었다.

문학에는 유머가 미술에서보다 자주 등장하지만 뚜렷이 드러나지는 않는다. 벌레가 먹이를 점지해달라고 공의公義의 신에게 간청하다가 인간의 이빨을 받게 되는 이야기는, 현대인에게는 익살스러울지 모르지만 치통을 앓는 고대 메소포타미아인에게는 웃을 일이 아니었다. 그에게는 이 이야기가 벌레를 몰아내고 치통을 낫게 해줄 주문이었기 때문이다.[22]

유머가 가장 잘 드러나는 것은 현대 학자들이 '지혜문학'이라고 이름붙인 작품, 특히 ① 속담과 수수께끼 ② 필경문학 ③ 대결문학 ④ 서사문학 ⑤ 민속문학이다.

속담은 드러내놓고 웃음을 일으키기보다는 사물의 이치를 깨우치게 해 미소를 자아낸다. "저축하면 도둑맞을 것이로되, 낭비하면 누가 나를 도와주겠는가?"[23] 남자끼리 통하는 속담도 있다. "빈집은 남편 없는 여인"[24], "먹지도 않고 배가 불렀느냐?"[25]라는 속담은 남편도 없는데 임신했음을 가리킨다. 여자에 대한 속담으로는 "그대는 낡은 화덕 같아서 바꿀 수가 없다오"[26]가 있다.

어부가 친구들의 장난에 당하는 장면은 언뜻 심각해 보이지만 두 번째 문장에서 반전이 엿보인다. "녀석들이 나를 물속에 처넣어 목숨이 위태로웠다. 물고기는 못 잡고 옷만 잃었다."[27] 상인의 유머도 있다. "우정은 하루를 가지만 거래 관계는 평생을 간다."[28] 전부 아시리아어로 되어 있지만 기원은 더 오래되었을 것이다. 짧고 함축적인 이 속담들은 기록되기 이전에 구두로 전해진 것이 틀림없다. 유머나 재치의 수준을 판단하기는 어느 것 하나 쉽지 않다.

어떤 소재도 공격의 화살을 피할 수 없었다. "네가 가서 적의 영토를 짓밟으니, 적이 와서 너의 영토를 짓밟는도다"[29]라는 속담은 왕이나 귀족의 군사작전을 반어적으로 표현한 것이다. 아시리아인도 알고 있었을 신바빌로니아 속담은 죽음마저도 웃음거리로 삼았다. "닝기시지다(지하 세계의 신)에게 '살려주시오!'라고 말하지 말라."[30] 이 속담을 다른 상황에 적용할 수도 있다. 현대식으로 바꾸면 이렇게 말할 수 있을 것이다. "세금 징수원에게 '돈 좀 빌려주시오!'라고 말하지 말라."

일부만 남아 있는 중기 아시리아의 속담집은 ─란즈베르거 말이 옳다면─ 기발한 (또는 변태적인) 괴벽을 가진 아모리족 부부의 독특한 대화를 기록한 것이다. 속담에서 부부는 옷을 바꿔 입고 서로에게 구애한다. '남편'(실은 아내)이 '아내'(남편)에게 말한다. "사랑하는 이의 명에를 지소서." 부부는 유머를 살려 재치 대결을 벌인다. '아내'가 '남편'의 신체적 매력을 칭찬한다. "제 자태는 수호천사요, 엉덩이는 매력덩어리랍니다. 제게 홀딱 반할 신랑감은 누구일까요?"[31] 이런 식으로 얼마든지 이어나갈 수 있다.

수수께끼는 상대방이 골머리를 썩히다 무릎을 탁 치게 만드는 것이지만 지금은 이해할 수 없는 것이 태반이다. 가장 간단한 수수께끼로 이런 것이 있다.

눈이 열리지 않은 자가 들어가고
눈이 열린 자가 나오는 것은?[32]

정답은 '필경사 학교'다.

이런 종류의 지혜를 존중하는 관습은 티글라트 필레세르 3세 이후로 아시리아 서판에 가장 흔히 등장하는 신이 아슈르나 이슈타르가 아니라 필경사의 지혜의 신 나부Nabu였음에서 드러난다. 나부는 이름난 다른 신들과 달리 배경 신화가 없으며 별 볼일 없는 도시 보르시파의 수호신이다.[33] 주로 필경사의 수호신이기는 하지만, 아슈르바니팔의 도서관에 있는 여러 서판에는 나부가 왕에게 학식을 가져다준다고 기록되어 있다.[34]

에사르하돈 왕은 바빌로니아의 비非바빌로니아계 지도자에게 보내는 편지에서 자신이 그들의 편지를 읽지도 않고 돌려보내는 이유를 설명하기 위해 두 가지 속담을 인용한다. "도공의 개가 (따뜻한) 공방에 기어 들어가면 주인을 보고 짖는다"라는 속담은 비바빌로니아인들이 왕에게 '짖고' 바빌로니아인처럼 행세한 이유를 묻고자 함이다. "간통한 여인이 법정에서 하는 증언은 그 여자 남편이 (멀리서) 하는 증언보다 더 설득력이 있다"라는 속담은 할 말 있으면 직접 찾아오라는 뜻이다.[35] 이같이 충고를 부드럽게 전해 상대방을 설복하는 데도 유머가 쓰인다.

필경문학에서는 유머가 가장 뚜렷이 드러난다(대개는 일종의 '끼리끼리 유머'다). 교육 용도로 유머가 쓰였을 뿐 아니라 학생들이 유머가 담긴 이야기나 대화를 즐겨 필사했기 때문일 것이다. 메소포타미아 속담 중에 상당수가 이 유형에 속한다. "수다 떠는 필경사는 죄가 크도다"[36]라는 속담은, 필경사의 임무는 말하는 것이 아니라 듣는 것이지만 반대의 경우가 적지 않았음을 암시한다. 지혜로운 사람 ─ 필시 필경사일 테지만 ─ 을 향해 수다쟁이나 멍청한 게으름뱅이와 잡담하며 시간을 허비하지 말라고 충고하는 속담도 있다. 자신의 본분을 잊고 딴생각을 품게 만들기 때문이다.[37]

'학창 시절'이라는 제목이 붙은 옛 바빌로니아 글은 학생과 선생 사이의 미묘하면서도 변함없는 관계를 해학적으로 묘사한다. 입학 후 첫날, 학생이 부모에게 말한다. "다 맘에 들어요." 하지만 이튿날 지각을 한 뒤로 만사가 꼬이기 시작한다. 학생은 이 선생 저 선생에게 꾸중과 매질을 당한다. 교장은 "등굣길에 빈둥거리고 복장을 제대로 갖추지 않았다"며 때리고, 선생은 입학 첫날 저지른 실수를 들먹이며 매를 든다. 온종일 시달린 학생은 선생의 마음을 돌리기 위해 아버지와 모의한다. 이어 전혀 낯설지 않은 장면이 벌어진다. 선생이 학생의 집에 초대받는다. 술과 아첨과 선물 공세가 이어지자 결국 선생이 학생을 칭찬한다. 학생은 앞으로는 학교에서 험한 꼴을 당하지 않을 것이다.[38] 필경사 유머에서 필경사의 삶을 소재로 삼는 것은 아주 자연스럽다. 란즈베르거는 '학창 시절'을 예로 들어 필경사의 자아상에서 유머감각을 발견할 수 있다고 말한다.[39]

대화(또는 입씨름)는 아주 오래전부터 학생들에게 인기를 끌었을 것이다. 대결문학은 메소포타미아의 한 문학 장르로서 바빌로니아인과 아시리아인에게 친숙했다. 대추야자와 위성류가 왕실 정원에 나란히 앉아 누가 인간에게 더 귀중한지를 놓고 설전을 벌인다. 위성류가 경의를 표하는 척 "오, 현자의 아버지여"라며 포문을 열지만 대추야자가 이내 되받아친다. "정신 차려, 이 미친놈아!"[40] 대결문학은 대개 신이나 왕이 판정을 내리는 것으로 되어 있기 때문에, 독자나 청중은 여느 대결에서처럼 —이를테면 농부와 양치기가 이슈타르에게 구애하는 이야기[41] —자기 일같이 몰입하고 자기편이 점수를 얻으면 덩달아 기뻐했을 것이다.

여러 사본에서 발견되는 매우 유명한 대결[42]은 건방진 상급생과 대결하는 신입생을 호의적으로 묘사한다. 신입생이 자기 실력을 알아보기 위해 (교재를 베끼지 않고) 스스로 글을 써보겠다며 조교에게 장난스럽지만 도발적인 제안을 한다. 선생에게서 신입생을 이렇게 저렇게 지도하라고 구체적인 지침을 받은 조교는 어찌할 바를 몰라 당황한다. 아마도 2학년생일 이 조교는 한편으로는 신입생의 철없음을 비웃으면서도 다른 한편으로는 조교 자격을 잃을까 봐 걱정되었나 보다. 그래서 신입생에게 이렇게 묻는다. "네가 할 일을 네가 정하면 나는 뭘 하라고?" 하지만 조교는 사태를 외교적으로 해결하기로 마음먹고는 "오, 지혜로운 자여"라고 운을 뗀 뒤 신입생이 아직 필경사가 아닌 이유를 조목조목 읊는다. "너는 숫자를 적었는데 합계 내는 것을 잊어버린다. 편지를 썼는데 엉뚱한 주소를 쓴다. 네가 재산을 나누면 형제간에 분쟁이 일어난다." 이제 회심의 일격을 날린다. "오, 필경사에게 인정받지 못하는 자여. 아무짝에도 쓸모가 없구나."

이번에는 신입생이 조교의 무능력을 공격한다. "선배님은 곱하기도 못하고 기도문 쓰는 법도 모릅니다. 게다가 수다쟁이에 독설가입니다." 말을 주고받을수록 공방이 가열된다. 조교가 분통을 터뜨린다.

"하지만 너는 철부지 바보에다 허풍쟁이다. …… 이름조차 못 쓰지 않느냐?"

이후에 발견된 또 다른 서판에는 이 입씨름의 결말이 나와 있다. 교장이 나타나 둘이 싸우는 모습을 보고는 신입생의 말을 들은 뒤 호된 벌을 내리겠다고 겁준다. 회초리로 때리고 발에 사슬을 채워 두 달 동안 학교에 가두겠다는 것이다. 하지만 교장은 두 학생의 손을 잡고 행복한 결말을 맺는다.[43] 문제가 해결되자 두 적수는 악수를 하거나 그에 상당하는 화해의 몸짓을 취했을 것이다. 어쩌면 셋이서 손을 맞잡고 술집에 가서 화해의 잔을 기울였는지도 모른다. 크라메르는 이 글 전체가 희극적인 분위기를 띤다고 주장한다.[44]

시험을 소재로 한 글에서는 선생이 '아들'—아마도 낙제를 밥 먹듯 하는 학생을 가리키는 듯하다—에게 필사법을 익혔느냐고 묻는다. 학생이 자신 있게 대답하자 선생은 학생이 대답할 수 없는 어려운 문제를 내어 학생의 콧대를 꺾은 뒤 이렇게 혼쭐을 낸다. "지금까지 한 게 대체 뭐냐? 성인이 된 지 오래요, 이제 나이를 먹어가는 처지 아니냐? 늙은 당나귀처럼 도무지 가르칠 수가 없구나. …… 언제까지 시간만 축낼 작정이냐?" 하지만 선생은 아직 늦지 않았다며, 밤낮으로 노력하고 다른 학생과 선생의 말에 겸손하게 귀 기울이면 필경사가 될 수 있다고 학생을 격려한다.[45] 학생은 시험에 낙방했지만, 익살스러운 표현이 심각하고 두려운 분위기를 가라앉힌다.

필경문학의 수준과 전개는 일반적으로 필경사의 지적 수준과 호기심에 의해 좌우되었다. 필경사의 주 임무는 회계 장부를 기록하는 것이었지만, 필경문학을 통해 집단으로서의 성격을 현대인에게 드러낸다. 엄격하고 독재적인 사회에서는 자유로운 표현을 기대하기 힘들다. 하지만 고대 셈어 연구자인 C. 개드는 필경문학에서 보듯 아시리아인이 당대의 삶에 깊은 관심을 가졌으며 "인간 희극을 예리하게 간파"[46]했음을 보여준다. 아시리아인은 그 당시에 가장 자유분방한 — 적어도 가장 활기찬 — 민족이었을 것이다.

잘 알려진 '주인과 노예의 염세적 대화'는 — 아마도 아시리아어로 쓰였을 것이다[47] — 이 장르의 걸작이지만 전혀 염세적으로 보이지 않는다. 앞의 예와 달리, 이 대화는 지지 않고 맞서는 입씨름이라기보다는 정중한 대화에 가깝다. 주인공은 시간을 어떻게 때울지 몰라 지루해하는 귀족과 주인의 말에 무조건 찬성하는 노예다. 노예가 주인의 말에 맞장구를 칠 때마다 주인은 자기가 애초에 했던 말을 뒤집지만, 노예는 주인의 바뀐 말에 또다시 맞장구친다. 예를 들어보자.

이놈아, 내 말에 옳다 말하거라.
예, 주인님. 그렇지요.

내, 여인을 사랑하리라!

사랑하소서, 주인님. 사랑하소서!

여인을 사랑하는 남자는 곤궁함을 잊어버립니다요!

이놈아, 아니다. 나는 여인을 사랑하지 않을 테다.

사랑하지 마소서, 주인님. 사랑하지 마소서! 여인은 올가미요 덫이요 함정입니다. 여인은 날을 세운 칼이니, 젊은 남자의 목을 벨 것입니다.

대답은 천편일률적이지만 재치가 있고 웃음을 자아내기만 하면 문제가 되지 않는다. 이 대화는 주인이 노예의 재치를 시험하는 오락이다. 하지만 결국 넌더리가 난 노예가 반기를 든다.

이놈아, 내 말에 옳다 말하거라!

예, 주인님. 그럽지요!

선善이란 무엇이냐?

제 목과 주인님 목을 부러뜨리고 강에 뛰어드는 것이 선입니다.

어떤 연구자는 이 구절에서 허무주의 철학을 연상한다. 하지만 주인이 권위를 과시하는 것에 맞서 현명한 노예는 귀족이 쓸모없는 존재임을 더 똑똑히 보여준다. 선이란 무엇인가? 귀족의 일상적인 활동에서는 선을 찾을 수 없다. 경건함도, 사랑도, 자선도, 애국심도 선이 아니다. 노예가 재치 있게 풍자하고 있는 귀족의 세계에서는 모든 것이 허무하다. 그러자 주인이 처음으로 재치를 발휘해 말한다.

이놈아, 아니다. 나는 네놈만 죽여 앞세울 것이다!

노예는, 여전히 재치를 부리지만 이제는 좀 더 진지한 태도로 마지막 한마디를 내뱉는다.

우리 주인님께서 나 없이 사흘이라도 버티실 수 있으려나?[48]

권태에 빠진 자 — 유한계급 — 에게 유일한 선은 현명한 노예가 선사하는 즐거움뿐임을 노예는 잘 안다.

이 대화는 여러 의미로 해석되지만, 제목을 곧이곧대로 받아들여서는 안 된다. 스파이저는 이 이야기가 희극이라고 생각한다. 내용이 진지하게 받아들여졌다면 불경죄에 걸려 지금껏 전해지지 않았으리라는 것이다.[49] 오펜하임은 웃음과 즐거움을 주기 위한 코미디가 틀림없다고 말한다. 오펜하임 말마따나 재치의 대결이라고 보기는 힘들겠지만 — 주인에게서는 재치를 찾아보기 힘들기 때문에 — 속담(노예의 대답)이 인생의 길잡이로 알맞지 않음을 보여주려던 것일 수는 있다.[50] 어쨌든 진지한 철학적 논증이라는 해석보다 재미와 오락을 추구했다고 보는 쪽이 더 그럴듯하다.

바빌로니아 창조 서사시에서도 익살스러운 의도를 찾아볼 수 있다. 징조문학omen literature의 양으로만 보자면 바빌로니아인과 아시리아인은 누구보다 종교적이었던 듯하다. 하지만 지식인과 필경사 중에 냉소주의자는 없었을까? 창조 서사시에서 신들의 행동을 보면 그렇게 생각할 여지가 있다. 소란을 피우는 신들 때문에 잠을 설친 압수는 이 신들을 죽여버리기로 마음먹는다.[51] 티아마트(압수의 아내-옮긴이)는 어머니 후부르에게 '울부짖는 용을 여러 마리 만들어 마치 신인 것처럼 후광을 씌워달라'고 부탁한다. 신들은 티아마트와 용을 마주치자 겁을 먹는다. "그들이 개처럼 낑낑거리는도다." 힘센 안샤르가 티아마트를 물리쳐달라는 부탁을 받는다.

> 안샤르는 말문이 막힌 채 바닥을 쳐다보다
> 소름이 돋은 채 에아를 향해 고개를 절레절레 내저었도다.

홍수 설화에서는 신들이 서로 언성을 높이기도 한다. 홍수에서 한 사람이 살아남아 제사를 드리자 신들은 '파리 떼처럼' 몰려들어 자신의 몫을 탐한다. 하지만 이슈타르가 엔릴을 비난하며 제사를 받지 못하게 하려 한다. 막강한 힘을 가진 엔릴이지만 한 사람이 살아남았다는 사실은 모른다. 인류를 왜 구했느냐며 엔릴이 에아를 나무라자 지혜의 신 에아는 말을 더듬거리며 어리석은 인간처럼 거짓말을 한다. "나는 아무 말도 하지 않았다. 갈대가 그랬다."[52]
사람들은 신답지 못한 이런 행동을 숭배했을까, 비웃었을까? 신들의 우스꽝스러운 짓을 진지하게 받아들였을까, 우스개로 듣고 넘겼을까? 콩트노는 이것이 설화가 오랜 세월 동안 내용이 바뀌지 않은 채 전해 내려왔기 때문이라고 설명한다. 콩트노는 사제들이 신의 이미지를 더 친근하고 사랑스럽게 만들려 했다고 생각하지만, 그 같은 시도는 좀처럼 성공을 거두지 못했다.[53] 그렇다면, 처음에는 신의 이미지가 지극히 진지한 것이었지만 점차 (적어도 비판적인 사람들이 보기에는) 신을 비꼬고 우스꽝스럽게 나타낸 것으로 해석된 것이 아닐까?

민속문학은 앞서 살펴본 필경문학과 더불어 가장 뚜렷한 유머를 담고 있다. 여우 우화는 중기 아시리아인뿐 아니라 에사르하돈 왕에게도 알려져 있었다. 여우가 늑대에게 자기를 위해 도둑질을 하라고 부추기다가 법정에 선다. 하지만 여우가 인간의 충직한 지킴이인 개의 공격을 지혜롭게 받아친 탓에 샤마시도 엔릴도 여우에게 벌을 내릴 수 없었다.[54] 여우 르나르(중세의 여러 우화에 주인공으로 등장하는 여우--옮긴이)의 성격은 이때부터 정해져 있었던 것이다. 하지만 이 우화는 도덕적 교훈을 찾아볼 수 없으므로 단지 재미를 목적으로 했을 것이다.

궁정에서 센나케리브나 에사르하돈을 모신 것이 틀림없는 아히카르가 말한다.

어떤 사람이 야생 당나귀에게 말했다.
"나를 태워다오. 내가 너를 먹여주마"
하지만 야생 당나귀는 이렇게 대답했다.
"짚과 꼴, 나는 필요 없다네."

이 우화는 다른 상황에 적용되기도 한다.

부자가 자신의 부유함을 자랑하게 하지 말라.[55]

아래의 짤막한 글은 내용이 일부 유실되긴 했지만 결정적 한 방이 여전히 살아 있다.

돼지는 멍청한 동물이다…….

돼지는 빈둥거리며……주인을 업신여겼다.

주인에게 버림받자……백정이 돼지 목을 땄다.[56]

이 같은 민담은 사르곤 2세 이후로 전하는 아시리아 서판과 아슈르바니팔의 도서관에서 발견된 짧막한 모음집 두 개에 실린 것이 가장 유명하다.[57]

아래 이야기(필자가 내용을 순화했다)는 아카드어로 쓰였으나, 후대에 이솝우화에 실려 그리스인에게 알려진 것을 보면 아시리아인에게도 친숙했을 것이다.

각다귀가 코끼리 위에 앉아 정중히 말했다.

"피를 나눈 형제여, 나 때문에 불편하지 않으신가? 그러시다면 이만 자리를 비켜주겠네."

코끼리가 대답했다.

"네가 거기 있든 날아가버리든 나는 알지도 못하는걸."[58]

민속 유머 중에서 가장 유명한 것은 '니푸르의 가난뱅이'다. 최근 니네베와 니푸르에서 이 이야기의 일부가 발견되기도 했지만, 주요 내용은 기원전 7세기에 카르케미시 동쪽 술탄테페에서 발견된 학교 교재에 실려 있다(당시에 아시리아인이 이 지역을 지배하고 있었다). '영웅' 기밀니누르타는 왕도 신도 아니요 '니푸르의 가난뱅이'에 지나지 않는다. 변두리 인생이 그렇듯 기밀니누르타도 인내심과 기지를 겸비한 호감 가는 인물이다. 기밀니누르타는 찢어질 듯 가난했지만 양을 한 마리 사기로 마음먹는다. 더러운 옷을 건네주고 받은 것은 뼈가 앙상한 염소였다. 염소를 잡아봐야 친척과 친구에게 베풀 것이 별로 없다고 생각한 기밀니누르타는 니푸르 시장에게 선물로 바치기로 마음먹는다. 시장이 답례로 잔치에 초대해주기를 기대하면서.

하지만 염소를 뇌물로 오해한 시장은 뼈다귀와 싸구려 맥주 한 모금을 내주고는 기밀니누르타를 쫓아버린다. 기분이 상한 기밀니누르타는 떠나면서 시장에게 이 모욕을 세 번 되갚아주겠다고 맹세하는데, 이 말을 들은 시장은 하루 종일 웃음을 참지 못한다. 이야기 뒷부분에서 기밀니누르타는 세 가지 속임수로 시장을 골탕 먹이고 매질을 한다. 첫날, 가난뱅이 기밀니누르타가 귀족의 옷차림으로 마차를 타고 나타나 '왕의 황금을 사원에 가져가는 중'이라고 거짓말을 한다. 기밀니누르타는 있지도 않은 황금이 없어졌다며 시장에게 죄를 덮어씌워 매질을 하고 도난을 눈감아주는 대가로 금 2미나를 챙긴다(마차를 빌리는 값으로 1미나를 치르고도 1미나가 남았다!). 이튿날, 기밀니누르타는 정체를 숨기기 위해 수염을 깎고 시장의 집을 찾아가 자신을 이신에서 온 의사라고 소개하며 시장의 상처를 치료해주겠다고 말한다. 기밀니누르타는 치료를 하려면 어두운 방에 단 둘이 있어야 한다고 속인 뒤, 사람들이 자리를 뜨자 이번에도 시장을 두들겨 팬다. 다급해진 시장은 '미친놈'이 약속대로 세 번째 돌아올까 봐 두려워 온 집안에 경계령을 내린다. 기밀니누르타는 사람을 사서 자기 행세를 하게 한 뒤에, 모두가 그를 잡으러 나가고 시장 혼자 남은 틈을 타 세 번째로 시장을 매질해 맹세를 지킨다.[59]

이런 이야기는 관리에게 부당한 대우를 받은 적이 있는 가난한 아시리아인들에게 웃음을 선사하고 큰 인기를 끌었을 것이다. 물론 매질은 사디즘이 아니라 슬랩스틱 코미디로 받아들여졌을 것이다. 이 이야기에 들어 있는 유머 요소가 터키, 헝가리, 루마니아, 크레타, 시칠리아, 이탈리아, 프랑스, 아이슬란드, 스페인, 독일, 인도를 거쳐 근대 독일의 그림 형제에까지 이어진 것을 보면 그 인기를 짐작할 수 있다.[60]

아시리아인과 (더 넓게는) 메소포타미아인의 유머를 포착하거나 완전히 이해하기는 어렵지만, 이들에게도 (문학에 똑똑히 나타난 것처럼) 유머감각이 있었음은 틀림없는 사실이다. 전쟁에서는 사악한 존재였지만 평화 시에는 그들도 우리 같은 평범한 사람이었다. 아시리아인이 일상생활에서 "정상적이고 활기차고 개인적"[61]이었다고 말한 옴스테드는 이를 깨달은 몇 안 되는 권위자 중 하나였다. 옴스테드는 수십 년 전에 이렇게 말했다. "이제는 아시리아인을 야만적인 전쟁광으로만 보아서는 안 된다. 이들의 인간적인 면모를 보건대 아시리아인은 우리와 같은 사람이었다."[62] 아시리아인이 여러분과 나처럼 평범한 사람이었다고까지 주장할 사람은 많지 않겠지만 이들이 분명히 가진 인간적 성품, 즉 유머감각을 계속 부정할 이유가 있을까?

4

고전 세계의 도회적 삶

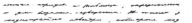

〈베벌리 힐빌리스The Beverly Hillbillies〉와 〈그린 에이커스Green Acres〉는 1960년대 말과 1970년대 초 사이에 베트남의 정치적·사회적 불안, 시민 불복종, 소수자 권리 운동, 반反문화 운동과 우스꽝스러운 대조를 이루며 대단한 인기를 누린 텔레비전 시트콤이다. 두 시트콤에서는 닳고 닳은 합리적인 도회적 생활양식과 시골 무지렁이의 순박한 상식이 대비된다. 촌사람은 언제나 승승장구하면서도 촌티만은 끝내 벗지 못한다. 도회적 생활양식과 전원적 생활양식을 짝 지우는 것은 셰익스피어의 〈한여름 밤의 꿈A Midsummer Night's Dream〉에서 테렌티우스의 〈형제The Brothers〉에 이르기까지 오래된 코미디 수법이다. 이 글은 도시와 시골의 대조적 생활양식 밑에 깔린 실제 차이를 탐구한다. 배경은 고전기 그리스의 도시국가와 로마제국이다. 두 정치체제에서는 도시민과 촌사람이 동등한 시민권을 누릴 수 있었다.

마르케세는 농촌과 도시를 대조함과 동시에 도시에 대한 고대의 정의와 현대의 정의를 대조한다. 현대의 정의는 크기와 기능의 복잡성을 중시한 반면, 고대의 정의는 현대의 개념에 부합하는 점도 있고 부합하지 않는 점도 있다. 하지만 정의를 어떻게 내리든, 도시는 고상한 예술과 활동의 중심뿐 아니라 대중문화의 중심으로 부각된다. 도시는 경제적 교환, 정치 회합, (고전 세계에 살았던 모든 사람에게 감흥과 영향을 미친) 제의와 여흥이 펼쳐진 물리적 장소였다.

● ●

로날드 T. 마르케세Ronald T. Marchese

고고학자이며 미네소타 대학 덜루스 캠퍼스 역사학과 조교수다. 이 글에서는 특히 고대 유적의 사진과 명쾌한 설명을 눈여겨보기 바란다. 이어지는 네 개의 글(고전 시대 도시의 대중적 현상을 구체적으로 탐구한다)과 후반부에 실린 조지프 J. 헤이스의 글(도시가 아니라 농촌에서 문명이 개화한 고딕 시대 유럽을 탐구한다)을 이해하는 데 귀중한 자료와 배경지식을 얻을 수 있을 것이다.

로   닐   드   T.   마   르   케   세

고대인의 생활수준이 어땠는지, 이들이 생활
양식을 얼마나 중요시했는지 알고 싶다면 인간의 영적·정신적 측면
을 지배한 두 가지 대조적인 요소를 살펴보면 된다. 두 요소는 한마디
로 '우르바니타스urbanitas'(도회적 삶)와 '루스티키타스rusticitas'(전원적
삶)로 정의할 수 있다. 전자가 도회지 엘리트의 고상하고 세련되고 학
식 있는 삶을 강조했다면, 후자는 촌사람의 전원적이고 투박하고 무지
몽매하고 단순한 성품을 부각시켰다. 한갓 단어에 불과하지만 여기에
는 고대 세계의 수많은 공동체에 살던 사람들의 기쁨과 희망, 두려움,
슬픔이 녹아 있다.

도회적 삶과 전원적 삶을 대조하는 사고방식을 가장 분명하게 보여
주는 예로는 투키디데스, 리비우스, 폴리비오스, 플루타르코스의 역

사학, 플라톤, 아리스토텔레스, 테오프라스토스, 키케로의 정치 변론술, 스트라보, 파우사니아스, 프톨레마이오스의 지리학, 헤시오도스, 히포낙스, 포킬리데스, 테오그니스, 메난드로스의 시편 등이 있다. 여기에는 고대부터 로마제국 시대까지의(기원전 700년경~기원후 150년) 일상생활에 대한 문화적 이상, 신념, 대중적 해석을 보여주는 구체적인 기록들이 담겨 있다. 풍부한 문헌 자료 중에서도 다음 인용문들은 고대 세계의 삶을 특징적으로 보여준다. 고대 세계는 도시민의 태도와 문화적 명료함이 촌사람의 투박하고 단순한 성품과 얼마나 대조적인지를 강조했다.

고대 세계의 생활양식과 태도를 가장 뚜렷하게 대비시키는 표현은 아마도 아래 인용문일 것이다.

> 사람들이 투표용지에 이름을 쓰고 있는데, 어떤 일자무식의 거친 촌뜨기가 도편陶片(오스트라콘ostrkon: 아테네에는 독재자가 되려는 야심을 가진 자의 이름을 도자기 파편, 즉 도편에 적어 투표한 뒤 추방하는 제도가 있었다−옮긴이)을 아리스티데스에게 건네며 그 위에 '아리스티데스'라고 써달라고 부탁했다. 깜짝 놀란 아리스티데스는 '내가 당신에게 무슨 해를 끼쳤기에 그러느냐?'라고 물었다. 촌뜨기가 대답했다. "아무 해도 끼치지 않았수다. 알지도 못하는 사람인걸요. 다만 어딜 가나 사람들이 아리스티데스가 '정의로운 자'라고 떠드는 통에 신물이 나서 말이지요." 이 말을 들은 아리스티데스는 아무 말 없이 오스트라콘에 자기 이름을 적어 촌뜨기에게 건네주었다. (플루타르코스Plutarch, 7, 117)

이 인용문은 실제 일어난 사건을 서술하고 있지만, 한편으로는 고대인의 마음속에서 두 종류의 삶 ―아테네인인 '정의로운 자' 아리스티데스의 고귀한 성품으로 예시된 고상하고 지혜로운 삶과 참정권을 행사하기 위해 도시 아테네를 찾은 막돼먹은 문맹인의 삶 ―이 대조를 이루고 있음을 보여준다. 촌사람이 정치적 자유를 누리는 방식에서 우리는 모든 선한 것과 세련된 것에 대한 증오로 가득 찬 비천한 삶을 목격한다. 촌사람은 도시민의 성품과 원칙, 교양과 지적 능력의 이상理想에 대해 강한 반감을 드러낸다.

인간에 대한 철학적 성격 묘사 또한 도회적 삶과 전원적 삶의 대중적 정의를 뒷받침한다. 기원전 4세기 철학자 테오프라스토스는 아래 글에서 두 삶의 핵심적인 차이를 짚어내고 있다.

'촌티'(아그로이키아agroikia)라 함은 '교양을 갖추지 못한 무지함'으로 정의할 수 있다. 촌놈은 보리술을 마시고 민회에 참석하고, 마늘 냄새가 어떤 향수보다 감미롭다고 우기고, 발에 맞지도 않는 터무니없이 큰 신발을 신고, 말할 때마다 고함을 지른다. 친구와 친지를 믿지 못하는 주제에 자기가 부리는 농장 인부들에게는 민회에서 일어난 일을 꼬치꼬치 고해바친다. 자리에 앉을 때는 은밀한 부위가 드러나는 줄도 모르고 옷을 무릎 위까지 걷어붙인다. 길거리에서 무엇을 보든 관심을 보이거나 놀라는 일이 없지만, 소나 당나귀나 염소를 보면 꼭 걸음을 멈추고 찬찬히 살펴본다. 음식 좀 날라달라고 부탁하면 꼭 야금야금 맛을 보고, 술은 언제나 한 모금에 들이켠다. 빵집 아낙네가 집안일 하는 것을 도와주고는 남몰래 수작을 부린다. …… 말에게 사료를 준 손으로 밥을 먹는다. …… 은화를 받으면, 너무 매끈하게 닳았다며 딴 돈으로 달라고 한다. 쟁기나 바구니, 낫, 포대를 빌려주고는 자다가 그 사실이 생각나 한밤중에 돌려받으러 찾아간다. 도시로 가는 길이면 만나는 사람마다 붙잡고 가죽이며 생선이 얼마에 팔리는지, 오늘 초승달 축제가 열리고 있는지 묻는다. 그러다 뜬금없이 도시에 가면 머리를 깎고 아키아에게서 생선을 살 거라고 말한다. 공중목욕탕에서 노래를 부르고 신발에 징을 박는다. (테오프라스토스Theophrastus, IV, 1~14, 48~51)

이 인용문에서 '촌놈'(아그로이코스agroikos)은 물건을 사기 위해, 민회에서 참정권을 행사하기 위해, 색다른 생활양식을 즐기기 위해 이따금 도시에 들르는 천박한 시골뜨기의 전형이다. 도시의 세련된 표현과 예의범절과는 대조적인 독특한 생활양식, 투박한 말투와 촌스러운 옷차림, 대중문화는 도시에 와서도 그대로였다. 시골 마을에서 복잡한 도시로 건너온 것은 단지 몸뿐, 자신이 가진 문화적 유산은 바뀌지 않았다. 도시에 온 촌놈은 한눈에 알아볼 수 있었다. 그는 놀림감이요, 천박하고 하찮은 존재요, 웃음거리에다 어릿광대 신세가 되었다. 아래 문장이 이를 잘 보여준다.

청컨대 부드러운 외투와 튜닉을 발까지 걸쳐 몸을 보호하시오. 얇은 옷과 두터운 옷을 겹쳐 입으시오. 이렇게 차려입되 온몸의 털이 쭈뼛 서지 않고 가지런히 누워 있도록 하시오. 겉은 도살한 소의 가죽이요 속에는 펠트를 두텁게 덧댄, 발에 꼭 맞는 신발을 신으시오. 서리 철이 오면 첫배 새끼의 가죽을 소 힘줄로 꿰맨 뒤 등에 대어 비를 막으시오. 귀가 젖지 않도록 머리에는 펠트 모자를 쓰시오. …… (헤시오도스Hesiod, 535~550, 42~43)

도시민은 촌사람을 바보로 여겼지만, 이 바보의 상식과 정직함이 존경받는 경우도 있었다. 이때는 다른 의미에서 웃음을 이끌어낸다.

> 나는 투박한 촌사람이로다, 달리 표현할 말이 없구나. 도시 생활을 속속들이 알지는 못하는도다. 하지만 시간이 지날수록 배우고 또 배우노라. (메난드로스Menander, 97. 338~339)

이런 찬사도 있다.

> 가장 행복한 삶을 사는 사람은 누구인가 …… 세상이 선사하는 장관壯觀 —해와 별, 물, 구름, 불 — 을 꾸준히 지켜보는 자로다. 고통 없는 삶을 산 뒤 자신이 태어난 곳으로 돌아가는 자로다. 백 살까지 살더라도 여전히 똑같은 광경을 볼 것이요, 일찍 죽더라도 더 볼 광경은 없으리라. 축제에 참가하거나 도시를 방문했을 때를 생각해보라. 군중과 거리, 도둑, 도박꾼, 사람들이 즐겁게 지내는 모습을 바라보던 때를. 거처로 돌아가면 수중에는 돈이 있고 아무도 나의 적이 아니로다. 너무 오래 살면 기력이 쇠하거나, 힘을 잃거나, 나이가 들어 초라하고 가난해지거나, 떠돌아다니거나, 적을 만들거나, 음모의 희생자가 되어 …… 마침내 죽음이 그를 본향으로 돌려보내는 도다. (메난드로스, 481K. 1~15. 442~443)

전원적 미덕은 단순했다. 행복은 자연을 즐기고 완성하는 데서 찾을 수 있었다. 이는 도시의 탐욕과 비열한 삶과 대조를 이루었다. 도시의 도둑과 사기꾼은 공무를 맡은 사람을 이용해먹었다.

하지만 도시에 대한 반발은 소수의 목소리에 지나지 않았다. 도시에 사는 사람들은 두 생활양식의 뚜렷한 차이를 인지하고 있었으며 자신이 사는 사회의 미덕을 찬양하려고 애썼다. 도시민들은 사회변동이 일어나면 도시에서 누리는 삶의 질이 훼손되고, 공동체의 문화적 모범이 시골의 천박한 잡동사니로 전락할 수 있음을 알고 있었다.

> 이 도시, 키르노스는 여전하지만 사람들은 전과 달라졌다네. 폴리파스의 아들이여, 법 없이도 살 것 같던 사람들, 어깨 위로 염소 가죽을 펄럭이며 다니던 사람들, 읍내에서 깊숙이 들어간 산악 지대에서 사슴처럼 살던 사람들은 이제 과거의 위인으로 기억될 뿐이지. 과거의 고귀한 이들은 어디 가고 어중이떠중이만 판치고 있다네. 이런 꼴을 누가 참아낼 수 있겠는가? 이자들은 서로 속이고 조롱한다네. 선인과 악인이 무엇을 생각하는지도 전혀 모른다네. 이자들이 불순한 의도를 품고 있음을 명심하게. 아무 말도 믿어서는 안 되네. 배반과 사기를 일삼고 수단과 방법을 가리지 않는 것이야말로 이자들의 본성이니까. (테오그니스Theognis, 53~67. 27)

고대 세계의 문화적 이상을 생생히 예증하는 마지막 진술은 아리스토텔레스의 철학적 해설이다. 아래 글에서 아리스토텔레스는 기원전 4세기를 지배한 고상하고 선한 삶의 중요성을 지적한다.

> 여러 촌락으로 이루어진 연합의 최종 단계는 도시국가다. …… 도시국가가 성립한 것은 삶을 위해서요, 도시국가의 존재 이유는 선한 삶이다. 다시 말하지만, 사물이 존재하는 목적은 (가장 중요한) 선을 이루기 위함이다.

…… 이상에서 분명히 알 수 있듯 도시국가는 자연적으로 성장했고, 인간

은 천성적으로 도시국가에서 살아가는 동물이며, 운이 아니라 천성에 따라

도시를 거부하는 사람은 보잘것없는 존재이거나 인간 이상의 존재다. ……

(아리스토텔레스Aristotle : I.i. 8~9). 〔《니코마코스 윤리학/정치학/시학》(동

서문화사, 2009) 262쪽〕

　고상하고 선한 삶은 도시 중심의 국가 형태와 직접 연관되어 있었

다. 인간 존재는 오로지 도시로 결론 내려진다. 일상생활의 대중적 표

현, 문화적 유산, 제도적 복잡성은 도시의 경계 안에서만 모습을 드러

낸다. 도시 바깥에서는 문화적 삶이 불가능했다. 달리 선택할 수 있는

것이라고는 시골의 단순하고 소박한 삶뿐이었다. 따라서 삶의 복잡

성과 대중적 생활양식은 도시에서만 찾아볼 수 있었다.

　지금까지 고대의 여러 특징을 살펴보았다. 어떤 것은 시골의 미덕

을 보여주고 행복의 정의를 내리며 도시 생활에 대한 증오를 표현했

다. 반면에 시골의 교양 없는 어릿광대에 대한 도시민의 반발도 분명

히 드러났다. 사회적·문화적 스펙트럼의 양극단에서 두 세계가 공존

한 것이다. 두 세계가 서로를 대하는 태도와 신념은 적대적이고 신랄

하기도 했다. 태도와 신념의 표출은 개인에게 국한되지 않았다. 이러

한 표현은 공동체 안에서 손쉽게 찾아볼 수 있었다. 일부는 도시의,

일부는 시골의 전유물이었다. 다양함과 정교함이 저마다 다를 뿐 도

시와 시골 둘 다 삶의 중심이었다. 도회적 체계에서는 도시와 도회적

생활양식이 부각되었지만, 이것은 고대 세계에 존재한 여러 도회적

형태 중 하나에 지나지 않았다.

최근에는 현대 세계뿐 아니라 고대 세계에서 도시가 어떤 역할을 했는지에 관심이 쏠리고 있다. 독특한 형태의 공동체인 도시는 기원전 4000년 중반에 탄생한 뒤로 줄곧 문명과 고상한 삶의 중심이자 실례實例였다.[1] 도시의 경계 안에서, 복잡한 사회적·문화적·경제적 제도와 개인적 삶의 총체적 체계가 형태를 갖추어 발전했다. 도시는 고대 초창기에 생겨났지만 가장 급속히 확장되고 발전한 것은 1~2세기 로마제국 시대다. 하지만 도시는 로마 세계를 지배한 여러 시민 체계 중 하나에 지나지 않았다. 로마에는 뚜렷한 위계질서가 존재했다. 공동체는, 소박한 농촌 마을에서부터 도회적 삶이 고대 세계에서 가장 복잡하고 특권적으로 표현된 도시에 이르기까지 배열되어 있었다. 이 폭넓은 개념의 테두리 안에서 도시와 도회적 삶의 고전적 개념을 살펴보자.

도회적 정주 형태의 유형적 분류와 위계적 배열은 ― 도회적 삶의 현대적 해석과 정의에 따르면 ― 인구, 밀집도, 면적, 특수 기능, 조직된 서비스를 중심으로 이루어진다.[2] 이런 분류에 따르면 정주 형태는 비슷하지만 별개인 단위 ― 이를테면 도시city, 읍town, 촌village, 소촌hamlet ― 로 분류된다. 공동체의 이 같은 위계적 배열이 도회적 삶의 개념을 규정한다. 이러한 기준에 따라 도시로 분류된 정주 형태는 도회적 위계의 최상위층을 차지한다. 이곳은 정치적·사회적·문화적인, 무엇보다 경제적인 의미에서의 무게중심이다.

도시를 지탱하는 것은 폭넓은 기반을 갖춘 경제적 토대이며, 이를 뒷받침하는 것은 제한적인 농업 생산이 아니라 복잡한 상업적·산업적 과정, 즉 재분배 과정이다. 현대적 의미의 도시는 소비의 주요 거점이자, 거대한 생산―즉 전문화된 노동과 복잡한 사회적·정치적 서비스의 형태로 표현되는 생산―의 중심이다. 도회적 위계의 아랫부분에 위치하는 읍, 촌, 소촌은 도시보다 덜 복잡하며 사회적·문화적·정치적 삶의 방식 또한 더 초보적인 수준이다. 이곳의 경제 기반은 도시에 비해 덜 형식화되어 있으며, 도시의 삶과 여가를 지탱하는 데 필요한 기초적인 1차상품―천연자원과 식량―을 주로 생산한다. 따라서 현대 세계는 도회적 삶의 개념을 규정하는 공동체의 다층적 배열을 강조한다. 이러한 배열은 크기, 크기 범주(이를테면 인구와 면적), 공동체에서 제공하는 복잡한 서비스의 수준과 유형에 대한 엄격한 정의를 토대로 삼는다.

하지만 고대 세계에서 (실제 세계에서나 철학적 해석에서나) 크기는 공동체의 위계적 배열을 좌우하는 요인이 아니었다. 바람직한 형태의 도시는―심지어 고대 세계의 주요한 도회적 중심지의 경우에도―인구와 (공동체와 주변 배후지territory의) 면적이 둘 다 작았다.[3] 인구와 면적이 제한된 이유는 인간의 정치적·사회적 세계를 지배한 철학 사상('선한 삶'을 이루려면 이웃과 직접 접촉해야 하며 '도시민'으로 공동체에 거주하는 모든 사람을 알고 있어야 한다는 엄격한 원칙)과 초보적인 운송 기술로 인한 취약한 경제 기반이라는 현실 때문이었다. 비효율적인 운송 기술과 낮은 농업 생산력은 고대 도시의 성장과 규모에 막대한 제약을 가했다. 간단히 말해서, 도시의 규모는 주변 농지의 생산 수준, 도시와 농지의 거리, 식량을 효율적으로 운송할 수단, 농업기술 수준 등에 따라 한정되었다.[4] 이러한 요인은 도시의 위치와 크기, 특히 공동체가 개인에게 제공하는 서비스의 수와 종류에 심각한 제약을 가했다. 도시는 삶과 혁신의 중심지로서 인간이 완전한 사회적·문화적·정치적 성취를 추구하고 달성하는 토대가 되었다.

한편 고대 도시는 부의 재분배에 기반한 역동적인 경제적 원동력으로서 주변 시골 지역에 제한적이지만 계속 영향을 미쳤다. 도시는 개화된 개인적 삶의 중심이었으며, (따라서) 농업이 중심이던 시대에 가장 중요한 도회적 요소였다.[5] 고대 세계의 특징은 초보적인 농업기술을 기반으로 한 거대한 도시 중심의 구조로 발전했다는 것이다. 하지만 도시민으로서 도시에 거주한 사람은 얼마 되지 않았다.[6] 고대 세계에서 도시에 영구적으로 거주하면서 농업 이외의 일에 종사하던 사람은 인구의 5~10퍼센트를 넘지 않았을 것이다.[7] 도시에서든 주변 배후지에서든 농업은 인구 대부분의 기본적인 생계 수단이었으며, 사회적으로 허용되는 유일한 자유노동이었다. 정치적 결정과 필요에 따라 촌이 도시로 바뀌더라도 촌민이 읍민으로 바뀌지는 않았다. 이들은 여전히 농민이었으며 공동체는 전과 다름없이 본질적으로 농업 사회였다. 고대 도시는 여러 면에서 도회지 엘리트─도시민으로서 훌륭한 삶을 살고 싶어 하는 엘리트─의 중심지가 되었다. 하지만 도시의 세련된 삶은, 도시에서 열리는 종교 축제와 사회적 행사에 이따금 참석하는 촌사람의 소박한 생활양식이나 태도와 직접적으로 대조되었다. 시골은 뚜렷이 구별되는 특징과 믿음을 가지고 전원적 삶을 즐긴 자족적 촌과 소읍으로 이루어졌다. 촌사람은 도시의 이웃과 공통점이 거의 없었다. 도시민은 도회지 인구의 소수집단에 불과했으므로 도시의 삶과 규모는 여전히 작고 제한적이었다.[8]

고대 세계에서 도시 생활의 가장 큰 변화가 일어난 것은 로마제국 시기다. 고대, 고전 시대, 헬레니즘 시대에 동쪽과 서쪽에서도 도시가 견고한 성장세를 보였지만, 도시의 발달이 정점에 이른 것은 1~2세기 지중해 유역에서였다. 로마제국 세계의 특징은, 농업이 중심이던 시대에 (공동체의 위계적 배열 면에서) 거대한 도시 중심의 구조를 이루어 평화와 상업적 번영을 구가했다는 것이다.[9] 이러한 현상은 하드리아누스(117~138)와 안토니누스 피우스(138~161) 재위 시절인 2세기 전반에 특히 뚜렷했다. 소피스트 아일리우스 아리스티데스가 활약하던 시기가 바로 이때다. 그가 쓴 송덕문頌德文 〈로마 찬가The Roman Oration〉는 로마 세계에서 도시적 삶이 얼마나 성장하고 물질적 번영을 누렸는지를 생생하게 보여준다.

> 내륙과 해안에 이토록 많은 도시가 늘어선 적이 있던가? 도시에 모든 것이 이토록 완비된 적이 있던가? 여행자가 하루에 도시 두세 곳을 지나칠 수 있었던 때가 있던가? 과거에 살았던 이들의 열등함이 이렇게 나타나는도다. ……(아리스티데스Aristides, 99, 990)

> 도시는 광채와 매혹으로 빛나고, 온 땅을 정원처럼 아름답게 가꾸었도다. 평야에서 솟아오르는 연기, 친구와 적을 알리는 햇불 신호는 바람을 불어 꺼버린 듯 땅과 바다 너머로 사라지고 매혹적인 장관과 온갖 축제가 들어왔도다. 이런즉 찬사가 그치지 않는도다. …… (99, 990)

2세기의 제국은 자율적이고 자치적인 지역체의 균일하고 명료한 연합체와 고도로 중앙집중화된 제국 행정에 기반한 독특한 조직체였

다. 아리스티데스와 그의 동시대인들은 제국을 두 개의 기본적이고
도 필수적인 요소로 이루어진 거대한 세계 연맹으로 간주했다. 하나
는 자체적인 법률, 관습, 전통, 통치 형태를 갖춘 도시들의 연합이요,
다른 하나는 로마가 '헤게몬hegemon' — 즉 통일된 세계국가를 다스
리는 지도자 — 이라는 개념이었다. 로마는 공통의 읍이자 "전 인류의
상거래를 위한 공통 화폐가 있고 이 땅의 모든 생산물을 위한 공통의
시장이 있는 '엠포리움emporium'('시장'이라는 뜻 – 옮긴이)"(7, 982)이었
다. 하지만 '도시의 삶, 즉 문명이 로마로 구현되었음'은 아리스티데
스가 새로 만들어낸 개념이 아니었으며 동시대와 과거의 저술가들이
즐겨 언급한 내용이다. 특히 스트라보, 플리니우스, 파우사니아스, 프
톨레마이오스는 "오르비스 로마누스orbis Romanus(로마 세계)가" 문명
세계에 흩어져 있는 "자치체 연합으로 이루어졌다고 보았다."[10] 그 중
심에 도시 세계 연맹의 수도 로마가 있었다. 아리스티데스는 이러한
관점을 탁월하게 요약하고 있다.

> 여느 도시가 경계와 배후지를 가지듯, 이 도시[로마]의 경계와 배후지는 문
> 명 세계 전체를 포함한다. 로마는 국가 지구地區이자 공통의 읍에 비길 만
> 하다. 이 성채는 바깥에 거주하는 모든 사람의 피난처요 회합 장소라고 말
> 할 수 있으리라. (아리스티데스, 61, 987)

아리스티데스는 이 글에서 2세기 로마제국 세계의 본질을 포착했
다. 로마는 하나의 중앙 공동체가 지배하는 거대한 도시와 배후지였
다. 따라서 로마 세계는 그 기본 요소인 각 지방 도시와 배후지를 확

대한 복사판이었다. 지방 도시가 그에 종속되는 읍, 촌, 소촌, 개별 농장을 거느리듯 로마는 도시를 거느렸다. 로마는 정치적·사회적·문화적 삶의 가장 중요한 표현이었다.

아일리우스 아리스티데스가 정의한 로마 세계는 로마의 이상적인 '헤게모니아' 아래에서 법적 연방에 참여하는 자율적이고 자치적인 공동체의 집합으로 이루어졌다. 이 세계국가에서 도시는 사회적·문화적·정치적 조직의 가장 뛰어난 형태였다. 도시는 기본적으로 독립된 세포였으며 이로부터 로마 국가가 형성되었다. 아리스티데스와 그의 동시대인들은 '도시'라는 용어를 구체적이고 독특하게 정의했다. 도시의 개념은 명확했다. 정의가 매우 엄격했기에 도시를 도회적 삶의 다른 형태와 혼동한다는 것은 불가능했다. 도시민의 사회적·문화적·정치적 측면만을 강조하는 엄격한 정의에 따라 전체 세계가 분류되었다. 동쪽에서는 '폴리스', '코메', '데모스', '카토이키아'가, 서쪽에서는 '우르브스', '키비타스', '무니키피움', '오피둠', '파구스 비쿠스', '포룸', '콘킬리아불룸', '카스텔룸'이 구분되었다. 모든 단위는 일정한 지위를 누렸지만, 도시로 분류된 곳만이 로마와 동등하게 간주되었다. 그 밖의 형태는 도시에 종속되었으며, 따라서 '오르비스 로마누스'의 고상한 삶에 속하지 않았다. 여러 면에서 진정한 도시의 삶과 구조와는 비길 수 없는 부적절하고 하찮은 도회적 형태에 지나지 않았다.

크기, 인구, 부는 저마다 달랐지만, 로마 세계에서 도시로 인정되는 공동체는 예외 없이 그 밖의 모든 인간 조직과 구별되는 기본적이고도 공통되는 특징이 있었다. 가장 중요한 특징은 완전한 지방 자율 또는 상당한 정도의 자치를 누린다는 것이었다. 본질적으로 자치는 공동체의 제한된 영역에 적용되는 규칙을 통해 표현되었다. 이것은 주로 로마의 '세나투스'(원로원)나 그리스의 '불레'(심의위원회)에 해당하는 심의위원회의 형태를 띠었다. 입법 기능과 선거 기능을 갖춘 시민체의 전체 집합은 '포풀루스', '에클레시아', '데모스'를 이루었다. 시민체의 선거로 해마다 선출되어 공동체의 구체적인 업무를 수행하는 행정장관도 필수적인 요소였다. 무엇보다 중요한 것은 공동체가 독자적인 창건 설화와 뚜렷한 과거사를 지니고 있어야 한다는 것이었다. 과거사는 대개 수많은 법령의 형태로, 또한 과거의 시민과 외국 지도자가 공동체에 헌정한 헌물의 형태로 나타났다. 이러한 헌물은 주요 공공 기념물과 건축물의 형태로 구현되었으며 시민들에게 지속적인 자부심을 불어넣었다. 공동체가 갖추어야 하는 마지막 필수 요소는 시민체citizen body의 수호신에 대한 자체적인 신앙 관습이었다. 형태와 내용은 지역에 따라 달랐지만, 이러한 필수 요소를 갖추지 못한 공동체는 도시로 규정되지 않았다.

하지만 도시의 지위를 얻기 위해 무엇보다 로마의 공식 승인을 받는 것이 중요했다. 승인은 영구적이지 않았으며 로마의 뜻에 따라 부여되기도 하고 철회되기도 했다. 쇠락하거나 (특히 분쟁의 시기에) 불명예를 저지른 공동체가 촌으로 추락하는 일이 종종 일어났다. 그러면 기존의 정치적 삶을 더는 인정받을 수 없었다. 공동체가 여전히 거대한 인구를 자랑하고 전문화와 기능적 활동, 사회적·문화적 삶을 독자적으로 표현하며 물질적 번영을 구가하더라도, 더는 도시로 분류되지 않았다. 종속된 공동체, 즉 다른 도시의 '아트리부툼attributum'이

된 것이다.

로마는 동쪽에서 그리스의 도시 조직 모델인 '폴리스'에 기반을 둔, 고도로 도시화된 지역을 물려받았다. 로마는 그리스 모델에 따라 도시적 삶을 권장함으로써 도시화 과정을 계속 추진했다.[11] 그 방법은 기존의 촌을 도시의 지위로 승격시키고 새로운 권리와 특권을 부여하는 것이었다. 일찍이 촌 연합체의 중심지로 인정받고 있던 공동체는 온전한 도시의 지위를 얻었다. 이 과정은 소아시아에서 가장 뚜렷하게 드러났다(이곳의 특징은 사원에 부속된 사제 계급의 지배하에 있는 촌으로 이루어진 사원국가temple state라는 것이다). 사원국가는 새로운 도시로 쉽게 전환되었다.[12] 사원 터는 도시가 되고, 행정력이 미치던 나머지 땅은 배후지가 되었다.[13] 공동체가 새로운 지위를 얻음에 따라, 제국 조세에 대한 면제immunitas a tributis와 화폐 발행권 같은 특정한 권리와 혜택이 뒤따랐다. 화폐 발행은 옛 촌이 도시로 인정받았음을 공표하는 행위였으며 공동체가 새로 얻은 지위를 과시하는 효과적인 수단이었다. 하지만 주민들은 여전히 농업에 종사했으며 경제적·사회적·문화적 기반도 제한적이었다. 따라서 법률적 변화가 주민들의 생활양식에 미친 영향은 미미했다.

공동체가 도시의 지위를 얻기 위해서는 자치와 지방 자율을 추구할 수단, 수많은 종속 공동체로 이루어진 명시적이고 명료한 배후지, 심의위원회, 입법권을 가진 법률적 집단으로 구성된 자유민의 민회, 공동체의 필요와 재정 상황을 관리할 행정장관, 마지막으로 창건 설화와 과거사, 조직화된 종교 관습 등이 있어야만 했다. 또한 공동체가 스스로를 '도시'라 부르고 다른 공동체에 '도시'라 불려야 했다.[14] 원수정元首政 시기에는 이것이 요구 조건이었다. 이러한 인정을 받지 못한 공동체는 종속된 요소로 존재할 뿐이었으며 로마 세계의 대등한 구성원으로 간주되지 못했다. 도시 밖에서는 사회적·문화적·정치적·경제적 관계를 상상할 수도 없었다. 탄탄한 계획과 시설을 갖추고 번성하는 도시에 진출하지 못한 종교는 문명화된 종교의 지위에 오를 수 없었다.[15]

하지만 촌 공동체에도 도시와 비슷한 정치적 삶과 조직이 있었다. 아나톨리아 서부와 시리아[16]에서는 더 느슨한 공동체의 흥미로운 사례를 찾아볼 수 있다. 촌의 주권체는 '오클로스'(민중)인 촌민의 물리적 회합이었던 듯하다. 비록 공식적인 '에클레시아'(민회)를 구성하지는 않았지만, 그 역할은 도시의 조직화된 민회와 틀림없이 비슷했을 것이다. '오클로스'는 토지 사용, 신탁 기금 조성, 행정장관의 촌 기금 기부액, 공동체의 사무를 처리하는 행정장관의 선출을 비롯한 온갖 지역 현안을 결정했다.[17] 연장자의 위원회인 '게루시아'(원로원)는 감독 기관 역할을 했다. 하지만 도시의 '불레'와 같은 형태의 법적 특권을 누리지는 못했다. 따라서 촌은 도시와 비슷한 조직 형태를 갖추었지만 도시만큼 체계적으로 구성되지는 않았다. 이러한 조직은 도시의 제도적 체계를 토대로 삼았다. 촌은 도시의 축소판인 셈이다.

하지만 촌의 중요성을 간과해서는 안 된다. 도시 배후지의 경계 안에는 특정 범주의 촌들이 있었다. 이들 범주는 기본적으로 토지 소유 형태에 따라 결정되었다. 일부 촌은 시유지에 있었으며, 일부는 도시민의 사유지에, 일부는 시민 농업 공동체 소유의 토지에 있었다.[18] 농업 공동체 소유의 촌은 시민과 동등한 권리 및 혜택을 누리는 시민 공동체에 속해 있었기 때문에 시유지에 위치한 촌과 별도로 다루어졌다. 시민 촌과 비非시민 촌 둘 다 차지인의 종속적 공동체로 간주되었으며 특정한 의무를 졌다.[19] 이 기본 조세는 개별 농장에까지 확대되었으며 시민과 비시민에게 두루 적용되었다. 촌이 도시에 대해 수행하는 역할은 도시가 로마에 대해 수행하는 역할과 매우 비슷했다. 촌은 도시보다 작은 행정단위였고, 무엇보다 제한적인 생산의 원천이었으며, 필수적인 수입(세금)의 원천이었다. 따라서 도시의 수입은 주로 배후지와 (농민으로 이루어진) 촌에서 충당되었다. 이곳의 농민은 "토지의 영구 재산에 대한 임차인"[20]으로 간주되었다. 촌민이 지불한 지대는 도시를 지탱하는 데 쓰였을 뿐 아니라 도시가 로마에 지불해야 할 제국 조세 할당량을 충당하는 데 보탬이 되었다.

요약하자면, 고대 세계에서는 여러 수준의 도회적 위계들이 두 측면에서 조화를 이루었다.[21] 도시가 안정적으로 성장하고 번영하는 데는 이러한 조화가 필수적이었다. 도회적 위계는 도시 ─ 또는 스스로를 '도시'라 분류한 지역 단위 ─ 와 시골 촌·읍이라는 두 개의 수준으로 뚜렷이 나뉘었다. 두 수준은 도시민과 촌사람의 태도에서 드러나는 공통된 삶의 표현을 토대로 계층화된 무게중심을 유지했다. 하지만 도시와 도시적 삶을 살아가려면 도시민에게 필요한 잉여생산물을 공급받아야 했다. 그 대가로 도시는 사회적·문화적 생활양식과 폭넓은 세계관을 촌사람들에게 제공했다.

도시민의 세련된 삶은 실제로는 부차적인 것이었다. 상당한 규모의 농업 생산과 부에 기반하는 단단한 경제적 토대 없이는 도시 생활이 불가능했기 때문이다. 따라서 도시의 세련된 삶은 사치 ─ 도회적 위계에서 다수를 차지하는 농민에 의해 지탱되는 사치 — 였다.

고전 세계, 특히 '오르비스 로마누스'의 도회적 삶에서는 기본적으로 한 가지 공동체 유형을 강조했다. 그것은 도시였다. 도시는 무게중심이자, 좋은 가문에서 태어나 좋은 교육을 받은 사람들의 집결지였다. 기능적으로 보면, 도시는 제한된 배후지의 행정적, 사회·문화적 중심에 지나지 않았다. 도시에는 부유한 지방 지주, 이들의 필요를 충당하는 전문 기술자와 장인, 행정 관리, 교육자, 정치 이론가, 사업가, 미숙련·반숙련 비농업 노동자가 거주했다. 도시는 인근 농업 지역의 시장 노릇을 하기도 했다. 촌사람들이 생산한 필수적 생산물을 구매·소비하고 촌의 장인이 생산할 수 없거나 생산하지 않은 제품을 판매했다.

도시가 높은 생활수준을 유지하고 특화된 생산물의 제한적인 시장을 제공하려면 촌과 읍의 생산력이 이를 뒷받침해야 했다. 이런 점에서 도시는 낮은 도회적 계층에 속한 인근의 자족적 지역 단위에 종속되었다. 읍, 촌, 소촌, 개별 농장은 필수적 생산물의 원천이자 농업 잉여의 중심이었다. 도시적 삶의 역동적인 성장과 고대 세계의 여가를 뒷받침한 것은, 실제로는 도회적 위계의 낮은 계층이었다. 여러 면에서 도시적 삶은 엄격한 경제적 요인에 의해 지탱되는 인공적 사치였다. 이들은 농업 생산이라는 측면에서 부를 규정했다. 개인과 시市가 소유한 이러한 부는 시간이 흐름에 따라 축적되었으며, 여러 세대가 지난 뒤에야 안정된 규모를 갖출 수 있었다. 경제적인 면에서 도시는 농경 사회에서 생산한 부의 상당 부분을 흡수했다. 도시는 경제적 거래와 상업 활동의 중심이 되었다. 하지만 이곳의 상업 활동은 사치품

위주였으며 사회의 경제적 토대에 거의 기여하지 않았다. 한마디로 고대 도시는 경제 기반을 다각화하지 못했다. 도시는 제한적인 농업 경제를 이용할 뿐, 잘 조직된 산업적·상업적 과정에 기반을 둔 새롭고 강력한 경제적 현실을 만들어내지 못했다.

결론적으로, 고대 세계에는 도회적 삶의 폭넓은 토대가 존재했다. 위계의 꼭대기에는 도회적 삶의 가장 중요한 요소인 도시가 있었다. 이 단순한 형태가 고대 세계, 특히 1~2세기 '오르비스 로마누스'를 지배했다. 그 아래 계층의 거주 형태는 (수적으로는 훨씬 우세했지만) 사회적·문화적·정치적 삶의 열등한 표현이었으며 (따라서) 도시에 종속되었다. 경제적인 면에서 이들은 도시적 삶에 꼭 필요한 생산물을 공급했다. 이들이 없었다면 도시는 고유한 단위로서 존속할 수 없었다. 도시의 생존을 좌우한 것은 시골에 흩어진 수많은 농업 공동체의 힘과 활력이었다. 읍, 촌, 소촌, 개별 농장이 잉여와 부를 창출하는 한 도시적 삶은 번영을 누렸다. 이들 생산 원천이 도시와 세계국가의 늘어가는 필요와 요구에 보조를 맞추지 못하면 도시적 삶은 정체하고 후퇴하고 결국 몰락했다. 하지만 도회적 삶은 지속되었다. 소촌, 촌, 소읍은 여전히 존속했으며 어떤 의미에서는 번영을 누렸다. 이곳들은 도회화된 사회의 초보적 표현으로서 후기 고전 세계, 특히 동쪽의 토대이자 자랑이 되었다.

감사의 글

원고를 비판적으로 평가해준 F. E. 피터스 박사와 질 N. 클래스터 박사에게 감사한다. 이들의 의견과 조언은 연구 초기에 큰 도움이 되었다. 동료인 W. P. 코너 박사와 로널드 후흐 박사의 조력에도 감사를 표한다. 마지막으로, 비키 L. 베이베리와 진 N. 린지에게 감사한다. 오류를 놓치지 않고 찾아낼 수 있었던 것은 두 사람 덕이다.

  특히 터키 아프로디시아스의 도시 유적 사진을 싣도록 허락해준 케난 T. 에림 박사(아프로디시아스 발굴단 단장)에게 진심으로 감사한다.

(왼쪽) 아폴론 두상(부분, 기원전 5세기 올림피아에서 출토). 고대 세계의 시골 지역에는 수많은 종교 관습이 있었지만 형식화된 종교적 표현과 제도가 나타난 곳은 도시였다. 도시는 수호신의 보호 아래 존속했다. 도시에서는 도시의 수호신, 우주 전체의 질서, 지상의 인간 영토 사이의 복잡한 관계가 독특한 삶의 표현으로 녹아들었다. 이런 점에서 도시는 신과 인간이 만나는 접점으로서 거룩한 장소가 되었다.

(오른쪽) 여신 두상(부분, 기원전 4세기). 고전 시대에 불멸의 신이 지닌 아름다움을 그린 섬세한 표현은 도시를 의인화한 것이다. 정신과 영혼을 이상적으로 표현한 형태와 아름다움, 세련됨의 조화는 비길 데 없이 훌륭했으며 도시적 삶의 필수 요소가 되었다.

(오른쪽 페이지 위) 아테나 신전의 파르테논 프리즈(부분, 기원전 5세기 아테네). 이 프리즈(기둥이 떠받치는 수평 부분 가운데의 띠장식 – 옮긴이)는 도시국가 아테네에서 가장 중요한 종교 축제였던 판아테나이아의 화려한 예식을 묘사하고 있다. 도시국가마다 주요한 축제가 있었으며, 이것은 사회의 모든 구성원이 참여하는 매우 복잡한 종교 제의였다. 이 축제는 삶을 통합하는 요소가 되었다. 이러한 축제에서는 사회적 지위와 거주지에 상관없이 모든 참여자가 공통의 유산과 시민성을 누렸다. 사진에 실린 부분은 판아테나이아의 극히 일부분만을 보여준다. 판아테나이아는 인간의 고귀함, 영웅적 이상, 시민적 자부심, 시민체의 애국심을 구현한다.

(아래 왼쪽) 손잡이가 두 개 달린 술잔 킬릭스(기원전 6세기). 술잔에는 배가 두 척 그려져 있는데, 둥근 배는 상선이고 긴 배는 전함이다. 둘 다 도시와 도시 중심의 삶이 얼마나 복잡했는지 보여준다. 상선은 원거리 교역에서 도시민이 소비할 사치품과 (때로는) 필수품을 들여왔음을 나타낸다. 전함은 탄탄하게 조직된 군사 기구를 뜻한다. 전함은 힘의 상징이었으며 도시의 명성이 멀리까지 미쳤음을 나타낸다. 시장을 경제적으로 통제하고 교역로의 안전을 보장하는 전함은 고전 시대에 수많은 공동체의 상징이 되었다. 시골은 본질적으로 여전히 자족적이었지만 도시는 국제적 체계의 중심이자 상업 활동의 온상이 되었다. 이것은 페리클레스 시대의 아테네에서 분명히 나타난다. "우리 도시의 위용은 전 세계의 생산물을 우리 항구로 끌어들이며, 그 덕에 아테네인들은 외국의 과일을 자국의 사치품만큼이나 친숙하게 여긴다." (투키디데스Thucydides, II. 38. 104)

(아래 오른쪽) 시라쿠사에서 발행된 대형 은화. 고대 세계에서는 화폐가 다양한 역할을 했다. 고도로 형식화되고 복잡한 도시 간 상업에서의 역할은 분명했다. 시에서 발행한 화폐는 각 도시가 지닌 형태, 정신, 영혼, 아름다움의 조화를 표현했다. 화폐는 시민적 자부심, 특권, 엄격한 시민 전통의 상징이 되었다. 따라서 도시는 현금 경제, 형식을 갖춘 거래, 은행과 환전상이 모여 있는 유일한 중심지였다.

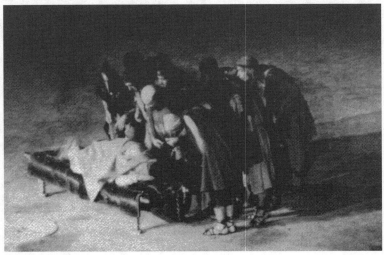

(위) 기원전 4세기 중엽의 저장 용기(부분). 촌사람은 우스꽝스럽게 묘사되었으며 유머와 조롱의 대
상이었다. 하지만 촌사람이야말로 사회의 중추였다. 이들은 충성스럽고 대단히 독립적이었으며 단
호한 애국자였다. 또한 소박한 삶과 동료 농민과의 우애를 중시했다. 농민의 삶은 비천했지만, 아리
스토파네스의 〈구름〉에 등장하는 스트렙시아데스처럼 부를 소유한 사람도 있었다. 하지만 스트렙
시아데스의 촌스러운 행동거지와 관습은 부를 무용지물로 만들었다. "나를 네 어미와 짝지워 준 중
매쟁이에게 저주 있으라. 나는 넘치는 꿀과 양과 올리브 케이크 옆에서 씻지도 머리를 빗지도 않은
채 누운 행복한 흙투성이였다. 그때 나 같은 농투성이가 도시에서 온 메가클레스의 조카딸, 자기네
가족과 다를 바 없이 오만하고 사치스러운 그녀와 혼인해야 했다. 우리는 혼인하여 함께 잠자리에
들었다. 나에게는 술냄새와 짠내와 비린내가 났고, 네 어미에게는 온갖 향수와 사프란 향료와 프렌
치 키스의 향기가 났다."(Frank J. Frost, *Greek Society*. London: D. C. Heath, 1971, p. 88)

에페소스의 대大극장. ① 고대 항구 ② 아르카디아 대로 ③ 대로와 교차하는 샛길 ④ 항구 김나지움(체육관)과 항구 목욕탕 ⑤ 스케네(배경 건물) ⑥ 오르케스트라(합창단과 연주자가 공연하는 곳－옮긴이) ⑦ 카베아(관람석). 이 극장은 헬레니즘 시대에 건축되었으나 로마제국 시기에 에페소스 공동체의 규모와 권위가 커지면서 증축되었다. 자칭 "아시아의 로마 속주 최초의 도시"인 에페소스는 규모와 복잡성 면에서 로마제국의 주요 도시－알렉산드리아, 안티오크(시리아), 코린토스, 카르타고－에 비길 만큼 성장했다. 에페소스에는 극장 말고도 수많은 건축물이 있었다. 극장은 주 건물, 대리석으로 포장된 도로, 시장, 개인 주택, 공중목욕탕, 체육 시설로 이루어진 거대한 복합 단지의 입구에 위치해 있었다. 고대 도시의 여느 건물과 마찬가지로, 사회의 필요에 따라 역할이 바뀌었다. 극장은 문화적·사회적 삶의 중심지였다. 이곳은 정치적 의무를 이행하려는 시민과 유명 연설가의 연설을 들으러 온 호기심 많은 사람들이 모이는 대중 회합의 장소이기도 했다. 후자의 사례는 신약성경 〈사도행전〉에서 바울이 극장에 모인 에페소스 군중에게 설교하는 장면에 잘 나타나 있다. "그들이 이 말을 듣고 분노가 가득하여 외쳐 이르되 크다 에베소 사람의 아데미여 하니 온 시내가 요란하여 바울과 같이 다니는 마게도냐 사람 가이오와 아리스다고를 붙들어 일제히 연극장으로 달려들어가는지라."(28－29, 556)

(왼쪽 페이지 아래) 아리스토파네스의 〈구름〉 공연 장면(부분). 소크라테스적 희곡인 〈구름〉에서는 철학자, 소피스트, 교양인, 부유한 학생, 귀족, 부농 스트렙시아데스(긴 의자에 누워 있는 이) 등 수많은 인생 군상이 생생히 묘사된다. 모두가 도시로 몰려들었다. 도시는 이질적인 두 세계가 만나는 접점이었다. 도시는 플라톤의 《국가》에 나타나는 유토피아적 체계의 두 원리인 교육과 덕의 원천이었다.

(위) 헤로데스 아티코스의 오데이온(소극장, 2세기 아테네). ① 무대 배경 ② 카베아. 도시에는 수많은 구조물이 등장한다. 모든 구조물은 고도의 기술적·문화적 수준과 막대한 재정 지출을 보여주는 양식화된 건축물이다. 일부 건축물은 시 재정으로 지었으며 나머지는 부유한 시민들이 개인적으로 자금을 댔다. 후자의 건축물은 대개 옛 조상에게 헌정되었다. 헤로데스 아티코스의 오데이온은 그의 아내를 추모해 헌정되었으며 좌석 수가 5000개에 달했다. 당시에 아테네에서 가장 유명한 소피스트이던 헤로데스 아티코스가 아테네 시민을 위해 지었다. 이 오데이온은 시민적 자부심과 애국심을 보여준다. 이름난 과거 유산을 지닌 도시 아테네는 부유한 시민이 헌정한 수많은 건축물을 자랑한다. 개인 기부는 도시의 삶의 질을 향상시키는 데 이바지했다.

(아래) 하드리아누스 신전(2세기 에페소스). 로마 황제 하드리아누스를 기리는 이 신전은 에페소스의 명소였다. P. 퀸틸리우스가 자금을 댄 이 신전은 거대한 복합 건물의 작은 일부였다. 이 신전은 에페소스에서 로마 황제에게 헌정된 두 번째 신전이며, 에페소스 사람들은 자신들을 죽은 황제의 '신전 관리인'이라 부르며 자부심과 긍지를 느꼈다.

(위) 스콜라스티카 목욕탕(1~4세기 에페소스). ① 하드리아누스 신전 ② 스콜라스티카 목욕탕 ③ 대리석 도로 ④ 극장으로 향하는 포장도로 ⑤ 도시 '아고라'(시장). 도시는 세속적 쾌락을 천시하지 않았다. 청결한 생활은 개인위생과 마찬가지로 중요한 요소였다. 이 거대한 복합 단지에서는 또 다른 쾌락도 즐길 수 있었다. 이곳에 매음굴이 생긴 시기는 1~2세기로 거슬러 올라간다. 매음굴은 에페소스 같은 항구도시에서 사람들을 끌어들이는 주요한 명소였으며, 하루하루의 힘든 상업 활동에서 쌓인 피로를 푸는 배출구였다. 매음굴은 에페소스의 요지에 자리 잡고 있었다. 대리석 도로는 수많은 상점, 주요 시장, 수용 인원 2만 7000명을 자랑하는 극장으로 연결되었다.

(아래) 켈수스 도서관(2~5세기 에페소스). 도시는 지식을 하찮게 여기지 않았다. 오히려 지식은 도시 생활에 꼭 필요한 요소였다. 극장과 스콜라스티카 목욕탕 근처에 시장과 나란히 자리 잡은 켈수스 도서관에서는 사서가 수많은 필사본을 직접 관리했다. 건물은 3층이었으며 사방이 막힌 커다란 중앙 홀이 있었다. 건물 안에는 지혜와 학업의 수호신인 아테나 여신의 거대한 조각이 서 있었다. 도서관은 가이우스 율리우스 아퀼라가 아버지 가이우스 율리우스 켈수스 폴레마이아누스를 기리기 위해 지었다. 가이우스 가문은 필사본을 사들이고 도서관과 직원을 관리하도록 2만 5000데나리우스를 기부했다. 개인이 시에 헌정한 이 도서관은 공동체의 필수적인 일부가 되었다. 이곳은 학업의 본거지이자 사회적 회합의 중심지였다.

(위) 대리석 도로와 메미우스 기념비(에페소스). ① 메미우스 기념비 ② 대리석 도로 ③ 하드리아누스 신전 ④ 켈수스 도서관 ⑤ 시장. 북적대는 길거리는 도시적 삶의 상징이었다. 도시적 삶의 흥망성쇠는 도시 곳곳에 공공·민간 기념물을 남겼다. 먼 도시에서 온 향수, 기름, 포도주, 꿀을 파는 상인과 가게, 개인 물품을 내다 파는 사람들, 한낮의 햇볕을 피할 그늘을 제공해 교양인과 무지렁이 모두에게 문화생활을 선사한 콜로네이드(열주)와 스토아(열주 아래의 보도)가 길거리를 가득 메웠다. 대리석 도로는 도시의 주요 시장을 통과했으며 도로 옆에는 크고 작은 구조물이 서 있었다. 이따금 시나 부유한 시민이 기부한 개인 기념물도 보였다. 에페소스에는 로마 집정관 술라의 손자 메미우스의 기념비 말고도 수많은 기념물이 있었다. 도시의 풍광은 그동안 쌓인 역사와 명성을 자랑한다.

(아래) 주거지(에페소스). ① 스콜라스티카 목욕탕 ② 하드리아누스 신전 ③ 개인 주택. 사진의 다층 건축물은 도회지 엘리트의 주거 형태 중 하나였다. 하지만 이곳은 싸구려 주택과 맞닿아 있었다. 부자와 빈민의 주택이 뒤섞인 것을 보건대, 부와 계급 구조에 따라 지역을 지정하는 구역 규제는 존재하지 않았을 것이다. 부자의 주택은 수도, 하수구, 프레스코화가 그려진 벽, 시골의 정경을 그린 모자이크, 포장된 보도, 분수, 연못 등 온갖 세련된 시설을 갖추었다. 흥미롭게도 이들 구조물은 공동체의 주요 도로, 시장, 스토아(공공 산책로), 가게, 신전, 도서관, 목욕탕, 매음굴 근처에 자리 잡았다. 도시 생활은 일종의 사회 참여였다.

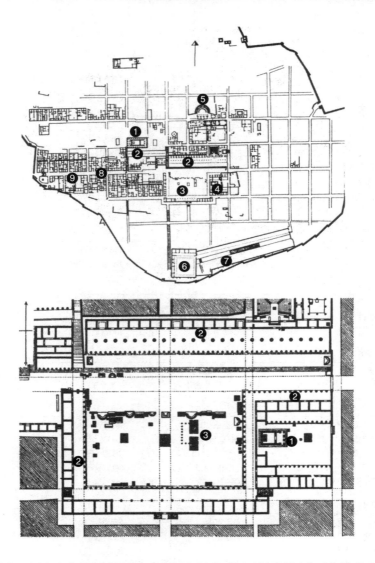

(위) 프리에네 시. ① 아테나 신전 ② 스토아 ③ 아고라 ④ 제우스 신전 ⑤ 극장 ⑥ 김나지움 ⑦ 스타디움 ⑧ 개인 주택 ⑨ 알렉산드로스 대왕의 가정 제단. 도시계획은 헬레니즘 시대와 뒤이은 로마 제국 시대에 필수적인 삶의 요소가 되었다. 질서 잡힌 도시는 수도, 복잡한 사회·문화 제도, 건축 의장, 도시민의 영혼과 정신을 만족시키는 조화로운 환경, 교차하는 대로와 샛길로 표현되는 질서 등 바람직하고 고상한 삶의 모든 특징을 지니고 있었다.

(아래) 프리에네 상업 지구(부분). ① 제우스 신전 ② 상점 ③ 기념물. 수많은 다른 도시와 마찬가지로 프리에네에는 정교하게 계획된 상업 지구가 있었다. 무수한 '스토아'(포장된 보도)는 '아고라'의 상징이었다. 사람들은 시장에서 생활필수품을 샀다. 하지만 시장의 역할은 단순한 경제적 기능에 머물지 않았다. 시장은 고대 세계의 도시적 삶을 규정하는 필수 요소인 사회적·문화적·정치적 삶의 중심지였다.

품명	당시 아테네의 가격 (일당을 하루 1드라크마로 가정)	현대 미국 달러로 환산한 가격 (일당을 하루 20달러로 가정)
식품		
무화과 또는 올리브	1리터; 1/3오볼로스	0.4달러
밀 2킬로그램	2오볼로스	6.67달러
수입 포도주 3.7리터	3오볼로스	10달러
올리브 기름 3.7리터	3드라크마	60달러
빵 한 조각	1오볼로스	3.33달러
절인 생선 한 마리	1오볼로스	3.33달러
작은 돼지 한 마리	3드라크마	60달러
의류		
양모 외투	5~20드라크마	100~400달러
신발	6~8드라크마	120~160달러
가구		
걸상	1드라크마 1오볼로스	23.33달러
식탁	4~6드라크마	80~120달러
수입 침대	8드라크마	160달러
가축		
소	약 50드라크마	1000달러
양 또는 염소	10~15드라크마	200~300달러
노예		
카리아 금 세공사	360드라크마	7200달러
마케도니아 여자	310드라크마	6200달러
시리아인	240~300드라크마	4800~6000달러
트라키아인 또는 일리리아인	약 150드라크마	3000달러
당나귀 마부	140드라크마	2800달러
기타		
뱀 퇴치용 발찌	1드라크마	20달러
화장품	2오볼로스	6.67달러
작은 기름 단지	1오볼로스	3.33달러
꿈 해석	2오볼로스	6.67달러
화대花代	평균 약 4드라크마	80달러

Frank J. Frost: *Greek Society*(Lexington, Mass: D.C. Heath and Company, 1971). 허락하에 수록.

기초 생활필수품. '아고라'는 고대 도시에서 경제생활이 이루어지는 중심지가 되었다. 식품, 가구, 의류, 가축, 노예, 화장품, 매춘부 등 수많은 물품이 시장에서 자유롭게 거래되었다. 모든 물품에는 (현금 경제를 토대로) 가격이 붙었다. 도시에서는 전 세계 방방곡곡에서 온 제품들이 주인을 만났다. 조직화된 상업 활동은, 시골의 자족적 생산·소비와 대비되어 도시민과 그 공동체가 누린 특권이었다.

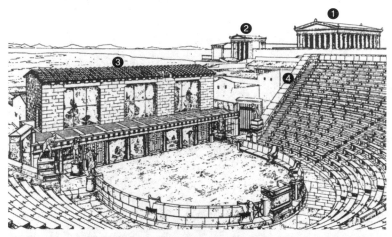

(위) 재건축된 대극장(프리에네). ① 아테나 신전 ② 아테나 신전으로 들어가는 프로필라이온(문루門樓) ③ 스케네 ④ 카베아. 도시의 건축적 요소는 삶을 추상화한 물리적 상징이 되었다. 도시는 삶의 복잡한 제도적 특징을 소유한 시민의 사회적 관계로 정의되었다. 이 점에서 도시의 물리적 세계는 시민사회가 만들어내는 추상적 관계에 비해 부차적이었다. 여행가 파우사니아스는 《그리스 이야기》에서 이 점을 구체적으로 표현했다. "카이로니아에서 포키스인의 도시 파노페우스까지는 20스타디움(약 200미터)이다. 정부 사무실도, 김나지움도, 극장도, 시장도, 분수도 없이 골짜기 위에 산속 오두막집 같은 누추한 거처에 사는 자들에게 '도시'라는 이름을 부여하다니. 하지만 저들은 이웃과 경계를 긋고 포키스 민회에 대표를 파견하기까지 했다……"(IV. iv. 1~4). 물리적 요소가 없어지면 도시적 삶도 자취를 감추었다.

(아래) 아프로디시아스. ① 스타디움 ② 아프로디테 신전 ③ 대극장. 도시민은 공간적 여유를 매우 중시했다. 고대 세계의 여러 도시에서 도회지가 뻗어나가는 현상을 발견할 수 있다. 하지만 도시의 공간 확장은 효율적으로 계획된 사회적 영역 – 민간 부문의 삶의 질을 향상시키는 영역 – 을 위주로 이루어졌다.

(위) 스타디움(아프로디시아스). 주요 도시에는 어김없이 근사한 스타디움이 들어섰다. 수용 인원 3만 명인 이 스타디움에서는 종교적·세속적 경기가 열렸다. 공동체의 후원을 받은 이들 축제는 큰 인기를 끌었다.

(아래) 아프로디시아스의 오데이온(2세기). 도시를 지배한 여러 공공 건축물 중 하나인 오데이온은 연극과 축제가 열리는 문화적·사회적 중심지와 시 원로회의(또는 시 위원회)의 회의 장소라는 두 가지 용도로 쓰였다. 한때 지붕이 덮여 있던 이 유명한 건물은 시민적 자부심의 원천이었다. 처음에는 건축, 장식, 관리를 위해 시 수입의 상당 부분을 지출해야 했지만, 건축물의 수명은 수백 년에 이르렀다. 공공 건축물이 도시 경관에 끊임없이 추가됨에 따라 고대 도시는 디자인, 스타일, 부의 표현을 점점 덧쌓아갔다.

(위) 아프로디시아스의 대극장(헬레니즘 시대). ① 스케네 ② 아래쪽 관람석 ③ 도로와 (분수가 있는) 포장된 광장. 극장은 도시의 중심지로서 사회적·문화적·정치적 삶을 향상시켰다. 고대 도시에서는 삶의 표현이 집 밖에서 이루어졌다. 따라서 환경적·사회적 요인이 독특하게 결합되어 도시적 삶을 조화롭게 표현했다. 자연계는 인간의 물리적 영역을 표현하기 위한 배경이 되었다.

(아래) 아프로디시아스의 아프로디테 신전(헬레니즘 시대). 주요 종교 관습은 고대 도시의 모습을 한눈에 보여준다. 신전은 끊임없이 증개축되었다. 신전이야말로 도회적 삶과 전원적 삶을 통합하는 요소였다. 고대 세계가 변하자 세계의 가장 중요한 부분인 도시도 변했다. 여러 종교의 부침 속에서 결국 기독교가 고대 세계의 정신 - 도시에 터를 잡은 정신 - 을 사로잡았다. 공동체의 수호신을 모시던 신전은 기독교 예배당과 기념물로 바뀌었다. 하지만 지상의 인간 영토와 신의 우주 세계가 만나고 통합되는 지점으로서의 본질적 역할은 그대로였다.

_5_
고전
시대의
의사
이미지

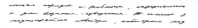

텔레비전, 만화, 베스트셀러 소설을 즐겨 보는 사람이라면 의사와 환자가 경찰과 도둑 못지않은 대중문학의 단골손님임을 알 것이다. 이를테면 《닥터 킬데어Dr. Kildare》는 소설 시리즈에서 라디오 드라마, 텔레비전 드라마로 이어지는 전형을 만들어냈다. 이 글에서 대럴 W. 아문센은 민담, 재담집, 로맨스 소설 같은 대중문학을 인용하며 고전 시대 의사의 이미지를 소개한다. 이러한 이미지는 현대의 통념과 놀랄 정도로 닮았다. 의사는 모든 사회에서 유별나게 민주적인(계층을 가리지 않고 모든 사람을 상대한다는 의미 ─ 옮긴이) 역할을 하니 그럴 수밖에. 게다가 의사는 부자의 병실과 여인의 침실에 들어갈 수 있고 사람의 목숨을 끊는 수단을 가졌기 때문에, 대중은 언제나 의사에 대해 선정적인 상상을 품었다. 아문센의 글은 이러한 특징을 모두 언급하고 있으며, 상사병에 대한 논의는 이어지는 제럴드 에릭슨의 글과도 겹친다. 아문센의 임종 이야기는 이 책에서 중세와 고딕 시대의 죽음에 대한 테마를 다룬 글들과도 연관된다.

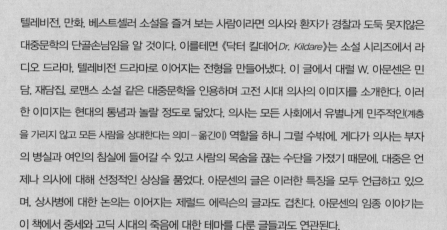

대럴 W. 아문센 Darrel W. Amundsen

웨스턴워싱턴 대학 외국어학과에 재직했으며, 고대와 중세의 의학 및 의료 윤리에 대해 방대한 저술을 썼다. 〈중세 후기 의료 의무론과 역병Medical Deontology and Pestilential Disease in the Late Middle Ages〉과 〈고전 그리스의 법 이론 및 실천에서 의사가 맡은 책임The Liability of the Physician in Classical Greek Legal Theory and Practice〉이 《의학사 저널 Journal of the History of Medicine》에 실렸다.

월 듀런트(미국의 역사가이자 철학자−옮긴이)는 이렇게 썼다. "모든 문명화된 세계와 시대에 의사는 가장 큰 선망과 조롱의 대상이라는 점에서 여자에 비길 만하다."[1] 스티스 톰프슨의 《민속문학의 모티프 색인 *Motif-Index of Folk-Literature*》[2]에서 '의사 physician'라는 항목과 관련 용어를 잠깐 훑어보기만 해도 다양한 문화에서 온갖 모티프가 의사와 연관되어 있음을 알 수 있다. 사람들은 멸시에서 존경까지 다양한 태도로 의사를 대하며, 때로는 우아하지만 대개는 날카로운 공격을 퍼붓기도 한다.

그리스·로마 문학에서는 의사에 대한 상반된 태도가 엿보인다. 환자가 의사에게 경외감을 느끼는 이면에는 자신이 의사의 처분에 달렸다는 무력감으로 인한 긴장이 깔려 있기도 하다. 일반적으로 의술을 지나치게 신봉하고 의사에게 비현실적인 기대를 품으며 의사가 모든 신체적·정신적 질병을 고칠 수 있다고 순진하게 믿는 사람은, 치료가 실패하면 의사가 사악한 의도를 품었거나 태만했다고 의심한다. 의사가 진정으로 병을 고치기를 원하고 애썼다면 환자가 나았을 텐데 그러지 않았다는 것이다. 치료가 성공하지 못하면, 비현실적인 기대를 품었던 환자는 의사를 형편없는 무능력자로 낙인찍기도 한다.

의술이 보잘것없던 ─적어도 20세기 의학의 관점에서 볼 때─고전 시대에도 의사에게 전적인 신뢰를 보내는 장면이 쉽게 눈에 띈다. 그런가 하면 의술을 조롱하는 사람도 있다. 이런 사람들은 대부분의 의사가 부도덕하고, 돈과 지위를 탐내며, 순박한 자를 등쳐먹고, 무고한 자를 괴롭히고, 경솔한 자에게 사기를 친다고 믿는다. 유능하더라도 성품이 사악하며 대개는 무능력하기까지 하다고 생각한다.

뛰어난 의사는 의학 지식을 이용해 선행을 베풀거나 악행을 저지를 엄청난 능력이 있다는 생각이 널리 퍼져 있었다. 《국가Republic》에서 소크라테스가 묻는다. "친구가 아플 때 가장 큰 도움을 줄 수 있고 적을 병약하게 만들어 가장 큰 피해를 입힐 수 있는 사람은 누구인가?" 그러자 당장 '의사'라는 대답이 튀어나온다.[3] 아리스토텔레스도 이러한 진실을 알고 있었다. "······ 의사가 적과 내통하고 있으며 이득을 취하기 위해 자신을 해치려 한다는 의심이 들면, 사람들은 차라리 처방집을 보고 자가 치료를 하려 한다."[4] 역사 문헌에는 의사가 암살자로 고용되거나 그런 혐의를 받는 사례가 많다.[5] 일상생활에서는 사람들이 자신의 상속인이 의사와 짜고 상속 날짜를 앞당길지(즉 독살할지-옮긴이) 모른다고 두려워하는 일이 있었다. 가장 앞장서서 신랄하게 의술을 비판한 대大플리니우스는 유언을 둘러싼 음모 중에서 의술보다 효과적인 것은 없다고 주장한다.[6] 그렇다면 유언장에서 의사를 상속인에 포함시키는 것이야말로 사람이 저지를 수 있는 가장 치명적인 실수일 것이다. 푸블리우스 시루스는 이렇게 썼다. "환자가 의사를 상속인으로 지정하는 것은 치료를 포기하겠다는 뜻이다."[7] 고전기 후기의 재담 수집가 히에로클레스와 필라그리우스는 이 테마를 즐겨 인용했다. 한 이야기에서는 환자가 의사에게 1000드라크마를 유산으로 남기고 죽는다. 유산 대부분이 장례식에 쓰이자, 의사는 장례 행렬을 따라다니며 자신에게 돌아올 유산이 없다고 큰소리로 탄식했다. 얼마 뒤에 망자의 아들이 병에 걸려 이 의사를 불렀다. 의사가 도착해 하는 말, "자네 아버지와 '똑같이' 치료받고 싶다면 유산으로 5000드라크마를 내놓게."[8]

사람들이 의사를 무서워한 가장 큰 이유는 자신을 독살할지도 모른다는 것 때문이었다. 루키아노스는 의사가 이러한 의혹을 받는 것을 잘 알고 있었다. "중상하는 자들은……자신이 중상하는 사람의 진짜 성품을 왜곡함으로써 자신의 공격에 신뢰성을 부여한다. 이자들이 의사에게 독살자의 이미지를 덮어씌우는 것은 이 때문이다. ……"[9] 의사가 독살자라는 모티프는 웅변가들에게 활용되었으며[10] 고대 로맨스 소설에 알맞은 테마였다.[11] 루키우스 아풀레이우스의 《황금 당나귀 Golden Ass》(《메타모르포시스 Metamorphoses》로도 알려져 있다)에서는 썩 어빠진 의사에게 한 여인이 못된 남편을 독살해달라며 접근한다. 여인은 의사가 도착했을 때 남편의 친척이 와 있을 거라고 말했다. 의사는 남편을 진찰하는 시늉을 한 뒤에 약을 조제하기 시작했다. 그러면서 이 약이 장의 통증을 줄이고 담즙을 없애는 데 한 번도 실패한 적이 없다고 말했다. 하지만 여인은 남편의 친척들이 의심하지 않도록 의사가 먼저 약을 한 모금 먹어야 한다고 우겼다. 의사는 영문도 모른 채 약을 마셨다. 얼른 집에 가서 해독제를 구할 수 있기를 바라면서. 남편이 남은 약을 먹자, 여인은 독약이 효과를 나타낼 때까지 의사를 가지 못하게 했다. 목숨이 경각에 달린 채 집에 돌아온 의사가 아내에게 하는 말, "얼른, 약값 받아 와."[12] 이것은 틀림없이 고전 세계에서 인기 있던 주제인 의사의 탐욕을 강조하기 위해서였을 것이다.[13] 이 이야기에서 의사의 역할은 (살해 음모를 꾸민 의사가 마땅한 보답을 받는다는 점에서) 순수한 시적 정의를 구현하는 것이다.

고대 로맨스에 등장하는 의사 중에는 독약을 처방해달라는 요구에 달리 대처하는 사람도 있다. 에페소스의 크세노폰이 쓴 《에페소스 이야기Ephesian Tale》에서는 한 처녀가 원치 않는 결혼을 강요당한다. 의사에게 자신을 도와주겠다는 맹세를 받아낸 처녀는 자살할 수 있도록 독약을 달라고 부탁했다. 처녀가 의사에게 돈과 보석을 건네자, 의사는 얼마간 고민하더니 결국 독약을 구하러 떠났다. 하지만 잠시 뒤에 의사가 가지고 온 약은 독약이 아니라 처녀에게 아무런 해를 끼치지 않는 수면제였다. 처녀는 결혼이 임박하기를 기다렸다가 약을 먹었다. 가족은 처녀가 죽은 줄 알고 무덤에 묻었으나 훗날 도굴꾼이 살아 있는 처녀를 발견했다.[14]

독약을 수면제로 바꿔치기 하는 일은 민담에 흔히 등장하며 소설 작가들에게 영감의 원천이 되었다. 아풀레이우스는, 의붓아들에게 욕정을 품었다가 퇴짜를 맞자 의붓아들을 죽이기로 마음먹은 여인의 이야기를 들려준다. 여인은 노예를 의사에게 보내어 독약을 얻은 뒤 이것을 포도주와 섞고 적절한 때를 기다렸다. 하지만 여인의 친아들이 우연히 포도주를 마시고 매장되었다. 여인은 의붓아들을 살인죄로 고발했다. 독약을 처방해준 의사가 증인으로 법정에 섰다. 폭로의 효과가 가장 커질 때를 기다린 다음 의사는 여인의 노예가 자신을 찾아와 불치병에 걸린 친구를 위해 독약을 처방해달라고 부탁한 경위를 설명했다. 노예의 말에 의심을 품은 의사가 준 것은 독약이 아니라 합환채(사람의 모습을 닮아 마법에 쓰이던 식물-옮긴이)였다. 물론 이야기는 해피엔딩으로 끝났다. 의붓아들은 무죄판결을 받고 의붓어머니는 추방되었으며 노예는 십자가에서 처형되었다.[15]

　방금 소개한 두 의사는 결코 경멸의 대상이 아니다. 독약을 수면제로 바꿔치기 함으로써, 크세노폰의 이야기에서는 무고한 처녀의 자살을 막고 아풀레이우스의 이야기에서는 살인을 막는 고귀한 일을 해낸 것이다. 그리스[16]와 로마[17]의 법에 따르면 사람을 죽이는 데 쓸 독약을 제공한 의사는 살인죄로 처벌받았다. 아풀레이우스 이야기에서 의사가 독약을 처방했다면 자신이 준 독약이 살인에 쓰일 줄은 몰랐다는 사실을 입증해야 했을 것이다. 의사가 독약 대신 수면제를 준 데는 이런 까닭도 있었다. 의사의 증언으로 미루어보건대, 독약이 자살에 쓰이리라고 믿었다면 아무 거리낌 없이 독약을 내주었을 것이기 때문이다. 군인이나 노예를 제외하면 자살은 법으로 금지되지 않았으며, 치명적인 병에 걸린 사람이 고통을 끝장냈다는 이유로 비난받는 경우도 거의 없었다. 건강한 사람이 자살하는 것을 도와주었다고 의사가 비난받는 일도 없었다. 대부분의 의사는 자살을 돕는 것이

의료 윤리를 어기는 일이라고 생각하지 않았을 것이다.[18]

이솝우화에서는 한 고양이가 닭이 병에 걸렸다는 소식을 듣자 의사로 변장하고 농장을 찾아간다. 고양이가 닭에게 병세를 묻자 닭이 대답했다. "당신이 사라져주기만 한다면 아무 문제없을 거요."[19] 의사는 친분이 있는 환자에게 부정직하고 비열한 행위를 저지를 절호의 기회를 결코 놓치지 않았다. 이솝우화의 또 다른 이야기에서는 시력이 나빠진 노파가 의사에게 눈을 치료해주면 치료비를 주겠다고 말한다. 의사는 노파를 치료할 때마다 집 안에 있는 물건을 훔쳐갔다. 치료가 끝난 뒤 물건이 모두 사라진 것을 알게 된 노파는 치료비를 내놓기를 거부했다. 법정에 선 노파는 의사의 치료가 듣지 않았다고 주장했다. "의사가 치료하기 전에는 집에 있는 물건을 모두 볼 수 있었지만 지금은 하나도 보이지 않는걸요."[20] 히에로클레스와 필라그리우스의 재담집에도 비슷한 이야기가 있다. 손버릇 나쁜 의사가 지혜로운 사람의 눈병을 치료하다 자기가 전에 빌려준 등잔을 훔쳤다. 어느 날 의사가 "눈은 어떠십니까?"라고 묻자 환자가 대답했다. "당신이 빌려준 등잔이 보이지 않소."[21]

애욕의 세계로 눈을 돌려보자. 문학작품에서는 의사가 종종 성욕을 채울 기회를 잡았을 것 같은 통념을 엿볼 수 있다. 대大플리니우스는 의술이 간통의 매개체라고 잘라 말한다. 마르티알리스의 풍자시에서는 한 여인이 나이 든 남편에게 자신의 건강 문제를 해결하는 방법으로 성교를 처방받았다며, 하지만 자신은 그런 치료를 받을 생각이 없다고 말한다.[22] 그러자 남편은 아내에게 (자신이 해줄 수 없는) 치료를 시행하라고 명령한다. "곧 남자 의사들이 들어오고 여의사들이 자리를 비켰다. 의사들은 여인의 다리를 번쩍 들어올렸다. 이 얼마나 충실한 치료인가!"[23] 의료 윤리를 논하는 문헌을 보면 환자나 환자 가족과 성관계를 맺지 말라는 경고가 실려 있기는 하지만[24] 일반 문헌에서는 의사가 지위를 이용해 정욕을 채웠다는 이야기를 찾아보기 힘들다. 다만 히에로클레스와 필라그리우스는 아래와 같은 일화를 전한다. 젊은 의사가 한창 청춘을 꽃피우는 여인의 몸을 주물러주는 것을 본 한 재담가가 말한다. "겉을 치료한답시고 속까지 범하지는 말게."[25] 전혀 다른 맥락이기는 하지만, 마르티알리스는 연적인 의사에게 치료를 받다가 고자가 된 남자 이야기를 들려준다.[26]

《그리스 문학 선집Greek Anthology》에 실린 작자 미상의 풍자시는 장의사와 의사가 못된 짓을 공모하는 장면을 들려준다. 의사가 장의사에게 일감을 몰아주는 대가로 장의사는 수의를 훔쳐 의사에게 건넨다.[27] 의사를 풍자하는 경구를 보면 그 원인이 의사의 부정직인지, 태만인지, 무능력인지, 불운인지 판단하기 힘들 때가 많다. 디오 크리소스토모스는 "의사가 없거나 무능력하면 장의사가 많아진다"[28]라고 쓰고 있으며, 세네카는 "숱한 처형이 군주에게 불명예이듯 숱한 장례식은 의사에게 불명예로다"[29]라고 설파한다. 병을 치료하는 데는 의사의 능력이나 무능력 말고도 여러 요인이 영향을 미치지만, 환자가 회복되었는지 죽었는지는 의사를 판단하는 중요한 ―종종 부당한 ―기준이 되었다. 하지만 풍자 작가들은 환자가 죽는 사건을 줄기차게 비꼬았다. 헤딜루스는 모습을 보이는 것만으로도 환자의 목숨을 빼앗는 의사를 그리고 있으며,[30] 루킬리우스는 환자 꿈에 나타나면 환자가 죽는 의사 이야기를 전한다.[31] 칼릭테르는 이름만 들어도 환자가 죽는 의사를 소개한다.[32] 니카르코스는 한술 더 떠서 마르코스라는 이름의 의사가 제우스 석상에 손을 얹기만 했는데 석상이 무너졌다고 주장한다.[33]

죽음을 예고하는 의사의 능력은 점성술사보다 뛰어나다. 니카르코스[34]와 아우소니우스[35]는 '어떤 의사가 9개월 안에 죽으리라'고 예언한 점성술사 이야기를 전한다. 이 말을 들은 의사가 점성술사에게 손을 얹자 점성술사는 그 자리에서 숨이 끊어졌다. 칼릭테르가 소개하는 의사는 얼마나 솜씨가 뛰어났던지 환자 다섯 명으로 이루어진 세 집단에 저마다 다른 치료법을 써서 열다섯 명을 모두 죽이는 데 성공했다.[36] 루키아노스는 자신의 특별한 기술을 잘 알고 있는 의사가 아들을 문법 학교에 보낸 이야기를 전한다. 아들이 수업을 마치고 돌아와 호메로스의 시를 읊었다. "수많은 강건한 영혼을, 그는 하데스(명부 冥府-옮긴이)로 보냈도다." 아버지는 아들에게 학교를 다닐 필요 없다며 이렇게 말한다. "그런 건 집에서도 배울 수 있단다. 나 또한 수많은 영혼을 하데스로 보내니까."[37] 팔라다스는 의사에게 치료받느니 차라리 사형 집행인의 손에 떨어지는 게 낫다고 말한다. 사형 집행인은 범죄자를 정당하게 처형하지만 의사는 환자를 하데스에 보내는 대가로 치료비를 뜯어가니 말이다.[38]

마르티알리스는 직업을 바꾼 의사 두 명의 이야기를 들려준다. 한 의사는 장의사가 되어 예전처럼 솜씨 좋게 환자를 침대에 누인다.[39] 또 한 의사는 눈을 전문으로 치료하다 검투사가 된다. 그는 직업을 바꾼 뒤에도 예전에 하던 일을 계속한다.[40] 이솝[41]과 파이드루스[42]의 우화에서 보듯, 반대의 경우도 있다. 솜씨가 형편없는 구두장이가 구두

수선으로는 도저히 먹고살 수 없어 자기를 모르는 동네에 가서 '해독제' 도붓장사를 시작했다. 그러다가 의사로서 대단한 명성을 얻었다. 마침내 어떤 도시의 왕이 그를 불러들였다. 왕의 유도신문에 넘어간 구두장이는 자신이 명성을 얻은 것은 군중이 어수룩해서지 의술 때문이 아니라고 실토했다. 왕은 신하들을 불러 모은 뒤에 이렇게 말한다. "자네들이 얼마나 어리석은지 알겠는가? 신발이 필요한 사람이 자기 발을 맡기지도 않는 자의 손에 목숨을 기꺼이 맡기다니 말이지."

고대에는 의사가 되는 데 면허가 필요하지 않았다.[43] 누구나 의사를 자처해 치료소를 열거나 순회 의사가 될 수 있었다. 악의, 태만, 무능을 처벌할 수 있는 '직업적' 책임이라는 법적 개념이 있기는 했지만,[44] 의사 자격이 없는 돌팔이로부터 대중을 보호할 수단은 찾기 힘들었다. 의료 윤리를 논하는 문헌을 보면, 의술의 윤리 원칙 상당수가 의사의 명성을 유지하기 위해 마련되었음을 알 수 있다. 의사의 유일한 자격증은 자신의 명성이었으며,[45] 명성을 보호하는 것이야말로 의사에게 무엇보다 중요한 일이었기 때문이다. 엄격한 면허 제도가 시행되는 사회에서는 의사가 익살스러운 공격을 받아도 대수롭지 않게 넘기거나 오히려 재미있어 할 수 있지만, 고전 시대의 의사, 특히 실력이 뛰어나고 명성이 높은 의사는 동료 의사들이 도매금으로 욕을 먹는 것이 달갑지 않았을 것이다.

고전 시대 작가들 중에는 무능하거나 멍청한 의사를 풍자하는 데 도가 튼 사람들이 있다. 칼릭테르는 꼽추의 등을 펴려 한 의사에 대한 풍자시를 남겼다. 의사는 꼽추를 죽였지만 등은 자보다 더 똑바로 폈다.[46] 니카르코스는, 어찌나 뛰어났던지 환자의 초상화에서까지 눈알을 뽑은 안과 의사 디온에 대한 이야기를 들려준다.[47] 히에로클레스와 필라그리우스의 풍자시에 등장하는 의사는 수술받는 환자가 끔찍한 고통에 비명을 지르자 수술칼을 날이 무딘 것으로 바꾸었다.[48] 바브리우스[49]와 아우소니우스[50]가 소개하는 미숙한 의사는 환자가 다음 날까지 살지 못할 테니 더는 왕진하지 않겠다고 말한다. 이렇게 버림받았다가 회복된 환자와 마주치자, 의사가 하데스 생활이 어땠느냐고 물었다. 환자는 페르세포네와 명부의 신 하데스가 병자를 죽게 내버려두지 않는 의사들에게 화가 머리끝까지 나서 벌을 주겠노라고 단단히 벼르고 있다고 대답한다. 그러면서 이렇게 덧붙인다. "하지만 저는 선생님이 실은 의사가 아니며 (병자를 살린다는) 중상中傷은 거짓이라고 말했습니다."

의사는 건강한 외모와 적절한 몸무게가 중요하다는 것을 알고 있었다. 히포크라테스 전집에는 이런 문구가 실려 있다. "일반인들은 몸 상태가 훌륭하지 못한 사람은 남을 돌볼 수 없다고 생각한다."[51] 고전 시대에 건강은 그 자체로 미덕일 뿐 아니라 미덕의 증표이기도 했다. 예방은 그리스·로마 의료에서 매우 중요한 역할을 했으며, 자신의 신체를 최상의 상태로 유지하지 못하는 의사는 남의 건강을 유지하거나 회복시킬 능력이 없다고 평가받았다. 키케로는 이렇게 썼다. "남의 질병을 치료함에 있어 치료의 온갖 기예를 숙달했다고 주장하나 자기 몸도 치료하지 못하는 나쁜 의사를 닮지 말라."[52] "의사가 제 병 못고친다"라는 속담은 시대와 국경을 초월한다.[53] 바브리우스[54]와 아비아누스[55]가 전하는 우화에서는 몸이 부풀어오른 개구리가 병에 걸린 짐승에게 자신의 약물이 병세를 호전시키고 수명을 연장시켜줄 거라며 안심시키려 든다. 소는 개구리의 말에 넘어갔지만 영리한 여우는 이렇게 말했다. "병색이 완연한 창백한 용모를 한 이 개구리가 어떻게 남에게 치료제를 처방할 수 있겠어?"

허풍쟁이 의사는 동료 의사와[56] 의사가 아닌 작가들의 눈살을 찌푸리게 했다. 이솝우화에 이런 이야기가 있다. 친구의 장례식에 참석한 의사가 말했다. "이 친구가 술을 멀리하고 변비약을 복용했다면 죽지 않았을 텐데." 그러자 한 문상객이 대꾸했다. "그런 말 하기는 너무 늦었잖소. 충고를 하려면 살아 있을 때 했어야지."[57] 허풍을 비꼬는 방법은 또 있다. 이를테면 플루타르코스는 환자를 끌어들이기 위해 극장에서 수술을 하는 의사를 호되게 비판한다.[58] 디오 크리소스토모스는 연설로 군중의 마음을 사로잡는 '세칭' 의사와 팡파르는 울리지 않지만 양심적으로 환자를 치료하는 '진짜' 의사를 구분한다.[59] 하지만 단순히 능력만으로 의사의 실력을 평가할 수 없다는 의견도 있다. 이를테면 아리스토텔레스는 '경지에 이른' 의사는 이론을 편다고 주장한다.[60] 섬세하고 탐구적인 정신의 소유자라면 자연학을 논하고 자신의 원리가 자연학에서 도출되었다고 말할 수 있다는 것이다.[61] 아리스토텔레스는 이론을 엄격히 적용하는 의사와 경험에만 의지하는 의사를 대비하면서도, 경험을 토대로 진료하는 의사가 경험 없이 이론만 가진 의사보다 성공률이 높음을 인정한다. 그럼에도 아리스토텔레스는 이론가가 경험가보다 더 현명하다고 말한다. 이론가는 '원인'을 깨닫지만 경험가는 깨닫지 못한다는 이유에서다.[62] 아리스토텔레스는 세 종류의 의사를 구분한다.

"하지만 '의사'는 평범한 의료인과 의술에 정통한 자를 둘 다 일컫되 일반적인 교육의 일환으로 의학을 공부한 자도 포함한다. 모든 기예에는 이런 종류의 학생이 있기 마련이며, 우리는 전문가뿐 아니라 일반적인 교육을 받은 자에게도 판단 능력을 부여하기 때문이다."[63] 교육받은 일반인은 대개 무식한 의사를 경멸했다. 이를테면 아울루스 겔리우스는 철학자 칼비시우스 타우루스가 정맥과 동맥을 혼동하는 의사에게 점잖게 훈계하는 일화를 전한다. 겔리우스는 이렇게 덧붙였다. "우리 몸에 대해 심오한 지식이 아니라 자연이 우리의 건강을 유지하기 위해 명백하게 밝혀놓은 사실조차 알지 못하는 것은 비단 의사뿐 아니라 교육받은 일반인에게도 부끄러운 일이다."[64]

고전 시대의 의학 문헌과 교육받은 일반인의 글에는 의사의 능력을 판단하는 기준이 아주 정확하고도 자세히 서술되어 있다. 등장인물을 매우 낭만적으로 묘사하는 고대 소설에서는 의사가 두 가지 어려움에 맞서는 것으로 나온다. 첫 번째 어려움은 (앞에서 설명했듯) 비윤리적 행위를 저지를 기회가 생겼을 때—이런 기회는 잦다—생기는 도덕적 딜레마다. 두 번째 어려움은 환자를 치료하는 평범한 일상과 다른 상황에서 실력 발휘를 요구받는 것이다. 두 번째 범주로는 혼수상태에 빠진 사람을 살려내는 것과 상사병을 진단하는 것이 있다.

작자 미상의 라틴 로맨스인 《티레의 아폴로니우스 *Apollonius, Prince of Tyre*》를 보면, 한 의사가 제자와 바닷가를 거니는데 관이 파도에 떠밀려왔다. 관에는 아리따운 처녀의 시신과 돈주머니, 격식을 갖추어 처녀를 매장해달라고 부탁하는 쪽지가 들어 있었다. 의사는 (외모는 청년이나 실력은 노인인) 한 제자에게 시신을 매장할 채비를 시켰다. 젊은 이는 몰약을 가져와—그는 손이 예민했다—처녀의 몸에 펴 발랐다. 그런데 놀랍게도 생명의 징후가 느껴졌다. 젊은이는 맥박을 재고 코와 입에서 호흡을 살피고 동료들에게 처녀의 온몸을 데우라고 말한 뒤 처녀의 팔다리를 주물렀다. 마침내 처녀가 깨어나자 젊은이가 스승에게 달려가 말했다. "스승님, 이 제자가 무슨 일을 했는지 보십시오!" 죽은 줄 알았던 처녀가 살아난 것을 본 의사는 제자에게 말했다. "너의 실력을 인정하고 너의 지식을 칭찬하고 너의 성실함을 높이 사노라. 하지만 듣거라, 제자여. 나는 네가 실력의 대가를 빼앗기는 것을 바라지 않노라. 여기 치료비를 받아라. 이것은 처녀가 가져온 돈이니까." 의사는 관에서 찾은 돈을 제자에게 준 뒤, 처녀를 찜질하고 기운을 차릴 수 있도록 음식을 주라고 말했다.[65]

산 채로 매장당할지 모른다는 두려움은 사람의 심리 깊숙이 자리 잡고 있으며, 민속문학에 흔히 등장하는 모티프다. 죽은 줄 알았던 사람이 실제로는 살아 있음을 간파하는 이름난 의사의 이야기도 —위작인 경우가 많지만— 쉽게 찾아볼 수 있다. 고전 시대의 것으로 가장 유명한 이야기는 기원전 1세기에 로마에서 활동한 푸르사의 아스클레피아데스라는 이름난 의사의 활약이다. 어떤 학자가 말했다. "수많은 이들이 아스클레피아데스를 신으로 떠받들었다. 물론 동료 의사들은 약이 올랐을 테지만."[66] 송장의 소생이 대단한 화젯거리였음은 틀림없다. 이 모티프는 로맨스에서 써먹기에 제격이었다.

상사병에 걸린 사람의 무기력과 우울을 진단하는 것은 그리스·로마와 중세[67] 의학 저술가들이 관심을 쏟은 주제였다. 사랑(에로스)이 신神이며 그가 질병의 형태로 인간을 괴롭힐 수 있다는 생각이 널리 퍼져 있었으며, 최상급의 의사들(이를테면 갈레노스, 아레타이오스, 카일리우스 아우렐리아누스, 오레이바시오스)은 사랑이 사람에게 미치는 영향을 탐구했다. 갈레노스를 비롯한 일부 의사는 상사병이 초자연적 현상이라는 통념에서 벗어나 정신이 육체에 영향을 미친다는 사실을 간파했다. 상사병을 진단하는 능력은 가장 뛰어난 의사의 증표로 널리 간주되었다. 히포크라테스나 에라시스트라토스 같은 의사들이 상사병을 진단하는 사건을 매우 낭만적으로 묘사한 이야기가 만들어졌다.[68] 갈레노스는 진료 과정에서 겪은 비슷한 경험을 전한다.[69]

　고대 로맨스에는 상사병이 흔히 등장한다. 크세노폰이 쓴 《에페소스 이야기》에서는 남녀 주인공이 둘 다 상사병에 걸리지만 부모는 의사를 찾지 않고 아폴론 신탁소를 찾아 병의 원인을 묻는다. 아풀레이우스는 《황금 당나귀》에서 등장인물의 상사병을 이렇게 묘사한다. "의사들의 지식이란 얼마나 얄팍한 것인지. 맥박이 뛰는 것은 무엇을 말하는가, 달아오른 체온은 무엇을 뜻하는가, 기운을 잃고 숨을 헐떡이며 안절부절 못하여 끊임없이 뒤척이는 것은 왜인가? 어찌 모른단 말인가! 베누스(비너스)의 열정을 느낀 적이 있는 사람이라면 몸에 불이 붙지도 않았는데 타오르는 열병이 무엇 때문인지 금방 알 수 있을 텐데 어찌하여 솜씨 좋은 의사가 이것을 모른단 말인가!"[70] 《티레의 아폴로니우스》에서 상사병에 걸린 처녀를 치료하러 찾아온 의사들은 처녀의 몸을 구석구석 살펴보고서도 병의 원인을 알아내지 못한다.[71] 헬리오도로스의 《에티오피아 로맨스Ethiopian Romance》에서 비슷한 문제로 불려온 의사가 날카로운 안목으로 증상의 본질을 알아챈다.[72] 아리스타이네토스의 단편 애정 소설에 등장하는 의사도 이러한 안목의 소유자다.

가장 고귀한 자 폴리클레스의 아들 카리클레스가 아버지의 첩을 연모하여 몸져누웠다. 몸에 병이 났다고 둘러댔지만 실은 상사병이었다. 훌륭한 아버지이며 아들을 극진히 사랑하는 폴리클레스는 뛰어난 의사 파나케오스를 불렀다. 파나케오스는 젊은이의 맥박을 짚고 시시각각 변하는 심경을 예리하게 관찰하고 정신적 문제를 찾기 위해 눈을 살펴보았지만, 어떠한 병명도 떠오르지 않았다. 파나케오스는 위대한 의사였지만 오래도록 어찌할 바를 몰랐다. 그때 우연하게도 젊은이가 연모하는 여인이 지나갔다. 그 순간 그의 맥박이 제멋대로 뛰고 몸이 안절부절못했으며 안색이 붉으락푸르락했다. 이로써 파나케오스는 젊은이의 병명을 알아냈다. 단순히 실력이 아니라 우연으로, 또한 그의 눈썰미가 알맞은 때에 발휘된 덕이었다.

파나케오스는 자신의 진단을 확인하기 위한 첫 번째 조치를 취했다. 다시 한 번 젊은이 곁에 다가간 파나케오스는 집 안의 모든 여자를 불러 시간 간격을 두고 한 사람씩 젊은이 앞을 지나게 했다. 그러는 동안 파나케오스는 젊은이의 손목을 잡고, 의사의 틀림없는 길잡이요 몸 상태를 거짓 없이 알려주는 맥박을 짚었다. 욕정으로 기진맥진한 젊은이는 어떤 여인을 보아도 동요하지 않았으나, 자신이 연모하는 아버지의 첩이 나타나자 즉시 안색과 맥박이 변했다.

하지만 지혜롭고 억세게 운 좋은 파나케오스는, 삼세번에 득한다는 옛말도 있듯 병의 원인을 더 확실하게 파악하고 싶었다. 병을 치료하려면 젊은이에게 맞는 약을 지어와야 한다고 둘러대며 잠시 자리를 떴다. 파나케오스는 떠나기 전에 다음 날 약을 가져다주겠다고 약속하며 아들과 비탄에 잠긴 아버지에게 기운을 내라고 용기를 북돋웠다.

약속한 시간이 되어 파나케오스가 돌아오자 폴리클레스와 온 집안 사람들이 그를 은인이라 부르며 집 밖까지 나와 반갑게 맞았다. 하지만 파나케오스는 심기가 불편한 얼굴로 치료를 그만두겠다고 퉁명스럽게 소리쳤다. 폴리클레스가 안달복달하며 이유를 물어도 파나케오스는 언성을 높이며 당장이라도 떠날 듯 분을 풀지 않았다. 하지만 폴리클레스는 더욱 간절히 애원하며 파나케오스의 가슴에 입맞추고 무릎을 끌어안았다. 그러자 파나케오스는 어쩔 수 없다는 표정으로 자신이 떠날 수밖에 없는 이유를 거친 어조로 내뱉었다. "그대의 아들은 내 아내를 간절히 사모하여 불법적인 욕정 때문에 시들어가는 것이오. 그를 증오하오. 간부姦夫가 될 자를 더는 두고 볼 수가 없소." 이 말을 들은 폴리클레스는 아들의 병이 수치스러워 파나케오스 앞에서 얼굴이 붉어졌다. 하지만 평정심을 회복하자 지체 없이 파나케오스에게 아내를 포기해달라고 간청했다. 폴리클레스는 이것이 간통이 아니라 아들을 살리기 위해 어쩔 수 없는 조치라고 말했다. 폴리클레스가 애원하는 동안 파나케오스는 의사에서 간통을 — 무슨 말로 표현하든 이것은 엄연한 간통이었다 — 알선하는 — 그것도 자기 아내를 파는 — 뚜쟁이로 전락한 자기 신세를 한탄하듯 애처롭게 울부짖었다. 폴리클레스가 다시 한 번 애원하며 이것은 간통이 아니라 불가피한 해결책이라고 말하자, 지혜로운 의사 파나케오스는 진지한 표정으로 말했다. "제우스의 이름을 걸고 묻노니, 그대의 아들이 그대의 첩을 연모한다 해도 아들의 연정을 위해 첩을 아들과 결혼시키지는 않을 것 아니오?" 폴리클레스가 "제우스께 맹세코 당연히 결혼시켜야지요"라고 대답하자 현명한 파나케오스가 말했다. "폴리클레스, 그대의 애원을 그대 자신에게 돌려 옳은 일을 하시오. 이 젊은이는 그대의 첩을 사랑한다오. 그대 말대로 내가 누군가의 목숨을 살리기 위해 아내를 내어주는 것이 옳다면, 목숨이 경각이 달린 그대의 아들에게 그대의 첩을 내어주는 것은 더더욱 옳은 일이오." 파나케오스의 논리적인 말과 설득력 있는 결론에 폴리클레스는 그의 충고를 그대로 따랐다.[73]

히에로클레스와 필라그리우스가 쓴 《파케티아이*Facetiae*》(재담집)에는 똑똑하거나 재치 있거나 무정한 의사의 모티프가 자주 등장한다. 어떤 의사는 환자의 삼일열을 반半삼일열로 바꾸고는(이틀 걸러 열이 나다가 하루 걸러 열이 나는 상태로 오히려 악화되었다는 뜻-옮긴이) 치료비의 절반을 요구한다.[74] 어떤 사람이 박식한 의사를 찾아가 "의사 선생님, 잠에서 깰 때마다 30분 동안 현기증이 나다가 30분이 지나면 싹 없어집니다"라고 말하자 의사가 대답했다. "30분 늦게 일어나시오."[75] 입냄새에 시달리는 사람이 의사를 만나 "선생님, 목젖이 늘어집니다"라고 하자 의사가 입 안을 들여다본 뒤 말했다. "목젖이 늘어지는 게 아니라 창자가 올라오고 있군요."[76]

무정한 의사를 풍자하는 농담도 있다. 애꾸눈 의사가 환자에게 상태를 물었다. 환자가 "보시는 대롭니다"라고 대답하자 의사가 대꾸했다. "내가 보는 대로라면 자네는 반쯤 죽었네."[77] 어떤 사람이 무정한 의사를 찾아가 "선생님, 눕지도 서지도 앉지도 못하겠습니다"라고 하자 의사가 말했다. "목매달리는 수밖에 없겠구먼."[78] 무정한 의사는 실생활에서도 드물지 않았다. 갈레노스는 죽음을 앞둔 환자에게 나쁜 소식을 전할 때 서툴 뿐 아니라 가혹한 의사를 비난한다. 환자가 자신이 죽게 되느냐고 묻자 의사가 대답했다. "레토(아폴론과 아르테미스의 어머니-옮긴이)의 자식이 아니라면 당신은 죽을 것이오." 다른 환자가 같은 질문을 하자 이번에는 이렇게 대답했다. "당신보다 훌륭한 인물인 파트로클로스(전설상의 그리스 영웅-옮긴이)도 죽었소."[79]

대학 병원에서 진료받은 적이 있는 사람이라면 마르티알리스의 이 말에 공감할 것이다. "나는 앓고 있었소. 하지만 심마쿠스, 그대는 한 번에 백 명의 수련의를 이끌고 나를 진료했소. 북풍에 차가워진 백 개의 손이 내 몸을 더듬었소. 전에는 열이 없었으나, 심마쿠스, 이제는 열이 나는구려."[80] 트리말키오(페트로니우스의 《사티리콘Satyricon》에 등장하는 인물-옮긴이)의 식탁에서 반半문맹의 해방 노예가 한 말은 오늘날에도 공감을 살 만하다. 해방 노예는 친구의 죽음을 거론하며 이렇게 말했다. "의사들이 친구를 죽였소. 어쩌면 의사가 아닐지도. 불운 때문이라고 해둡시다. 어쨌든 의사는 마음의 평안을 가져다주는 데나 쓸모가 있지요."[81]

의사에 대한 경멸을 거침없이 드러낸 이들도 있다. 티베리우스 황제는 언제나 의사를 멸시한 것으로 전해진다.[82] 플루타르코스의 〈스파르타인의 금언Spartan Apothegms〉에는 기원전 445~426년, 기원전 408~394년에 스파르타를 다스린 파우사니아스 왕의 이야기가 일곱 편 들어 있는데, 그중 네 편에서 의사를 비난한다. 한 의사가 파우사니아스를 알현해 말했다. "전하께서는 아무 이상이 없습니다." 그러자 파우사니아스가 대꾸했다. "물론이지. 자네가 내 의사가 아니니까." 파우사니아스가 자기를 치료한 적도 없고 해를 입히지도 않은 의사를 비난한다며 한 친구가 나무라자 파우사니아스가 대답했다. "내가 그 의사와 얽힌 적이 한 번이라도 있다면 지금 살아 있지 못할 걸세." 어떤 의사가 "전하께서는 천수를 누리고 계십니다"라고 하자 파우사니아스가 말했다. "자네가 내 의사가 아니었던 덕분이지." 다음 금언은 의사를 대하는 파우사니아스의 태도를 한눈에 보여준다. "최고의 의사는 환자가 썩게 내버려두지 않고 재빨리 묻어버리는 자다."[83]

고전 시대에 의사를 가장 신랄하게 비난한 사람은 대大플리니우스일 것이다. 그는 의료계를 무지하게 혐오한 집정관 카토를 본받았다. 하지만 플리니우스는 서둘러 이렇게 강조한다. "우리 선조들이 비난한 것은 의료가 아니라 의료계였다. 목숨을 구하고자 터무니없는 값을 치르는 것이 못마땅했기 때문이다."[84] 플리니우스가 가장 분통을 터뜨린 것은 의사들의 막대한 수입이었다. 플리니우스가 말한다. "그나마 다행인 것은 사기꾼의 수가 아주 많다는 것이다. 치료비를 낮추는 것은 염치가 아니라 경쟁이니 말이다."[85] 플리니우스는 의사가 명성을 높이기 위해 끊임없이 새로운 치료법을 찾는 과정에서 환자를 실험동물로 이용한다고 비난한다.[86] "의사는 우리를 위험에 빠뜨려 지식을 얻고 우리의 목숨을 대가로 실험을 한다."[87] 플리니우스가 의료계를 비판하는 이면에는 전통적인 민간의학이 건강을 유지하고 회복하는 데 더 뛰어나다는 신념이 깔려 있다. 게다가 누구나 플리니우스의 《박물지Natural History》를 활용해 자연요법으로 스스로의 몸을 치유할 수 있다는 것이다. 플리니우스의 말을 듣자면 오늘날의 광신적인 건강식품 옹호론자가 떠오른다. 의사들은 어수룩한 대중을 등쳐먹을 뿐 아니라, 산야에서 쉽게 채취하거나 동네 건강식품 가게에서 간편하게 살 수 있는 값싸고 효과적인 만병통치약에 대해 한사코 눈을 감는다.

고전 시대에 의사를 대하는 태도는 어느 문화에서와 마찬가지로 광범위하고 다양하다. 현대 문명에서 닮은꼴을 발견할 수 있다는 게 놀라울 수도 있겠지만, 그 이유는 의사와 연관된 모티프가 대부분 시간과 장소, 인종·문화적 장벽을 뛰어넘기 때문이다.

_6_
신들림, 섹스, 히스테리: 고대 후기 귀신론의 성장

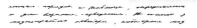

제럴드 에릭슨의 글은 세 부분으로 나뉘며, 각 부분은 현대 대중문화의 중요한 특징을 정확히 보여준다. 코미디언 플립 윌슨의 시덥잖은 변명 "귀신이 씌었나 봐"에서 테러와 잔학 행위, 위험천만한 권력 남용으로 얼룩진 세상에서 악의 본질을 파헤치는 영화 〈엑소시스트The Exorcist〉의 대단한 인기, 거기에다 의학의 과학적 발전을 비웃는 정신 질환의 증가에 이르기까지, 타블로이드 신문, 텔레비전, 과학 소설, 사이비 종교 제의 어디에서나 비합리성과 신들림의 개념을 찾아볼 수 있다. 이 글의 첫 번째 부분에서 에릭슨은 지식인과 사제 집단이 신들림을 은혜로운 선물로 인식한 기원전 5세기로 우리를 데려간다. 두 번째 부분에서는 신들림이 엘리트 집단의 긍정적 전통에서 벗어나 (1세기 로마를 특징짓는) 가치의 타락과 급격한 사회 변화를 귀신 탓으로 돌리는 대중운동으로 옮겨가는 과정을 짚어본다. 세 번째 부분에서는 대중의 이교적 신들림 전통이 히스테리에 대한 고대 의학 이론 및 초기 기독교의 종말론적 심리학과 결합해 기독교 시대의 서막을 여는 장면을 보여준다.

・・

제럴드 에릭슨Gerald Erickson

미네소타 대학 고전학과에서 라틴·그리스 어문학을 가르치는 한편, '고대 로마와 그리스의 광기와 일탈 행동', '그리스·로마 세계의 에로티시즘과 가정생활', '그리스와 로마의 마녀술과 오컬트' 등의 강의를 개설해 가르쳤다.

신들림이, 신이 선택된 소수에게 베푼 축복에서 귀신이 일반인에게 가하는 고통으로 바뀐 것은 고전 시대 500년을 통틀어 가장 중요한 변화 중 하나인데도, 전통적인 역사 문헌에서는 늘 찬밥 신세였다. 대중문화와 지배계급의 철학적 사유가 어떤 관계를 맺고 있는지 이해하는 데 풍부한 실마리를 던져줄 이 주제를 그동안 역사가들이 외면했다는 것만 해도 흥미로운 물음이자 방대한 연구 주제지만, 이 글의 목표는 훨씬 소박하다. 나는 이러한 변화를 간략하게 설명하고, 대신 기독교 교회가 귀신론을 선뜻 받아들인 이유에 대해 다소 복잡한 가설을 제시하고자 한다.

고대 후기(1세기 이후) 귀신론의 등장은 사회·경제적 요인과 이 요인이 이데올로기적 상부구조에 미친 영향을 따져보아야 하는 복잡한 문제다. 이 글에서는 범위를 좁혀 이러한 변화의 근거를 제시하고, 기독교인이 귀신들림을 받아들이고 이를 절박하고도 두려운 현상으로 선전하도록 만든 한 가지 요인을 지적할 것이다.

　피터 블래티의 〈엑소시스트〉가 (예술적 기준에서) 말도 안 되는 성공을 거두고, 그 인기에 편승하여 D급 영화들이 쏟아져나온 이유를 짐작이라도 하려면 우선 초기 기독교 공동체가 귀신론을 믿게 된 근본 원인을 분석해야 한다. 우리 탐구의 첫 단계는 신들림을 대하는 초기의(기원전 5세기) 태도, 1세기에 일어난 뚜렷한 변화, 귀신들림 현상을 기독교와 융화시킨 사고思考를 펼쳐 보이는 일이 될 것이다.

기원전 5세기의 신성한 신들림

플라톤의 《파이드로스Phaedrus》는 기원전 5세기 사람들이 신이 내린 광기를 어떻게 생각했는지 보여준다.

> 광기가 무조건 나쁘기만 하다면 그 말이 옳을 걸세. 하지만 가장 위대한 것들은 광기로부터 온다네. 신의 선물로서 말이지. 델포이의 예언녀와 도도나의 신녀는, 광기에 사로잡혔을 때는 공사公私를 막론하고 그리스에 크나큰 유익을 가져다주었으나 제정신일 때는 아무것도 한 일이 없다네. 예언적 영감을 발휘해 많은 이에게 많은 것을 예언해 이들의 운을 틔워준 시빌과 그밖의 예언자 이야기를 하려면 아주 오랜 시간이 걸릴 걸세.[1]

소크라테스의 입을 빌려 신성한 광기를 예찬하던 플라톤은 '마니아mania'(광기)의 유래를 '만티케mantike'(예언술)로 소급하기까지 한다. 그러면서 이러한 신들림이 신의 예언 이상을 전달한다고 암시한다.

옛사람들이 말하길, 점을 칠 때는 신에게서 비롯하는 광기가 인간에게서 비롯하는 분별보다 더 영험하다고 하네. 게다가 과거의 죄 때문에 집안에 질병과 어려움이 닥치면 광기가 찾아와 예언을 내리고 기도와 제사로 어려움에서 벗어날 길을 알려주었지. 이러한 광기를 지닌 자는 정화 의식과 비교祕教 의식을 통해 현재뿐 아니라 미래에도 안전하게 보호받는다네. 광기에 사로잡히면 현재의 악에서 벗어나니 말일세.[2]

흥미롭게도 광기가 극도의 슬픔을 위로하고 어찌할 수 없는 상황에서 벗어날 탈출구가 된다는 플라톤의 견해는 '광기는 어려움을 이겨낼 수 있도록 성격을 개조하려는 노력'이라는 R. D. 레잉의 정의와 아주 비슷하다.

사회적 관계에서 사람을 정신분열증으로 몰고 가는 사건들이 어떤 환경에서 일어나는지 100여 건의 사례를 통해 조사한바, 정신분열증으로 분류되는 경험과 행동은 '도저히 살아갈 수 없는 상황에서 살아가기 위해 짜낸 특별한 전략'이라는 결론이 도출되었다. '예외는 하나도 발견하지 못했다.' 살아가다 보면 더는 버틸 수 없을 것 같은 느낌이 들 때가 있다. 안으로는 자기 자신으로부터, 밖으로는 주변에서 몰아치는 모순적이고 역설적인 압력과 요구, 밀고 당기기 때문에 옴짝달싹할 수도 없다. 말하자면 외통수에 빠

진 것이다. (강조는 레잉—옮긴이)[3]

광기가 축복이 될 수도 있다는 플라톤과 레잉의 견해를 따르자면, 정신과 치료는 이러한 유익한 과정을 방해하거나 망칠 뿐이다. 광기 속에서 자신을 파괴하고 재건하는 이러한 과정은, "화학요법, 충격요법, 환경요법, 집단요법, 심리요법, 가족요법으로 —최상의 첨단 진료실에서는 이 방법들을 한꺼번에 쓰기도 한다 —환자를 치료하느라 바쁜 와중에는 좀처럼 일어나지 않는다."[4]

'이로운 광기'에 대한 플라톤과 레잉의 유사성을 강조하지 않더라도, 반反정신의학 운동이 재발견한 '새로운' 원칙이 실은 오래전부터 존재했다고 말하는 데는 무리가 없을 것이다.

플라톤은 인류에게 이로운 신성한 광기가 예언적 광기 말고도 더 있다고 생각했다.

소크라테스: 우리는 신성한 광기를 네 가지로 나누었다네. 예언적 광기는 아폴론에게서, 비의秘儀적('텔레스티케') 광기는 디오니소스에게서, 시적 광기는 무사(뮤즈)에게서, 최고의 광기인 사랑의 광기는 에로스에게서 왔다고 말하지.[5]

플라톤이 말하는 신성한 광기를 그리스어로는 '엔투시아스모스 enthusiasmos', 즉 '신(theos)이 들어왔다(en)'라고 하는 데 유의하라. 네 가지 광기는 각 광기를 주관하는 신이 자신의 마음에 들거나 자격을 갖춘 인간에게 특별히 베푸는 일종의 신들림으로 여겨졌다. 광적(또는 예언적) 신들림은 거의 언제나 아폴론과 짝지워졌으며, 아폴론 신전에서 제도화되어 나타났다. 고대에 제도적으로 예언을 행한 신탁소는 많지만, 그중에서도 델포이의 아폴론 신탁소가 가장 유명했다. 이곳에서는 아폴론의 여사제인 무녀巫女가 신전 안 삼각대 위에 앉아 신들린 상태에서 예언을 하면 아폴론의 사제가 이를 해석했다. 물론 신전에서는 제물을 받았으며, 델포이 신전은 전설적인 부를 쌓았다.

예언적 신들림을 가장 자세하고 극적으로 설명한 글은 루카누스의 《파르살리아*Pharsalia*》다. 카이사르와 폼페이우스가 내전을 벌이던 무렵, 로마의 장군 아피우스가 전쟁의 결과를 알기 위해 델포이 신탁소를 찾았다. 신탁소는 수 세기 동안 방치되어 있었기에 아폴론의 여사제 페모노이는 신들린 상태가 되기를 꺼렸다. 아피우스가 고집을 피우며 협박하자 마지못해 시늉을 하기는 했지만 신들리지 않은 티가 역력했다. 결국 감금된 상태에서 페모노이는 신을 받아들였다. 루카누스의 글은 직접 관찰한 것이 아니라 전해 내려오는 이야기를 받아 적은 것일 테지만, 매우 생생하기에 여기에 인용한다.

무시무시한 문지방을 넘을까 두려워, 아폴론의 여사제는 미래를 알려고 하는 아피우스의 열망을 식히려 속임수를 썼지만 허사였다. 여사제가 말했다. "로마인이여, 진실을 알고자 하는 주제넘은 희망이 어찌하여 그대를 이곳으로 이끌었는가? 파르나소스의 골짜기는 소리를 잃고 자신의 수호신을 묻었다오. 영감의 숨결이 나오는 출구가 막혀 숨길이 먼 나라로 옮겨갔거나, 피토(델포이의 옛 이름-옮긴이)가 이방인의 횃불에 타 버리자 그 재가 거대한 동굴로 흘러 들어가 포이보스(아폴론의 별명-옮긴이)의 통로를 막았거나,

하늘의 뜻이 델포이의 입을 닫았거나 ─ 그대의 나라에 위탁된 옛 시빌의 예언이 감추어진 미래를 알려주지 않더이까? ─ 자신의 신전에서 죄를 용납하지 않는 아폴론께서 우리 시대에는 예언을 받기에 합당한 자를 찾지 못하신 탓일 게요."

여사제는 예언 능력을 가진 것이 분명했다. 그녀의 두려움조차 자신이 부인하는 신의 존재를 입증하고 있었다. 둥근 고리로 여사제 이마 위의 머리털을 감싸고, 등으로 흘러내린 머리카락을 흰 끈으로 묶고, 포키스의 월계관을 그 위에 씌웠다. 그래도 여사제가 머뭇거리자 사제가 그녀를 억지로 신전에 밀어넣었다. 안쪽 신전의 신탁실에 들어가기가 두려웠던지 여사제는 입구에 멈추어 서서는 영감을 가장해 가슴도 움직이지 않은 채 거짓을 내뱉었다. 자신의 마음이 신성한 광기에 사로잡혔음을 입증하는, 알아들을 수 없는 웅얼거림도 없었다. 여사제는 거짓 예언을 듣는 아피우스보다는 신탁소와 아폴론에게 해를 끼칠까 봐 염려했다. 여사제의 말은 전율의 울부짖음으로 터져 나오지 않았고, 목소리는 널따란 신탁실을 채울 힘이 없었으며, 머리털이 쭈뼛 솟아올라 월계관을 머리 위로 들어올리지도 못했고, 신전 바닥이 진동하지도 나무가 떨리지도 않았다. 이 모든 현상으로 미루어 보건대 여사제는 자신을 아폴론에게 내던지기를 두려워하고 있었다.

아피우스는 신탁이 침묵하는 것을 알아차리고 격분하여 소리 질렀다. "더러운 계집, 신탁실에 들어가 멈추어 서서 공포에 빠진 세상의 격한 소동에 관하여 입을 열지 않으면 나 자신이 또한 네가 가장假裝하는 신이 너에게 합당한 벌을 내릴 것이다." 마침내 겁에 질린 여사제가 삼각대 위로 올라갔다. 여사제는 커다란 틈 가까이 다가가 멈추었다. 수 세기가 지나도록 여전히 살아 있는 바위의 영감에 사로잡혀 처음으로 그녀의 가슴이 신성한 힘을 받아들였다. 마침내 아폴론이 델포이 여사제의 가슴을 지배했다. 아폴론은 전과 다름없이 그녀의 몸속으로 파고들어 옛 생각을 몰아내고 본성을 이끌어내어 심장을 다스렸다. 목구멍에 신이 들린 채 여사제가 신탁실을 뛰어다닌다. 삐쭉 선 머리털에서는 아폴론의 끈과 월계관이 벗겨지고, 여사제가 머리를 흔들며 신전의 빈 공간을 휘돈다. 삼각대가 걸리적거리면 닥치는 대로 넘어뜨린다. 여사제는 포이보스의 분노를 참아내며 이글이글 타는 불 속에서 끓어오른다. 배船를 몰고 가축을 이끌고, 불꽃을 여사제에게 던지는 것은 아폴론 혼자가 아니다. 여사제 또한 고삐를 잡아야 한다. 아는 것이 고통스러울 정도로 미래를 드러내는 것은 허락되지 않는다. 모든 시간이 한데 모이고 모든 세기世紀가 여사제의 가슴을 채워 고통을 가한다. 끊이지 않는 사건의 고리가 드러나고, 모든 미래가 빛을 향해 발버둥치고, 운명과 운명이 말해지기를 다툰다. 세상의 창조와 파멸, 태양의 둘레와 모래의 수효가 여사제 앞에 펼쳐진다.

쿠마이의 시빌이 에보이아의 동굴에서 자신의 영감이 뭇 나라를 이롭게 하는 것을 못마땅하게 생각하여 도도한 손을 놀려 운명의 거대한 더미에서 로마의 운명을 집었듯이, 포이보스에게 사로잡힌 페모노이 또한 한참을 뒤적인 뒤에야 위대한 이들의 이름들에 숨겨진 아피우스의 이름을 찾아냈다. 카스탈리아의 땅에 숨은 신에게 물으려 이곳을 찾은 아피우스를. 페모노이가 아피우스의 이름을 찾자, 맨 먼저 거품을 문 입술 사이로 광기에 찬 비명이 흘러나왔다. 페모노이는 숨을 헐떡이며 신음을 내뱉고 알아들을 수 없는 고함을 질렀다. 무시무시한 비명 소리가 널따란 신탁실을 채웠다. 이윽고 정신을 차린 페모노이에게서 또렷한 말소리가 흘러나왔다. "로마인이여, 그대는 호된 시련을 겪지 않을 것이며 무시무시한 전쟁의 위협에서 벗어날 것이다. 에보이아 해안의 드넓은 분지에서 그대만이 평안을 누릴 것이다." 그때 아폴론이 페모노이의 목구멍을 막고 말을 끊었다.[6]

루카누스는 신탁이 끝난 뒤에도 페모노이가 여전히 신들린 상태였다고 기록하고 있다. 얼마 뒤 페모노이가 의식을 잃자, 미래에 대한 지식 때문에 괴로워하지 않도록 아폴론이 그녀의 마음을 망각으로 채웠다.

아폴론의 예언은 정확했지만, 종종 그렇듯 잘못 해석되었다. 아피우스는 전투가 벌어지기 전에 목숨을 잃고 에보이아 해안에 매장되었다.

문학에 나타난 예언적 신들림의 사례로는 프리아모스의 딸 카산드라가 가장 유명하다. 그녀 또한 아폴론에게 신들림을 받았지만 페모노이만큼 광적인 상태를 보이지는 않았다고 한다. 잘 알려져 있듯, 이 축복은 임박한 불운을 예언했기에 저주로 바뀌었다.[7]

비의적(또는 제의적) 신들림은 예외 없이 디오니소스 신과 연관되었다. 이런 유형의 신들림에서는 제의에 참가함으로써 집단의 의식意識 상태가 바뀌면 참가자 개개인이 디오니소스에게 신들림을 입는다. 비의적 신들림은 미래에 대한 지식을 약속하는 예언적 신들림과 같은 뚜렷한 유익을 찾아보기 힘들지만 참가자들을 원초적 본성과 나머지 참가자 그리고 디오니소스와 묶음으로써 일상을 초월하게 해준다. 그리스 사회, 특히 아테네에서 가장 억눌리고 고통받는 집단인 하층계급과 여성에게 디오니소스가 가장 큰 인기를 누렸음은 주목할 만하다. 자발적이든 무의식적이든 비의적 신들림은 억압받는 사회집단에 나타났으며, 특히 사회적 긴장과 갈등, 불확실성의 시기에 늘어나는 듯하다.

그래서 일부 고전학자는 비의적 신들림 과정에서 비합리적 요소를 중시하는 것이 고전주의적 이상과 동떨어져 있다고 생각해 고전 시대의 이상화된 이미지에 걸맞도록 고대에 대한 우리의 인식을 재구축(왜곡-옮긴이)하는 데 거리낌이 없었다. 그중 한 명이 빅토리아 시대의 저명한 고전학자 샌디스다.

> 시와 미술에서 묘사한, 열광에 빠진 야성적 상태는 단지 상상의 산물에 지나지 않는다. 산문에서는 역사 시대에 여자들이 밖에서 축제를 벌였다는 증거를 거의 찾아볼 수 없기 때문이다. 이런 풍습은 그리스 여자들의 삶에 스며들어 있던 은둔의 정서와 어울리지 않았을 것이다.[8]

하지만 밝혀진 증거는 이 주장과 정반대다. 고대의 수많은 역사 문헌은, 주로 여자들로 이루어진 야외 축제가 흔했음을 입증한다. 이를테면 디오도로스 시켈로스는 이렇게 단언한다.

> 그리스의 여러 도시국가에서는 한 해 걸러 한 번씩 여인들의 집회('바케이아이')가 열리며, 결혼하지 않은 여인들도 티르소스(디오니소스가 가지고 있던 지팡이-옮긴이)를 들고 나이 든 여인들과 함께 무아경('시넨투시아제인')에 빠지는 것이 허락된다.[9]

파우사니아스는 아르카디아에서, 아일리아누스는 미틸레네에서,

피르미쿠스 마테르누스는 크레타에서, 헤로도토스는 트라케에서 이 같은 집회가 있었음을 증언한다.[10] 게다가 플루타르코스는 산악 지대에서 눈보라에 갇힌 여자들을 구하러 구조대가 출동한 사건이 자기 생전에 분명히 일어났다고 진술한다.[11] 샌디스가 야외 바쿠스 축제의 존재 여부에 의문을 제기한 뒤에 발견된 명문銘文에는 테베, 오푸스, 밀로스, 페르가몬, 프리에네, 로도스에서 이러한 축제가 열렸다고 분명히 기록되어 있다. 따라서 이들 축제의 존재가 문학적 상상의 산물이 아님은 확실하다.[12]

디오니소스 축제를 가장 생생하게 묘사하고 있는 (또한 가장 유명한) 에우리피데스의 《주신酒神 바쿠스의 시녀들Bacchae》에서, 테베 왕 펜테우스는 새로운 신과 그의 제의가 테베에 유입되는 것을 막으려 한다. 에우리피데스의 묘사가 기본적으로 정확하다는 것은 과거의 학자보다 우리가 더 확실히 말할 수 있을 것이다. 도즈는 디오니소스 축제를 가장 폭넓고 객관적으로 연구한 학자이므로, 그의 결론은 귀를 기울일 만하다.

요약하자면, 나는 광란에 대한 에우리피데스의 묘사를 '단지 상상의 산물'로 치부할 수 없으며, 명문의 증거를 보건대 (불완전하기는 하지만) 이러한 묘사가 빅토리아 시대의 학자들이 알고 있던 것보다 더 실제 제의와 가까움을, 또한 '마이나드'(바쿠스를 따르는 여인들—옮긴이)가 —그들의 행동 중에 아무리 신비주의적인 요소가 있더라도 —본질적으로는 신화적 인물이 아니라 실제로 관찰되었고, 지금도 관찰되는 인간 유형임을 밝히고자 했다. 디오니소스의 시녀(또는 희생자)는 여전히 존재한다(지금은 다른 이름으로

부르고 있지만). 펜테우스가 마주친 문제를, 다른 나라는 현실에서 맞닥뜨려
야 했다.[13]

시적 광기, 즉 시인이 시를 짓거나 읊을 때 무사가 불어넣는 영감은
서사시가 처음 등장한 시기에 무사에게 올리던 전통적인 기도로 정
형화된다. 플라톤은 《이온*Ion*》에서 이 같은 시적 광기를 설명한다.

> 시인은 가볍고 날개 달린 거룩한 존재이며 영감을 얻어 자신의 감각을 벗어
> 나 자신의 마음이 몸속에 있지 않을 때까지는 시를 지을 수 없으며, 이러한
> 신들림을 유지하는 동안 모든 사람은 어쩔 수 없이 시를 짓고 신탁을 읊을
> 수밖에 없소. 인간의 위업에 대해 수많은 말을 짓고 말하는 것은 ―그대가
> 호메로스에 대해 그리하듯―기예가 아니요 신성한 은총으로 인한 것일진
> 대, 각 사람은 무사께서 자신에게 주신 영감만큼만 지을 수 있소. 누구는 디
> 티람보스(주신酒神 찬가)를, 누구는 찬미가를, 누구는 춤곡을, 누구는 서사
> 시를 비롯한 약강시iambic verse를 짓되 자기 분야가 아닌 것은 서툰 것이
> 오. 이는 시를 읊는 것이 기예가 아니요 신성한 영감으로 인한 것이기 때문
> 이오.[14]

사랑의 광기, 즉 에로스(또는 아프로디테)에 의한 신들림은 《파이드로
스》의 테마다. 《파이드로스》에서는 사랑의 광기를 가장 고귀한 형태
의 광기로 칭송한다.

> 지금까지 내가 말한 것은 모두 네 번째 종류의 광기에 대한 것이었네. 지상

의 아름다움을 보고 참된 아름다움을 상기하면 자신에게 날개가 돋는 듯 느끼며 날개를 펼쳐 날아오르기를 갈망하지만, 그럴 수 없기에 마치 새처럼 위를 바라보며 아래에 있는 것에는 관심을 두지 않는다네. 그래서 미쳤다는 소리를 듣는 것이지. 모든 신들림 중에서 이것이야말로 가장 좋은 것이고 가장 좋은 것에서 비롯하며, 이 광기에 사로잡혀 아름다움을 사랑하는 자는 '사랑하는 자'('에라스테스erastes' – 옮긴이)라 불린다네.[15]

신들림에서 오는 은혜로운 광기의 예에서 보듯 5세기 아테네인들은 신에게 사로잡혀 생기는 광기에 대해 호의적인 태도를 보였다. 이러한 견해는 — 특히 그리스 철학에 정통한 사람들에게는 — 이후에도 지속되었다. 이를테면 키케로의 이 말은 플라톤과 그리 다르지 않다. "따라서 위대한 인물 중에는 신성한 영감의 일부나마 맛보지 않은 이가 없도다."[16]

축복의 종말

하지만 신들림에 대한 이 같은 호의적인 태도는 기원전 5세기~기원후 1세기에 대중의 의식에서 사라지거나 부쩍 사그라들었다가 기원전 3세기가 되자 고대의 주요 신탁소들이 신탁을 중단했다. 이를테면 루카누스는 앞서 인용한 글에서 델포이 신탁소가 2세기 동안 침묵했다고 말한다. 이렇게 된 직접적인 원인은 옛 올림포스 신들에 대한 신앙이 수그러들고 여러 비의적 종교가 그 자리를 차지했기 때문일 것이다.

지배계급은 제의적 신들림을 언제나 미심쩍게 여겼다. 여기에는 여러 가지 이유가 있다. 신을 직접 체험하고 접하면 중개자—즉 신앙을 국가적 목적에 이용하고 지배계급에 해를 미칠 수 있는 자들이 종교를 손에 넣지 못하도록 하는 사제 집단—가 필요없어지기 때문이다. 제의 참가자들은 평범한 일상생활의 경계를 뛰어넘는다. 지배계급은 사람들이 이러한 경계를 넘는 데 익숙해지면 계급 같은 정치적 경계까지도 넘으려 들지 않을까 우려했다. 디오니소스는 언제나 하층계급의 신이었다. 로마인들이 특히 두려워한 것은 평민의 대중 집회가 국가, 즉 지배계급의 통제와 감시를 받지 않고 열리는 것이었다.

〈사도행전〉 2장 1〜4절에서는 초기 기독교인들 또한 비의적 신들림을 종교 행위로 받아들였음을 알 수 있다.

> 오순절 날이 이미 이르매 그들이 다 같이 한곳에 모였더니 홀연히 하늘로부터 급하고 강한 바람 같은 소리가 있어 그들이 앉은 온 집에 가득하며 마치 불의 혀처럼 갈라지는 것들이 그들에게 보여 각 사람 위에 하나씩 임하여 있더니 그들이 다 성령의 충만함을 받고 성령이 말하게 하심을 따라 다른 언어들로 말하기를 시작하니라.[17]

교회의 성직자 계급이 비의적 신들림에 대해 어떤 태도를 취했는지는 방대한 주제라 별도의 글에서 다루어야 할 것이다. 다만 여기에서는 성직자 계급이 로마의 지배계급과 매우 비슷한 이유에서 비의적 신들림의 확산에 반대했다는 사실만 짚고 넘어가겠다. 성직자 계급은 자신들이 필수적인 중개자로서의 역할을 확립해야 하며 성례전을 집전할 권리를 자신들이 독점해야 한다고 인식했다. 사람들이 신을 직접 체험하면 성직자의 중개 역할이 약화되고, 이단 운동이 일어나 정치적·혁명적 운동으로 발전할 가능성이 커진다. 물론 교회가 자발적인 신들림 현상을 억누르는 데 언제나 성공한 것은 아니었다. 비의秘儀를 통해 생겨난 집단들은 중세에 이단과 혁명의 진원지로 골칫거리가 되기도 했다.[18]

시적 영감은 고대 후기 들어 상투적 문구cliché, 즉 일반적 상용구와 다를 바 없게 되었다. 호라티우스의《시론Ars Poetica》에서 보듯 시작詩作은 점차 기술로 바뀌었다. 후기 고전기 문학의 상당수가 모방에 머물렀던 것도 이런 추세를 부추겼다. 신성한 영감은 예전에 창작 행위에 실제로 영향을 미쳤을지도 모르지만 더는 작용하지 않았다. 창작 행위는 점차 옛 전범을 모방하는 쪽으로 기울었다.

사랑에 대한 태도의 변화는 기원전 5세기에 시작되었다. 이는 매우 중요한 의미로, 이런 현상은 어디서나 매우 뚜렷하게 나타난다. 기원전 1세기 이후로는 사랑에 대한 태도가 바뀌었다는 확실한 증거를 찾아볼 수 있다. 수많은 서정 시인들이 짝사랑의 고통을 읊었지만, 사랑의 광기를 가장 맹렬히 비난한 것은 기원전 1세기의 시인 루크레티우스다.

그렇다면 이것이야말로 우리가 '베누스'(비너스)라 부르는 것이다. 이것은 사랑이라 불리는 것의 기원, 즉 베누스의 꿀로서 우리의 심장에 떨어져 가슴을 저리게 하는 첫 방울이다. 사랑의 대상이 눈앞에 없어도 그의 모습이 그대를 따라다니고 사랑하는 이의 이름이 달콤하게 귓전을 울린다. 그런즉 한 사람을 열정적으로 사모하게 되었다면 그의 모습을 떨쳐버리고 열정의 불을 지필 불쏘시개를 다 치워버리고 그대의 마음을 딴 곳으로 돌릴지어다. 사랑의 씨앗을 다른 곳에 심으라. 사랑에 매달리면 슬픔과 아픔을 피할 수 없다. 씨앗에 양분을 주면 쓰라린 상처가 덧나게 된다. 날마다 열정은 높아지고 슬픔은 깊어진다. 유일한 치료법은 처음의 상처를 새로 째고, 상처가 아물기 전에 어떤 고약이든 가져다 발라 그대 마음의 방향을 딴 곳으로 돌리는 것이다.[19]

이러한 변화가 에피쿠로스주의적 견해를 반영하며 시기적으로도 기원전 1세기에 나타나기 시작했다는 것은 의미심장하다. 단, 에피쿠로스주의자가 반대한 것은 절제된 성행위가 아니라 낭만적 사랑이었다.

1세기 의사 소라누스에게도 성적 사랑에 대한 비슷한 태도 변화가 뚜렷이 나타난다. 그의 저서는 산부인과에 대한 것 하나를 제외하면 (아마도 5세기 이후에) 카일리우스 아우렐리아누스의 라틴어 번역으로만 전해진다.

어떤 의사는 사랑이 정신이상을 치료한다고 주장한다. 광기에서 비롯한 흥분으로부터 환자의 마음을 해방시켜 정화하기 때문이라는 것이다. 이 의사들은 대개 사랑 자체가 광기의 원인이라는 명백한 진실을 알지 못한다. 그리하여 어떤 이는 프로세르피나(페르세포네)를 사랑한 나머지 신의 아내가 된 여신을 아내로 맞을 권리가 자신에게 있다고 생각해 지하세계로 내려가려 했다. 또 어떤 이는 바다의 님프 암피트리테를 연모해 바다에 몸을 던졌다. 그리스의 풍부한 신화에는 신성한 혈통의 여인이 인간의 운명에 시달리다 무시무시한 복수심에 불타 제 손으로 자식을 죽이는 이야기가 전한다. 정신이상자가 보이는 증세와 비슷하다는 이유로 사랑을 일종의 정신이상으로 진단한 의사들의 견해를 잘못으로 치부해서는 안 된다. (그 질병에 대한 모든 치료법 중에서) 우리가 치료하고자 하는 바로 그것을 권하는 것은 틀림없이 어리석고도 잘못된 일이다.[20]

아래 인용문에서도 소라누스는 성적 사랑에 대한 부정적인 태도를 분명히 드러낸다.

이 의사들이 간질에 대해 권고하는 성교는 그 자체로 약한 간질이라 불린다. 성교 도중에는 몸의 여러 부위가 경련을 일으키는 동시에 숨을 헐떡거리고 땀을 흘리고 눈알을 굴리고 얼굴이 붉어진다. 성교가 끝나면 언짢은 기분이 들고 안색이 창백해지거나 몸이 쇠약해지거나 실의에 빠지게 된다. 게다가 성교가 간질 환자의 신경과 힘줄에 해롭다는 것은 발작이 임박했을 때 환자가 몽정한다는 사실에서 알 수 있다.[21]

하지만 고대 후기에는 금욕주의 —감각적인, 특히 성적인 것에 대한 혐오 —가 전 세계를 휩쓸었다. 주목할 것은 이것이 단순한 기독교적 현상이 아니었으며 오히려 기독교인들이 이러한 변화 추세에 편승했다는 사실이다. 66년에 로마에서 추방된 비非기독교 철학자 무소니우스 루푸스는 (남자조차) 배우자 이외의 사람과 성행위를 해서는 안 된다고 주장했다. 금욕주의 철학자이자 신비가인 탸나의 아폴로니우스(초기 기독교인들은 그를 예수의 경쟁자로 여겼다)는 심지어 부부의 사랑까지도 부정不淨하다고 말했다. 신新플라톤주의의 선구자들은 플라톤의 이데아론을 수정해 육체와 현실은 부정하며 영혼과 관념은 영원하고 선하다고 생각했다.[22]

지금까지 인용한 몇 구절만으로 사랑에 대한 태도가 초창기의 축복에서 두려움과 혐오로 바뀌었음을 입증할 수는 없지만, 나는 이 변화가 금욕주의를 지향하는 고대 후기의 전반적인 추세를 반영한다고 주장하고자 한다(이에 대해서는 이 글 후반부에서 논의할 것이다).

1세기가 되자 '선택된 개인이나 집단에 내리는 신성한 신들림'은 단순한 문학적 관념으로 전락했다. 〈사도행전〉에 기록된 초기 기독교의 종교 행위와 루키아노스의 《시리아 여신에 대하여On the Syrian Goddess》와 아풀레이우스의 《황금 당나귀》에 묘사된 키벨레(대모신大母神) 제의 등 몇 가지 예외가 있기는 하다. 그렇다고 해서 신들림에 대한 믿음이 완전히 없어진 것은 아니지만, 기원전 5세기부터 기원후 1세기에 이르는 동안 신들림에 대한 태도의 흥미로운 변화—신성한 신들림이라는 형태의 축복에서 귀신들림이라는 형태의 저주로—를 관찰할 수 있다. 하르나크는 이렇게 말했다.

2세기의 귀신에 대한 믿음에서 관찰되는 뚜렷한 특징은 첫째, 이 믿음이 사회의 하층계급에서 상류계급으로 전파되었으며 심지어 문학에까지 스며들어 전보다 훨씬 중요해졌다는 것이다. 둘째, 귀신에 대한 믿음을 억누를 강력하고 단순하고 개방적인 종교가 더는 존재하지 않았다는 것이다. 셋째,

지금까지 도덕과 무관하다고 생각하던 귀신의 힘이 이제 악으로 간주되었다는 것이다. 마지막으로, 새 종교에서 정신이상을 귀신의 영향으로 간주했다는 것이다. 이 같은 원인을 고려할 때, 귀신에 대한 믿음이 급속히 퍼지고 귀신들림 현상이 숱하게 일어난 데는 제국 시대에 접어들면서 고대 종교에 대한 믿음이 사라지기 시작한 것 또한 영향을 미쳤을 것이다.[23]

귀신들림에 대한 고대 후기의 관념은 신약성경에 가장 분명히 나타난다. 예수가 행한 기적 중에서 가장 빈번하고 반복적인 유형은 귀신을 내쫓는 일이다. 〈마가복음〉에서 예수가 광야에서 나와 처음 행한 기적 또한 귀신을 쫓는 것이었다. 이해를 돕기 위해 〈마가복음〉에 귀신 쫓는 장면이 몇 번이나 나오는지 살펴보자.

마침 그들의 회당에 더러운 귀신 들린 사람이 있어 소리 질러 이르되 "나사렛 예수여, 우리가 당신과 무슨 상관이 있나이까? 우리를 멸하러 왔나이까? 나는 당신이 누구인 줄 아노니 하나님의 거룩한 자니이다." 예수께서 꾸짖어 이르시되 "잠잠하고 그 사람에게서 나오라" 하시니 더러운 귀신이 그 사람에게 경련을 일으키고 큰 소리를 지르며 나오는지라.(마가복음 1:23~26)

귀신을 내쫓는 일은 분명히 예수의 주된 선교 방법이었다.

예수께서 각종 병이 든 많은 사람을 고치시며 많은 귀신을 내쫓으시되 귀신이 자기를 알기에 그 말하는 것을 허락하지 아니 하시니라.(마가복음 1:34)

이에 온 갈릴리에 다니시며 그들의 여러 회당에서 전도하시고 또 귀신들을 내쫓으시더라.(마가복음 1:39)

더러운 귀신들도 어느 때든지 예수를 보면 그 앞에 엎드려 부르짖어 이르되 "당신은 하나님의 아들이니이다" 하니 예수께서 자기를 나타내지 말라고 많이 경고하시니라.(마가복음 3:11~12)

예수는 귀신 쫓는 능력을 제자들에게도 전수했다.

귀신을 내쫓는 권능도 가지게 하려 하심이러라.(마가복음 3:15)

거라사(지금의 요르단 제라시) 지방의 귀신 들린 사람에 대한 묘사는 그중에서도 가장 생생하다.

예수께서 바다 건너편 거라사인의 지방에 이르러 배에서 나오시매 곧 더러운 귀신 들린 사람이 무덤 사이에서 나와 예수를 만나니라. 그 사람은 무덤 사이에 거처하는데 이제는 아무도 그를 쇠사슬로도 맬 수 없게 되었으니, 이는 여러 번 고랑과 쇠사슬에 매였어도 쇠사슬을 끊고 고랑을 깨뜨렸음이러라. 그리하여 아무도 그를 제어할 힘이 없는지라. 밤낮 무덤 사이에서나 산에서나 늘 소리 지르며 돌로 자기의 몸을 해치고 있었더라. 그가 멀리서 예수를 보고 달려와 절하며 큰 소리로 부르짖어 이르되 "지극히 높으신 하나님의 아들 예수여, 나와 당신이 무슨 상관이 있나이까? 원하건대 하나님 앞에 맹세하고 나를 괴롭히지 마옵소서" 하니 이는 예수께서 이미 그에게 이르시기를 "더러운 귀신아, 그 사람에게서 나오라" 하셨음이라. 이에 물으시되 "네 이름이 무엇이냐" 이르되 "내 이름은 군대니 우리가 많음이니이다" 하고 자기를 그 지방에서 내보내지 마시기를 간구하더니, 마침 거기 돼지의 큰 떼가 산 곁에서 먹고 있는지라 이에 간구하여 이르되 "우리를 돼지에게로 보내어 들어가게 하소서" 하니 허락하신대 더러운 귀신들이 나와서 돼지에게로 들어가매 거의 이천 마리 되는 떼가 바다를 향하여 비탈로 내리달아 바다에서 몰사하거늘.(마가복음 5:1~13)

예수가 보낸 사도들 또한 귀신을 쫓는 데 성공했다.

제자들이 나가서 회개하라 전파하고 많은 귀신을 쫓아내며 많은 병자에게 기름을 발라 고치더라.(마가복음 6:12~13)

〈마가복음〉에 나오는 일화는 귀신이 들리면 어떤 일이 일어나는지 똑똑히 보여준다.

이에 그들이 제자들에게 와서 보니 큰 무리가 그들을 둘러싸고 서기관들이 그들과 더불어 변론하고 있더라. 온 무리가 곧 예수를 보고 매우 놀라며 달려와 문안하거늘 예수께서 물으시되 "너희가 무엇을 그들과 변론하느냐?" 무리 중의 하나가 대답하되 "선생님, 말 못하게 귀신 들린 내 아들을 선생님께 데려왔나이다. 귀신이 어디서든지 그를 잡으면 거꾸러져 거품을 흘리고 이를 갈며, 게다가 파리해지는지라 내가 선생님의 제자들에게 내쫓아달라 하였으나 그들이 능히 하지 못하더이다." 대답하여 이르시되 "믿음이 없는 세대여, 내가 얼마나 너희와 함께 있으며 얼마나 너희에게 참으리요? 그를 내게로 데려오라" 하시매 이에 데리고 오니 귀신이 예수를 보고 곧 그 아이로 심히 경련을 일으키게 하는지라. 그가 땅에 엎드러져 구르며 거품을 흘리더라. 예수께서 그 아버지에게 물으시되 "언제부터 이렇게 되었느냐?" 하시니 이르되 "어릴 때부터니이다. 귀신이 그를 죽이려고 불과 물에 자주 던졌나이다. 그러나 무엇을 하실 수 있거든 우리를 불쌍히 여기사 도와주옵소서." 예수께서 이르시되 "'할 수 있거든'이 무슨 말이냐 믿는 자에게는 능히 하지 못할 일이 없느니라" 하시니 곧 그 아이의 아버지가 소리를 질러 이르되 "내가 믿나이다. 나의 믿음 없는 것을 도와주소서" 하더라. 예수께서 무리가 달려와 모이는 것을 보시고 그 더러운 귀신을 꾸짖어 이르시되 "말 못하고 못 듣는 귀신아, 내가 네게 명하노니 그 아이에게서 나오고 다시 들어가지 말라" 하시매 귀신이 소리 지르며 아이로 심히 경련을 일으키게 하고 나가니 그 아이가 죽은 것같이 되어 많은 사람이 말하기를 죽었다 하나 예수께서 그 손을 잡아 일으키시니 이에 일어서니라. (마가복음 9:14~27)

〈마가복음〉의 사례에서 보듯 이 복음서가 기록될 당시에는 ─1세기의 마지막 4분기로 추정된다─ 귀신들림이 매우 주요한 관심사였기에 군중에게 신뢰를 얻으려는 신비주의 지도자들은 귀신을 다스리는 능력을 입증해야 했다.

　주목할 것은 이 시기에 귀신들림에 대한 강박적 관심이 기독교에만 한정되지 않았다는 사실이다. 이 같은 관심은 사회의 모든 계층에 퍼져 있던 것으로 보이며, 당시의 예언자나 신비주의 지도자라면 누구나 맞닥뜨려야 하는 과제였다. 1세기에 활동한 탸냐의 아폴로니우스도 그러한 지도자였다. 아폴로니우스의 활동 시기는 〈마가복음〉이 기록되던 시기와 겹치기 때문에 그의 귀신 쫓는 행위는 특별히 눈여겨볼 만하다. 플라비우스 필로스트라토스는 2세기 말에 여러 문헌을 참조해 쓴 두툼한 전기傳記에서 아폴로니우스의 가르침과 여행, 기적을 들려준다. 아래 사례는 흥미롭게도 〈마가복음〉과 매우 비슷하다.

그가 제주祭酒를 논하는 자리에 한 젊은이가 참석했다. 젊은이는 방탕함으로 악명이 자자했던지라 그의 품행을 주제로 한 노래까지 있을 정도였다. 젊은이의 고향은 코르키라이며, 그의 혈통은 오디세우스를 환대한 파이아키아 왕 알키노오스로 거슬러 올라간다. 그때 아폴로니우스는 특정한 잔으로는 술을 마시지도 만지지도 말고 신을 위해 따로 보관하라고 말하던 차였다. 하지만 아폴로니우스가 사람들에게 잔의 손잡이를 잡고 그 위에 술을 부으라고 말하는 순간―손잡이에 입을 대고 술을 마시는 사람은 없을 테니까―젊은이의 크고 거친 웃음소리에 아폴로니우스의 목소리가 묻혔다. 아폴로니우스가 젊은이를 쳐다보며 말했다. "무례를 범하는 것은 자네가 아니라 귀신일세. 자네도 모르는 사이에 귀신이 자네를 조종하고 있다네." 곧잘 아무도 웃지 않는데 혼자 웃거나 이유 없이 울음을 터뜨리거나 혼잣말을 하거나 혼자 노래를 부르는 것을 보면, 젊은이는 실로 자신도 모르게 귀신 들려 있었다. 많은 이들은 젊은이가 극단적인 행동을 하는 것이 난폭한 기질 때문인 줄 알았지만, 주정뱅이처럼 보이는 이 젊은이는 실은 귀신의 꼭두각시였다.

아폴로니우스가 젊은이를 지그시 바라보자 몸속의 귀신은 낙인을 찍히거나 고문을 당하는 듯한 두려움과 분노의 비명을 지르기 시작했다. 귀신은 젊은이에게서 나와 다시는 사람에게 들어가지 않겠다고 맹세했다. 하지만 아폴로니우스는 교활하고 비열하고 뻔뻔한 노예를 대하는 주인처럼 분노에 찬 어조로, 젊은이에게서 떠나고 그 증거를 눈앞에 보이라고 명령했다. 귀신은 "저 조각상을 쓰러뜨리겠습니다"라고 말하고는 왕의 주랑柱廊에 있는 조각상을 가리켰다. 조각상이 조금씩 움직이다 무너져내리자 두려움에 사로잡힌 군중의 비명소리와 박수갈채가 울려퍼졌다. 이윽고 젊은이가 마치 잠에서 깬 듯 눈을 비비며 햇빛을 쳐다보자 군중의 눈길이 젊은이에게 쏠렸다. 젊은이는 더는 방탕하지도 미치광이처럼 주위를 두리번거리지도 않았으며, 약으로 치료받은 사람처럼 멀쩡한 상태로 돌아왔다. 젊은이는 우아하고 화려한 옷을 벗고 방탕한 생활을 접고는 금욕주의 철학에 매료되어 그들과 같은 옷을 입었다. 그 뒤로는 옛 생활방식을 버리고 아폴로니우스를 본받아 살았다.[24]

초기 기독교인들은 예수와 아폴로니우스의 생애와 가르침이 비슷하다는 사실이 무척 당혹스러웠다. 유세비우스가 아폴로니우스의 가르침을 반박하고, 그의 기적에 먹칠을 하려 드는 아래 인용문에는 귀신에 대한 기독교의 태도가 분명히 드러난다.

이것은 그가 고발당하기 전에 일어난 일들이며, 우리는 (저자가 그의 기적에 대해 진실을 이야기한다고 인정하더라도) 아폴로니우스가 귀신과 손잡고 그런 기적을 저질렀음을 간파해야 한다. 전염병을 예측하는 능력은 마술적이거나 불가사의하게 보이지 않을 수도 있지만, 그 자신이 말하듯 이것이 소식小食과 깨끗한 음식 때문이라면 귀신에게 전수받았을지도 모른다. 그가 예언 능력을 통해 미래를 내다보고 예언했다는 이야기들은 필로스트라토스 자신의 수많은 주장만 가지고도 반박할 수 있지만, 이 특별한 사례가 사실이라고 인정한다면 그의 예언 능력이 (전부는 아니더라도) 어느 정도는 귀신의 불가사의한 능력 덕분이며, 그가 귀신과 가까이 지냈으리라고 분명히 말할 수 있기 때문이다. 이를 똑똑히 보여주는 것이 그가 예언 능력을 일관되게 발휘하지 못했으며 대부분의 경우 잘못을 저지르고 (신성한 능력과 덕을 갖추었다면 하지 않았을) 어리석은 질문을 했다는 사실이다. 전염병을 멈추게 했다는 것도, 그 극적인 표현을 보건대 이미 기만술에 지나지 않았음이 드러났다.

게다가 아킬레우스의 영혼이 '행운의 섬들'(고결한 일을 한 사람이 죽은 뒤에 간다고 믿었던 영원한 행복의 섬—옮긴이)과 영면永眠의 처소를 떠나 그 자신의 기념비 주위를 배회해서는 안 되는 것이었다. 이 경우에도 아폴로니우스에게 나타나 그가 자기 자신을 발견하게 한 것은 귀신이 아니었겠는가? 다시 한 번 말하지만 방탕한 젊은이는 몸속의 귀신에게 홀렸던 것이 틀림없다. (메니푸스에게 장난질을 쳤다고 전해지는) 마녀 엠푸사와 라미아를 몰아낸 것은 더 힘센 귀신의 도움을 받았기 때문일 것이다. 미친개에게 물려 정신이 나간 젊은이도 마찬가지다. 그 미친개 또한 같은 방법으로 원래 모습을 되찾았다. 그러니 그가 했다고 전해지는 모든 기적이 귀신의 도움을 받았다고 보아야 한다. 저자가 말하듯, 언제나 살아 있었고, 생명의 불꽃을 간직하고 있었으며, 얼굴에서 김이 솟아오르고 있던 처녀를 소생시킨 것은 기적이라고 부를 수 없기 때문이다. 앞서 말했듯 그런 기적이, 통치자가 곁에 있을 때 일어났다면 로마에서 조용히 넘어갔을 리 없기 때문이다.

기독교의 관점을 대변하는 유세비우스가 귀신을 쫓는 행위, 심지어 기적의 존재를 부정하지 않고 아폴로니우스의 기적을 귀신과 공모한 탓으로 돌린다는 사실은 주목할 만하다. 흥미롭게도 예수 또한 서기관들에게 같은 의심을 받았다.

> 예루살렘에서 내려온 서기관들은 그가 바알세불이 지폈다 하며 또 귀신의 왕을 힘입어 귀신을 쫓아낸다 하니…… (마가복음 3:22)

하지만 초기 기독교인들은 귀신들림이라는 개념을 선뜻 받아들이고 이 믿음을 신앙의 중요한 부분으로 발전시킨 것으로 보인다. 19세기 초의 탐보리노[25]와 더불어 신들림 현상을 가장 폭넓게 연구한 외스터라이히는 귀신들림에 대한 기독교인과 이교도의 태도를 비교한다.

탐보리노가 인용한 문헌에 따르면, 기독교 이전 시대와 기독교 시대는 놀라울 정도로 대조적이다. 문헌 양으로 보자면 차이가 크지는 않다. 비非기독교 시대의 문헌은 24쪽, 기독교 시대의 문헌은 28쪽이니 말이다. 하지만 자세히 들여다보면 전자가 열광 상태에 일반적으로 관련된 모든 사례를 ―문맥과 상관없는 구절에 짤막하게 언급된 것까지 ―수집한 반면, 후자는 실제 신들림 상태만을 거론하고 실제 본 대로 묘사하고 있음을 알 수 있다. 게다가 《교부 서지書誌 Bibliothek der Kirchenvater》의 색인과 단순히 비교해봐도 알 수 있듯 기독교 시대의 증언은 완전하지도 않다. 전자와 후자의 균형을 맞추려면 신들림의 범위를 넓혀 성령이 일으킨 신들림까지 포함해야 할 것이다. 그러면 기독교 시대의 증언이 차지하는 분량이 엄청나게 커진다. 기독교 이전 시대와 기독교 시대가 이토록 대조적인 이유를 설명하려면 신들림이 기독교 시대에 훨씬 중요한 역할을 했음을 인정할 수밖에 없다.[26]

　기독교인들은 (제국 시대에 귀신들림의 존재를 믿은 유일한 집단은 아니지만) 귀신들림이 자신의 기본 교리에 잘 들어맞는다고 생각했으며 이후 수백 년 동안 이러한 믿음을 적극적으로 부추겼다. 초기 기독교인들이 왜 귀신들림을 받아들이고 이토록 열광적으로 장려했는가, 라는 물음에 대해 기독교 변증론이나 (고전주의자가 추구하는) 이상화理想化로는 만족할 만한 설명을 내놓을 수 없었다. 기독교가 귀신들림을 선뜻 받아들이고 교리에 통합시킨 이유를 다음 글에서 (적어도 부분적으로) 해명하는 가설을 제시할 것이다.

기독교, 히스테리, 귀신들림

'히스테리'라 불리는 모호한 질환은 언뜻 보기에는 귀신들림의 확산과 별 관계가 없어 보인다. 하지만 히스테리의 원인에 대한 고대의 의학적·대중적 시각과 금욕주의를 지향하는 뚜렷한 경향 사이의 관계를 관찰해보면, 초기 기독교가 귀신들림을 선뜻 받아들인 요인을 찾아낼 수 있을 뿐 아니라 귀신들림이 신학적으로 중요한 위치를 차지하는 데 경제적·사회적·심리적 요인이 어떻게 작용했는지 분명히 알 수 있을지도 모른다. 다음 가설은 (물론 추측일 뿐이지만) 합리적 설명을 제시하는 듯하다.

히스테리는 서구 문명에서 가장 오래된 질병으로 꼽히며, 히스테리가 기록된 이집트 카훈의 파피루스는 기원전 20세기로 거슬러 올라간다. 여기에 기록된 증상은 아래와 같다.

> 여인은 침대를 사랑한다. 침대를 사용하지도 흐트러뜨리지도 않는다.
> 눈이 흐려지고 목에 통증을 느낀다.
> 이와 턱에 통증을 느끼고 입을 벌리는 법을 잊어버린다.
> 사지가 쑤시고 눈구멍에 통증을 느낀다.[27]

이 파피루스에서는 히스테리의 원인을 '떠돌아다니는 자궁'으로 보고 치료법으로 자궁에 연기를 쐬도록 권고한다. 기원전 16세기에 작성되었으며, 이집트의 의학 문헌 중에서 가장 방대한 에베르스 파피루스(《치병의 서》라고도 함-옮긴이)는 부인과婦人科 질병에 한 페이지를 할애하고 있다. 히스테리 증상은 카훈의 파피루스와 비슷하지만 치료법은 더 정교하게 묘사되어 있다.

> 남자의 인분을 건조시켜 유향 위에 올려놓고 여자에게 훈증 요법을 실시하여 연기가 음문으로 들어가도록 한다.[28]

초기 이집트 의학 문헌은 후대와 달리 주술과 미신에 사로잡히지 않았다. 에베르스 파피루스의 다음 처방에는 주술적인 요소와 합리적인 요소가 둘 다 들어 있다. 밀랍으로 만든 따오기를 숯에 올려놓는다. 숯에 불을 붙여 연기가 음문으로 들어가도록 한다. '떠돌아다니는 자궁' 이론의 관점에서 보면 연기를 쐬는 것은 합리적인 치료법이다. 자궁이 위로 올라갔을 때는 향기로운 연기를 피워 아래로 끌어내리고, 아래로 내려갔을 때는 고약한 연기를 피워 위로 쫓아 보낸다. 따오기는 주술적 요소로서 토트 신을 상징한다. 토트는 달이 인격화된 것으로, 여성의 신체 활동과 연관되었다.

　고대 그리스의 의학과 대중 전통에서도 히스테리의 원인과 치료법은 이집트와 비슷했다. 플라톤에게 이러한 연속성을 발견할 수 있다.

> 골수는 유동적이며 배출되려는 경향이 있기 때문에 배출구가 있는 부위에 생식生殖에 대한 사랑을 (격렬한 배출 욕구를 심음으로써) 부여했다. 그런즉 남자의 생식기는 이성理性에 귀 막은 피조물처럼 반항적이고 완고하며 광적인 욕정으로 모든 것을 지배하려 한다. 같은 이유로, 여자에게는 아기를 낳고 싶어 하는 몸속 피조물인 자궁이 제철을 지나고도 오래도록 열매를 맺지 못하면 좌절로 인해 병에 걸린다. 그리하여 온몸을 돌아다니며 기도氣道를 막고 호흡을 방해해 몸을 극심한 고통에 빠뜨리며, 그뿐 아니라 온갖 질환을 일으킨다. 이 상태는 두 성性의 욕정과 사랑이 두 사람을 결합시킬 때까지 계속된다.[29]

　플라톤이 기술한 히스테리의 원인은 (방법학파Methodist와 갈레노스를 제외하면) 고대 내내 의학을 지배한 히포크라테스의 견해와 거의 일치한다. 켈수스, 아레타이오스, 소라누스를 비롯한 대다수 그리스·로마 의사의 설명도 기본적으로 같았다. 이를테면 아레타이오스는 이렇게 말했다.

여자의 옆구리 가운데에는 여자에게 고유한 장기인 자궁이 있다. 자궁은 동물과 매우 비슷하게 생겼다. 자궁은 옆구리를 여기저기 돌아다니고 가슴 연골 아래까지 직선으로 뻗어 올라가기도 하고, 좌우로 비스듬히 움직여 간이나 비장까지 이르기도 하며 아래로 삐져나오기도 한다. 한마디로 제멋대로 움직이는 것이다.[30]

98~138년에 로마에서 의술을 펼친 소라누스의 첫 저서는 부인과 질병만을 다루고 있다.

여기에서는 히스테리를 이렇게 설명한다.

그리스어로 '히스테리케'라 하는 '자궁 질식'은 여자를 질식시킨다는 뜻에서 이름을 땄다. 하지만 환자는 호흡이 정지되는 것을 전혀 알아차리지 못한다. 자궁이 가슴으로 올라와 숨을 막기 때문에 환자는 죽은 것처럼 누워 있게 된다. 이 질병의 원인으로는 잦은 유산과 조산 이외에도 오랜 금욕, 폐경, 자궁 팽창 등이 있다.

소라누스도 훈증을 치료법으로 언급한다.

고대 의사들은 불 붙인 머리칼과 등燈 연기 등 온갖 종류의 고약한 냄새를 맡게 하거나, 피마자유와 송진을 코에 문지르고 고약한 냄새가 나는 온갖 성분을 몸 위쪽에 발랐다. 자궁 아래에는 감송향과 소합향 같은 향기로운 물질을 놓음으로써 자궁이 고약한 냄새를 피해 향기로운 냄새 쪽으로 내려오도록 했다.[31]

고대 의사 중에는 극소수이기는 했지만 '떠돌아다니는 자궁' 이론을 받아들이지 않는 사람도 있었다. 그중 하나인 방법학파는 몸의 구멍들이 수축하거나 지나치게 이완되는 비정상적인 상태에서 질병이 생긴다고 설명했다. 히스테리는 수축 현상으로서, 이완으로 치료할 수 있다고 간주되었다.

　　고대 후기의 가장 유명한 의사인 페르가몬의 갈레노스(129~199)도 '떠돌아다니는 자궁' 이론을 거부했다. 갈레노스는 마음과 몸이 밀접하게 상호작용한다고 여겼다. '떠돌아다니는 자궁'이 히스테리의 원인이라는 데는 반대했지만, 그는 히스테리가 신체적 질병이라고 확신했으며 금욕 때문에 체액 분비가 중단되어 생긴다고 보았다.[32] 고대 후기(2세기)의 흥미로운 문헌 중에 아풀레이우스의 《변명*Apologia*》이 있다. 이 책에서 저자는 돈 많은 여인을 주술로 꾀어 아내로 삼았다는 고발에 대해 자신을 변호했다. 아풀레이우스는 푸덴틸라가 십여 년의 과부 생활을 청산하고 결혼하기로 마음먹은 이유를 이렇게 설명한다.

　　여인은 모든 장애에서 벗어났으며, 수많은 유력 인사가 결혼을 원하는 상황에서 더는 홀몸으로 지내지 않겠다고 결심했습니다. 여인은 고독한 삶의 쓸쓸함은 견딜 수 있었을지 모르나 몸이 쇠약해지는 것만은 어찌할 수 없었습니다. 이 정숙하고 고결한 여인은 여러 해가 지나도록 한 번의 추문도 없이 절개를 지켰으나, 남편의 품을 느껴보지 못한 지 오래되어 극심한 고통으로 죽음의 문턱까지 이르렀습니다. 의사와 지혜로운 여인들은 한목소리로 이 병이 오랜 과부 생활에서 왔으며 날마다 상태가 악화되고 병세가 점점 깊어

진다고 말했습니다. 이 병을 치료하는 방법은 젊음이 영영 떠나기 전에 결혼하는 것이었습니다.[33]

여기에서 우리는 히스테리에 대한 분명한 태도를 확인할 수 있다. 고대 의사들은 한결같이 히스테리가 성적 결핍에서 온다고 생각했으며, 가장 일반적인 처방은 섹스였다.

모든 증거를 보건대 그리스·로마 의사들의 절대다수는 (제국 시기 들어서고도 오래도록) 히스테리가 '떠돌아다니는 자궁' 때문에 생기며, (훈증 같은 임시 조치를 취하기도 했지만) 히스테리를 효과적으로 치료하고 예방하는 방법은 이성 간의 성교라고 믿었다. 이 믿음이 고대로 거슬러 올라가고 의학 이외의 문헌에서도 이 이론이 언급된 것을 보면(이를테면 플라톤) 성행위야말로 히스테리를 완화하고 예방하는 데 필요하고도 유익한 방법이라는 생각이 대중에게 널리 받아들여졌음을 알 수 있다(고대의 의학 문헌과 비非의학 문헌에 언급되는 횟수로 볼 때 히스테리는 당시에 매우 흔한 질병이었다).

히스테리에 대한 의학적·대중적 견해와 초기 기독교인이 귀신들림을 받아들인 것 사이의 관계를 제대로 이해하려면 성에 대한 이들의 견해를 자세히 들여다보아야 한다. 고대 후기에 금욕주의 경향이 있었음은 이미 언급한 바 있다. 기독교는 이러한 추세에 편승했을 뿐 아니라, 오늘날의 기준으로는 병적이라고 말할 수밖에 없을 만큼 극단적으로 밀어붙였다. 한 가지 이유는 두 가지 경향이 이들을 성적으로 억압했기 때문이다. 구약성경에는 자녀를 낳기 위한 이성 간의 성교가 자연스러운 행위라고 나와 있으나, 분만 시의 정결 의식이나 월경하는 여인을 격려하고 멀리하라는 등 여성 혐오 경향도 나타난다. 하지만 기독교인은 여자가 유혹자이자 인간을 타락시킨 원인임을 강조했다. 이러한 여성 혐오 경향은 틀림없이 그리스 철학의 영향을 받은 것이었다. 한편 헤브라이인은 (그리스 문화에서 '낭만적' 사랑의 보편적 형태였던) 동성애를 엄격히 금지했기에 기독교인은 어느 쪽에서도 욕구를 해소할 출구를 찾을 수 없었다.

초기 기독교인들이 육체의 성적 쾌락을 얼마나 비이성적으로 부정했는지를 오늘날의 시각에서 제대로 이해하기란 힘든 일이다. 초기 기독교 공동체는 완전한 순결의 이상理想인 독신을 추구했다. 이들은 세상의 종말이 머지않았기 때문에 생식을 위한 섹스조차 필요없다고 생각했다. 이러한 믿음의 토대가 되는 〈마가복음〉 9장 1절에서 예수는 이렇게 말하고 있다.

또 그들에게 이르시되 "내가 진실로 너희에게 이르노니 여기 서 있는 사람 중에는 죽기 전에 하나님의 나라가 권능으로 임하는 것을 볼 자들도 있느니라" 하시니라.

개종자 모두를 독신자로 만들 수 없으며 예언된 시기 안에 종말이 일어나지 않으리라는 사실이 분명해지자 조직의 생존을 위해 양보가 불가피해졌다. 그리하여 자녀를 낳기 위한 결혼이 허용되었으나, 여전히 독신이 더 순수하고 바람직한 것으로 생각되었다. 바울의 편지는 이러한 생각을 보여준다.

…… 남자가 여자를 가까이 아니함이 좋으나 음행을 피하기 위하여 남자마다 자기 아내를 두고 여자마다 자기 남편을 두라. …… 나는 모든 사람이 나와 같기를 원하노라. …… 내가 결혼하지 아니한 자들과 과부들에게 이르노니 나와 같이 그냥 지내는 것이 좋으니라. 만일 절제할 수 없거든 결혼하라. 정욕이 불같이 타는 것보다 결혼하는 것이 나으니라.(고린도전서 7:1~2, 7, 8~9)

알렉산드리아의 클레멘스(3세기)는 《교사*Paidagogus*》에서 부부가 언제 잠자리를 같이해도 좋은지 정해두었다. 또한 남자에게는 금욕하고 성행위에 탐닉하지 말 것을 권고했다. 두 세기가 지난 뒤 히에로니무스는 이렇게 말했다.

딴 남자의 아내를 사랑하거나 자기 아내를 지나치게 사랑하는 것은 부끄러운 일이다. 현명한 남자는 아내를 사랑하되 정열에 사로잡히지 않고 분별 있게 행동해야 한다. 자신의 색정을 다스려 무턱대고 성욕을 채우려 들지 않도록 하라. …… 자기 아내를 지나치게 사랑하는 것은 간통을 범하는 것이다.[34]

신앙심이 깊은 사람들은 〈마태복음〉 19장 12절에서 암시하고 있는 명령을 따랐다.

어머니의 태로부터 된 고자도 있고, 사람이 만든 고자도 있고, 천국을 위하여 스스로 된 고자도 있도다.

수천 명이 스스로 거세했다. 가장 잘 알려진 예로는 논쟁의 대가인 기독교 교부 오리게네스가 있다. 욕정에 맞서 싸우기 위해 문명의 유혹에서 달아나려 한 사람들도 있었다. 4세기에 이집트 사막은 욕정을 피해 달아난 사람으로 바글바글했다(최대 2만 2000명으로 추산된다). 이들의 인내력은 상상을 초월한다. 수도자 베사리안은 몽정을 할까 봐 40년 동안 눕지 않았다. 성聖 시메온 스틸리테스는 20미터 높이의 기둥 위에서 30년을 살았다. 옷에는 때가 엉겨붙었으며, 밧줄로 꽁꽁 묶은 허리에는 구더기가 꾀어 피부가 썩어 들어갔다. 잠자리에는 벌레가 들끓었다. 어쩌다 벌레가 몸에서 떨어지면 시메온은 벌레를 집어 제자리에 놓으며 이렇게 말했다. "신께서 네게 주신 것을 먹으려무나."

신도를 교화하고자 저술된 《깨달음Verba Seniorum》에는 흥미로우면서도 생생한 일화가 하나 있다. 우리의 관점에서는 이 이야기의 사실 여부는 중요하지 않다. 이 책은 금욕주의 이상의 모범을 제시하고자 쓰였기 때문이다. 하下이집트 사막의 동굴에 한 수도자가 살고 있었다. 이웃 동네 사람들이 그를 골탕 먹이려고 창녀를 보냈다. 창녀는 지시에 따라, 자신이 길을 잃었으며 야생동물이 무서우니 도와달라고 간청했다. 수도자는 창녀를 동굴에 데려올 수밖에 없었다. 창녀가 교태를 부리며 이 불운한 수도자를 유혹하자, 욕정에 사로잡힌 수도자는 마음을 딴 곳으로 돌리기 위해 등잔에 불을 붙인 뒤 손가락을 태웠다. 아침이 되자 손가락은 타서 없어졌지만 수도자는 순결을 지켰다.[35]

여러 교부의 글에서도 여성 혐오가 두드러지게 나타난다. 가장 좋은 예는 크리소스토무스(그리스어로 '황금 입'이라는 뜻)가 젊은 친구의 결혼을 막기 위해 쓴 편지다.

육체적 아름다움은 본디 가래와 피, 체액, 담즙, 씹어 곤죽이 된 음식에 지나지 않는다네. …… 저 아름다운 눈, 오똑한 코, 입과 뺨에 무엇이 들어 있는지 생각한다면 근사한 몸이 회칠灰漆한 무덤일 뿐임을 알게 될 걸세. …… 헝겊에 가래나 침 같은 게 묻어 있다면 자네는 손가락 끝으로도 만지기 싫어하는 것은 물론이요 보는 것조차 견딜 수 없을 걸세. 그런데도 이런 오물을 담고 있는 육체를 보고 흥분을 느낀단 말인가?[36]

알렉산드리아의 클레멘스도 여자에 대해 비슷한 태도를 취했다.

너는 지옥의 문이요, 금단의 나무에서 열매를 따는 자요, 거룩한 법을 처음 어긴 자로다.[37]

초대 교회가 전부 금욕주의 이상을 공유하기는 했지만 모두가 육체의 유혹에 같은 식으로 대처하지는 않았다. 어떤 사람들은 유혹을 피해 고독을 추구하는 것이 전쟁터에서 도망치는 것과 같다고 생각했다. 진정한 덕은 유혹과 당당히 맞서는 데서 발휘되며, 유혹의 근원을 일부러 항상 곁에 둠으로써 더욱 뚜렷이 나타낼 수 있다는 것이다. 이런 논리에 따라 일부 기독교 공동체에서는 '아가페타이'(그리스어로 '사랑받는 자'라는 뜻―옮긴이)라는 기묘한 제도가 널리 퍼졌다. 아가페타이는 자신을 신에게 봉헌한 처녀로서, 기독교 금욕주의자들 곁에서 살되 성관계는 맺지 않았다. 심지어 잠자리를 함께하는 경우도 있었다고 한다. 교부 중에서도 보수적인 이들은 이러한 자기 부정否定의 영웅적 방편에 대해 의심의 눈초리를 보냈다. 카르타고 주교 키프리아누스는 아가페타이가 수도자와 함께 사는 관습에 '경종을 울리기 위해' 249년에 이런 편지를 썼다.

> 자신이 처녀인지 아닌지 검사하면 알 수 있다는 것을 핑계삼아 자신을 변호할 수는 없다. 산파의 손과 눈은 종종 실수를 저지르기에, 여자를 여자이게 하는 부위가 더럽혀지지 않았더라도 몸의 다른 (더럽혀지더라도 표가 나지 않는) 부위로 죄를 지을 수 있기 때문이다. 함께 눕는 것, 끌어안는 것, 잡담을 나누고 입맞추고 수치스럽고 불결하게도 두 사람이 함께 자는 것, 이 얼마나 부끄러운 죄악인가? 남편이 집에 왔는데 아내가 딴 남자와 누워 있다면 분노에 사로잡히고 심지어 질투에 눈이 멀어 칼을 뽑아 들지 않겠는가? 심판자이신 우리 주 그리스도께서, 당신께 성결을 바치겠다고 서원한 처녀가 딴 남자와 누워 있는 것을 보신다면 무어라고 생각하시겠는가? 얼마나 분노하시겠는가? 이런 부정한 교제에 대해 어떤 처벌을 내리시겠는가? 모든 형제가 그리스도의 저주와 다가올 심판의 날을 피할 수 있도록 우리는 모든 노력과 조치를 다해야 한다. 모두가 이러한 훈육에 힘써야겠지만 성품과 교제의 모범을 보여야 할 성직자라면 더더욱 노력해야 할 것이다. 하지만 타락과 악덕의 가르침이 자신에게서 나온다면 어찌 타인의 고결함과 절제를 감독할 수 있겠는가?[38]

아가페타이 관습은 급속히 성직자 계급의 반감을 샀지만 비교적 현대에 들어설 때까지 완전히 사라지지 않았다.

교부 테르툴리아누스는 섹스의 악함에 대해 한 점의 의문도 남기지 않기 위해 "죽음 뒤에도 섹스가 있는가?"라는 오래된 물음에 답하려

했다.

> 그리스도인에게는 이들이 세상을 떠난 뒤 부활의 날에 결혼이 회복되리라
> 약속되지 않는다. 이는 이들이 천사의 상태와 순결함을 지니게 된다는 뜻이
> 다. …… 그날이 되면 부끄러운 행위가 다시는 우리 사이에 일어나지 않으
> 리라. 하나님께서는 당신의 종에게 그러한 경박함, 그러한 부정함을 결코
> 약속하지 않으신다.[39]

　요약하자면, 생식을 위한 섹스조차 필요 없다고 여긴 초기 기독교
시대를 시작으로 생식을 위한 섹스만 허용한 중세 시대를 지나는 동
안, 기독교 교부들이 성교의 예방적·치료적 효과를 인정한다는 것은
불가능했다. 따라서 이들은 히스테리의 신체적 병인病因을 부인해야
했다. 그러지 않는다면 섹스가 자연스러운 것, 즉 인간에게 끊임없이
필요한 것임을 인정할 수밖에 없기 때문이다. 이에 따라 (갈레노스가 암
시했듯) 히스테리가 기능장애라는 관념도 거부해야 했다. '소마'(몸)와
'프시케'(마음)의 균형을 회복하기 위해 섹스를 이용하는 것은 치료를
위해 죄악된 행위를 저지르는 것이기 때문이다.
　반면에 귀신들림을 원인으로 제시하면 히스테리의 성적 기원설을
받아들일 필요가 없었다(물론 귀신은 대개 음탕한 존재로 묘사되었으며 음욕을
채우려 드는 것이 특징이었다). 게다가 질병과 정신이상의 원인으로 귀신
을 부각시키는 것은 고대 후기의 여타 추세와도 잘 들어맞았다.
　당시에 두드러진 추세 중 하나는 히포크라테스 학파로 대표되는 과
학적 접근법에 대한 신뢰가 낮아지고 있다는 것이었다. 고대 후기에

창궐한 무서운 전염병들은 의술로 다스리는 것이 불가능해 보였다. (공교롭게도 중세 후기에 흑사병이 유행한 뒤에도 귀신들림과 악한 비의적 힘에 대한 관심이 커졌다.) 게다가 이 시기에는 자연재해와 기근도 잦았다. 토지의 생산성이 급격히 저하되고 노예제도의 문제점이 커지자, 사람들은 자신이 '보이지 않는 힘에 조종당하는 졸후'이라고 생각하게 되었으며 현세에 행복을 누릴 수 있다는 믿음을 잃고 내세의 축복에 눈을 돌리기 시작했다.

귀신에 대한 믿음은 새로 등장한 기독교가 옛 이도교 신앙과 융화하는 데 한몫했으며, 악의 존재에 대한 '그럴듯한 근거'를 대중문화에 제공했다. 기독교인은 옛 이교도 신의 존재를 부인하기보다는 이들이 실제로는 사람이었다가 귀신이 되었다고 설명했다. 알렉산드리아의 클레멘스는 《그리스인에게 보내는 권고*Exhortation to the Greeks*》에서 이 같은 견해를 분명히 표현했다.

> 그대가 숭배하는 것은 한때 인간이었으나 후에 죽은 자다. 시간이 흐르고 전설이 덧붙으면서 이들이 영예를 얻게 되었다. '현재'는 친숙하기에 멸시당하기 쉽지만, 시간이 가져다주는 모호함에 감싸인 '과거'는 거짓된 영예를 얻는다. 현재 일어나는 일은 불신을 받지만 과거에 일어난 일은 존경을 받는다. 이를테면 오랜 오류의 시기를 거쳐 찬미의 대상이 된 과거의 죽은 자들을 후대인들은 신으로 믿는 것이다. 그대 자신의 비의秘儀에, 장엄한 축제에, 족쇄와 상처와 눈물 흘리는 신에게 이 모든 증거가 있다.

> 슬프도다! 내가 가장 사랑하는 인간 사르페돈을 운명이 메노이티오스의 아

들 파트로클로스의 창으로 쓰러뜨리다니! (Homer, *Iliad*, XVI. 433~434. 호메로스, 《일리아스》(숲, 2008), 448쪽 참조)

제우스의 뜻이 꺾였고, 싸움에서 패배한 그대의 지고신至高神은 사르페돈의 죽음을 애도하고 있다.

그대가 신을 '그림자'요 '다이몬'이라 부르는 것은 마땅하다. 호메로스가 아테나와 동료 신들을 악의적으로 지칭하여 '다이몬'이라 불렀으니 말이다.

하지만 아테나는 나머지 다이몬에게 돌아가기 위해 방패를 든 제우스의 궁전 올림포스로 향했다.(*Iliad*, i. 221~222. 《일리아스》(숲, 2008) 34쪽 참조.)

그렇다면 실제로는 모두가 세속적이고 부정하다고 인정하는 더럽고 구역질 나는 영혼의 소유자이며 그 무게로 지상에 내려와 유령처럼 희미한 모습으로 "무덤 주위를 배회하는" 그림자와 다이몬이 어찌 신일 수 있겠는가? 이 그림자와 유령이 그대의 신이다. 그 옆에는 "절름발이에 주름 가득한 사팔뜨기 신", 제우스의 딸이라고 하나 실제로는 테르시테스의 딸일 기도자들이 있다.[40]

결론

1000년을 조금 넘는 기간 동안 신들림으로 광기를 설명하는 견해는 흥미롭게 변화해왔다. 광기는 신이 자기가 좋아하는 사람에게 주는 선물에서 저주로 바뀌었다. 퇴마사를 부르고 찾아가는 횟수로 보건대, 고대 후기의 일반적인 추세(이를테면 금욕주의–옮긴이)가 더 강해질수록 더 많은 사람이 광기에 시달린 듯하다.

이 자리에서 논지를 전개하기는 적절치 않지만, 고대 세계에서 일어난 변화들(사회·경제적 관계, 의료, 철학, 종교)은 서로 밀접하게 연관되어 있으며, 이는 노예사회의 모순이 격화되고 더 높은 차원의 경제구조인 봉건사회로 발전하는 과정을 반영한다고 생각된다. 우리 사회에서 귀신들림에 대한 관심과 믿음이 다시 생긴 것은, 모순이 격화되어 사회제도가 무너지고 있음을 뜻하는지도 모른다.

_7_
그리스와 로마의 마녀: 문화적 관습인가, 풍작을 기원하는 여사제인가?

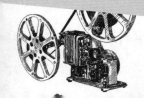

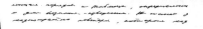

학술적 고증을 통해 재건된 마녀술은 여전히 현대 영어권 국가에서 비교祕敎로 행해지고 있으며, 마녀술과 연관된 행위(저주, 동종 요법, 유감주술類感呪術 등)는 서구 세계, 특히 전통적인 농촌 사회에서 여전히 활발하다. 하지만 사람의 유형을 나타내는 '마녀'는 아동용 대중오락의 문학적 관습(문학에서 오랫동안 사용되어 고정된 형식이나 문체를 가리키며, 이 글에서는 '허구'라는 의미로 쓴다-옮긴이)으로 전락했다. 그렇지만 스티브 오버헬만의 글 첫 부분의 소름 끼치는 묘사에서 보듯, 상업화된 할로윈 분장과 영화 〈오즈의 마법사The Wizard of OZ〉를 통해 친숙한 마녀의 전통적 모습은 고전 시대의 원형에서 직접 전승된 것이다. 오버헬만은 이렇게 결론 내린다. "그리스·로마 시, 중세 문학, 제임스 1세의 《악마 연구Daemonology》(1597), 현대 영화를 통틀어 마녀의 이미지는 2400년이 지나도록 바뀌지 않았다."

글의 둘째 부분에서 오버헬만은 이 풍습 뒤에 숨겨져 있을지도 모를 진실을 파헤친다. 그의 발견은 그리스·로마 세계 대중의 삶과 믿음을 넘어 보편적인 풍작 기원 행위에까지 연결된다. 마지막으로, 오버헬만은 서구 사회에서 오로지 여자만이 마녀였던 이유에 대해 독창적이면서도 흥미로운 설명을 제시한다. 무엇보다 오버헬만의 주註를 눈여겨보기 바란다.

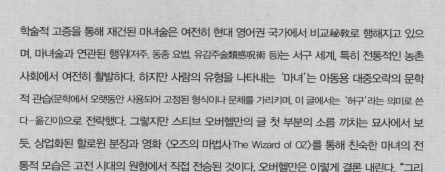

스티브 오버헬만Steve Oberhelman

1978~1979년에 아테네 미국고전학연구회에서 논문 장학금을 받았으며, 오버헬만은 이 책에 앞서 출간된 《대중문화 저널》 특집에 〈대중의 꿈-고대 그리스와 프로이트 정신분석학의 해석Popular Dream-Interpretation in Ancient Greece and Freudian Psychoanalysis〉(JPC XI: 3682~3695)이라는 흥미진진한 논문을 기고했다.

마녀를 묘사해보라고 하면 대부분의 사람들
은 못생긴 얼굴, 길쭉한 코, 사마귀투성이에 검은 옷을 입고, 적에게
사악한 주문을 외며, 검은 솥에 마법의 약을 끓이고, 자기나 남을 동
물이나 딴 사람으로 변신시키며, 요술 지팡이나 요술 빗자루를 타고
하늘을 날아다니고, 보름달이 뜬 한밤중에 비밀 의식儀式를 행하는 노
파를 떠올린다. 이것은 어릴 적 〈오즈의 마법사〉, 디즈니 영화, 그림형
제의 동화에서 본 마녀의 모습이다.

고대 그리스인에게 마녀를 묘사하라고 해도 기본적으로 똑같은 이
미지를 떠올렸을 것이다. 현대의 마녀 이미지는 그리스·라틴 문학의
마녀 묘사에서 직접 전해진 것이기 때문이다. 이 글에서는 우선 그리
스·라틴 문학에서 가장 잘 알려진 마녀의 의식儀式과 수법을 서술해

고대 마녀술과 현대의 대중적 통념이 밀접하게 연관되어 있음을 밝히고자 한다. 그다음으로 고대 문학의 일관된 마녀 묘사에서 어디까지가 문학적 관습의 산물이고 어디까지가 현실의 산물인지 규명하고자 한다. 마지막으로 주술과 마녀술의 기원에 대해 가설을 제시하고자 한다.

* * *

그리스·라틴 문학 최초의 마녀는 키르케로, 기원전 700~675년경 쓰인 호메로스의 《오디세이아*Odyssey*》에 등장한다. 이보다 앞선 기원전 740~725년경의 《일리아스》에 마녀가 등장하지 않음을 주목하자. 마녀가 후대에야 등장하는 이유는 분명하다. 기원전 7세기 그리스는 경제적·정치적·사회적·종교적으로 엄청난 혼란을 겪었다. 종교만 보더라도 새로운 신, 디오니소스 숭배, 신비 종교, 델포이 신탁소 같은 새로운 숭배 장소, 영혼불멸설(그리스에는 영혼 불멸 사상이 없었다), 금욕주의, 윤회설 등이 생겨났다. 이 시기에 주술이 문학에 처음 등장한 것은 헤시오도스의 《일과 날*Opera et Dies*》과 《오디세이아》에서다. 주술은 당시 지식인의 관심을 사로잡을 만큼 널리 퍼져 있었다.

이 모든 신흥종교와 주술 행위는 정서적·영적 문제를 해결하려는 그리스인의 노력을 보여준다. 이런 문제가 생긴 것은 삶이 점점 복잡해지는 데 반해 기존의 사회·종교 제도가 이에 발맞추지 못하여[1] 새로운 불안과 압박에 혼자 힘으로 대처해야 했기 때문이다. 어디에서도 정서적 안정을 찾지 못한 그리스인은 주술과 새로운 형태의 종교

체험에 눈을 돌렸다.[2]

키르케의 장기는 사람을 온갖 모습으로 바꾸는 변신술이었다. 《오디세이아》에서 키르케는 오디세우스의 전우들에게 '해로운 약'을 섞은 음식을 먹인 뒤 요술 지팡이로 때려 이들을 돼지로 변신시킨다. 하지만 오디세우스는 헤르메스가 준 마법의 풀을 — 이 풀은 어떤 마법 약도 물리칠 수 있다 — 먹었기 때문에 마법에 걸리지 않는다. 오디세우스는 키르케의 궁전에 들어가 칼을 빼어 들고는 전우들을 사람으로 돌려놓으라고 말한다. 키르케는 지팡이를 휘둘러 오디세우스의 전우들을 돼지에서 사람으로 바꾼다.

키르케가 메타모르포시스(변신)를 즐겨 행한다는 증거는 1세기 작품인 오비디우스의 《변신 이야기*Metamorphoses*》에서도 찾아볼 수 있다. 13권에서는 글라우코스라는 어부가 아름다운 바다의 님프 스킬라를 연모해 키르케를 찾아와 사랑을 이루어달라고 부탁한다. 하지만 글라우코스에게 첫눈에 반한 키르케는 오히려 스킬라를 버리고 자신을 사랑해달라고 애원한다. 글라우코스가 거절하자 키르케는 연적戀敵에게 복수를 꾀한다.

키르케는 무시무시한 즙이 나오는 독초를 짓이긴 뒤 헤카테의 주문을 섞었다. 그러고는 검푸른 옷을 걸치고 레기움으로 갔다. 이곳에는 스킬라가 휴식을 위해 즐겨 찾는 만灣이 있었다. 키르케는 만에 사악한 독약을 넣고, 독초 뿌리에 사악한 주술을 걸어 만든 시커먼 독액을 흩뿌리더니 숙달된 입술로 아홉 번씩 세 차례 주문을 외웠다.

이윽고 만을 찾은 스킬라가 헤엄치러 물에 들어갔다. 그 순간 다리와 발이 아가리를 벌린 개로 변했으며 스킬라는 두려움에 휩싸였다. 그리하여 스킬라는 반은 여인이요 반은 개인《오디세이아》의 악명 높은 괴물이 되었다. (스킬라는 키르케가 연모하는 오디세우스의 전우들을 잡아먹음으로써 복수한다.)

14권에 실린 또 다른 이야기는 라티움의 왕 사투르누스의 아들 피쿠스가 주인공이다. 어느 날 피쿠스가 깊은 숲 속에서 부하들과 사냥을 하고 있었다. 키르케는 피쿠스를 보자 첫눈에 반했다. 피쿠스에게 다가가려 했으나 피쿠스는 키르케에게 꺼지라고 명했다. 분노에 찬 키르케는 복수를 다짐하며 물러났다. 키르케는 멧돼지 허깨비를 만들어 피쿠스 앞으로 돌진하다가 "어떤 말馬도 들어갈 수 없는 덤불 속에" 숨도록 했다. 피쿠스가 멧돼지를 쫓아가자 키르케는 주문을 읊고 이름 모를 신에게 기도했다. 두터운 안개가 땅 위로 피어오른 탓에 수행원들은 피쿠스를 따를 수 없었다. 피쿠스를 발견한 키르케는 지팡이를 세 번 내리치고 주문을 세 번 외웠다. 그러자 피쿠스의 등에서 날개가 돋아났으며, 자주색 겉옷은 자주색 깃털로, 금으로 만든 투구 장식은 금색 깃털로 변했다. 딱따구리가 된 것이다![3] 수행원들이 키르케를 쫓았으나 키르케는 독약을 뿌리고 밤, 혼돈, 헤카테(마녀의 수호신)의 이름을 불렀다. 그 즉시 숲이 솟아오르고, 대지가 신음하고, 망자의 영혼이 나무 사이를 날아다니고, 풀이 피에 젖어 붉게 물들고, 땅이 검게 변하고, 뱀들이 헤아릴 수 없을 만큼 우글거렸다. 수행원들은 혼비백산해 달아났다.

키르케가 유명한 것은 변신술 말고도 고대 마녀의 여왕 메데이아의 고모이기 때문이다. 로도스의 아폴로니오스가 쓴《아르고나우티카 *Argonautica*》와 이탈리아 영화 세 편 덕분에 이아손과 아르고나우타이 (아르고 호를 탄 50인의 영웅─옮긴이)의 모험담은 널리 알려져 있다. 메데이아는 고대의 여러 작품에 등장하며 매번 마녀로 나왔다.[4] 문헌에 따르면 메데이아의 가장 유명한 주술은 이아손의 아버지 아이손을 회춘시킨 일이다.

때는 보름달이 뜬 한밤중이다. 머리털을 늘어뜨리고 옷자락을 휘날리며 메데이아가 맨발로 들어온다.[5] 메데이아는 방을 세 번 돌고 머리 위에 물을 세 번 뿌리고 애처로운 울음소리를 세 번 내뱉는다. 메데이아는 밤과 헤카테와 대지에 기도한다. 메데이아는 자신이 달을 하늘에서 끌어내리고, 망자의 영혼을 무덤에서 끄집어내고, 뱀의 턱을 으스러뜨리고, 개울과 나무와 바위와 산을 산산이 흩어놓을 수 있다고 자랑한다. 그러고는 금으로 만든 마차에 올라 아홉 낮 아홉 밤을 다니며 온갖 지역에서 약초를 모은다. 메데이아는 궁으로 돌아와 제단을 두 개 ─하나는 헤카테에게, 하나는 청춘Youth에─ 쌓는다. 제단 위에서 검은 양을 죽인 뒤 젖과 포도주를 술잔으로 제단에 붓는다. 이제 아이손을 깊은 잠에 빠뜨리고 몸 위에 마법의 약초를 얹는다. 메데이아는 제단 주위를 돌며 지팡이를 검은 피의 웅덩이에 담근 뒤 불을 붙인다. 불로 세 번, 물로 세 번, 유황으로 세 번 노인 아이손을 정화한다. 그러는 동안 솥에서는 마차를 타고 모아들인 뿌리와 꽃, 자갈, 모래, 서리, 흡혈 올빼미의 날개와 고기, 늑대인간의 창자, 물뱀의 피부, 장수長壽한 수사슴의 간, 까마귀 머리를 비롯한 온갖 재료를 넣은 마법의 약이 끓고 있다. 약이 끓을 때마다 솥 주위의 풀이 푸른색으로 변한다. 메데이아는 아이손의 목에 상처를 내 혈관에 약을 집어넣는다. 그러자 아이손이 자리에서 벌떡 일어난다. 마흔 살로 젊어진 채.

메데이아는 오비디우스가 쓴 《헤로이데스 에피스톨라*Heroides, Epistola*》(헤로이데스의 서간집) 6권에도 등장한다.[6] 이아손에게 버림받은 정부情婦 힙실레가 묘사하는 메데이아의 이미지는 마녀에 대한 고대인의 통념을 보여준다. 편지의 매 구절마다 마녀의 친숙한 특징을 찾아볼 수 있다. 힙실레는 이렇게 썼다.

> 메데이아가 그대의 마음을 사로잡은 것은 아름다운 외모나 착한 성품 때문이 아니라 주문을 알고 마법에 걸린 칼로 독초를 베기 때문입니다. 메데이아는 달을 탈선시키고 해를 끄는 말을 어둠 속에 떨어뜨리려 합니다. 물을 막고 흐르는 물을 멈추게 합니다. 숲과 살아 있는 돌을 옮깁니다. 머리를 풀어헤친 채 무덤을 돌아다니고 아직 따스한 장작에서 (화장火葬하고 남은) 뼈를 모아들입니다. 눈앞에 없는 사람에게 죽을 운명을 지우고 밀랍으로 인형을 만들어 가는 바늘을 심장에 찌르고 제가 차마 알고 싶지 않은 일을 저지른답니다.

1세기 후반에 루카누스가 쓴 서사시 《파르살리아》에도 같은 유형의 마녀가 등장한다. 마녀의 이름은 에리크토, 사는 곳은 모든 마녀의 고향 테살리아다. 에리크토는 구역질나는 피조물이다. 비쩍 마르고 지저분한 노파인데다 외모는 끔찍하고 피부색은 시체처럼 창백하다. 심지어 숨을 내쉬면 공기가 더러워질 정도다. 에리크토는 하늘의 신에게 기도하지 않고 무덤과 화장터를 배회한다. 무덤에서 시체를 낚

아채고 화장火葬한 관에서 남은 부위를 모아들인다. 산 자의 피가 필요하면 무고한 사람의 목을 베고, 시체의 일부가 필요하면 이빨로 볼을 물어뜯거나 머리 타래를 쥐어뜯거나 머리를 쳐 떼어내고 혀를 잘라낸다.

어느 날 에리크토는 강령 의식, 즉 망자를 되살려 미래를 예언하게 해달라는 부탁을 받는다. 에리크토는 최근에 목이 잘린 시체를 찾아 갈고리에 꿰어 집에 끌고 온다. 그러고는 오색 겉옷을 두르고 자기 머리 위에 독사를 올려놓는다. 이제 시체의 가슴을 열어 헤쳐 피를 쏟아붓는다. 골수를 피로 적시고 달의 독액, 뱀을 먹여 키운 사슴의 골수, 미친개의 거품, 스라소니의 창자, 하이에나의 등뼈, 용의 눈알, 빨판상어, 날개 달린 뱀, 불사조의 재, 독사, 싹이 틀 때 침을 뱉은 약초, 무시무시한 주문을 건 잎, 자신의 비밀 독약을 떨어뜨린다. 그다음 개 짖는 소리, 늑대 소리, 올빼미 소리, 뱀의 쉿 하는 소리를 닮은 목소리로 주문을 왼다. 시체의 주인이 땅속에서 나와 에리크토 옆에 선다. 영혼은 몸에 다시 들어가기를 거부하지만, 에리크토가 뱀으로 시체를 때리자 결국 몸속에 들어가 미래를 예언한다.

마녀가 다 전문적인 능력을 갖춘 것은 아니다. 기원전 3세기의 작품인 테오크리토스의 《목가牧歌 Idyll》 2권에 등장하는 시마이타 같은 아마추어도 있다. 시마이타는 20년 전에 자신을 버린 무정한 연인 델피스에게 주술을 걸고 싶어 한다. 시의 배경은 보름달이 뜬 한밤중이다. 시마이타가 갈림길에 서 있다(갈림길은 마녀의 여신 헤카테에게 속한 특별 장소다). 시마이타는 노예 소녀의 도움을 받아 월계수 잎과 사랑의 부적과 심홍색 양털로 마법의 사발을 장식한다. 시마이타는 헤카테를 불러내어 사랑의 바퀴를 공중에서 돌리며 "바퀴여, 사랑하는 이를 내게 돌려다오"라고 말한다. 보릿가루를 가져오게 한 뒤에 노예가 가루를 불에 던지는 동안 이렇게 말한다. "이 아이가 던지는 것이 델피스의 뼈가 되게 하소서." 나뭇잎 타는 소리가 잦아들자 시마이타는 밀랍으로 만든 연인의 인형을 불 속에 밀어넣으며 말한다. "이 인형이 헤카테 앞에서 나를 위해 녹아내리듯 델피스께서 사랑으로 금세 녹아내리기를. 이 청동 바퀴가 아프로디테의 은혜로 회전하듯 델피스께서 다시 한 번 내 문지방 앞에 나타나기를." 시마이타가 밀기울을 불 속에 던지는데 마을에서 개 짖는 소리가 들린다. 파도 소리와 바람 소리가 잠잠해진다. 헤카테가 오고 있다! 시마이타는 '히포마네스'[7] 약초를 넣은 제주祭酒를 세 번 따른다. 그리고 델피스의 옷 조각을 꺼내 불 속에 던지며, 이튿날 사랑의 묘약에 도마뱀을 갈아넣겠다는 협박을 읊조린다.[8] 시마이타는 남은 약을 거두어 델피스의 집에 가져가 문지방에 바른다. 하지만 시의 결말에서 시마이타는 약이 효력을 내지 않자 낙담해 집에 돌아간다.[9]

1세기 로마의 비가悲歌 시인들이 마녀를 묘사한 네 편의 시를 간략하게 살펴보자.[10] 첫 번째 마녀는 티불루스의 《비가Elegiae》(엘레기아이)에 등장하는 델리아다. 델리아는 엄청난 능력의 소유자다. 하늘에서 별을 끌어내리고 강의 물줄기를 바꾸며 주문으로 땅을 쪼개고 무덤에서 영혼을, 화장터에서 해골을 꾀어낸다. 하늘의 구름을 다스리며 여름에 눈을 내리게 한다. 메데이아의 치명적인 독초에 대해 모든 비밀을 알고 있으며, 헤카테의 개를 불러낼 수도 있다. 심지어 세 번 주문을 외고 세 번 침을 뱉어 티불루스에게 주술을 건 적도 있다. 나중에

횃불 의식으로 주술을 풀어주었다고 한다(그 방법은 알려져 있지 않다).

오비디우스의 《사랑Amores》 1.8에 등장하는 마녀 딥시아스도 주술 의식과 주문에 능통하다. 강물을 수원지로 돌려보낼 수 있으며 약초, 바퀴, 사랑의 주술도 꿰뚫고 있다. 원한다면 하늘의 구름을 끌어당기 거나 하늘에서 쓸어버릴 수 있으며, 별이 피를 흘리게 하거나 달의 얼 굴을 검게 물들이거나 주문을 외워 땅을 쪼갤 수도 있다. 심지어 새처 럼 밤하늘을 날고 무덤에서 조상을 불러낼 수도 있다.

프로페르티우스는 《비가》 4.5에서 매음굴 포주이자 강력한 마녀에 대해 이야기한다. 이 마녀는 달에 주술을 걸고 늑대로 둔갑할 수 있으 며, 까마귀 눈알을 찢어발기고 새끼를 밴 암탕나귀에게서 마법의 액 체를 모으고 올빼미에게 프로페르티우스를 죽이는 방법을 묻는다. 아칸티스라는 이름의 이 노파는 프로페르티우스의 정부情婦에게 나 쁜 물을 들여 프로페르티우스에게서 돈을 더 뜯어낼 수 있는 방법을 샅샅이 일러주었다. 이를테면 남편이 있는 것처럼 속이면 프로페르 티우스의 관심을 끌어 몸값을 올릴 수 있으며, 두통을 호소하며 잠자 리를 거부하면 사랑의 밤을 보내지 못한 프로페르티우스가 더욱 몸 이 달아 다시 찾아오리라고 말했다. 하지만 이제 프로페르티우스는 시에서 노파의 죽음을 축하한다. "그녀의 주름진 목에서 가래 덩어리 를 보았고, 피 섞인 침이 구멍 난 이빨에서 뚝뚝 떨어지는 것을 보았 도다." 프로페르티우스가 의기양양할 만도 하다.

호라티우스는 마녀 카니디아를 주제로 시를 세 편 썼다(《서정시 Epode》 제5권, 《서정시》 17편, 《풍자시Sermones》 1.8). 지면상 마지막 시만 살 펴보자. 장소는 캄푸스 에스큉리누스(하층계급의 묘지였으나 호라티우스 생전에 한 로마 귀족이 공원으로 바뀌었다)다. 시의 화자는 로마 종교에서 풍작을 주관하는 신 프리아푸스(그리스의 프리아포스)의 목상木像이다. 목상의 불만은 새와 자칼, 도굴꾼의 침입이 아니라 마녀의 주술이었다. 이때 못생긴 노파 카니디아가 등장한다. 검은 망토를 바짝 위로 졸라매고 발은 맨발, 머리털은 풀어헤쳤다. 무시무시한 목소리로 울부짖으면서 땅을 파헤치고, 검은 새끼 암양을 이빨로 찢어발기고, 망자의 영혼을 불러내기 위해 웅덩이에서 피를 퍼 담는다. 그리고 인형 두 개를 땅에 놓는다. 하나는 자기를 닮은 목상이고, 또 하나는 자기를 버린 연인을 닮은 밀랍 인형이다. 카니디아는 사랑의 주술로 배신자에게 고통을 주려 한다. 밀랍 인형은 사형 선고를 앞두고 목숨을 구걸하는 자세로 무릎을 꿇고 있다. 카니디아가 헤카테를 부른다. 갑자기 뱀과 헬하운드(지옥을 지키는 개-옮긴이)가 이리저리 돌아다니고, 달은 지금 벌어지는 장면을 보지 않으려 모습을 감춘다. 카니디아가 늑대의 수염과 얼룩무늬 뱀의 이빨을 땅에 묻고 밀랍 인형을 태운다. 그 순간 커다란 방귀 소리와 함께 프리아푸스의 궁둥이가 쩍 벌어진다. 겁에 질린 카니디아는 약초와 마법의 매듭을 여기저기 흘리며 마을로 도망친다.

그리스·라틴 문학에는 이 밖에도 수많은 마녀가 등장한다. 이를 테면 아풀레이우스의 《황금 당나귀》에는 팜필레가, 베르길리우스의 《전원시 Ecologue》 8편에는 여자 주술사가, 페트로니우스의 《사티리콘》에는 마녀가, 오비디우스의 《로마의 축제들 Fasti》에는 타키타가 나오지만, 이들에 대한 묘사는 앞서 본 것과 별반 다르지 않다. 고대 문헌에서는 그리스·로마의 마녀를 일관되게 그리고 있다. 마녀는 온갖 사악한 주문과 비약祕藥을 알고 밤에 하늘을 날아다니고, 자신과 남을 다른 모습으로 변신시키고, 적에게 주문을 걸고, 보름달이 뜬 한밤중에 의식儀式을 행하고, 망자를 무덤에서 살려내고, (이 글 후반부에서 중요하게 다루겠지만) 구름과 강, 날씨, 작물 생장 같은 자연현상을 다스리는 못생긴 노파로 묘사된다. 이 글 첫머리에서 제시한, 현대인이 생각하는 마녀의 이미지와 비교하면 둘이 거의 일치한다는 것을 알 수 있다. 한마디로 그리스·로마 시, 중세 문학, 제임스 1세의《악마 연구》(1597), 현대 영화를 통틀어 마녀의 이미지는 2400년이 지나도록 바뀌지 않았다.

* * *

고대 문학에서 마녀의 이미지가 이토록 일관된 것을 보면 마녀술이 어디까지가 문학적 관습이고 어디까지가 실제 사실이었는지 궁금해진다. 우선 문학적 관습은 상당한 정도의 대중적 (또는 개인적) 믿음을 전제로 한다. 풍자와 코미디에서와 마찬가지로 문학적 관습은 세간에 화제가 되는 사건을 다룰 때 가장 효과적이기 때문이다. 게다가 마녀술이《오디세이아》에 등장한다는 것은 —《오디세이아》는 영웅적 주제와 구전 공식구 같은 서사시적 장치 말고는 문학적 관습을 쓰지 않는다 — 마녀술이 일상생활에서 두드러진 역할을 했음을 뜻한다. 실제로도 주술과 마녀술은《오디세이아》에서 중요한 부분을 차지하며, 시에서는 당시 대중이 키르케의 주술을 진짜처럼 받아들였으리라는 가정에 어긋나는 증거를 찾을 수 없다.《일리아스》에는 주술과 미신이 전혀 등장하지 않는 반면, 《오디세이아》에는 둘 다 아주 많이 등장한다. 이러한 사실로 보건대, 주술이 그리스인의 마음을 사로잡은 시기는 기원전 700년경일 것이다. 이유는 앞에서 말한 바 있지만 여기에서는 두 시에서 신이 하는 역할에 주목하고자 한다. 《일리아스》에서는 모든 사람과 사건이 신의 섭리를 따르지만, 《오디세이아》에서는 신이 한 발 물러나고 인간이 자신의 의지에 따라 선택하고 행동하는 경우가 많다. 이렇듯 주술은 멀어진 신과 인간의 간극을 메우고, 행동의 자유와 그 결과를 두려워하는 사람에게 심리적 안정감을 주었을 것이다.[11]

마녀술은 문학 이외의 문헌 자료에도 등장하며, '데픽시오눔 타벨라이'[12]와 민간 파피루스demotic papyri의 주요 관심사였다. 여기에는 적의 힘을 빼앗고 사랑하는 이를 잠 못 이루게 하는 방법이 나와 있다. 이 같은 주술 안내서는 마녀술이 실재하고 행해지지는 않았더라도 적어도 시장성이 있었음을 암시한다. 게다가 마녀술을 금지하는 법적 조치도 수시로 시행되었다. 플라톤의 대화편 《법률-Nomoi》에서는 주술을 행하는 자에게 내릴 구체적인 처벌을 언급하고 있으며, 로마의 마녀술 법령은 로마 국가 전역에 적용되었다. 이를테면 기원전 450년, 기원전 212년, 기원전 186년, 기원전 139년, 기원전 97년, 기원전 82년, 기원전 32년, 기원전 12년, 기원후 16년, 기원후 58년, 기원후 69년에 주술을 금지하는 법률이 통과되었다. 로마 정부는 500년 넘도록 마녀술을 현실적인 위협으로 여긴 것이 분명하다.

고대에 주술과 마녀술이 실제로 행해졌고, 그것이 지금까지 내려온 것이라면 그 기원은 무엇일까? 많은 학자들이 이 물음에 대답하는 이론을 내놓았다. 그중에는 터무니없는 것도 있고 그럴듯한 것도 있다. 이를테면 마녀술이 심리적 요인 때문이라는 가설이 제기되었다. 일종의 집단 히스테리(중세의 무도광舞蹈狂과 고행 운동flagellant movement에 비교할 수 있다)나 개인의 정신장애라는 것이다. 하지만 마녀술 현상은 전적으로 보편적이면서도 일관된다. 주술과 의식은 과거와 현재를 막론하고 모든 문화권에서 기본적으로 동일하다. 환각이 모든 사람에게 똑같은 형태로 일어날 수는 없다. 마음과 환경은 끊임없이 변하고 서로 영향을 미치는 관계이며, (따라서) 환각은 언제나 개별적 현상으로 나타나기 때문이다. 어떤 사람들은 마녀술의 기원이 맥각麥角(호밀 이삭이 곰팡이에 감염되어 생기는 돌기로, 먹으면 경련을 일으킬 수 있다-옮긴이)이나 이와 비슷한 약물이라고 생각했지만, 이에 대해서도 같은 반론을 제시할 수 있다.[13] 마녀술은 기독교 교회가 이단과 반대파를 없애기 위해 만들어낸 사기라는 주장도 있었다. 11~17세기 유럽의 마녀재판을 생각하면 무척 그럴듯한 주장이지만[14] 아프리카나 아메리카 토착 문화에서 발견되는 마녀술은 전혀 설명하지 못한다. 마거릿 머리는 1920년대에 '뿔 달린 신' 이론을 내세워 명성이 자자했지만, 엄밀한 검증을 거친 결과 너무나 많은 결함이 발견되어 이 이론이 인기를 누린 것 자체가 신기할 정도다.[15] 마지막으로 프레이저와 말리노프스키 같은 20세기 초 인류학자들의 견해는 ─ 이들은 원초적 의식意識이 주술에서 종교로 진화했다고 생각한다 ─ 받아들일 수 없다. 주술과 종교를 뚜렷이 구분할 수도 없을 뿐 아니라 프레이저와 말리노프스키가 자신의 이론에서 얻어낸 것은 기껏해야 문화적·영적 인종주의에 지나지 않기 때문이다.

내 생각에 주술과 마녀술은 고대 농경 사회의 풍작 기원 의식의 잔재로 보아야 한다(과거에는 풍작 기원 의식을 여자가 주관했다). 이 이론에서는 최초의 공동체가 농경·모계matrilinear 사회였다고 가정한다.[16] 구석기시대와 중석기시대 초기에(이때는 수렵·채집 단계였다) 남자들이 여전히 사냥감을 찾아 돌아다니는 동안 여자들은 뒤에 남아 촌락 일을 돌보았기 때문이다(물론 여기에서 촌락은 매우 포괄적으로, 즉 소규모 집단이나 가족·부족의 거주지라는 의미로 해석해야 한다). 브리포에 따르면, 남녀의 역할 구분은 타고난 본능과 기질을 토대로 정해진 것이다.[17] 남성은 굳세고 지칠 줄 모르는 사냥꾼이며 식량과 모험을 찾는 방랑자다. 반면에 여성은 집을 만든다. 최초의 집과 오두막, 천막은 여자가 만들었다. 오늘날에도 어떤 부족은 남자가 밖에서 자고 여자는 보금자리에서 살아간다. 남자가 오랫동안 집을 비우는 동안 여자는 가족과 공동체의 대소사를 맡았다.

여자의 지위가 높아진 데는 또 다른 요인이 있다. 첫째, 임신과 분만은 남자들에게 경외감을 불러일으켰다. 자연적인 재생산 과정을 모르는 남자들은 여자가 신비로운 능력을 가지고 있다고 생각했다. 월경도 마찬가지다(남성 중심 사회에서만 월경을 부정不淨하다고 여겼다). 게다가 인간 유아는 동물 중에서 어미 의존도가 가장 높다. 성숙해 어미로부터 떨어지는 데 걸리는 기간이 어떤 종보다 길다. 아버지가 떠나 있는 동안 어머니가 양육을 맡았으며, 이 때문에 자식에게 존경과 사랑을 받는 것은 어머니였고 아버지는 식량을 가져다주는 존재에 불과했다. 더 중요한 사실은 씨앗을 작물화하는 방법을 여자들이 처음 알아냈을 가능성이 크다는 것이다. 신화가 이를 입증한다. 농경의 기원을 다루는 거의 모든 신화는 농경을 발견한 공을 여자에게 돌린다.[18] 그도 그럴 것이 곡물과 과일처럼 모아들일 수 있는 야생 식량을 채집하는 것이 여자의 임무였으므로, 씨앗이 땅에 떨어져서 다시 결실을 맺는 과정을 처음 발견한 것이 여자였을 테니 말이다. 경작의 비밀을 처음 알아낸 것이 남자라 하더라도 밭을 일군 것은 어쨌거나 여자였다. 남자는 여전히 짐승을 사냥하거나 목축하고 있었기 때문이다(목축은 중석기시대 중기에 시작되었다). 따라서 초창기의 여성은 자연스럽게 지금의 부계사회에서보다 훨씬 높은 지위를 누렸으며 농경과 밀접하게 연관되어 있었다.

농경은 처음에는 모험적인 일이었을 것이다. 강 유역의 충적평야 같은 기름진 토양이 많긴 했지만, 농사 방법과 기법이 확고하게 다져지기까지는 농사를 망치는 일이 잦았을 것이다. 따라서 초기의 인류는 풍작을 기원하는 의식에 —기도였든 주술·종교의식이었든— 의지했을 것이다. 의식을 거행하는 임무는 여자들이 맡았다. 앞에서 보았듯 여자는 농경과 매우 밀접하게 연관되었고, 땅과 마찬가지로 생산능력이 있으며, 땅과 접촉해 자신의 생식력을 전달할 수 있었고, 그 당시에 이미 경외의 대상이었기 때문이다. 기름진 토지와 성공적인 경작, 좋은 날씨를 기원하는 이 같은 의식을 여섯 가지 범주로 나누어 살펴보자.

농경 주술 앞서 지적했듯이 원시적 노동 분업 상황에서는 식물의 채집과 경작은 여자 몫, 사냥은 남자 몫이었다. 풍작을 기원하는 주술·종교의식은 자연스럽게 여자의 활동 영역에 속했다. 이를테면 인도의 어떤 부족은 논을 기름지게 하려고 뿌리는 (마법) 약물을 만드는 것이 여자의 주 임무다. 대다수 문화에서 비슷한 믿음을 찾아볼 수 있다. 아이를 낳지 못하는 여자는 지체 없이 이혼당했는데, 그 이유는 여자의 불임이 남편의 경작지에 전달된다고 생각했기 때문이다. 반대로 다산多産은 아내의 최고 덕목이었다. 기원전 2세기 로마 작가 카토의 《농촌에 관하여de Re Rustica》에는 해충을 막는 방법이 기록되어 있다. 월경 중인 여자를 찾아 밭을 세 번 걷게 하면 이듬해 농작물을 보호할 수 있다고 한다. 로마 법률 문헌에는 또 다른 사례가 실려 있다. 고대 로마에 주술이 존재했다는 최초의 문헌 증거가 담겨 있는 기원전 451년과 450년의 법률에는 주술을 써서 이웃의 농작물을 시들게 하고, 그 땅의 생산력을 자기 땅으로 옮기는 사람을 사형에 처한다고 되어 있다.

성화聖火 새로 씨를 뿌린 밭의 풍작을 기원하며 불을 놓거나 횃불을 들고 도는 풍습은 대다수 문화에서 여자의 또 다른 임무였다. 어떤 문화에서는 모든 밭의 한가운데에서 불을 피운다. 그러고는 여자가 채취한 특별한 마법 약초를 불에 태운다. 이것은 작물을 생장시키는 확실한 방법으로 생각되었다. 고대 로마에서는 땅을 기름지게 하기 위해 밭 주위에 불을 피운 다음 젊은 여인이 횃불을 들고 돌아다니는 풍습이 있었다. 신성한 장소에서는 달의 여신을 비롯한 여신들에게 바치는 성화를 피웠다. 이 불은 밭에 피우는 불과 같은 역할을 했다. 땅의 비옥도가 떨어지지 않도록 성화를 절대 꺼뜨리지 않았으며, '베스타의 여사제'라 불리는 신성한 여인들이 성화를 돌보았다. 로마에서는 데메테르, 코레, 루나에게 성화를 바쳤는데, 모두가 풍작을 주관하는 여신이었다.

기우제 농사의 성공을 기원하는 의식 중에 가장 중요한 것은 비를 다스리는 의식이다. 대개 이러한 의식은 여자의 특별한 영역에 속하는 것으로 생각되었다. 비는 농사를 좌우하는 중요한 조건일 뿐 아니라 (여자의 수호신인) 달과 연관되어 있다고 여겨지기 때문이다. 따라서 대다수 문화에서는 신성한 여인이나 여사제, 여자 주술사가 기우제를 지낸다. 이를테면 인도 남부에서는 비가 내려야 할 때마다 여자들이 사람 모양의 작은 진흙상을 만들어 수레에 싣고 집집마다 돌아다닌 다음 마른땅에 내려놓는다. 이 의식은 비를 부르고 땅을 기름지게 하는 데 대단한 효과가 있다고 여겨진다. 고대 로마에서는 5월 15일에 베스타의 여사제가 지푸라기 인형 24~27개를 테베레 강에 던지며 작물 생장기에 비가 충분히 내리기를 기원했다.[19]

출산/월경에 대한 믿음 각 사회는 부계사회인지 모계사회인지에 따라 여성의 역할에 대해 이중적 태도를 취한다. 모계사회에서는 출산과 월경이 경외심을 불러일으킨다. 이 기간 동안 여자는 성스러운 존재로 간주되며 부정不淨을 타지 않도록 격려된다. 여자는 월경 중일 때 자신의 생식력을 땅에 가장 잘 전달하기 때문에 임신하거나 월경 중인 여인이 생식력을 전달하기 위해 과수원과 밭에 들어가는 일이 흔하다(앞서 언급한 카토의 처방 참조). 덧붙이자면, 고대 마녀술에서 가장 강력한 주술은 월경을 중단시키는 것이었다. 반면에 부계사회에서는 정반대의 태도를 취했다. 이 기간 동안 여자는 더럽고 부정한 존재로 간주되며 남에게 부정을 태우지 않도록 격려된다. 이를테면 고대 그리스 명문銘文에는 여자가 월경이나 출산 뒤 열흘 동안 신전에 들어올 수 없다고 쓰여 있다. 또 다른 명문에 따르면 그리스의 엘레우시스 비의秘儀에서, 살인을 저지른 자, 시체를 만지거나 출산한 여인을 가까이한 자는 의식에 참가할 수 없었다. 기원전 7세기 시인 헤시오도스는 여자가 씻은 물은 부정하기 때문에 남자가 결코 써서는 안 된다고 말한다. 원래 모계사회였다가 최근에 부계사회로 바뀐 곳에서는 — 고대 그리스·로마 사회가 이에 해당한다 — 두 가지 태도가 섞여 있으리라 예상할 수 있다. 실제로 과거의 믿음이 주술과 대중 미신의 형태로 살아남은 반면, 부계적 사고방식은 국가 종교의 형태로 확립되었다. 이것은 그리스·로마 종교의 일관된 유형이다.

달 숭배 여자의 생식기능을 달이 주관한다는 것은 여러 민족의 공통된 관념이다. 월경주기가 달의 공전주기와 거의 일치하기 때문이다. 많은 사회에서 달은 월경의 원인으로, 이를테면 여인을 겁탈해 피를 흘리게 하는 젊은 남자로 여겨진다. 여러 문화에서는 달을 임신의 원인이며, 달이야말로 모든 여인의 진짜 남편이라고 생각한다. 달의 변화는 달이 생식력의 원천이라는 생각을 뒷받침한다. 인생이 그러하듯 달도 차고 기울고 성盛하고 쇠衰한다. 고대 그리스에서는 달이 땅을 기름지게 하는 수분(이를테면 이슬)의 원천이라고 생각했다. 시에서는 이슬을 달의 딸로 묘사한다. 기원전 1세기 작가이자 정치가인 키케로는 달이 보내주는 물이 생물의 성장을 촉진한다고 말했다.

약초 주술 초기 사회에서는 여자가 의사 노릇을 했다. 치료 기술은 원래 약초와 식물을 다루는 방법이었으며, 생장과 수확을 맡은 여자가 이에 대해 뛰어난 지식을 가지고 있었기 때문이다. 그 뒤로 항상 마법 약을 만들거나 주문을 걸 때 어떤 약초를 써야 하는지 어디에서 약초를 구할 수 있는지 아는 것은 마녀의 재능으로 꼽혔다. 악명 높은 마녀의 비약祕藥은 원래 초기 농경 사회에서 여자가 만든 치료제였을 가능성이 매우 크다.

* * *

위의 각 범주에서 그리스·로마 마녀술의 원형을 찾아볼 수 있다는 점에서 고전 시대 마녀의 의식儀式과 주문 상당수가 생계유지를 위한 풍작 기원 종교에서 직접 기원한다는 결론을 내릴 수 있다. 풍작을 기원하는 초창기 여사제는 작물을 자라게 하고, 계절을 길들이고, 비를 내리게 하고, 아이가 태어나게 할 수 있었다. 그리스·로마 시대 들어 마녀는 여사제의 지위를 잃었다. 모계사회가 부계사회로 바뀌면서 남성이 오래전에 이들의 권한을 대부분 차지했기 때문이다. 하지만 옛 종교를 간직한 하층계급에는 주술 의식이 여전히 남아 있었다. 일부 의식은 원래 의미를 거의 잃어버렸지만 나머지 의식은 예전의 목적이 그대로 유지되었다. 해충을 구제하는 의식이 카토 시대까지 여전히 쓰인 것, 고전 시대 마녀술에서 사랑의 주술이 가장 중요한 역할을 한 것, 마녀의 적敵은 무능력이나 불임을 두려워한 반면 마녀의 친구는 성공과 다산多産을 기대한 것, 모든 마녀가 비약을 만든 것, 로마에서 베스타의 여사제가 그토록 높은 사회적 지위를 누린 것, 로마에서 주술을 언급한 첫 사례가 이웃의 경작지에서 생산력을 빼앗는 행위를 금지한 법률이라는 것, 최초의 신이 경작과 수확을 주관하는 어머니 대지의 여신이었다는 것, 마녀가 모두 예외 없이 여자인 것은 이 때문이다. 그리스·로마의 마녀는 단순한 문학적 허구가 아니었다. 그 기원은 공동체를 위해 풍작을 기원하는 의식을 지낸 여사제이며, 그 후예는 20세기의 마녀들이다.

_8_
로마의 가정 종교: 고고학으로 살펴본 로마 대중미술

오늘날 로마 대중의 가톨릭 신앙에서 가장 눈에 띄는 것은 가정 제단이다. 벽감에 놓인 성모 마리아 상에서(옆에는 봉헌 초와 야자수 잎이 놓여 있다), 목욕탕으로 쓰다 버려진 동굴과 어둠 속에서 빛나는 (대량생산된) 조각상, 십자가 상과 성심聖心(사랑을 상징하기 위해 예수의 모습에 심장을 그려 넣은 그림-옮긴이) 석판화에 이르기까지 갖가지 형태가 있다. 이 글에서 데이비드 제럴드 오어는 고전기 로마의 가정 종교에서 비롯한 전통이 면면히 이어져 내려오고 있음을 보여준다. 오어는 폼페이에서 발굴된 500여 개의 유물을 토대로 가정 제단을 네 가지 주요한 유형으로—화덕의 살아 있는 불인 베스타, 개인의 수호신 라레스, 집안의 수호신 페나테스, 로마인 개개인의 영적 분신 게니우스—구분한다.

폼페이에서 발굴된 이 제단들은 진정한 대중문화다. 오어가 말하듯 "제의를 구체적으로 가르칠 신학대학"도, 고대 로마인이나 현대 연구자의 길잡이가 될 "문서화된 교리"도 없었으니 말이다. 지극히 개인적이며 예술적 세련미가 떨어지는 이 제단들은 과거의 수많은 대중문화와 마찬가지로 고고학자와 미술사가에게 홀대받았다(이들의 관심사는 대체로 고급문화에 치우쳐 있다).

●●

데이비드 제럴드 오어 David Gerald Orr

필라델피아에 있는 국립공원사무소 중中대서양 연구부에서 지역 연구 고고학자로 일하고 있다. 그 전에는 펜실베이니아 대학 미국 문화 담당 조교수 겸 펜실베이니아 대학 박물관 미국역사고고학 담당 큐레이터를 지냈다. 그의 관심 분야는 민속 건축, 민족지학, 산업고고학, 로마 종교, 미국 대중문화 등이다.

"저희 선조의 라레스이시여, 저를 구해주소서. 당신 슬하에서 뛰놀던
어린아이인 저를 기르신 분, 당신이시니이다."
– 티불루스, 《티불루스 작품집*Corpus Tibullianum*》 제1권 제10편 15~16.

　　로마 시인 티불루스는 시 〈전쟁을 반대하노라Against War〉에서 어릴
적에 자신의 라레스(집안 수호신)가 자신을 지키고 양육했음을 노래한
다. 위 시구는 모든 로마 가신家神의 정수를 보여준다. 가신을 숭배하
는 로마인에게 무엇보다 중요한 것은 화덕의 신과 가신들이 자신을
지키고 집안에서 액운을 몰아낸다는 믿음이었다. 로마의 수호신은
일생 동안 자신을 따라다녔으며, 신의 은총을 얻기 위해서는 끊임없
이 제의를 행하고 전통적인 신앙심을 간직해야 했다. 이 경건한 가정

제의는 로마제국이 쇠퇴할 때까지 지속되었다. 이 제의는 로마 가정에 들어온 기독교와 융합되었으며, 지금까지도 이탈리아의 종교 행위에서 명맥을 유지하고 있다.

보편화된 가정 제도의 물질 문화와 정신적 원형原型이 이후의 문화적 변화에 스며들어 살아남은 것은 새로운 현상이 아니다. 하지만 로마 가정의 소박한 가정 제의에서는 캄파니아의 제단이라는 실제 사물에서 고대 로마의 (우리가 거의 알지 못하는) 유산을 찾아볼 수 있다. 이를 통해 조지 쿠블러[1]가 '집단 정체성collective identity'이라 이름 붙인, 미래에 대한 참조 기준이 형성된다. 이러한 '사물의 공동체community of objects'[2]를 통해, 우리가 잃어버린 세계에서 우리가 살아가는 세계로의 변화 과정을 시각적으로 보여주는 분명한 연결 고리를 만들어낼 수 있다. 이런 관점에서 보면 로마 가정 제의의 특징이 지금껏 이어져 내려왔다는 '놀라운' 사실이 그리 놀랍지 않을지도 모른다. 이 글에서는 로마제국 시대에 행해진 종교 제의만을 다룬다. 이 제의가 지중해 여러 지역에 남아 있음을 보여주는 증거는 대략적으로만 언급할 것이다. 이를 밝혀내려면 더 방대한 현대 민족지학 연구가 필요할 것이다.

고대 로마인은 처음에는 자신을 지켜주는 신을 숭배했다.[3] 이 숭배 행위가 발전함에 따라 명확하게 규정된 가정 제의를 통해 저마다 고유한 범주의 신들, 즉 '누멘numen'(복수형은 '누미나numina')에게 예배를 드리게 된 것이다.[4] 이 제의의 정확한 성격은 밝혀지지 않았지만 가정에서 중요한 역할을 담당한 것만은 분명하다. 처음에 파테르파밀리아스(가부장家父長)와 그의 하인 및 가족이 행하던 이 제의는 비非로마인과 자유민을 거쳐 결국 기독교인에게까지 전파되었을 것이다. 이 숭배 형태는 지금까지 남아 있으며, 그 물질적 형태는 현대 이탈리아 주택에서 발견되는 도상圖像을 이해하는 배경이 된다. 가정 제의는 로마인에게 커다란 의미가 있었다. 이를 통해 가족의 삶을 가신과 가신을 향한 경건함과 소박함에 의탁하고 가정에서 행복을 추구할 수 있었기 때문이다.

로마제국의 공식 종교는 ─ 토착 종교든 동방에서 들여온 것이든 ─ 개인에게 사회적 지위를 부여하고 집단적 사회 활동의 장場이 되었으나 친밀감을 선사하지는 않았다. 로마인은 가정의 격리된 사적私的 공간에서 고요히 마음을 다해 라레스와 페나테스에게 예배를 드렸다. 가정 제의의 모든 예식을 연결하는 고리는 가정 제단(라라리움)이었다.[5] 로마 가정 제의의 유연성을 보여주는 또 다른 증거는 이방의 온갖 신과 종파를 집 안에 끌어들였다는 것이다. 기독교는 이러한 신흥종교들과 함께 로마인의 가정에 들어와 소박한 라라리움 벽감, 제단, 소형 신전, 그림에 스며들었을 것이다. 가정 제단과 제의라는 테두리 안에 자리 잡은 신적 권능은 세 가지 고유한 범주로 나뉜다. 각범주마다 나름의 신과 나름의 예식이 있었다.[6] 가족의 건강과 안녕을 돌보는 '보호하는 힘'을 모시는 자리는 화덕이었다. 이 힘을 상징하는 것은 화덕의 여신 베스타의 살아 있는 불이었다. 농경의 신이던 또 다른 범주의 신들은 과거 어느 땐가 밭에서 집으로 들어왔다. 이들은 집안을 지키는 또 다른 누멘으로 숭배받았다. 마지막 범주의 신들은 저장고와 찬장을 지켜주었으나, 그림이나 조각상의 형태로는 표현되지 않았다. 단순화하자면, 위의 세 범주는 각각 베스타, 라레스, 페나테스라는 이름으로 불렸다. 각 범주를 자세히 살펴보자.

로마 가정 제의의 특징 중에서 반드시 명심할 것은 제의를 구체적으로 가르칠 대학도, 고대 역사를 보여주는 문서화된 교리도 없었다는 것이다. 로마 가옥에서 가정 제의의 이러한 측면을 가장 분명히 보여주는 공간은 화덕이다. 화덕은 일찍부터 가정 종교 활동의 중심이었다.[7] 이곳에서는 베스타의 '살아 있는 불'이 타고 있었다.[8] 로마의 영속성과 권력을 상징하는 베스타의 불을 지키는 공적 제의에 대해서는 잘 알려져 있지만, 베스타의 소박하고 사적인 성격은 집 안의 화덕과 떼어서는 이해할 수 없다. 부엌의 화덕 옆에 놓인 소박한 그림에는 베스타가 사람의 모습으로 묘사되어 있다.[9] 폼페이가 로마 치하에 들어간 것은 비교적 후기이므로 라라리움 그림에 베스타가 그려져 있다는 것은 이곳이 그전에 로마화되었음을 보여준다. 베스타는 빵 굽는 사람과 밀가루 빻는 사람의 수호신이었으며, 폼페이에서는 화덕과 방앗간 근처 제단에서 발견된다. 로마의 포룸(로마의 공공 광장–옮긴이)에 있는 베스타 신전의 둥근 모양은 그 기원이 어쩌면 선사시대로 거슬러 올라갈지도 모른다.[10] 따라서 가정 제단에 모신 베스타는 고대 전통과 정치권력을 둘 다 구현한다. 하지만 초기에는 베스타의 종교적 권능이 형태를 갖추지 못했기에 로마 신전에서는 여신상이 아니라 불로 표상되었다.[11] (파테르파밀리아스의 딸이나 아내가 불을 지키는) 가정에서도 베스타의 추상적 속성이 유지되었다. 베스타는 여전히 화덕의 불로 상징되는 순수함과 밀접하게 연관되어 있었다.[12]

라레스의 기원과 초기 역사에 대해서는 논란이 많다.[13] 한마디로 정확한 영역 구분과 분명한 역할을 거부하는 것이야말로 이 누멘의 속성이었다.[14] 라레스의 성격과 로마 가정 제의에서 차지하는 지위가 모호한 탓에, 제국 시대에는 '라르Lar'('라레스Lares'의 단수형-옮긴이)라는 단어가 집, 가정, 화덕, 심지어 가정과 동떨어진 장소를 가리키는 말로 쓰였다.[15] 1세기 들어 라레스 숭배는 다양한 형태로 발전했으며, 라레스는 가정에 여러모로 도움을 주었다. 하지만 집안의 수호신이라는 성격은 약화되지 않았다. 가족의 라르(라레스)는 전쟁터에 나가는 남자를 보호하고[16] 식솔의 일상생활을 꼼꼼히 지켜보고[17] 가족의 수호자라는 임무를 끊임없이 수행했다.[18] '콤피탈리아'를 비롯해 지금도 행해지고 있는 고대의 농경 축제는 라레스가 로마 가정에서 어떻게 번성했는지 보여준다.[19] 제국 시대 들어 라레스는 집에 국한되지 않고 특정한 장소를 지키는 신이 되었다. 그리하여 도로의 라레스, 여행객의 라레스, 병사의, 막사의, 경기의, 황제 거주지의, 심지어 로마 자체의 라레스가 존재했다.[20]

가정에서는 라레스에게 포도, 남은 음식, 화환, 곡식, 벌꿀 케이크, 포도주를 바쳤다.[21] 특별한 축제일에는 제사를 지냈으며, 매일 경배를 드렸을 것이다. 로마에서는 소년 소녀가 성년이 되면 어릴 적에 가지고 다니던 작은 상징물('불라')을 자신의 라레스에게 바쳤다. 불라는 성인이 될 때까지 목에 걸었다.[22] 폼페이에서는 가신 상에 정성스럽게 묶은 불라가 발견되었다. 가정에서 라레스는 가족의 건강과 행복을 지켜주었다.

로마 공화국 후기와 고대 폼페이 회화에 나타난 라르의 이미지는 로마 가정의 파테르파밀리아스를 연상시키는 엄숙함과는 거리가 멀다(그림 1). 라르는 쾌활한 요정으로 묘사되며, 손에 든 잔에서는 캄파니아 산 포도주가 넘치고 발은 춤을 추는 듯 발끝으로 가볍게 서 있

그림 1. 리톤(포도주 잔)을 들고 작은 제사용 양동이에 포도주를 따르는 라르. 폼페이에서 발견된 라라리움 회화. 다음 숫자는 각각 레기오네(구區), 인술라(공동주택), 집 번호를 가리킨다. 1세기. I. xii. 3.

다. 전체적인 인상은 그리스의 디오니소스를 연상시킨다. 어쩌면 폼페이 남부에 있는 마그나 그라이키아(고대 그리스의 도시 집단으로. 라틴어로 '위대한 그리스'라는 뜻-옮긴이)가 그 기원일 수도 있다.[23] 라르의 차림새에서 리톤(그리스 술잔), 라르가 취한 자세, 신발 모양 등은 비非로마적이다.[24] 머리카락 길이는 라르마다 제각각이다. 바짝 친 머리도 있고 찰랑거리는 긴 머리도 있다. 라레스는 이른바 '자유의 모자'인 필레우스(노예를 해방시킬 때 준 삼각 두건-옮긴이)를 쓰기도 했는데(그림 2), 이는 집주인의 신분을 나타내는 듯하다.[25] 하지만 올려 묶은 치마는 로마 투니카(튜닉)가 틀림없다.[26] 라라리움 회화에서는 라레스 두 명을 나란히 배치하는 것이 유행했으며 가신을 묘사하는 표준적 양식이었다(그림 3).

그림 2. 라라리움 벽감. 양옆에 자유의 모자(필레우스)를 쓴 라레스가 서 있다. 벽감 안에는 정교하게 그려진 고르곤(머리카락이 뱀인 괴물 – 옮긴이)의 머리 위에 초승달(달의 신 '멘'인 듯하다)이 떠 있다. 라라리움 아래에는 비현실적으로 가늘게 생긴 뱀이 보인다. 폼페이, 1세기. I. xii. 15.

그림 3. 라라리움 회화의 전형. 토가를 입고 제사를 드리는 게니우스 양옆에 두 라레스가 서 있다. 여자는 유노(헤라)인 듯하다. 작게 그린 제의 참가자 두 명까지 해서 그림이 완성된다. 1세기, 폼페이, 폴리비오스의 집, IX. xiii. 3.

페나테스는 로마 가정에서 확고한 지위를 누렸다. 그 기원은 대개 '아트리움'(지붕이 뚫린 중앙 홀) 뒤에 위치한 '페누스'('광'이라는 뜻-옮긴이)다.[27] 라레스와 함께 화덕 옆에서도 발견되지만, 페나테스의 주 임무는 저장고를 지키는 것이었다. 페나테스가 추상적인 성격을 갖게 된 것은 예전에 곡물 저장실로 쓰였기 때문이다.[28] 하지만 고대 폼페이에서는 페나테스의 역할이 전혀 달라졌다. 이곳에서 페나테스의 의미는 집의 모든 누멘을 아우른다.[29] 따라서 페나테스는 베스타와 라레스를 비롯해 집 안에서 섬기는 모든 신을 뜻한다. 페나테스의 성격이 더 모호해진 것은 제국 페나테스를 섬기는 국가 제의가 1세기에 로마 가정, 특히 황제 거주지를 우러러본 자유민의 주택에 파고들었기 때문이다. 페나테스 숭배는 가정 제의의 필수적인 부분이었다.[30] 안타깝게도 우리는 페나테스가 고대 로마의 저장고 신과 어떤 관계인지 온전히 알지 못한다.

고대 로마 가정의 제단에서 섬기는 신은 이들 말고도 또 있다. 그중 가장 중요한 신은 게니우스다. 게니우스는 고대 로마인의 영적 분신이었다.[31] 그 역할은 파테르파밀리아스의 생식능력을 주관하고 가문의 영속성을 지키는 것이었다.[32] 다재다능하고 융통성이 있어서 라르처럼 장소와 사물을 돌보고 가정 제의의 비품을 보호하는 데도 쓰였다.[33] 가정 제단에는 두 종류의 게니우스가 다 있었다. 파테르파밀리아스의 '디에스 나탈리스'(탄신일)에는 집안 게니우스에게 제사를 드렸다.[34] 통상적인 벌꿀 케이크와 포도주 외에도 돼지와 양 등을 제물로 바쳤다.[35] 로마인은 맹세할 때 게니우스의 이름을 걸었으며, 로마 가정의 구성원은 게니우스를 혈연관계라는 개념으로 썼다.[36] 하지만

그림 4. 토가 차림의 게니우스가 불 붙인 제단에 제사를 드리고 있다. 그 앞에는 게니우스 뱀이 있다. 1세기, 폼페이, I. xvi. 2.

게니우스의 가장 중요한 권능은 로마인의 '겐스'(부계 친족 집단-옮긴이)를 유지하고 세대를 잇는 것이었다.

　고대 폼페이에서는 게니우스가 공적 종교 행위와 사적 종교 행위 둘 다에서 나타난다. '콤피타'(주 19 참조-옮긴이)에 세운 길거리 제단은 국가적 봉헌의 대상이었던 반면(주로 자유민이 숭배했다) 주택의 라라리움에서는 게니우스를 집안의 누멘으로 모셨다.[37] 라레스도 이 같은 이중성을 지녔다. 이것은 황제의 가정 제단과 가신이 제국 전체를 보호한다는 소박한 관념에서 비롯했을 것이다. 어쨌든 제단에 그려진 게니우스는 토가를 입고서 '코르누코피아'(풍요를 상징하는 뿔 모양 장식물-옮긴이)를 손에 들고 작은 '파테라'(제사에 쓰는 접시-옮긴이)에 제사를 드리는 남자로 묘사된다(그림 4).

게니우스와 밀접하게 연관되어 있으며 로마 가정 제단에 빠지지 않는 것이 집뱀이다. 뱀이 로마 종교에 침투한 다양한 과정과 이 상징적 권능의 여러 성격은 이 자리에서 논의하지 않을 것이다.[38] 뱀은 집안에서 두 가지 역할을 했다. 첫째, 뱀은 특정한 장소의 수호자, 즉 그 장소의 게니우스였다.[39] 이것은 뱀과 옛 게니우스 숭배가 결합되었음을 보여준다. 게니우스 뱀의 이러한 역할은 지금도 칼라브리아(이탈리아)에 뚜렷이 남아 있다. 독이 없는 뱀은 집을 지켜주는 동물로 환대받으며 심지어 애완동물로 기르기도 한다.[40] 이 같은 집뱀 풍습은 지중해 발칸 지역에서(북쪽으로는 스웨덴까지 퍼져 있다) 아직도 흔히 찾아볼 수 있다.[41] 이탈리아 남부의 농촌에서는 밭에서 뱀을 만나면 행운이 찾아온다고 믿는다. 지금까지 언급한 사례들은 로마 가정 종교에서 뱀이 수행하는 두 번째이자 가장 중요한 역할 —즉 가족의 수호자이자 게니우스의 속성이라는 역할—을 입증한다.

캄파니아의 가정 제단에서는 (사람으로 묘사된) 게니우스와 뱀이 둘 다 흔하다. 뱀은 대부분 목이 길고 비늘이 거친 살무사로 표현된다(그림 5). 도상학적으로 볼 때 그리스와 로마의 집뱀은 그 모습이 (오래전에 확립된) 지중해적 형태와 연관된 것이지 동방과 이집트 종파의 제의에 쓰려고 이탈리아에 들여온 뱀을 나타내지 않음에 유의하라.[42] 뱀은 집 안에서 액운을 막아줄 뿐 아니라 로마 주택이나 건물 안팎의 프레스코 벽화에도 흔히 쓰인다.[43] 벽화에 뱀을 그린 것은 단순히 이곳이 신성한 장소이며 불경한 행동을 해서는 안 된다는 뜻이다. 흥미로운 사실은 로마 가정에서 숭배하던 뱀이 기독교를 만났을 때(이와 더불어 뱀이 악한 존재라는 관념이 들어왔다) 형식상의 우위를 내주기는 했지만 농

그림 5. 볏과 수염이 달린 게니우스 뱀이 제단에 다가가고 있다. 제단 위에는 달걀과 솔방울이 놓여 있다. 폼페이, I. xii. 3. 1세기 라라리움 회화.

경과 연관된 뿌리 깊은 속성은 그대로 간직했다는 것이다. 따라서 집 뱀은 게니우스의 생식력을 나타내는 역동적인 힘이자 특별한 장소를 지키는 수호자로 살아남았다. 게니우스와 뱀은 수많은 종교적 관념에 적용될 수 있었기에 로마 가정 제의의 중요한 요소가 되었다.

지금까지 언급한 모든 요소를 묶는 것은 가정 제단을 중심으로 지내던 제의다. 폼페이는 로마 세계 어느 곳에서 발견된 것보다 풍부한 유물과 제단을 자랑한다. 공교롭게도 약 1900년 전에 화산이 폭발하는 바람에 폼페이는 500곳가량의 라라리움을 우리에게 남겼다. 고대 캄파니아 이외의 지역에 남아 있는 로마 가정 제단을 다 합쳐봐야 약 20곳에 불과하다. 하지만 마지막 논의를 시작하기에 앞서 명심할 것이 있다. 첫째, 남아 있는 제단들은 베수비오 화산을 둘러싼 지역인 캄파니아 펠릭스('행복한 캄파니아'라는 뜻) 특유의 것으로, 로마를 비롯한 인구 밀집 지역과는 전혀 다를 수 있다. 이를테면 폼페이 라라리움에서 발견된 도상圖像의 구체적 특징은 (가령) 이베리아나 아프리카에서 흔히 발견되는 도상에서는 찾아보기 힘들 것이다. 하지만 문헌 증거에서는 로마 가정 제단의 (앞에서 요약한) 주요 요소가 폼페이 제단에도 들어 있음을 확인할 수 있다. 따라서 폼페이 가정 제단의 일반적인 특징은 폼페이 특유의 것이 아니라 일반적인 규범을 충실하게 따르되 양식과 상징을 달리한 것인지도 모른다.[44] 게다가 이곳의 제단은 다른 곳의 로마 문화를 이해하는 기준 유형으로 삼아야 한다.[45]

폼페이에서 발굴된 제단은 어김없이 두 가지 핵심적인 특징이 있다. 제단은 그림과 조각이 상징하는 신에게 예배하는 장소가 되어야 하며 숭배자의 소박한 필요를 충족해야 한다. 희생 예식 중에는 번제燔祭가 있기 때문에 라라리움은 (연기가 빠지도록) 위가 트여 있어야 한다. 제물을 올리는 단은 일상 용도의 선반이 되기도 하고 필요할 때만 쓸 수도 있다. 라라리움은 수십 제곱센티미터 크기의 벽감에서 로마 주택의 중앙 홀에 있는 독립 '신전'에 이르기까지 다양하며 크기는 상관이 없는 듯하다. 물론 라라리움이나 단 없이도 집 안에서 제사를 드릴 수는 있다. 하지만 격식을 갖춘 가정 제의에는 라라리움이 꼭 필요하다. 로마 주택에서 가정 제단을 가장 쉽게 찾아볼 수 있는 곳은 세 군데다. 가장 크고 웅장한 제단은 대개 아트리움에 있다. 폼페이에서는 라라리움 대부분이 부엌, 화덕의 불을 모신 방, 정원에서 발견되었다. 제단이 여러 개 있는 집과 상점도 많으며, 방 하나에 제단이 둘 이상 있는 경우도 있다.

그림 6. 벽감 형태의 라라리움. 그림에서는 토가를 입은 게니우스가 작은 제단 앞에서 제사를 지내고 있다. 그 뒤에 제사를 참관하는 사람이 보인다. 폼페이, 1세기, I. xvii. 4.

　폼페이에서 발견된 제단은 네 유형으로 나뉜다. 가장 흔한 유형은 돌벽을 활 모양으로 파낸 단순한 벽감이다. 그림을 그린 것도 있고 그리지 않은 것도 있다. 벽감은 기와를 위에 두르거나 제물과 장식물을 올려놓을 돌 선반으로 장식했다(그림 6)[46]. 더 정교한 변화를 주려면 2차원으로 표현한 신전 앞모습을 덧붙였다.[47] 벽에 그림을 그리고 작은 휴대용 단을 앞에 가져다 놓은 제단도 있었다(그림 3)[48]. 그중에서 가장 인상적인 것은 '아이디쿨라'라는 독립된 신전의 축소판이다(그림 7). 이 라라리움은 대개 잡석으로 만들었으며 회를 칠하거나 그림을 그렸다. 지붕은 잡석 기둥으로 이었다. 한 라라리움을 둘러싼 대리석 판에는 62년에 폼페이를 멸망시킨 지진이 부조로 표현되어 있다.[49] 가신을 모시는 용도로만 쓰는 독립 건물인 '사켈룸'은 매우 드물다.[50] 지금

그림 7. 아이디쿨라 형태의 라라리움. 지붕은 무너졌지만 회벽돌 기둥은 아직 남아 있다. 안쪽 벽에는 채색하고 회를 칠한 뱀 두 마리가 보인다. 아이디쿨라 양옆에는 날개 달린 그리폰(그리핀)이 채색되어 있다. 폼페이, 1세기(추정), I. xvi. 2.

껏 알려진 것이 몇 개 되지 않는다.

폼페이 가정 제단에서 발견되는 그림과 조각은 온갖 종류의 종교적 개념과 행위를 보여준다. 포르투나, 베스타, 바쿠스는 로마에서 가장 인기 있는 신이며, 폼페이의 경제와 사회를 구성하는 기본 속성으로 간주된다. 포르투나 ─정확히 말하자면 폼페이의 상업과 무역을 돌보는 행운의 여신 ─는 폼페이의 상업적 성격을 반영한다. 베스타는 새로 획득한 '로마성性Romanity'과 중심적인 종교 전통을 나타낸다. 베스타는 빵 굽는 사람의 수호신이기도 하다(제빵업은 폼페이에서 중요한 산업이었다).[51] 베스타와 마찬가지로, 술의 신 바쿠스는 캄파니아의 경제활동을 상징한다. 폼페이 주변의 풍요로운 포도 농장 지대를 표현하는 것은 온몸이 포도로 둘러싸인 바쿠스 상이다. 바쿠스는 읍내에 있는 수많은 여관과 선술집이 가장 선호하는 수호신이기도 하다. 폼페이의 로마식 수호신은 1세기에 폼페이를 함락시킨 술라의 가족 신에서 로마제국의 중요한 신으로 올라선 베누스였다. 마지막으로 선술집 주인, 상업, 금융, 도둑의 신 메르쿠리우스를 빼놓을 수 없다.

하지만 폼페이 가정 제단에 가장 흥미로운 성격을 부여한 것은 동방 종교의 유입이었다. 많은 라라리움에서 이집트 신과 여신, 특히 이시스와 세라피스 도상이 발견된다. 두 신이 인기를 누린 것은 알렉산드리아와 교역이 활발한 탓이었을 것이다. 더 놀라운 것은 이시스―아르테미스와 이시스―포르투나처럼 헬레니즘 그리스의 신과 이집트의 신이 혼합된 형태다. 정교하게 채색된 한 가정 제단에서는 폼페이를 흐르는 사르누스 강을 모시기까지 했다. 그림에는 강에서 물자를 교역하고 유희를 즐기는 장면이 묘사되어 있었다.[52] 마지막으로 폼페이와 같은 시기, 즉 1세기 후반에 헤르쿨라네움에는 기독교가 전파되어 있었을지도 모른다. 헤르쿨라네움 주택에서 발견된 목조 라라리움 근처의 벽에는 십자가 형상의 흔적이 남아 있다.[53]

폼페이 라라리움에서 발견되는 그림은 집과 공공건물을 장식한 일반적인 벽화와 전혀 다르다. 더 눈에 띄는 사실은 각 그림이 (상당수가 앞서 설명한 전형을 따르기는 하지만) 개인적 특징을 나타낸다는 것이다. 선, 색깔, 디자인이 비슷한 제단은 하나도 없다. 제단은 자기 집에 놓기 위해 자발적으로 만들었을 것이다. 따라서 폼페이 가정 제단은 도시 전역에 흩어져 있는 엘리트적 고급 취향의 일반적 벽화에서는 찾아볼 수 없는 '원초적' 특징을 보여준다. 이들 그림은 폼페이의 위대한 네 양식(시기에 따른 네 가지 건축양식―옮긴이)의 고상하고 이상화된 세계에 속하지 않는다는 이유로 오랫동안 외면받았다. 하지만 미술을 연구할 때는 역사적·사회학적 관점을 가져야 하며 진리와 목적론의 늪에 빠져서는 안 된다.

더 중요한 사실은 폼페이 제단들이 시간과 장소에 대한 새로운 지적·현상학적 감각을 보여준다는 것이다. 제단들은 시간의 흐름에 따라 변화를 보이면서도 주택과 화덕에서의 제의에 시간을 초월해 나타나는 특징을 공유한다. 이와 동시에 그림에서는 흥미로운 변화가 관찰된다. 이를테면 폼페이의 수많은 부엌 그림에서 발견되는 온전한 정면 묘사는 일반적으로 초기 기독교와 후기 비잔티움 미술의 특징이다. 제단에 깊이 스며 있는 유머감각 —이를테면 벽에 난 진짜 구멍에서 나오는 것처럼 보이는 웃는 모습의 뱀 그림 —은 색다른 모습이다. 18세기 미학자들은 그리스 조각에서 자신들이 그토록 떠받드는 폴리클레이토스(조형 이론을 확립한 그리스 조각가―옮긴이)의 이상理想에 못 미친다는 이유로 고상한 로마 회화와 대중미술을 경멸했다. 이곳 폼페이에서 라라리움 표면에 그려진 그림들은 예술의 본성과 디자인된 물질세계의 본성에 대한 끊임없는 논쟁에 불씨를 당긴다. 이 난제를 해결하려면 또 다른 논문을 써야 할 것이다.

개별적으로 제작된 가정 제단 그림들에 표현된 다채로운 개념은 후대에 유럽의 새로운 미술 풍조로 발전했다. 얼마 전 폴리비오스의 집에서 세련된 라라리움 그림이 발견되었다. 그림은 79년 화산 폭발 당시에 미완성 상태였던 것 같다(그림 3). 왼쪽 라레스의 모습을 확대하면, 음영과 채색으로 그림을 완성하기 전에 가는 선으로 스케치한 것이 보인다(그림 8). 여기에서 이 그림들의 주관적 속성을 엿볼 수 있다.

그림 8. 그림 3의 전체 모습에서 왼쪽 라르의 머리 부분을 확대한 것. 미완성 부분은 이 그림에 사용된 기법을 보여준다. 폼페이, 79년경, IX. xiii. 3.

그림에서 가장 공들인 부분은 얼굴 생김새와 표정이다. 이 그림이 예외적이기는 하지만(규모와 세부 묘사 면에서 이만큼 뛰어난 작품은 드물다), 폴리비오스 제단에서는 로마 가정 제단의 힘과 활력을 느낄 수 있다. 성인식을 치르는 로마의 젊은이가 제단 앞에서 처음으로 어른의 옷으로 갈아입는 장면을 상상해보라. 이를 통해 종교적 이미지의 위력을 실감할 수 있을 것이다.

이들 제단에서 확인할 수 있듯이 로마 가정 제의는 기독교가 지중해 가정에 침투하는 통로가 되었다. 가정 제단을 통해 이방 신도 얼마든지 가신이 될 수 있었으며 기독교는 이 기회를 놓치지 않았다. 기독교가 유럽 전역에 전파됨에 따라 가정 제의도 그에 맞게 바뀌었다. 집 안의 구석이 신성하다는 관념은 게르만 전설에 이미 존재했으며, 가정 제의는 여기에 쉽게 어우러져 유럽 전 지역으로 퍼져 나갔다. 지중해 연안에서는 변용조차 겪지 않았다. 지금의 나폴리에서 볼 수 있는 다색多色의 테라코타 정원 제단을 보면 로마의 가정 제의가 눈앞에서 펼쳐지는 듯하다. 나폴리인이 집에 자랑스럽게 모셔두는 성모상은 라레스의 수호신적 성격을 연상시킨다. 로마의 길가 라라리움이 그랬듯 그리스의 산중山中 신전은 여행객의 쉼터가 되고 있다. 무엇보다 시간이 흐름에 따라 들고 나는 온갖 누멘들이 아직까지도 집 안을 보호하고 돌본다. 이 과정에서 로마 가정 종교가 중요한 촉매작용을 했음은 부인할 수 없다. 로마인들이 가정 제의를 통해 충족하고자 한 욕구는 격동의 역사를 거치면서도 결코 잦아들지 않았다.

감사의 글

이 글은 1966년과 1970년에, 또한 로마 미국학회 고전학 부문 로마상賞 연구비 지원을 받아 이탈리아에서 수행한 연구를 토대로 한다. 학회의 여러 동료와 연구자들이 내게 영감을 불어넣었다. 이 글의 일부는 메릴랜드 대학 박사 학위 논문에 수록되었다. 윌헬미나 야솀스키 교수의 도움은 이루 말할 수 없다. 힘든 연구를 수월하게 해낼 수 있었던 것은 교수의 끊임없는 격려 덕분이다.

9

초기 기독교의 대중문학: 신약 외경

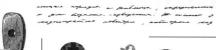

거물 정치인이든, 연예계 스타든, 종교 지도자든, 대중에게 인기를 얻고 나면 그를 둘러싼 선정적 일화와 그를 초인적 존재로 묘사하는 풍문이 돌기 마련이다. 이 사람들이 살아 있는 동안은 이러한 일화와 풍문을 검증할 여지가 있지만, 시간이 지나면 진실을 알기가 점점 힘들어진다. 해리 후디니(미국의 마술사-옮긴이), 아돌프 히틀러, 엘비스 프레슬리, 짐 존스(사이비 종교 인민사원 人民寺院 지도자-옮긴이)처럼 숭배가 금세 잦아들었다면 검증할 필요성이 그다지 크지 않겠지만, (드문 경우이기는 하나) 이러한 숭배 행위가 중요한 역사적 운동으로 발전하면 외경外經(성경문학에서 정경正經으로 받아들여지지 않은 작품-옮긴이) 문학은 첨예한 논란의 중심에 서게 된다.

〈초기 기독교의 대중문학: 신약 외경〉에서 스티븐 벵코가 지적하듯 기독교 정경에서 제외된 작품이 예수나 기독교 신학에 대해 많은 것을 알려주지 않을지라도 (외경의 독자인) 초기 기독교 신자에 대해서는 귀중한 정보를 들려줄지도 모른다. 이 독자들은 우리 현대인에게 낯설지 않은 모습이다. 권력자의 성격적 결함을 폭로해 이들을 우리와 다를 바 없는 인간의 차원으로 끌어내리고, 누구나 할 수 있는 예언이 은사恩賜(기독교에서 하나님이 인간에게 준 재능-옮긴이)로 둔갑하고, 선정적 기사 제목이 역사적 사건을 퇴색시키는 삼류 잡지의 독자와 놀랄 만큼 닮았으니 말이다. 하지만 삼류 잡지와 마찬가지로 신약 외경은 눈을 즐겁게 하는 읽을거리와 현실에서 도피할 손쉬운 수단을 선사한다. 사회적·심리적으로 실질적인 기능을 수행하는 것이다.

벵코는 기독교가 탄생하던 시기의 역사적 맥락에서 외경을 살펴보고 신약 외경의 특징과 사회적 기능을 논의한다. 그리고 잘 알려진 외경 작품을 간략하게 소개한 뒤 역사적 자료이자 (지금까지 이어지는) 대중 기독교 전통으로서의 외경을 탐구한다.

••

스티븐 벵코 Stephen Benko

캘리포니아 주립대학 프레즈노 캠퍼스 고대사 교수다. 로마사와 초기 기독교사, 신학, 성모신학 Mariology 등 다양한 주제로 책 6여 권과 논문 20편을 영어, 독일어, 헝가리어로 발표했다. 최근에 펴낸 저서로 《카타콤과 콜로세움: 원시 기독교가 무대가 된 로마제국The Catacombs and the Colosseum: The Roman Empire as the Setting of Primitive Christianity》이 있다.

기독교의 탄생

정설에 따르면 기독교 교회가 처음 세워진 것은 33년경 예루살렘에서다. 얼마 지나지 않아 로마제국의 다른 도시에서도—대부분은 안티오크, 알렉산드리아, 로마 등 유대인이 거주하는 주요 지역이었다—작은 모임들이 만들어지기 시작했다. 하지만 그 뒤 매우 빠른 속도로, 특히 바울의 선교 활동을 통해 비非유대인의 참여가 허용되었으며 기독교는 주요 종교로 발전하게 되었다. 이 과정은 느리게 진행되었다. 1세기 로마 작가의 글에서는 기독교에 대한 언급을 한 줄도 찾아볼 수 없으며, 기독교 운동은 2세기 초에 들어서야 주목을 끌었다. 그나마도 치료해야 하는 "질병"(111년 플리니우스), "해로운 미신"(115

년 타키투스), "사악한 미신"(120년경 수에토니우스)으로 치부될 뿐이었다. 하지만 플리니우스에 따르면(《서간집Letters》 10.96) 당시에 이미 소아시아 여러 농촌과 도시가 기독교에 '감염'되었다. 기독교는 100년도 안 되는 사이에 단단히 자리 잡았다. 하지만 기독교인 수는 여전히 매우 적었으며, 로마제국 전체 인구에 비해 오랫동안 소수에 지나지 않았다. 정확한 수치는 고사하고 추산하기조차 쉽지 않지만, 250년경 로마 시의 전체 기독교인 수는 2만 명을 넘지 않았을 것이다(시의 총 인구는 100만 명에 육박했다). 지중해 다른 지역에서도 상황은 비슷했을 것이다. 기독교의 성장이 실제로 또한 급속히 이루어진 것은 콘스탄티누스가 개종한 4세기 들어서였다.

하지만 기독교는 유달리 활발한 성장세를 보였으며 이는 왕성한 문학 활동에서도 나타난다. 첫 교회가 세워진 지 20년도 지나지 않은 50년경에 바울은 편지(바울 서신)를 쓰기 시작했으며, 뒤이어 예수의 생애와 사역에 대한 기록 작업이 이루어졌다(예수의 생애와 사역을 직접 목격한 증인의 시대가 끝나가면서 사람들이 기억하고 있는 예수의 모든 것을 기록으로 보존해야 했기 때문이다). 이른바 '사도 이후post-apostolic' 시대에 등장한 새로운 유형의 저술가 '사도교부apostolic father'는 주로 일상생활과 도덕의 문제를 성찰했으며 이들의 저작은 높은 평가와 권위를 인정받았다. 사도교부의 시대는 1세기 말과 2세기 초였으며, 그 뒤로 탁월한 기독교 신학자들이 기독교 신앙을 체계화하고 학문적으로 표현하기 시작했다.

하지만 기독교 교회는 견고한 겉모습과 달리 한 번도 통일된 적이 없었다. 예수의 제자들 사이에서도 파벌 다툼이 벌어졌으며, 오순절이 지난 뒤 '히브리파 유대인'과 '헬라파 유대인' ─ 즉 히브리어를 쓰는 토착 유대인과 그리스어를 쓰는 디아스포라(유대 왕국이 무너진 뒤 각지로 흩어진 유대인-옮긴이) ─ 은 "다른 방언으로" 말하며 점차 사이가 벌어졌다. 베드로와 바울 사이에는 신학적으로 심각한 견해차가 있었으며, 바울의 편지는 수많은 견해들이 기독교인의 충성을 차지하기 위해 다투었음을 보여주는 단서로 가득하다. 〈요한 3서〉에는(9절 이하) 디오드레베라는 사람이 요한의 권위를 인정하지 않았으며, 요한의 종파에 충성하는 사람을 교회에서 내쫓았다고 기록되어 있다.

〈글레멘드서Clement〉(1세기 말)가 작성된 것은 고린도 교회의 심각한 내부 갈등 때문이었으며, 이 편지에 따르면 로마 교회에서도 다툼이 있었다. 이그나티우스의 편지(2세기)에서 보듯 안티오크의 상황도 심각하기는 마찬가지였다. 기독교인 수가 늘면서 기독교에 대한 견해도 점점 다양해졌다. 초창기의 논란거리 중 하나는 예수의 인성을 어떻게 해석할 것인가였다. 예수는 신이었나, 인간이었나? 예수 안에서 신성과 인간성은 어떤 관계였나? '에비온파Ebionite'라는 종파는 예수가 인간일 뿐 신이 아니었다고 주장했으며, 이 견해는 훗날 주류 교계에도 널리 퍼졌다. 이 과정에서 사제 아리우스의 역할이 두드러졌다('아리우스주의Arianism'는 그의 이름을 딴 것이다). 교황 빅토리우스에게 추방당한 로마의 테오도투스도 비슷한 주장을 폈다. 그런가 하면 예수가 신이었으며 예수가 고통받을 때 신이 직접 고통을 받았다고 주장하는 사람들도 있었다. 이들은 '성부 수난론자Patripassian'(아버지Pater + 고통passio), 또는 지도자 사벨리우스의 이름을 딴 '사벨리우스주의자Sabellian'로 불렸다. 이러한 견해차는 세대가 바뀔수록 더 커졌으며, 교회는 그리스도론을 둘러싼 끊임없는 논쟁과 추측에 역량을 허비해야 했다. 사실 이들 논쟁은 쓸모없는 것이었다. 신약성경의 관심사는 예수가 누구였는지, 예수의 본모습이 무엇이었는지가 아니라 예수가 무엇을 행하고 이루었는지에 있기 때문이다. 따라서 이 같은 신학적 논쟁은 기독교의 원래 정신과는 동떨어진 것이었다.

하지만 호기심은 인간의 본성이며 시간이 지나면서 기독교인들은 더 많은 의문을 품게 되었다. 예수의 본모습이나 성삼위聖三位의 관계는 물론이고 초기 기독교 역사에 대해서도 ─ 2세기 들어서면서 초대 교회 시기는 이미 영웅적인 신앙의 시대로 간주되었다 ─ 궁금증이 일었다. 이같이 신화가 되다시피 한 과거를 살아간 위대한 기독교 성인, 예수의 가족, 사도 등에 대해서는 구두로든 기록으로든 거의 아무것도 전해지지 않았기에, 이러한 빈자리를 메우기 위해 신앙적으로 창작한 작품이 큰 인기를 누리고 그 수도 점점 늘었다. 이런 유형의 기독교 문학을 '신약 외경'이라 한다.

신약 외경

'외경apocryphal'이라는 단어는 '숨겨져 있다'라는 뜻이다(현대 영어에서는 '거짓'이라는 뜻으로 쓰이기도 한다). '외경 문학'은 성경과 동등하다고 주장되나 정경에 실리지 못한 작품을 일컫는다. 외경에는 유대교 종교 문학의 일부인 구약 외경과 기독교인 저술가가 쓴 신약 외경이 있다. 모든 외경 작품은 정경을 닮았으며 대개 성경 속 인물이 등장한다. 신약 외경의 형태와 양식은 신약의 네 장르인 복음서, 역사서(행전), 서

신서, 예언서(계시록)를 모방한다. 그렇다면 신약 외경을 쓴 직접적인 이유는 무엇이었을까? 의도는 나쁘지 않았다. 대다수 외경은 공식 교회 조직 안에서 신앙심을 높이기 위해 쓰였으며, 기독교인의 신앙적 읽을거리 구실을 했다. 저자들은 외경이 역사적 진실로 둔갑해 독자에게 해로운 영향을 미칠 수 있으리라고는 생각하지 못했을 것이다.

신약 외경 배후의 동기를 들여다보면 몇 가지가 눈에 띈다. 첫째, 정경 복음서를 보완하려는 욕구가 있었다. 네 복음서는—심지어 네 복음서를 모두 합쳐도—예수의 일생을 완전히 그려내지 못한다. 예수의 생애에 대해 우리가 가진 지식에는 매우 넓은 공백이 있다. 예수가 태어나 선교 활동을 시작하기까지의 시기는 복음서에서 완전히 누락되어 있으며, 부활과 승천 사이에 지상에서 머문 40일에 대한 이야기도 찾아볼 수 없다. 이같이 알려지지 않은 사실에 기독교인들이 호기심을 느꼈으며 누군가 그 공백을 메우려고 시도했으리라는 것은 쉽게 추측할 수 있다. 그 결과물은 물론 역사적 사실과는 아무 관계가 없는 허구였다. 하지만 이들 작품이 유포되기 시작하자 초신자들이 이를 진실로 받아들이는 것은 시간문제였다. 실제로도 이들 전승 상당수는 중세 교회의 교리 체계에서 중요한 부분을 차지했다. 신약에 등장하는 흥미로운 인물들에 대해서도 비슷한 과정이 관찰된다. 우리는 예수의 삶에서 중요한 역할을 하고 예수와 관련해 여러 차례 언급된 사람들에 대해 아는 바가 거의 없다. 예수의 어머니 마리아, 마리아의 남편 요셉, 니고데모, 아리마대 사람 요셉, 본디오 빌라도는 그중 일부에 불과하다. 바울과 열두 제자를 비롯한 사도들에 대해서도 우리의 지식은 매우 제한적이다. 사도들의 선교 활동과 최후도 알려져 있지 않다. 따라서 이번에도 종교적 상상력을 발휘해 신약에 누락된 정보를 채워넣으려는 시도가 일어나게 된다.

또 다른 동기는 일반적인 기독교 대중에게 (퇴폐적이던 당시 이교도 문학을 대체할) 재미있는 읽을거리를 제공하려는 욕구였다. 기독교 교회는 교인들이 연극과 서커스처럼 노골적이고 잔인한 이교도 오락을 즐기거나 혼음이 이루어지던 목욕탕 같은 공공시설물에 드나들지 못하게 했다. 이교도의 통속문학을 읽는 것도 달가워하지 않았다. 그 이유는 2세기 로마 소설을 흘끗 보기만 해도 쉽게 알 수 있다. 아풀레이우스의 《황금 당나귀》는 시작부터 루키우스와 하녀 포티스의 성행위를 자세히 묘사하며, 끝에 가서는 루키우스를 이시스 여신에게 개종시키기까지 한다. 교회가 이런 읽을거리를 권장할 수는 없는 노릇이었다. 하지만 제약을 가하려면 그보다 더 나은 것을 제시해야 했기에 기독교 통속문학이 급속히 성장했다. 이에 따라 기독교인 독자들은 사도들이 머나먼 이국 땅에서 벌이는 모험담을 비롯한 읽을거리를 즐길 수 있었다.

이 같은 선량한 동기와 더불어 신약 외경의 집필에는 신학적 고려가 담겨 있었다. 그 목적은 교리를 대중에게 전파하고 기존의 대중적 믿음을 문자화하는 것이었다. 이러한 신학적 동기는 '정통'에서도 '분파'에서도 관찰된다. 정통 문학에서는 성모신학을 장려했으며, 영지주의靈智主義 작품에서는 그리스도의 본성에 대한 이론, 성생활에 대한 관념, 그 밖의 분파적 견해를 보급하려 했다. (영지주의Gnosticism는 2세기에 기독교와 경쟁한 종교운동이다. 예수의 역사적 실존에 토대를 둔 '정통' 기독교와 달리 영지주의는 사변적이고 철학적이었다.) 신학적 관점을 전파하는 데 외경 문학보다 적합한 것은 없었다. 엄격한 비전祕典을 제외하면 외경은 대중을 겨냥해 쓰였으며, 현대 저술가들 말마따나 초기 기독교인의 '일요일 오후 읽을거리'였다.

이들 작품의 일반적인 성격은 기본 동기에 따라 정해진다. 기본적으로 '정통'의 성격을 지닌 외경 작품은 정경의 연장으로 집필되었다. 즉 신약에 기록된 사건을 첫머리에 언급하며 이를 바탕으로 이야기를 전개하는 것이다. 하지만 내용은 순전히 상상의 산물이며, 터무니없고 우스꽝스럽기까지 한 기적으로 가득하다. 영지주의자들이 쓴 외경은 종종 우리가 이해할 수 없는 언어로 쓰여 있다(애초에 이해시킬 의도가 없었는지도 모르지만). 이 작품들은 묵시록 양식을 본떴으나 영지주의의 어휘와 용어를 썼으며, 영지주의에 대한 우리의 지식이 부족한 탓에 읽기가 힘들다. 그중 일부는 영감으로 쓰였다고 여겨지기도 했다. 외경은 유용한 읽을거리로 높은 평가를 받았으나 신약 정경을 확립하는 선별 과정에서 모두 배제되었다.

이제 외경 작품 두 편을 임의로 골라 읽어보자. 우선 예수의 어린 시절 이야기를 살펴본 뒤에 '사도의 행전'(정경 사도행전이 아니라 외경을 뜻한다-옮긴이) 중 하나를 읽을 것이다.

도마 유년기 복음

예수의 어린 시절을 다룬 이 이야기는 저자가 사도 도마로 되어 있으나 2세기 중엽에 쓰였을 가능성이 크다. 도마 유년기 복음은 특히 이집트에서 널리 읽혔다. 이 책에는 기적 이야기들이 연관성 없이 묶여 있다. 주된 줄거리는 아래와 같다.

예수가 다섯 살 되었을 때 개울가에서 놀다가 진흙으로 작은 참새를 빚었다. 그런데 이날은 안식일이었기에 한 유대인이 예수의 아버지에게 이를 고자질했다(유대인은 안식일에 육체노동을 하는 것이 금지되었다). 요셉이 예수에게 가서 자초지종을 물었으나, 예수가 손뼉을 치자 참새들이 날아갔다. 율법학자 안나스의 아들이 예수 옆에 서 있다가 버드나무 가지를 가지고 예수가 만든 작은 웅덩이를 망쳐버렸다. 이를 본 예수가 화내며 말했다. "사악하고 불경하고 어리석은 녀석아, 이 연못과 물이 너에게 무슨 해를 끼쳤느냐? 너도 나무처럼 시들어버릴 것이다!" 소년은 그 자리에서 죽었으며 예수는 조용히 집으로 돌아갔다. 소년의 부모가 요셉을 찾아와 항의했다. "당신 자식은 이런 놈이오!" 얼마 뒤 예수가 마을을 지나는데 한 소년이 예수의 어깨를 밀었다. 예수가 화내며 말했다. "너는 가던 길을 다 가지 못할 것이다." 이 소년도 죽었다. 소년의 부모는 요셉에게 분통을 터뜨렸다. 요셉이 예수를 불러 왜 그런 짓을 했느냐고 물었다. 예수는 불평하던 모든 사람의 눈을 멀게 만들었다. 요셉이 이를 보고 예수의 귀를 세게 잡아당기자 예수는 기분이 매우 나빴다.

삭개오라는 선생이 이 일을 다 보았는데, 예수가 아버지에게 하는 말을 듣고는 예수에게 지식과 예절을 가르치겠다며 자기 학교에 보내달라고 말했다. 삭개오가 예수에게 글자를 가르치려 했으나 예수는 이렇게 말했다. "선생님은 알파의 본성도 모르면서 어떻게 남에게 베타를 가르치려 하십니까?" 예수는 알파의 두 선과 그 가운데를 지나는 선의 신비한 의미를 선생에게 설명했다. 삭개오는 이 말을 듣고 요셉에게 예수를 도로 데려가라고 말했다. 유대인들이 삭개오와 이야기하고 있을 때 예수가 그들을 비웃으며 자신이 예전에 눈멀게 한 사람들을 모두 고쳐주었다. 그 뒤로 아무도 감히 예수의 심기를 건드리지 못했다.

며칠 뒤 예수가 지붕 위에서 아이들과 놀고 있는데 한 아이가 땅에 떨어져 죽었다. 나머지 아이들은 달아났다. 죽은 소년의 부모가 찾아와 예수가 소년을 지붕 위에서 밀었다고 나무랐다. 그러자 예수가 죽은 소년에게 다가가 물었다. "내가 너를 밀었느냐?" 그러자 소년이 깨어나 예수의 억울함을 풀어주었다. 며칠 뒤 한 젊은이가 도끼로 장작을 패다 발이 잘리자 예수가 고쳐주었다. 예수가 여섯 살 되었을 때 어머니 심부름으로 물을 길러 가는데 물동이가 깨져버렸다. 그러자 예수는 입고 있던 옷을 펼쳐 물을 담아 가져왔다. 씨 뿌리는 철이 되어 예수가 아버지를 도우러 나갔다. 예수가 밀 한 항아리를 심은 뒤 거두어 타작하니 백 항아리가 되었다. 예수는 밀을 가난한 사람들에게 나누어주었다. 예수의 아버지가 부자의 침대를 만들고 있었는데 — 그는 목수였다 — 나무 하나가 너무 짧았다. 그러자 예수가 나무를 늘였다. 요셉이 예수를 다시 가르치기로 마음먹고 다른 학교에 데려갔다. 예수가 선생에게 물었다. "알파의 의미를 제게 말해보십시오. 그러면 제가 베타의 의미를 말씀드리겠습니다!" 선생이 예수의 머리를 쥐어박았다. 하지만 예수가 선생을 저주하자 그는 바닥에 꼬꾸라졌다. 요셉이 침울한 어조로 아내에게 말했다. "이 녀석을 집 밖으로 내보내지 마시오. 녀석의 화를 돋우는 사람은 다들 죽어버리니 말이오!" 얼마 뒤 새로운 선생이 매우 두려워하며 예수를 학교로 데려갔다. 하지만 예수는 배우는 것이 아니라 모두를 가르쳤다. 선생이 예수의 지혜를 인정하자 예수는 기뻐하며 답례로 전에 다치게 만든 선생을 낮게 해주었다. 어느 날 예수의 형제 야고보가 뱀에 물려 죽어가고 있었다. 하지만 예수가 물린 자리에 숨을 불어넣자 야고보가 살아났으며 뱀은 죽었다. 그 뒤로 예수는 죽은 자를 살리는 기적을 두 번 행했다. 한 번은 어린 소녀였고, 또 한 번은 건물을 짓다가 죽은 젊은이였다. 도마 유년기 복음은 예수가 열두 살이 되어 성전에 갔을 때의 이야기로 끝난다(이 부분은 〈누가복음〉 2장 41~52절을 토대로 한다).

이 이야기에서 예수는 매우 낯선 모습으로 비친다. 예수는 사람을 아무렇지도 않게 죽이고 자신의 신통력을 드러내고 싶어 하는 오만한 신동으로 묘사된다. 이 책은 역사적 예수에 대해서는 아무런 지식도 알려주지 않지만, 이런 투박한 이야기를 지어내고 즐긴 기독교인 계층에(이들이 다수였을까?) 대해서는 시사하는 바가 있다. 도마 유년기 복음의 독자들은 기본적으로 이교도였으며 예수의 두 가지 특징에 주목했다. 하나는 그의 능력, 또 하나는 그의 지식이었다. 이들은 예수의 능력이 자연법칙을 뛰어넘으며 예수의 지식이 모든 것, 심지어 미래까지 포괄한다고 생각했다. 이 책은 기독교 신학의 기본 논점인 예수의 인성에 대해서는 전혀 관심이 없다. 이것은 기적 이야기를 즐기는 사람들의 지적 수준이 낮기 때문이었을까? 아니면 기독교인들이 이교도적 사고방식에 접근하려고 애쓴 당시의 일반적 추세 때문이었을까? 기독교의 가르침 중에서 이교도에게 가장 신랄한 비판을 받은 것은 성육신incarnation 개념이었기에(이교도의 주장에 따르면 신은 인간이 될 수 없다) 기독교인들은 (무의식적이었을 테지만 교묘하게) 예수의 인간적 특징을 깎아내리고 신성을 부각시키기 시작했다.

이 같은 '유년기 복음'은 여러 종류가 있었으며 상당수는 후대에 만들어졌다. 이 중 잘 알려진 것으로 2세기에 쓰인 〈야고보 원복음原福音〉이 있다. 이 작품은 예수의 어머니 마리아의 탄생과 생애를 다루며, 마리아 종신 처녀설 — 예수를 출산하기 전과 후에도 마리아가 처녀였다는 주장 — 을 입증하기 위해 조잡한 증거를 내세운다. 여러 판본으로 존재하는, 이른바 '마리아의 죽음Transitus Mariae' 문학은 마리아의 죽음, 매장, 부활, 승천을 서술한다. 정경 복음서와 비슷하게 예수의 생애를 기록한 문헌들도 존재한 것으로 알려져 있다. 이를테면 〈에비온파 복음〉, 〈베드로 복음〉 등이 있었다. 하지만 이들 문헌은 교부들의 저작에 단편적으로 전해질 뿐이다.

요한 행전

기원후 150년이 조금 지났을 무렵 소아시아에서 작성된 〈요한 행전〉은 수많은 '사도의 행전' 중에서 가장 오래된 것이다. 저자는 알려져 있지 않다. 17장까지는 유실되었으며 남아 있는 자료는 18장부터 시작된다.

요한이 환상 중에 에베소로 가라는 말씀을 듣고 기꺼이 따랐다. 그들이 에베소에 가까이 이르렀을 때 도시의 법무관 리코메데스가 요한을 찾아와 그 앞에 무릎을 꿇더니 자기 집으로 와서 전신이 마비된 자기 아내를 고쳐달라고 간청했다. 리코메데스는 환상 중에 하나님이 나타나 밀레토스에서 온 요한이 아내 클레오파트라의 건강을 회복시켜줄 것이라 말씀하셨다고 말했다. 이 말을 들은 요한과 형제들은 즉시 리코메데스의 집으로 갔다. 리코메데스는 아름다운 아내가 고통을 겪는 모습을 보고 눈물을 쏟았다(이야기가 전개됨에 따라 클레오파트라가 이미 죽었음이 점점 분명해진다). 요한은 리코메데스에게 울지 말고 하나님께 기도하라고 권면했으나, 리코메데스는 땅에 쓰러져 숨졌다. 에베소 사람들이 자신에게 리코메데스의 죽음을 추궁할까 두려워진 요한은 하나님께 도와달라고 기도했다. 그때 이미 에베소 사람들이 집으로 찾아와 리코메데스가 죽었다는 소식을 들었다. 요한은 그리스도께 클레오파트라를 살려달라고 간절히 기도했다. 요한은 클레오파트라의 얼굴에 손을 얹고 일어나라고 명했다. 그러자 클레오파트라가 대답했다. "주인님, 제가 일어나노니 이 여종을 구하소서!" 에베소 사람들이 깜짝 놀랐으나, 요한은 리코메데스의 시체가 누워 있는 다른 침실로 클레오파트라를 데려갔다. 남편이 죽은 것을 본 클레오파트라는 혀를 깨물고 이를 갈았다. 요한이 기도를 마치자, 클레오파트라는 나직한 목소리로 남편의 시신 위에서 죽는 것이 유일한 소원이라고 말했다. 요한은 클레오파트라를 향해 남편에게 다가가 "일어나 하나님께 영광을 돌리라"라고 이야기하라고 말했다. 클레오파트라가 그렇게 하니 리코메데스가 살아났다. 둘은 요한에게 머물러달라고 간청했으며 요한과 함께 있던 사람들도 권하자 요한은 머물기로 했다(18~25장).

리코메데스의 친구 중에 뛰어난 화가가 있었다. 리코메데스는 친구를 찾아가 요한의 초상화를 그려달라고 부탁했다. 화가는 첫날 요한의 윤곽을 그리고 이튿날 색을 입혔다. 리코메데스는 그림이 마음에 들어 침실에 걸었다.

리코메데스가 요한에게 그림이 누구의 초상화인 것 같으냐고 물었다. 화환이 함께 걸려 있고 그 앞에 제단과 등燈이 놓여 있는 것을 본 요한은 그림 속의 인물이 리코메데스의 이방 신인 줄 알았다. 하지만 리코메데스는 이방 신을 믿지 않는다며 그림이 요한의 초상화라고 말했다. 지금껏 자신의 얼굴을 본 적이 없던 요한은 그 말을 믿을 수 없어 거울 속의 자기 모습과 그림을 비교했다. 요한은 둘이 비슷하다는 것을 알아차렸지만, 그 순간 사람의 진정한 모습은 물질적인 색깔로 묘사할 수 없으며 그림은 눈에 보이는 형태와 나이만을 나타낼 뿐임을 깨달았다. 예수께서는 우리 영혼의 형태와 모습을 아시며 우리 모두의 모습을 그리신다. 사람의 진정한 모습을 이루는 색깔은 하나님을 믿는 믿음, 우애, 지식, 친절함 그리고 우리를 그리스도에게 인도하는 모든 색깔이다. 이것이 없는 물질적 이미지는 불완전하며 죽은 자를 닮은 죽은 그림일 뿐이다(26~29장).

요한은 자신을 시중드는 베루스 형제에게, 에베소에 사는 늙은 여인들을 모두 치료하겠다며 이들을 불러들이라고 지시했다. 베루스가 보니 나이가 60이 넘은 여인 중에서 건강한 사람은 네 명뿐이었다. 요한은 여인들을 이튿날 극장으로 데려오라고 말했다. 이른 아침부터 여인들이 극장에 모여들자 부집정관은 자리를 맡으러 서둘렀다. 하지만 안드로니고라는 이름의 법무관은 요한의 능력을 의심했다. 그는 요한이 정말로 병을 고친다면 자신이 벌거벗은 채 손에 아무것도 들지 않고 극장에 올 것이며 앞으로 주문을 외지 않겠다고 말했다. 여인들이 모두 극장에 들어오자 요한이 나와 군중에게 죄악된 생활을 그만두라고 설교한 뒤 병자를 모두 고쳐주었다(30~37장). (여기에는 빠진 부분이 있다. 이어지는 내용에서는 안드로니고가 개종한 것으로 나온다.)

이틀 뒤 우상을 모시는 신전의 건립 기념일이 되었다. 모두가 흰옷을 입고 신전에 갔으나 요한은 검은 옷을 입었다. 이를 본 사람들이 요한을 죽이고 자 모의했다. 하지만 요한이 자리에서 일어나, 아데미(아르테미스)가 정말 로 여신이라면 요한이 죽게 해달라고 기도하되 그렇지 않다면 요한이 자신 의 신에게 에베소 사람들이 죽게 해달라고 기도하겠다고 말했다. 그러자 요한이 죽은 자를 살리는 것을 보았던 사람들이 요한에게 소리쳤다. "우리 를 죽이지 마시오. 당신이 그리할 수 있다는 것을 압니다!" 요한이 대답했 다. "너희가 개종되지 않으면 내가 죽으리라!" 요한이 하나님께 기도하자 아 데미 제단이 산산조각 났다. 뭇 신상과 신전의 모든 물건도 쓰러졌다. 신전 의 절반이 무너졌으며 사제도 대들보에 깔려 숨졌다. 어떤 사람들은 달아나 려 했으나 어떤 사람들은 요한의 하나님을 믿는다고 고백했다. 요한은 예수 께 감사 기도를 드리고 사람들에게 아데미의 권능이 몰락했음을 일깨웠다. 사람들은 신심을 보이려고 신전의 남은 부분을 끌어내리고 요한에게 도움 을 청했다. 요한은 자신이 서머나 방문을 연기한 것은 오로지 에베소 사람 들을 위해서였다고 말했다. 요한은 에베소 사람들의 연약한 신앙이 굳건해 질 때까지 에베소에 머물기로 하고 안드로니고의 집에 묵었다. 개종한 사람 중에는 죽은 사제의 친척이 있었는데, 그가 시체를 가져와 남몰래 문 앞에 놓았다. 요한은 이야기와 기도와 안수를 마친 뒤, 조금 전에 일어난 일을 영 안靈眼으로 보고 사제의 친척인 젊은이에게 시체에 다가가 이렇게만 말하 라고 일렀다. "하나님의 종 요한이 네게 이르시되 일어나라." 젊은이가 밖으 로 나가 많은 사람 앞에서 이 사실을 이야기했다. 젊은이는 되살아난 사제와 함께 돌아왔으며 사제는 그 뒤로 예수를 믿고 요한을 따랐다(38~47장).

이튿날 요한은 꿈에서 문밖으로 10리를 걸으라는 계시를 받아 그대로 행했다. 그곳에는 다른 남자의 아내를 데리고 사는 남자가 있었다. 그는 훈계하는 아버지를 발로 차서 죽였다. 이를 본 요한은 주께서 자신을 이곳에 보내신 까닭을 깨달았다. 젊은이는 자기가 저지른 짓을 보고는 허리띠에 달린 낫을 들고 집으로 달려갔다. 여인을 죽이고 전남편도 죽이고 자기 목숨도 끊을 작정이었다. 하지만 요한이 젊은이를 불러 세웠다. 요한은 젊은이에게 자신이 아버지를 살리면 여인과 헤어지겠느냐고 물었다. 젊은이가 그러겠다고 대답하자 둘은 아버지가 쓰러져 있는 곳으로 갔다. 그곳에는 이미 구경꾼이 많이 모여 있었다. 젊은이가 자신이 저지른 일을 뉘우치는 동안 요한은 노인을 살려달라고 기도했다. 그러자 노인이 깨어나 물었다. "죽음으로써 이생의 끔찍한 일과 아들의 부끄러운 짓에서 벗어났는데, 왜 나를 다시 불러내는 거요?" 요한이 대답했다. "똑같은 일을 위해 살아난다면 죽는 게 나을 터이나, 부디 더 나은 일을 위해 살아나시오." 요한은 노인과 함께 성읍으로 돌아갔다. 노인은 성문에 이르기도 전에 주를 믿었다.
젊은이는 스스로 거세하고 아내를 찾아가 그녀가 죄악의 근원이라고 비난했다. 그리고 요한에게 가 형제들 앞에서 자신이 한 일을 고했다. 하지만 요한은 죄를 저지른 부위를 없앨 것이 아니라 그곳을 통해 죄를 행한 생각을 버리라고 말했다. 이 일이 있은 뒤로 서머나 사람들이 요한에게 사람을 보내어 찾아주기를 간청했다(48~55장).

어느 날 요한이 앉아 있는데 메추라기가 날아와 모래밭에서 놀았다. 요한의 설교를 들은 한 사제가 찾아와 요한 같은 인물이 메추라기 노는 모습에 즐거워하는 것을 보고 비웃었다. 요한은 사제에게 이 메추라기는 사제의 영혼이 처한 상태를 나타내며, 이 메추라기를 보고 악하고 부끄러운 행실을 중단하는 것이 좋겠노라고 말했다. 사제는 뉘우치고 제자가 되었다(56~57장).

요한은 이제 에베소로 갈 때가 되었다고 말했다. 요한은 가난한 이들에게 나눠주라며 많은 돈을 남기고는 자신을 따르는 몇 사람과 이들의 가족을 데리고 길을 떠났다. 첫날 밤에 도착한 사막 여관에는 침대가 하나밖에 없었다. 일행은 요한에게 침대를 양보하고 바닥에서 잤다. 하지만 침대에 빈대가 가득해 요한은 잠을 이룰 수 없었다. 한밤중에 요한이 짜증내며 말했다. "빈대들아, 내가 이르노니 오늘 밤은 집을 떠나 다른 곳에 얌전히 머물 것이며, 하나님의 종을 방해하지 말지어다!" 모두가 이를 비웃었으나 이내 잠들었다. 이튿날 아침, 요한이 아직 자고 있는데 사람들이 깨어나 보니 빈대가 문 앞에 바글바글했다. 사람들이 요한에게 자신이 본 것을 말하자 요한이 다시 빈대에게 이르기를 집으로 돌아가도 좋다고 허락했다. 그 즉시 빈대들이 침대로 몰려가 다리를 기어오르더니 침대 속으로 파고들었다. 요한은, 동물은 사람의 목소리를 듣고 순종하거늘 우리는 하나님의 목소리를 듣고도 불순종한다고 말했다(58~61장).

일행이 에베소에 머무는 동안 한 남자가—나중에 밝혀진 바 그의 이름은 갈리마고였다—안드로니고의 아내 드루시아나에게 연정을 품었다. 드루시아나는 개종한 뒤로 남편과 성관계를 가지지 않았으며, 남편이 자신을 무덤에 가둔 채 같이 살든지 죽든지 선택하라고 했을 때도 죽음을 선택할 정도였다. 드루시아나가 끝내 뜻을 꺾지 않자 남편은 아내가 원하는 대로 내 버려두었다. 갈리마고는 이런 이야기를 듣고도 포기하지 않고 연서를 줄기 차게 보내어 드루시아나를 괴롭혔다. 드루시아나는 이 일로 쇠약해져 목숨을 잃었다. 안드로니고는 아내의 죽음을 슬퍼했으나 죽음의 원인을 알게 된 요한은 더욱 상심했다. 요한은 사람들이 모인 자리에서 형제들에게 덧없는 것을 버리고 영원한 것을 추구하라고 가르쳤다. 요한이 설교하는 동안 갈리 마고가 안드로니고의 하인을 매수해 — 하인의 이름은 브드나도다 — 드루 시아나의 무덤 문을 열게 했다. 둘은 무덤으로 갔다. 갈리마고는 드루시아 나를 욕보일 작정이었다. 둘은 시신에서 수의를 풀어냈으나 나머지 옷을 벗 기기 전에 뱀이 나타나 브드나도를 한입에 물어 죽였다. 뱀은 바닥에 거꾸 러진 갈리마고 위에 올라앉았다. 이튿날, 즉 드루시아나가 죽은 지 사흘째 되는 날에 요한과 안드로니고 및 형제들이 성찬식을 행하려고 무덤을 찾았 다. 열쇠를 찾을 수 없었으나 문이 저절로 열렸다. 안으로 들어가니 아름다 운 용모의 젊은이가 미소 지으며 요한에게 드루시아나를 살리라고 말한 뒤 하늘로 올라갔다. 그들은 브드나도와 갈리마고가 바닥에 쓰러져 있는 것을 보았으나 무슨 일이 일어났는지 알지 못했다. 그때 안드로니고가 들어와 아 내의 시신에서 옷이 반쯤 벗겨진 것을 알아차렸다. 요한이 뱀을 향해 사라 지라고 명령한 뒤에 갈리마고를 살렸다. 갈리마고는 벙어리로 있다가 한 시 간이 지나서야 자초지종을 설명할 수 있었으며, 자신이 시신에서 수의를 벗 겨낼 때 아름다운 용모의 젊은이가 나타나 겉옷으로 시신을 덮어주었다고 털어놓았다. 갈리마고는 죄를 자백하고 개종했다. 요한은 그리스도께 기도 한 뒤 안드로니고의 청에 따라 드루시아나도 살렸다. 드루시아나는 옷을 입 고는 요한에게 브드나도도 살려달라고 부탁했다. 갈리마고는 반대했으나,

요한은 악을 악으로 갚지 말라며 드루시아나에게 브드나도를 일으키라고 말했다. 드루시아나는 지체 없이 시체에 다가가 그리스도께 기도하고 브드나도에게 일어서라고 명했다. 브드나도는 깨어났으나, 뉘우치지 않고 무덤 밖으로 달아났다. 남은 사람들은 모두 함께 성찬을 행한 뒤(85장은 성찬 기도문이다) 안드로니고의 집으로 갔다. 이곳에서 브드나도가 뱀독에 중독되어 숨진 사실이 드러났다. 젊은이 하나가 달려가 보니 죽은 지 세 시간이 지나 있었다. 요한이 말했다. "악마여, 여기 네 자식이 있도다!"(62~86장).

드루시아나가 예수께서 요한의 모습과 젊은이의 모습으로 자신에게 나타나셨다고 말하자 어떤 형제들은 당황스러워했다. 이들의 믿음이 아직 굳게 뿌리내리지 않았기에 요한은 자신이 겪은 예수의 일화를 들려주었다. 어느 날 요한과 그의 형제 야고보가 바다에 있는데 예수께서 오셔서 둘을 부르셨다. 야고보 눈에는 예수가 어린아이로 보였으나, 요한이 보기에는 잘생긴 남자였다. 둘이 바닷가에 이르자 예수께서 배 대는 것을 도와주셨다. 이제 요한의 눈에 예수는 수염이 짙고 머리가 벗겨진 남자로 보였으나, 야고보에게는 수염이 갓 난 젊은이로 보였다. 예수께서는 종종 요한에게 조그만 사람으로 나타났다가 하늘에 닿는 거인으로 변하셨다. 예수께서는 한 번도 눈을 감지 않으시고 언제나 뜨고 계셨다. 이따금 요한의 손을 잡아 자기 가슴에 대셨는데 어떤 때는 부드럽고 어떤 때는 돌처럼 딱딱했다. 어느 날 예수께서 둘을 산으로 데려가시고 제자들과 멀리 떨어져 기도하실 때 요한이 예수 뒤로 기어가 보니 예수께서는 아무것도 걸치지 않고 계셨다. 발은 눈보다 희고 발 아래 땅은 불타고 있었으며, 머리는 하늘에 닿았다. 요한이 두려워 소리를 질렀다. 예수께서 돌아보시니 이번에는 작은 체구의 남자로 보였다. 예수께서 요한의 수염을 잡아당기셨는데 30일 동안 그 자리가 지독하게 아팠다. 요한이 예수께 물었다. "주님, 제 수염을 장난으로 잡아당기셨는데도 이렇게 아픈데, 저를 진짜로 때리셨다면 얼마나 고통스러웠겠나이까?" 언젠가 겟세마네에서 요한이 잠을 자는 척하면서 예수와 비슷한 어떤 사람이 예수에게 '제자들이 아직 믿지 못한다'고 말하는 장면을 엿보았다. 예수께서는 제자들이 인간이기 때문에 그렇다고 대답하셨다. 요한이 예수의 몸을 만지니 어느 때는 진짜 몸처럼 느껴지고 어느 때는 형체가 없는 물질 같았다. 예수께서는 땅에 발자국을 전혀 남기지 않으셨다. 유대인에게 잡히시기 전, 예수께서 제자를 모두 불러모아 원형으로 둘러서게 하셨다. 예수께서는 가운데 서시고, 모두가 거룩한 춤을 추는 가운데 찬송을 부르셨으며 한 구절이 끝날 때마다 제자들은 '아멘'으로 화답했다. 춤이 끝나자 예수께서는 떠나셨으며 제자들은 사방으로 달아났다. 요한은 예수께서 고통받는 모습을 보았으나 이를 감당치 못하고 감람산으로 도망쳤다. 동굴 속에 숨어 있던 그에게 예수께서 나타나, 군중에게는 자신이 십자가에 달린 모습으로 나타났으나 요한에게는 그가 배워야 할 것을 가르치겠다고 말씀하셨다. 예수는 요한에게 빛의 십자가를 보여주셨다. 수많은 군중이 십자가 주위에 모여 있었으며 그 위에 계신 예수는 형체 없이 목소리만 들렸다. 이 목소리가 이르되 '십자가는 때로는 말이라, 마음이라, 예수라, 그리스도라, 문이라, 길이라, 빵이라 불리나 이 이름들은 오직 인간을 향한 것'이라고 하셨다. 사실 이것은 만물의 한계요 지혜의 조화다, 이것은 만물을 나누고 묶는 십자가요 눈에 보이는 나무 십자가가 아니며 십자가에 달린 것은 그리스도가 아니요 요한이 돌아와 보게 될 것도 그리스도가 아니다, 십자가 주위의 군중은 저급한 본성을 지니고 있되 인간의 본성은 그리스도의 고귀한 본성에 이르기까지 높아져야 한다. 예수께서는 그 밖에도 많은 말씀을 요한에게 들려주셨으나 그것은 발설할 수 없는 것들이다. 요한에게 말씀을 마치신 뒤, 예수께서는 하늘로 올라가셨으나 군중은 아무도 이를 알아차리지 못했다. 요한은 군중을 비웃었다. 예수께서 자신에게만 진실을 알려주셨기 때문이다. 요한은 이야기를 끝마친 뒤 사람들에게 물질적인 방법이 아니라 영혼을 다해 예배드리라고 권면했다. 요한은 인간이 아니라 하나님 당신에 대해 설교했다. 하나님 안에 거하는 자의 영혼은 소멸하지 않을 것이다. 요한은 설교를 마친 뒤 길을 떠났다(87~105장).

이튿날 주의 날을 맞아 모든 형제들이 모이니 요한이 설교하여 이르되, 변하지 않고 형체가 없는 하나님 예수 그리스도에 대한 믿음을 굳게 지키라고 권면했다. 요한이 하나님께 기도한 뒤 모두 성찬의 빵을 나누었다. 요한이 베루스에게 사람 둘과 삽을 가져오라고 말했다. 그러고는 사람들을 대부분 떠나보낸 뒤 성문을 나섰다. 어떤 그리스도인의 무덤에 이르자 요한이 묘혈을 파라고 말했다. 구덩이가 깊이 파이자, 요한은 겉옷을 벗어 묘혈 바닥에 깔고는 손을 들어 기도했다. 요한은 하나님의 놀라운 일을 찬양하고, 여인과 관계하지 않도록 자신을 지켜주심을 감사했다. 요한은 세 번 결혼하려 했으나 그때마다 예수께서 만류하셨다. 세 번째에는 두 해 동안 요한의 눈을 멀게 하시기까지 했다. 3년째가 되자 요한은 육신의 눈뿐 아니라 마음의 눈까지 뜨였으며 예수께서 명하신 것이 무엇인지 똑똑히 보았다. 요한은 예수께서 베푸신 모든 자비에 감사한 뒤에 예수께 가는 길을 평안하게 지켜달라고 간구했다. "불, 어둠, 귀신, 악의 세력, 좌우로 치우침, 사탄의 온갖 계교를 몰아내고 천사가 뒤를 지켜주어 제가 안전하게 상을 받게 해주시옵소서." 기도를 마친 요한이 묘혈 바닥에 누워 함께 온 사람들에게 인사하고 숨을 거두었다. 그들은 세마포를 가져와 요한의 몸을 덮었다. 이튿날 그들이 묘혈을 찾았으나 요한의 몸을 찾을 수 없었다. 요한은 이미 하늘로 올라간 뒤였다(106~115장).

이 책의 저자는 틀림없이 뛰어난 문학적 재능의 소유자일 것이다. 문장이 매끄럽게 흐르고, 이야기는 흥미진진하며, 심지어 빈대 사건마저도 흥취가 있으니 말이다. 책 전체에서 음란한 대목은 드루시아나의 이야기 하나뿐이다. 20세기와 마찬가지로 2세기에도 책이 팔리려면 야한 장면이 하나쯤은 들어가야 했나 보다. 물론 사도 요한에 대한 (신뢰할 만한) 역사적 사실은 하나도 없지만, 이 책은 2세기 로마 세계와 기독교 교회에 대한 정보의 보고寶庫다. 빈대 일화는 많은 여행객이 공감했을 것이며 리코메데스가 자기 방에 화환과 그림을 걸어 놓고 매일 예배하는 것, 이교도들이 흰옷을 입고 신전 건립일을 기념하는 것 등은 2세기 도시의 일상 풍경을 영화 장면처럼 비춰준다. 초기 기독교 풍습에 대해서도 많은 것을 알 수 있다. 책에는 성찬식 기도문(드루시아나가 살아난 뒤에 낭송했다)이 남아 있으며, 장례식 사흘 뒤에 무덤에서 성찬을 행했다고 기록되어 있다. 무엇보다 흥미로운 것은 초기 기독교인들이 이교적 관습인 제의적 춤을 추었다는 94장의 증언이다. 이 책에서도 예수는 인간보다 신성한 존재로 묘사된다. 예수는 가벼워서 발자국도 남기지 않으며 머리는 하늘에 닿는다. 지금 읽어도 재미있는 이 책은 초기 기독교인들에게 무척 사랑받았음이 분명하다.

이 밖에도 후대 기독교인이 쓴 비슷한 '사도의 행전'이 많았다. 잘 알려진 것으로 〈베드로 행전〉, 〈바울 행전〉, 〈도마 행전〉(이 책에는 도마가 인도에 갔다고 기록되어 있는데, 그는 인도 교회의 창시자로 지금도 인도 기독교인들에게 존경받고 있다) 등이 있다. 일부 '행전'은 지금까지 남아 있으며 영역본을 쉽게 구할 수 있다(한국어 번역본으로는 《외경위경전서》(기독교문화사), 《제2의 성경》(해누리) 등이 있다-옮긴이). (E. Hennecke and W. Schneemelcher, *New Testament Apocrypha*, Philadelphia : Westminster Press, 1964 또는 M. R. James, *The Apocryphal New Testament*, Oxford : University Press, 1955 참조).

외경 작가들은 초대 교회에서 귀중하게 간직한 신약 서신서, 특히 바울의 여러 편지를 모방해 가짜 편지를 많이 만들어냈다. 이를테면 3세기에 〈세네카와 바울이 주고받은 편지Correspondences Between Seneca and Paul〉를 위조한 목적은 1세기 스토아 학파의 위대한 철학자 세네카의 권위를 빌려 바울과 바울 '학파'의 위상을 높이기 위해서였음이 분명하다. 사도의 편지 중에도 위작이 있다. 이를테면 에데사 왕 아브가르와 예수가 주고받았다는 가짜 편지(아브가르는 유대인을 피해 에데사에 오라고 예수를 초대한다)와 빌라도가 예수 사건에 관해 디베료(티베리우스)에게 보냈다는 보고서 등이 있다.

마지막으로 후대 기독교인들은 종말론적 환상을 담은 〈시빌서〉와 〈베드로 계시록〉, 〈바울 계시록〉 등 예언서도 모방했다.

외경의 역사적 가치

신약 외경이 당시의 풍습과 사회 여건을 알 수 있는 귀중한 사료임은 앞에서 이미 언급했다. 여기에 실린 숱한 일화와 민담, 전설은 민중의 마음속을 보여주며, 이를 통해 기독교 역사가는 당대의 종교적 환경, 특히 초기 기독교인의 이상과 희망, 공포를 엿볼 수 있다. 그런 점에서 외경은 이교도와 기독교인 모두의 대중신앙을 있는 그대로 보여주는 거울이며, 외경에 실린 수많은 기도문, 찬송, 예배 의식은 기독교 예식의 역사에 대한 지식을 넓혀준다. 미술사가는 외경 문학을 잘 알아야 한다. 외경을 모르고서는 중세와 르네상스 시대의 미술과 건축의 의미를 이해하기 힘들기 때문이다. 미술가와 시인도 외경에서 종종 모티프를 얻었다. 단테의 작품을 읽거나 중세 성당의 조각상을 연구하려면 외경과 친숙해져야 한다. 신학자와 종교학자에게는 외경이 반드시 필요하다. 오늘날 여러 기독교 교파에서 공식 교리로 채택한 항목 중에도 외경에 처음 등장하는 대중신앙의 요소들이 있다. 현대의 성모신학과 많은 기독교인의 마리아 숭배는 부분적으로 외경에 뿌리를 두고 있다. 이를테면 마리아의 종신 처녀설과 승천 교리는 외경에 처음 나타난다. 하지만 다른 측면에서 보더라도 기독교 대중신앙의 요소 중에는 외경에서 비롯하는 것이 많다. 이례적이고 불합리한 것에 대한 열망, 기적의 수용, 저주와 지옥에 대한 강박 관념과 공포 등은 (적어도 부분적으로는) 초기 기독교 저술가들의 작품이 가져다준 부정적 결과다(외경의 원래 의도는 단지 기독교인을 즐겁게 해주는 것이었겠지만).

하지만 역사가는 또 다른 물음을 던져야 한다. 외경은 역사적 예수와 그의 가르침, 사도와 그들의 가르침에 대한 지식을 어떤 식으로든 조금이라도 보완하는가? 만일 그렇다면 외경은 어느 정도의 가치가 있으며 단순한 상상의 산물과 어떻게 구분할 수 있는가? 이 물음에 답하려면 무엇보다 예수의 말씀과 가르침에 대한 기록이 네 정경 복음서 말고도 더 있음을 명심해야 한다. 〈누가복음〉 1장 2절에는 예수에 대해 "…… 내력을 저술하려고 붓을 든 사람이 많은지라"라고 나와 있으며, 〈요한복음〉 21장 25절에는 요한이 기록한 복음 이외에도 "예수께서 행하신 일이 이 외에도 많으니 만일 낱낱이 기록된다면 이 세상이라도 이 기록된 책을 두기에 부족할 줄 아노라"라고 기록되어 있다. 따라서 언젠가 정통적인 자료가 새로 드러날 가능성을 항상 염두에 두어야 한다.

우리가 현재 외경 복음서로 알고 있는 것 중에서도 실제로 예수와 연관된 기록이 있을 수 있으며, 사도의 행전 중에도 (구두나 기록으로) 사도 시대까지 거슬러 올라가는 전통을 토대로 삼은 것이 있을 수 있다. 우리는 외경에 대해 열린 자세를 취해야 하지만, 이와 동시에 엄격한 기준을 적용해 의심이 가는 것과 단호하게 거부해야 할 것을 구분해야 한다. 특정한 의도가 숨어 있거나 정경의 말씀을 의도적으로 뜯어고친 작품, 정경의 정신과 어긋나는 사건과 기적이 실려 있는 작품은(이를테면 예수나 사도가 사람을 죽이거나 신약의 신학과 어긋나는 것을 가르치는 경우) 거짓으로 여겨야 한다. 놀랍게도 이 방법으로 외경을 판단하면 남는 것이 거의 없다. 남은 것도 예수의 마음에 대해 더 깊은 통찰을 주거나 신약을 이해하는 데 이바지하지 않는다. 이 점에서 외경에 대한 평가는 부정적일 수밖에 없다. 외경을 정경과 비교하면, 기독교인의 신앙과 삶이 신약 정경에 충분히 표현되어 있으며 신약을 확대하거나 개정할 필요가 없음을 알 수 있다. 외경은 초기 기독교인의 삶이 낳은 부산물에 지나지 않는다. 외경이 쓰일 당시에 기독교 교회에서는 사도교부와 초기 신학자의 작품이 생산되고 있었으며, 2세기 말에는 리옹의 주교 이레나이우스를 필두로 뛰어난 기독교 학자와 기독교 철학자가 배출되었다. 기독교적 재능이 최고로 발현된 것은 외경이 아니라 이들 작품에서였다.

현대 외경

외경은 그 뒤로도 계속 쓰였다. 기독교인 중에는 표적과 기적을 보아야만 믿는 사람이 항상 있게 마련이기 때문이다. 새로운 복음과 행전이 더는 생산되지 않은 중세 시대에는 숱한 성인들의 전설이 쏟아졌다. 이를테면 아시시의 성 프란키스쿠스는 물 위를 걷고 새에게 설교했다고 전해진다. 이 같은 기적 모음집 중에서 가장 유명한 것은 도미니쿠스 수도회 수사 야코부스(1230~1298)가 쓴 《황금 전설 *Legenda Aurea*》이다. 앞선 선배들과 마찬가지로, 야코부스는 신앙적 이야기를 수집하면서 진위를 확인하려 하지 않았다. 그가 수집한 이야기 중 상당수는 구두 민간전승에서 유래하며, 《황금 전설》은 순박한 기독교인의 읽을거리로 최고의 인기를 누렸다. 현대에 근본주의적 기독교가 되살아나면서 새로운 외경 작품이 등장했으나, 모두가 무비판적

복음주의자의 신앙심에 호소하는 하찮은 위작에 불과하다. 《예수 그리스도의 알려지지 않은 생애*The Unknown Life of Christ*》, 《본디오 빌라도의 보고서*The Report of Pontius Pilate*》, 《잃어버린 성경*The Report of Pontius Pilate*》를 비롯해 수많은 현대 외경이 쏟아져나왔다. 예수나 초대 교회에 대하여 '새로 발견된' '비밀의' 책이 등장하거나 교회 당국이 "대중에게 진실을 숨기기 위해" 수백 년 동안 "감추어둔" "충격적인" 자료가 발견되었다는 말이 들리면 새로운 외경이 모습을 드러내고 있는 것이 아닌지 항상 의심해보아야 한다.

_10_
중세 대중종교 연구에 대한 방법론적 고찰

'유럽 중세 종교'라는 표현을 들으면 대부분의 사람은 그레고리오 성가, 샤르트르 성당, 성 토마스 아퀴나스의 글을 떠올린다. 피에르 볼리오니가 지적하듯, 중세 대중종교는 종교사의 총체성을 구성하는 일부이지만 성직자, 감독, 수도원 중심의 공식 종교 연구에 가려 오랫동안 외면당했다. 이 글에서는 대중종교의 거대한 범위, 그중에서도 볼리오니가 '대중의 종교생활'이라고 정의하는 부분을 면밀히 판별하고 분류해 후속 연구에 필요한 방법론을 이해하는 길잡이로 삼고자 한다. 이러한 방식의 중세 대중종교 연구는 중세 연구자뿐 아니라 현대의 종교, 숭배 의식, 심리학을 연구하는 이들에게도 의의가 있다. 한편 우리는 볼리오니의 글을 통해 유럽 대중문화 연구의 현황을 들여다볼 수 있다. 볼리오니가 제시하는 참고 문헌은 20세기 대중문화 연구자들이 현대 세계를 분석할 역사적 관점을 형성하는 데 길잡이가 될 것이다.

• •

피에르 볼리오니 Pierre Boglioni
몬트리올 대학 중세학연구소 소장이다. 중세학연구소는 종교 기적과 귀신론에 대한 논문을 발표하고 중세 대중종교 연구를 수행한다.

중세 대중종교의 최근 연구 현황

지난 몇 년간 대중종교에 대한 중세 역사가들의 관심이 점점 커지고 구체화되었다. 때마침 로마의 라울 만셀리 교수는 이 주제에 대해 적절하고도 뛰어난 논문을 발표했다.[1] 플리셰와 마르틴의 기념비적인 저작《교회사 *Histoire de l'Eglise*》 마지막 권에서는 처음으로 '기독교 대중의 종교생활'에 상당한 지면을 할애한다(에티엔 들라루엘의 글).[2] 들라루엘이 죽은 뒤 동료들은 대중신앙에 대한 그의 글을 모두 모아 두툼한 단행본으로 펴냈다.[3] 1974년에 열린 제99회 프랑스 학술원 연례 학술대회에서는 '대중신앙'을 주제로 선정했으며, 1975년에는 프랑스 남부 종교사를 다루는 팡주(툴루즈) 연례 학술대회에서 '13세기에서 14세기 초 랑그도크의 대중종교'를 연구 주제로 정했다.[4] 몬트리올에는 대중종교연구소(CERP: Centre d'études des religions populaires)가 있으며, 나는 이곳에서 중세연구소 연구자들과 함께 중세 분야를 맡고 있다.[5] 이 같은 구체적인 연구 주제 외에도 중세 기독교인의 삶에 주목하는 더 보편적인 연구가 진행되고 있다. 이 분야에서는 대중종교 자체, 특히 가브리엘 르 브라[6]가 개척한 종교사회학사를 연구 대상에 포함하려 한다.

구체적이든 보편적이든, 최근 문화 발전의 여러 주요한 방면에서 대중종교에 대한 관심이 깊이 뿌리내리고 있음은 분명하다. 이것은 비단 중세에만 국한된 현상이 아니다. ① 역사학과 사회과학(특히 사회학)의 협력으로 촉진된 사학사史學史,historiography의 새로운 발전과 기법에 대한 관심 ② 신학, 교회학, 심지어 목회학(다양한 기독교 종파의 전문 연구자 사이에 '하나님의 백성people of God' 개념에 대한 관심이 늘고 있다) ③ 엘리트보다 대중에 관심을 두는 마르크스주의 역사관의 압력 ④ 기독교 역사의 점진적인 세속화(기독교 변증론의 관점을 벗어나 일반 종교사의 맥락에서 행해지는 연구가 늘고 있다) 등 이 모든 요인으로 인해 '대중 기독교' 현상은 역사학자, 신학자, 사회학자 그리고 일반적인 종교사학자와 문화사학자가 두루 활용하는 개념으로 확고하게 ─또한 오래도록 ─자리 잡을 것이다.[7]

나는 지금까지 간략하게 언급한 거대한 변화의 첫 번째 결과가 또 다른 변화로 이어지도록 하고, 앞으로 부각될 방법론적 문제들을 훨씬 예리한 관점에서 명확하게 정의하고, 중요한 방법론적 물음들을 일반 용어로 ─하지만 간략하게 ─나타내고자 한다.

대중종교의 복잡성

내가 언급한 목표를 좀 더 면밀히 들여다보면 눈에 띄는 사실이 한 가지 있다. 바로 연구자들이 대중종교 이야기를 꺼내기만 하면 온갖 테마가 끝없이 흘러나온다는 것이다. 관심과 역량에 따라 미신, 동정녀·성인·성유물聖遺物 숭배, 일요 미사나 예배 참석, 성례 참여, 종교 연극, 신도회와 (교회가 후원하는) 사회단체, 평신도용 기도서, 잔 다르크나 아시시의 프란시스쿠스에 대한 신앙, 일탈적인 종교적 감정, 대규모 이단 운동과 성공적인 대희년大禧年 행사, 전대사全大赦(고해성사 뒤 교황이나 주교가 벌을 면제하는 것 - 옮긴이) 등이 포함되기도 한다.

주제가 이토록 복잡한 데서 보듯 '대중종교'라는 개념은 분명하고 고유한 개념이 아니며, 나머지 개념과 완전히 구분되고 잘 정의된 과학적 분야로 간주할 수 없을 듯하다. 형식 논리를 빌려 말하자면, 우리가 가진 것은 일의적一義的 개념이 아니라 유비적類比的 개념이다. 용어 자체는 정서 환기력이 있으니 남겨두더라도 용어를 쓸 때는 '정신의 역사', '감수성의 역사', '지구적 역사'를 비롯한 사학사의 최근 개념들과 마찬가지로 개별적인 부문보다는 각 부문이 교차하는 지점과 각 부문이 수렴하는 총체를 언급하고 있음을 분명히 해야 한다. 게다가 그동안의 연구 덕에 일부 부문의 초점이 훨씬 명확해졌으며, 어떤 학문 분야가 이들 부문에 ─또는 인접 부문에 ─역량을 공급하는지 지목할 수 있다. 나는 서로 대립시키기보다는 각 부문의 강조점을 밝히고 대중종교 연구 일반에 구체적으로 이바지하는 측면을 드러냄으로써 이 중 일부를 판별해 특징을 설명할 것이다.

첫 번째 부문은 오래전부터 별도로 연구되었으며, 과거에 '미신'이라 부르던 행위와 신앙을 연구 대상으로 삼는다. '미신'이라는 단어는 지배적인 종교 기구의 부정적인 시각을 반영하기 때문에 지금은 '종교적 민간전승religious folklore'이라는 표현을 쓴다.

중세 기독교에서 이 부문은 세 하위 부문으로 나뉜다. 첫째, 진짜 이교도 풍습 중에 살아남은 것이 있다. 이들은 중세 초기, 심지어 일부 국가에서는 11세기와 12세기까지도 명맥을 유지했다.[8] 둘째, 이교적 민간전승이 있다. 여기서 우리는 모든 체계의 테두리 바깥에 존재하는 유사 종교적 신앙이나 행위의 상당한, 그러나 분산된 잔재에 주목하고 일종의 애니미즘적 종교성이나 우주적 종교성, 또는 가부장적 가족이나 고립된 자급적 촌락 같은 옛 사회 형태의 종교적 얼개를 연구의 토대로 삼는다. 내가 특히 염두에 두는 것은 다양한 형태의 (전前기독교적 또는 비非기독교적) 주술, 영체靈體, astral body 신앙, 질병과 죽음에 관련된 행위, 풍작과 농경 주기에 연관된 관습 등이다.[9] 마지막으로, 기독교 민간전승이 있다. 여기에는 기독교 대중이 성직자의 영향을 받지 않고 독자적인 방식으로 스스로 발전시킨 요소들이 포함된다. 여기에서는 성례 용구(세례수, 성체, 견진 성사, 성수)를 이용한 치료적·주술적 행위, 각 지역의 숱한 치유 성인에 대한 자발적이고 자유로운 형태의 숭배, 지역적·주변적 형태의 성례를 생각해볼 수 있다. 널리 퍼져 있는 마법 현상도 이 범주에 넣어야 한다. 물론 적절한 방법론을 활용해야 할 것이다.[10] 이렇게 다양한 하위 부문을 연구하기에 가장 적절한 학문 분야는 민족학, 인류학, 비교종교사학이다.

두 번째 부문인 '교구 생활'은 관심사와 분야가 전혀 다르다. 일반

대중에 주목하는 것은 같지만, 공식 교회 기구가 부과하는 의무와 가치가 대중에게 어떤 영향을 미치는지 밝혀내고 이러한 의무와 가치에 대해 뚜렷한 그림과 얼개를 보여주는 맥락, 즉 교구를 통해 이를 입증하고자 한다. 이 부문에서는 탐구해야 할 문제가 극히 다양하다. 교구는 우선 자체의 사회·경제구조 내에서, 특히 구체적인 종교적 차원과 밀접하게 연관된 측면 —이를테면 교회에 속함으로써 부여받는 기준과 의무, 교구 위원회와 교구 위원, 숭배의 장소와 사물(보관 및 이용 방법), 십일조와 이에 대한 반응, 신도회를 비롯해 종교와 연관된 사회단체, 파문破門과 그에 따른 효과 —에서 연구할 수 있다.[11]

이 부문에서 최근 연구가 늘고 있는 한 하위 부문은 '종교 행위 religious practice'다. 이 하위 부문의 과제는 엄밀한 통계적·정량적 방법을 동원해 사람들이 기독교 신앙과 종교 행위를 (적어도 외면적으로) 고수하는 정도, 일요 미사와 영성체, 고해성사에 참여하는 사람 수, 교회력을 지키는 사람 수, 주요 통과의례(세례, 견신례, 혼례, 장례)에 대한 교회 규범을 따르는 사람 수 등을 밝혀내는 것이다. 다만 이 같은 문제에 대해서는 교적부와 교회 기록이 증가한 중세 후기를 대상으로 연구할 수밖에 없다(대개 사회학적 연구가 행해진다).[12]

종교 행위 연구와 더불어 하위 성직자 —이들의 교육, 문화, 도덕성, 정신, 교구 운영, 특히 설교 —에 대한 연구가 시도되고 있다. 하위 성직자는 공식 종교가 대중에게 전달되는 사슬의 중요한 고리다.[13]

이 부문에서 연구가 갓 시작된 중요한 하위 부문은 '대중 도덕'이다. 말하자면 우리는 일반 기독교인의 도덕성, 가치 체계, 성性에 대한 태도, (공격성이나 음주 습관 같은) 개인적 특성에 대해 아는 바가 거의 없다. 하지만 대중종교 역사가는 사회학자의 도움을 받아 이 같은 차원을 기존 연구 틀에 명시적으로 끼워넣어야 한다.

'교구 생활'의 역사는 전통적인 기독교 역사에 점차 접근하고 있다. 여기에서 역사가는 사회학자의 분석 용어, 작업 가설, 연구 방법을 차용하되 신학, 교회법, 지교회支教會 규정에 대해서도 잘 알아야 한다. 교구 생활의 역사는 일반적인 교회사의 영역을 벗어나서는 전혀 이해할 수 없기 때문이다.

세 번째 부문은 '대중신앙'이다. 교구 생활의 경우와 마찬가지로 우리는 교회의 공식적인 가치가 대중에게 미치는 영향을 밝혀야 하지만, 여기에서는 교회가 종교 행위의 원인이 아니며 일반적으로는 그것을 의무로 부과하지도 않았다. 다만 대중의 종교 행위를 통제하고 방향을 지정하고 최종적으로 (일정한 변용을 거쳐) 이를 대체하고자 했다(대체 규모는 시간과 장소에 따라 다양했다). 따라서 대중신앙은 근본적으로 대중에게 비롯한 종교적 표현과 교회가 부과하는 문화에서 비롯한 여타 대중종교적 현실 사이에 존재하는 부문이다. 이 부문에서는 대중의 창조력이 비교적 자유로운 환경에서 발현되고 대중적 현상이 풍부하게 표현되었다.

'대중신앙'이라는 거대한 부문에는 이적異蹟과 기사奇事의 역사, 동정녀·천사·성인·성유물 숭배, 성지순례, 대사大赦, 그리스도의 인성에 대한 다양한 숭배, 개인 예배, 개인·가족 예배에 쓰는 조그만 용구들(성의聖衣, 성배聖杯, 신성한 그림과 조각 등)이 포함된다. 연구자는 기존 역사가들이 외면한 기도문과 예배서, 평신도를 위한 종교문학, 종교 집단과 신도회의 상징물, 대중적 종교문학, 성경과 외경의 대중용 번역, 무수한 형태의 성인전을 살펴보아야 한다. 중세 말에 이르러 도시화, 탁발 수도회, 평신도 문화와 종교적 독립 등이 나타나면서 대중신앙 부문의 다양성과 흥미 또한 커진다. 이 부문에서 역사가에게 가장 유용한 분야는 사회학과 더불어 종교심리학일 것이다.[14]

중세 대중종교 연구자들은 지금까지 설명한 세 가지 주요 부문을 주로 연구했다. 이들 부문을 '대중종교'라는 이름으로 동등하게 묶을 수 있을까? '대중종교', '대중종교성', '대중의 종교생활'이라는 표현은 의미와 강조점이 저마다 다르다.

'대중종교popular religion'라는 용어는 무엇보다 공식 교회가 정한 명시적 규칙과 독립적으로 ─또는 이런 규칙에도 불구하고─ 대중이 만들어내고 고수하는 모든 현상을 연상시킨다. 이 용어는 종교적 민간전승과 종교를 연구하는 신학자와 역사학자가 선호할 것이다. '대중종교성popular religiosity'이라는 용어는 대중의 종교가 가지는 내적 구조, 즉 기독교에서 비롯했든 아니든 모든 대중종교적 현실 밑에 (동질적인 상태로) 깔려 있는 정서적·공상적·종교적 현실을 연상시킨다. 이 표현은 종교심리학사 연구자가 선호할 것이다. '대중의 종교생활 religious life of the people'은 가장 포괄적이다. 여기에는 외적 발현과 내적 감정, 대중이 성직자에게 배우고 스스로 발전시킨 관습과 믿음 등 앞서 언급한 모든 부문이 (똑같은 근거에서, 또한 구별되지 않고) 포함된다.

기독교 역사가와 일반적 역사가가 세 번째 부문(그리고 총체적 접근법)을 선호하리라는 것은 분명해 보인다. 한 가지 학문 분야가 아니라 사회의 총체적 역사라는 관점을 취한다면 방금 언급한 모든 측면이 대중의 종교생활의 엄연한 일부였음을 받아들여야 한다. 농민, 가난한 시골 여인, 상인, 선원 등 종교 행위를 행하는 사람의 관점에서 중세 대중종교를 이해하려 한다면 이 사람이 종교로 간주하는 것에 온갖 요소가 —사제의 설교와 산티아고에서 돌아온 순례자가 들려주는 이 야기, 성례와 부적, 교회에서 배운 기도문과 전해 내려오는 마법의 주 문, 성찬 행렬과 비를 내리게 하는 동네 샘을 찾는 소박한 순례— 포 함된다는 것을 쉽게 알 수 있다.

　이렇듯 복잡한 세상을 들여다보아야 하는 역사가는 특정 요소를 잠 정적으로 분리한 다음 다양한 분야의 도움을 받아 그 기원이 무엇인 지, 얼마나 확고하게 뿌리내렸는지, 그 역할이 무엇인지 밝혀낼 수 있 다. 하지만 최종적으로는 복잡한 전체로 되돌아가 온갖 요소를 상호 관계 속에서 파악하고 그 최종 결과를 검토해야 한다.

대중종교와 비非대중종교

그렇다면 대중종교의 대립 개념은 무엇일까? 가장 단순하면서도 고 전적인 대답은 '공식 종교'다. 최근에 어떤 사회학자가 이렇게 썼다. "대중종교 개념은 정통적인 신조와 관습을 엄격하게 규제할 종교 기 구가 있는 사회에서만 의미가 있다. 대중종교는 (표상, 정서, 관습의 차원 에서) 공식 종교와 다른 무언가로 구현된 종교성이다."[15]

　대중종교를 정의할 때 차이의 개념을 빼놓을 수는 없지만, '공식 종 교'는 대립 개념이라기에는 너무 모호하고 일반적이다. 이 문제를 꼼 꼼히 들여다보면 '공식 종교'가 적어도 세 가지 서로 다른 측면 —사법-목회적juridico-pastoral 측면, 신학-과학적theologico-scientific 측면, 신비-영적mystic-spiritual 측면 — 으로 표현됨을 알 수 있다.

교회는 당대의 신학에서 받아들일 수 없거나 폐기되었거나 지나치게 '대중적'이라고 간주하는 종교 행위를 현재의 사법·목회 기준에 제안하거나 용인할 수 있다. 이를테면 리옹 대주교 아고바르는 계몽된 기독교의 관점에서 신판神判,rite of ordeal(불이나 물 같은 물리적 시험을 통해 어떤 주장이나 고발의 진실성을 판단하는 것-옮긴이)을 거부했으나 신판은 교회법, 목회신학, 심지어 (1215년까지) 예배에서까지 받아들여졌다. 이와 반대로 동정녀 무염 시태無染始胎(원죄 없는 잉태)가 신학자들에게 받아들여진 것은 예배와 목회신학에 포함된 지 한참 뒤였다. 마찬가지로 신비적·영적 종교는 신학자와 사법-목회적 대중이 정상으로 생각하나 논란이 되는 종교적 표현을 판단할 수 있다. 전형적인 예는 《그리스도를 본받아 Imitation of Christ》에 나타나는 성지순례에 대한 불신이다.[16] 달리 말하자면, 대중종교가 균일한 전체가 아니듯 이에 대립되는 종교도 획일적이고 고정된 불변의 틀로 생각할 수 없다.

지면의 제약 때문에 방금 언급한 세 측면이 실재하는 현실 세계에서 대중종교와 비非대중종교의 대립이 어떻게 전개되는지 보여줄 수는 없다. 이것은 민간전승 연구자라면 누구에게나 친숙한 문제이며 이렇게 표현할 수 있다. '대중적인 것the popular'은 어디에서 찾을 수 있으며 어떻게 특징을 부여할 수 있는가? 이제 중세 종교에서 가장 중요하다고 생각되는 특징을 (논의하지는 않되) 간략하게 언급하겠다.

중세 대중종교는 무엇보다 평신도적 또는 세속적이다(이는 성직자, 감독, 수도원에 속한 것에 대립된다). 중세 대중종교는 옛 형태를 갖고 있다(이는 기독교를 통해 도입된 새로운 형태에 대립된다). 그리고 지역적·주변적·개별적이다(이는 중앙집중화되고 획일적인 것에 대립된다). 중세 대중종교는 구전 문화이며 집단적 가치를 담고 있다(이는 문자 문화와 개인적 가치에 대립된다). 중세 대중종교는 정서적·현실적·비관념적이다(이는 지적·교조적·관념적인 것에 대립된다). 또 카리스마적이고 우연적이다(이는 제도적이고 안정적인 것에 대립된다). 중세 대중종교는 도시적이 아닌 전원적 종교, 부자의 종교가 아닌 빈민의 종교(하지만 이것이 중세 대중종교의 중요한 특징은 아니다), 식자층의 종교가 아닌 문맹층의 종교다.

하지만 방법론에서 매우 중요한 것 하나를 지적하고자 한다. 대립하는 모든 범주는 '대중적인 것'을 판별하는 인식론적 분석 수단일 때만 유효하지, 중세 종교 역사가가 '대중적인 것'을 따로 떼어내어 (그것만을 연구 대상으로 삼는) 별개의 개념으로 간주하도록 해서는 안 된다. 이런 태도는 치명적인 잘못이며 연구를 심각하게 왜곡할 것이다. 중세 대중종교는 체계 밖에 있거나 고정되거나 내부로 침잠하지 않는다. 오히려 공식 종교(또는 식자층의 종교)와 끊임없이 소통하고, 개념적 연관성을 공유하며, 지속적이고 거대한 압력을 가하고, 영향을 받는 것 못지않게 영향을 미친다. 중세 말에 중세 기독교의 대중적 요소에 대한 지나친 강조가 구교와 신교의 중요한 갈등 요인이었음은 잘 알려져 있다.

따라서 중세 대중종교의 역사를 (경멸적 의미에서) '미시적' 역사로 치부해서는 안 된다. 고담준론을 탐구하다가 남는 시간을 때우는 하찮은 분야가 아닌 것이다. 중세 대중종교는 기독교 역사와 유럽사의 중요한 부분이며, 현대의 역사가라면 관심을 가지는 것이 마땅하다.

_11_
공시적·
통시적
대중문화
연구와
고대 영국
비가

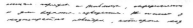

이 책의 목표 중 하나는 근현대 대중문화 연구자에게 고대·중세 문화 연구자의 통찰과 학문적 관점을 제시하는 것이다. 팀 D. P. 랠리는 현재 통용되는 이론과 방법론을 비판하고 혼란을 해소할 수 있는 개념을 제시한다. 랠리는 여느 연구자와 마찬가지로 '대중문화'를 '여가 활동 및 이와 연관된 문화 산물'로 파악하는 협의의 정의를 받아들이기는 하지만, 여가 문화를 민속문화, 대중문화, 매스컬처, 엘리트 문화로 구분하는 것은 잘못이자 비생산적이라며 거부한다. 이 같은 구분으로는 문화의 개별적 산물과 활동을 제대로 분류할 수 없을 뿐 아니라 개인이 여러 형태의 여가 문화에 참여할 수 있고 또 참여하고 있음을 포착할 수 없다. 게다가 '대중성'을 공시적 현상으로, 즉 정해진 시간과 장소로 한정하게 된다. 랠리는 이것이 문화 산물의 '통시적' 역사를 부정하는 것이며, 호메로스 서사시가 공시적 베스트셀러에 들지 못했다는 이유로 대중문화로 인정하지 않고 엄청난 인기를 끈 투탕카멘 왕의 보물 전시회가 미술관에서 개최되고 왕실 문화를 보여준다는 이유로 이것 또한 대중문화로 받아들이지 않는 편협한 태도를 낳는다고 주장한다.

더 나아가 공시적 대중성이 예외 없이 수용자의 가치를 반영한다고 해석해서는 안 된다고 말한다. 수용자는 언제나 (부분적으로는) 예술가의 창조물이라는 것이다. 이 '가상 수용자fictive audience'는 여가를 즐기기 위해 특정 예술 형태를 받아들이되 그 내용까지 전적으로 받아들이지는 않는다. 또한 그리스의 호메로스가 채프먼을 만났고 라틴어 성경이 루터를 만났듯, 통시적으로 보면 '대중적이지 않던' 문화 산물이 중개자를 만나 대중성을 얻기도 한다. 랠리는 J. R. R. 톨킨의 중세 연구가 땅을 갈고 새로운 번역이 대중성의 씨앗을 뿌린 고대 영국 비가悲歌를 시험대로 제시한다.

이 글은 도전과 논쟁으로 가득한 생생한 논문이며, 문학적 주제를 다룬 얀코프스키와 헤이스의 논문에 적용할 수 있다. 이 글의 궁극적 주제인 '잘 익은 묵은 포도주를 새 부대에 담는 법'은 인류의 문화유산을 해석하는 모든 이의 관심사일 것이다.

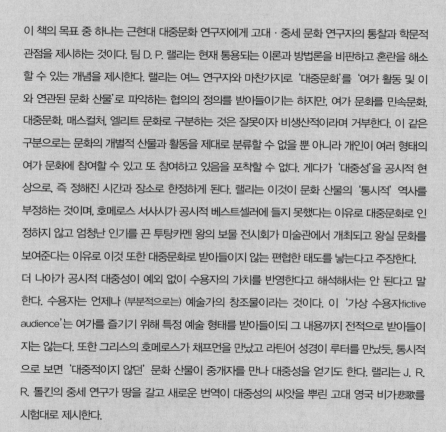

팀 D. P. 랠리 Tim D. P. Lally

볼링그린 대학 영어영문학과에 재직 중이며, 중세 문학과 문학·글쓰기 교육을 주제로 여러 편의 논문을 썼다.

대중문화 이론의 현 상태를 진단하기란 매우 힘들다. 대중문화의 통상적인 정의는 '산업사회의 노동계급 또는 중산층이 즐기는 여가 활동'이다(정의를 내리지 않은 채 연구를 진행하는 경우도 있기는 하지만).[1] 대중문화는 우리가 일하거나 정치 활동을 하거나 종교 행사에 참여하지 않을 때 하는 것이며, 특히 우리를 비롯한 수많은 사람이 함께 즐기는 것이다.

대중문화를 연구할 때 어려움이 한둘 아니지만 그중에서도 연속성이라는 문제를 빼놓을 수 없다. 오늘 인기를 누리던 것도 내일이면 한물가는 일이 비일비재하다. 대중문화를 몇 년 동안만 관찰하더라도 연구할 엄두를 낼 수 없을 만큼 온갖 현상이 쏟아진다. 대중문화 연구가 대체로 '공시적'인 이유 중 하나는 이 같은 자료의 홍수 때문이다.

내가 '공시적'이라는 용어를 선택한 것은 대중문화 연구가 문화적 맥락뿐 아니라 일정한 시간 틀 안에서 이루어지기 때문이다. 이를테면 맥도널드의 〈청소년 연재소설에 등장하는 '외국인', 1900~1945 "The Foreigner" in Juvenile Series Fiction, 1900~1945〉는, "고립되고 자기 확신에 찬 미국의 모습"을 비추는 몇십 년 동안에 나타난 대중소설을 연구한다.[2] 하지만 맥도널드는 청소년 연재소설을 문화적 맥락에 놓지 않는다. 같은 독자층이 즐겼을 다른 소설이나 오락과의 상관관계를 탐구하거나 미국을 다소 정적으로 그리고 있는 이러한 묘사가 두 차례의 세계대전과 대공황을 겪은 독자에게 어떤 호소력을 지닐지 평가하거나 추측하지도 않는다. 맥도널드의 글은, 이제는 잊혀진 외딴 마을만 찾아다니는 골동품 애호가를 연상시킨다. 이런 연구는 소수의 전문가나 흥미를 느낄 뿐(물론 이런 연구에도 제한적이나마 나름의 가치가 있다) 중요한 근거와 개념을 찾아내고 해석하는 데 관심 있는 역사가는 매력을 느끼지 않는다. R. 세르주 데니소프의 〈장송곡과 십대Death Songs and Teenage Roles〉는 흥미로운 개념을 언급하면서도 면밀히 분석하지는 않는다.

"입관가入棺歌는 …… 청소년이 통과의례에서 받는 심리적 충격을 덜어주었을 것이다."[3] 여기에 담긴 시각은 단순한 공시적 대중성을 넘어서는 의의가 있다. 하지만 더 넓은 문화적 맥락을 탐색하지 않고, 대단한 인기를 끈 입관가가 청소년에게 심리적 위안을 주는 다른 경험들과 어떤 관계를 맺고 있는지 살펴보지 않았다는 점에서 데니소프의 연구는 '통시적' 대중문화 연구로 보기에 미흡하다.

내 태도가 지나치게 가혹하다고 생각하지는 마시길. 골동품 애호가는 대중문화 연구에 많이 이바지했으며 우리는 이들의 연구를 격려해야 한다. 이들은 사람들이 하찮게 여기다 뒤늦게 가치를 발견하는 자료를 수집하고 간직하기 때문이다. 중세 영어 문헌이 지금까지 남아 있는 것은 수도원이 해체되던 16세기에 이들 원고를 구해낸 골동품 애호가 덕분이다. (앵글로색슨 문헌에 실린 시들에 대해서는 뒤에서 다룰 것이다.)

현재의 대중문화 연구는 산업사회의 일상적인 여가 활동에 대한 기록과 문화 산물을 보존하고 정리하는 데 중요한 역할을 할 것이다. 하지만 이와 더불어 대규모 자료와 대중문화 일반에 대한 이론(또는 이론들)을 발전시켜야 한다. 이론 없는 자료는 열쇠 없는 창고와 같다.

이론가들은 대중문화를 그 밖의 문화 형태 — 뭉뚱그리자면 엘리트 문화, 매스컬처, 민속문화 — 와 구별하기 위해 애썼지만,[4] 이런 구분은 (적어도 내가 보기에는) 설득력이 부족하다. 한 사람이 모든 형태의 문화적 활동에 참여할 수 있다는 사실을 간과했기 때문이다. 어떤 사회에서든 온전한 시민이라면 모든 형태의 문화를 즐길 능력이 있음을 — 이것이야말로 인문 교육의 진정한 결실 아닐까 — 얼마든지 입증할 수 있다(이 자리에서 논할 주제는 아니지만).

이런 점에서 우리에게 필요한 것은 전체 또는 일부 계층의 문화 활동을 보여주는 인구학적 대중문화 연구다. 인구조사 형태로 설문을 진행한다면 국가 전체의 문화 지형도를 거칠게나마 그려낼 수 있다(정치적인 이유로 현실성이 없을지도 모르지만). 사람들은 문화적 경험을 최대한 많이 다양하게 누리려 한다는 것이 내 생각이다. 문화적 경험을 제대로 누리지 못하는 것은 개인적 한계 때문이라기보다는 제도적 한계

또는 접근성 문제 때문이다. 얼마 전 미술관에서 열린 대중 전시회를 예로 들어보자. 중화인민공화국과 이집트에서 출토된 고분 유물이 전시되었고 보스턴에서는 폼페이를 주제로 참신한 대중 전시회가 열렸다. 지루하다는 평을 듣던 뉴욕 메트로폴리탄 미술관은 토머스 호빙의 손길을 거쳐 뉴욕 최고의 관광 명소로 탈바꿈했다. 물론 미술관을 찾는 상당수, 아니 대다수 관객은 텔레비전을 즐겨 시청하거나 프로 스포츠 경기를 관람하거나 대중가요를 듣거나 선정적인 소설을 탐독하지 않지만 여기에서는 그런 이야기를 하려는 것이 아니다.

엘리트 문화, 대중문화, 매스컬처, 민속문화라는 패러다임의 문제점은 개념이 매번 조금씩 바뀐다는 것이다. 문화 현상을 각자의 입맛에 맞게 정리하려면 이 네 가지 범주를 그때마다 다시 정의해야 한다. 이 같은 문화 패러다임이 루브 골드버그(과학기술에 사로잡혀 간단한 일을 복잡하게 해결하는 과학자를 그린 만화가—옮긴이) 만화를 연상시키는 것도 무리가 아니다.

토머스 S. 쿤의 기념비적 저작 《코페르니쿠스 혁명*The Copernican Revolution*》과 《과학혁명의 구조*The Structure of Scientific Revolutions*》에서 보듯 프톨레마이오스의 천동설 패러다임에 당혹감을 느낀 과학자들은 코페르니쿠스의 지동설 패러다임을 받아들였다.[5] 내 패러다임이 코페르니쿠스의 통찰과 맞먹는다는 말은 아니지만(대중문화 이론이 천문학만큼 방대한 것도 아니다), 나는 모든 문화를 '사회의 여가 요구와 기회가 표현된 것'으로 간주하고 공시성과 통시성이라는 두 축을 따라 대중성의 정도를 구분하는 새로운 패러다임을 제안한다. 이를 통해 대중성을 정확히 분석하고, 공시적 맥락과 통시적 맥락에서 대중문화 현상을 바라보고자 한다.

이를테면 이 패러다임에서는 전혀 다른 방식으로 인기를 누리는 두 문화 현상을 비교할 수 있다. 한쪽에는 〈스타워즈〉나 〈톰 아저씨의 오두막〉처럼 공시적으로 인기를 누린 문화 현상이 있고, 다른 쪽에는 《오디세이아》나 성경처럼 통시적으로 인기를 누린 문화 현상이 있다. 같은 기간에 《오디세이아》를 읽은 사람보다 〈스타워즈〉를 보러 영화관을 찾은 사람이 더 많았을 수는 있다. 하지만 《오디세이아》가 처음 기록된 이후로 이 서사시를 읽은 독자의 수를 모두 합하면 〈스타워즈〉 관람객 수와 맞먹거나 더 많다고 보는 것이 타당할 것이다. 그뿐만이 아니다. 두 문화 현상의 미래 또한 다른 길을 걸을 것이다. 공시적 문화 현상에 불과한 〈스타워즈〉는 대중의 뇌리에서 잊혀져 골동품 애호가의 관심사로 전락하겠지만 《오디세이아》는 (화려한 스포트라이트를 받지는 못하더라도) 꾸준히 읽힐 것이다. 반짝 인기를 누린 텔레비전 드라마 〈건스모크〉와 셰익스피어 희곡을 비교할 수도 있다.

대중문화 연구에서 개선의 여지가 있는 또 다른 항목은 수용자 문제다. 대중문화를 분석한다면서 특정 형태의 여가를 실제로 향유하는 수용자의 성격을 밝혀내려 하는 것은 무익한 일이다. 이를테면 자신이 인종주의자가 아니라도 아치 벙커(미국 시트콤 〈장인과 사위All in the Family〉의 주인공 - 옮긴이) 같은 인종주의자를 보고 웃을 수 있으며, 악마 숭배자가 아니라도 밀턴의 《실낙원Paradise Lost》에 등장하는 사탄에게 매혹될 수 있다. 두 경우 다 전제조건은 나의 취향 — 특정 종류의 문화를 선호하는 것 — 이 여러 상황(여기에서는 각각 〈장인과 사위〉의 배경인 퀸스버러와 《실락원》의 배경인 지옥)에서 악의 표상을 수용할 수 있어야 한다는 것이다. 스스로 악인이 될 필요는 없지만, 여가 활동에서 악을 인식하고 그 표상을 받아들여야 하는 것이다.

하지만 아치 벙커를 창조한 작가나 사탄을 멋들어지게 창조한 존 밀턴이 구체적인 실제 수용자를 상정했으리라는 주장은 입증이 불가능하다. 〈작가의 수용자는 언제나 허구다The Writer's Audience Is Always a Fiction〉라는 기념비적인 논문에서, 월터 옹은 문학 연구에서 효과 없는 청중 개념을 버리고 새로운 유형의 그럴듯한 청중 개념을 제시했다.[6] 옹의 주장을 요약하자면 작품의 여러 요소와 마찬가지로 작품에 대해 상상할 수 있는 (또한 작품에 내포된) 수용자 또한 작가의 창조물이라는 것이다.

따라서 독자는 가상 수용자와 자신을 반드시 동일시하는 것은 아니지만 이 수용자를 (또는 이 수용자의 최대한 많은 특징을) 파악하기 위해 노력을 기울인다. 우리는 자신의 취향 — 우리 자신의 문화 — 을 이 가상 수용자에 맞게 조절할 수 있는 한 작품을 향유할 수 있다. 가상 수용자를 파악하고 자신의 취향을 조절한다고 해서 작품에 내재하는 가치를 받아들여야 하는 것은 아니다. 이를테면 텔레비전 미니시리즈 〈홀로코스트〉는 유대주의자를 가상 수용자로 상정하고 있지만, 반유대주의를 고수하는 사람도 아홉 시간 내내 텔레비전 앞에 앉아 있을 수 있다. 모든 문학작품 — 더 나아가 모든 예술 작품 — 에서 '내재된 수용자'가 작품 구조의 중요한 부분을 차지한다는 가정은 대중문화를 비롯한 문화 연구에 크나큰 잠재력을 지닌다.

우리는 가상 수용자를 토대로 공시적 대중문화 현상과 통시적 대중문화 현상의 차이를 이끌어낼 수 있다. 공시적 현상에서 가상 수용자는 소재나 현재성을 추구한다(이를테면 제2차 세계대전이나 트로이전쟁에 관심이 있는 수용자). 반면에 통시적 현상에서 가상 수용자는 주제와 미학을 둘 다 추구한다(주제적 특징은 전형적 또는 신화적 구조로 확장된다). (여기에서 나는 신화적인 것이 전형적이라는 브레히트의 개념을 받아들인다.) 달리 말하자면 통시적 문화 현상에 내포된 가상 수용자는 주제에 집중하면서도 이 주제를 더 넓은 맥락(또는 맥락들)에서 바라본다(이러한 맥락에는 철학적 맥락, 도덕적 맥락, 사회적 맥락, 지성적 맥락, 정치적 맥락, 종교적 맥락 등이 있다). 통시적 현상의 대중성은 맥락과 얼마나 복잡한 관계를 맺고 있는가와 직접적인 연관이 있을지도 모른다. 이를 통해 호메로스가 핀다로스보다, 디킨스가 헨리 제임스보다, T. S. 엘리엇이 에즈라 파운드보다 대중적인 이유를 설명할 수 있을 것이다. 이들 작품이 꾸준한 대중적 인기를 누리는 비결은 라틴어로 '높고 깊다'를 뜻하는 '알투스 altus'로 표현할 수 있다.

공시적 현상은 맥락과의 연관성이 작기 때문에 가상 수용자를 끌어들이려면 내용이 시의적절하고 주제가 참신해야 한다. 〈건스모크〉처럼 맥락과의 연관성이 단순한 '법과 질서'의 도덕성뿐이라면 카우보이의 삶이라는 주제는 금방 식상해지고 또 다른 주제에 자리를 내준다. 맥락과의 연관성은 여전히 단순한 '법과 질서'의 도덕성이지만, 이제 카우보이 대신 경찰이 등장한다. 이 경우 텔레비전 드라마를 통시적으로 연구하면 공시적인 카우보이 드라마와 경찰 드라마의 흥미로운 유사성을 발견할 수 있다. 즉 두 가상 수용자가 공유하는 특징, 20년의 시차가 있는 두 텔레비전 드라마의 연결 고리를 찾을 수 있는 것이다.

물론 일부 대중문화 연구자는 가상 수용자와 실제 수용자가 같다는 가정하에 텔레비전 수용자의 도덕성을 추론하려 할 텐데 이는 심각한 잘못이다. "당신이 무엇을 좋아하는지 말해주면 당신이 누구인지 알려주겠다"라고 감히 말할 수 있는 사람은 존 러스킨 같은 탐미주의자뿐이다. 이것은 효과적인 논쟁 수단이기는 하지만 —러스킨의 장기이기도 하다— 엄밀한 연구에는 알맞지 않다. 물론 가상 수용자와 실제 수용자 사이에 연관성을 생각할 수는 있겠지만, 이 같은 연관성을 찾아내기 힘들 뿐 아니라 우리가 아직 개발하지 못한 방대한 학제 간 연구 기법을 필요로 한다.

텔레비전 방송이라는 대규모의 공시적 현상을 연구할 때는 적어도 대표적인 프로그램의 가상 수용자가 지닌 특징을 잘 알아야 한다. 이를 통해 중개자에 대해 많은 것을 알 수 있기 때문이다. 가상 수용자를 분석하면 중개자의 태도를 어느 정도 정확히 파악할 수 있다. 대중매체에서 중개자가 어떤 역할을 하는지에 대해서는 일부 도발적인 이론이 제시되었다. 여기에서 '중개자'란 텔레비전, 라디오, 영화의 대본을 쓰고 프로그램을 제작하는 사람을 가리킨다. 물론 신문과 잡지의 편집자, 작가도 마찬가지다.[7] 하지만 인쇄 매체의 실제 수용자는 영화, 라디오, 텔레비전의 실제 수용자보다 훨씬 독립적이다. 인쇄 매체는 영상 매체보다 선택의 폭이 넓기 때문이다. 시청자는 방송 일정에 매여 있지만 독자는 원하는 때에 매체를 감상할 수 있다. 저장 매체 생산비와 휴대용 영상 기기 가격이 뚝 떨어지지 않는 한 상황은 달라지지 않을 것이다.

하지만 텔레비전 프로그램에 가해지는 압력을 인식하고 가상 수용자에 대한 월터 옹의 탁견을 고려한다면 텔레비전 수용자에 대해 흥미로운 그림을 그릴 수 있다. 이 이미지는 텔레비전 시청자를 생각 없는 수동적 존재로 치부하는 통념과 대조적으로 많은 시청자가 정교한 판단력의 소유자라고 가정한다. 중개자의 의도는 이들이 창조하는 가상 수용자에 반영되고, 중개자는 광고를 통해 오락 산업을 후원하는 기업의 요구를 어느 정도 따라야 한다는 점에서 텔레비전 수용자는 프로그램의 가상 수용자를 통해 사회의 힘 있는 계층(또는 지배계급)의 가치를 접할 수 있다. 여기에서 알레고리와 비슷한 현상이 일어난다. '지배계급은 실제 텔레비전 수용자가 가상 수용자와 자기 자신을 동일시하기를 바란다'라는 주장은 사실일 것이다. 그렇게 되면 실제 수용자를 조종하기가 훨씬 수월해지기 때문이다. 하지만 실제 수용자가 자신의 온갖 정체성을 버리고 가상 수용자가 된다는 주장을 입증하는 증거는 하나도 없다. 그렇다고 해도 텔레비전 프로그램이 지배계급과 피지배계급의 소통 수단, 그것도 주요 수단일 가능성은 여전히 남아 있다. 이것이 사실이라면 텔레비전 시청률은 가상 독자에 내포된 메시지에 대한 일종의 반응이다.

이 경우 통시적 텔레비전 연구는 권선징악 드라마, 시트콤, 퀴즈 쇼, 뉴스 등 다양한 장르에서 공시적 성공을 거둔 프로그램들을 추리게 될 것이다. 이러한 간접적인 소통 수단을 추적하면 권력 집단이 무엇을 전달하고 싶어 하는지, 이 메시지의 어떤 부분을 어느 정도로 텔레비전 수용자가 받아들이는지 알아낼 수 있다.

대중문화 진영에 (이를테면) 셰익스피어가 포함된다는 주장에 깔려 있는 전제는 그의 연극이 처음에 공시적 성공을 거두었다는 것이다.

잘 알다시피 셰익스피어는 훌륭한 극작가였을 뿐 아니라 사업 수완도 뛰어났다. 디킨스에게도 같은 전제를 적용할 수 있다. 구전 공식구 公式句 전통에서 만들어진 시(이를테면 호메로스의 서사시나 《베오울프》)를 보자면, 이 문학 형태가 지배적인 사회에서는 시작詩作 능력이 엘리트적이기보다는 대중적이라는 증거가 속속 드러나고 있다.[8] 하지만 존 던의 시, 《모비 딕Moby Dick》, 인상파 회화, 고분에서 발굴된 유물 등 통시적으로 인기를 누린 작품 상당수가 그 시작은 보잘것없었다. 중국이나 이집트에서 그 누가 부자들의 무덤을 거닐며 미술 작품을 감상할 생각을 했겠는가!

이 같은 대기만성형 작품이 결국 통시적 성공을 거둔 원인은 복잡해서 이 자리에서 온전히 밝힐 수 없지만, 이른바 엘리트가 작품을 발견했을 뿐 아니라 자기 혼자만 감상하지 않고 대중에게 적극적으로 소개했음은 분명해 보인다. 은유나 붓놀림이나 옥玉 수의壽衣의 양식에 대해서는 문학, 미술, 고고학 전문가가 많은 것을 이야기할 수 있겠지만, 20세기 수용자가 이들 작품의 가상 수용자를 인식할 수 있었던 이유를 설명할 수 있는 것은 대중문화 전문가다. 여기에는 작품이 속한 분야뿐 아니라 (지금도 발전하고 있는) 대중문화 이론(또는 이론들)에 대한 전문 지식이 필요할 것이다.

이 같은 물음이 나를 고대 영국 비가로 이끌었다. 이들 작품의 통시적 대중성은 존 던의 시나 투탕카멘의 관에는 아직 미치지 못했다. 고대 영국 비가는 아직 대부분 엘리트의 손에 머물러 있지만 앞으로도 엘리트의 전유물로 남아 있을 이유는 없다. 고대 영국 시가 관심을 끌게 된 계기는 산업혁명이었으며, 처음에는 골동품 애호가와 독자적으로 흥미를 느낀 아마추어에게, 그 뒤로는 학자들에게 점차 주목받았다. 19세기와 20세기 초에 고대 영국 시를 연구한 것은 주로 독일 학자였다. 고대 영국 시는 이를 통해 언어학사에서 중요한 위치를 차지했으나, 지금은 폐기된 이론인 유럽 북서부의 게르만 기원설을 뒷받침하기 위해 마구잡이로 동원되었다.

하지만 《반지의 제왕Lord of the Rings》을 쓴 J. R. R. 톨킨이 《베오울프》의 문학 비평을 시작한 1930년대 이후로 영미권에서는 온전히 문학적인 관점에서 고대 영국 시에 접근하고 있다. 덕분에 거의 전 작품이 현대 영어로 꾸준히 번역되었다. 가장 뛰어난 번역가로 꼽히는 버튼 래플의 번역본은 페이퍼백으로 구할 수 있다. 《엑세터 서The Exeter Book》에 실린 아홉 편의 서정시를 대상으로 1970년까지 행해진 비가 비평 건수를 조사했더니 4분의 3이 1930년 이후의 비평이었다.[9] 이것을 주요 대중문화 현상과 (공시적으로든 통시적으로든) 견줄 수는 없지만, 이러한 추세로 볼 때 고대 영국 비가에 대한 관심이 늘고 있음을 알 수 있으며, 고대 영국 비가의 독자층이 확대되리라 예상된다.

비가는 과거와 현재의 상태를 대조하는 시 장르다. 여기에서는 세속적인 화려함, 기쁨, 안락함의 덧없음에 대한 자각을 볼 수 있으며, 주된 특징은 상실과 위안의 패턴이다.[10] 가장 유명한—또한 가장 많이 연구된—작품인 〈방랑자The Wanderer〉에서 방랑하는 화자의 자의식은 자신만을 염려하던 단계에서 덧없는 이생의 모든 삶을 포괄하는 성찰적 지혜로 발전하지만 구원이라는 구체적인 기독교적 지혜를 깨닫지는 못한다.[11] 소외, 고국의 상실, 심리적 위기, 고독, 오로지 성찰을 통해서 깨달은 지혜 등 이 시의 가상 수용자에게는 현대 수용자의 마음을 사로잡을 만한 요소가 많다. 《모자이크Mosaic》 특별호에서 잘 알 수 있듯이, 현대 '방랑문학'은 방랑의 객관적·주관적 측면에 주목한다.[12]

마르크스, 실존주의자, 리스먼의 저작에서 보듯 소외는 현대적 상황의 근본적 측면이다. 필립 슬레이터의 연구는 소외의 미국식 변형에 대해 뛰어난 성찰을 보여준다. 슬레이터는 공동체 욕구, 사회 참여 욕구, 의존 욕구(사회적 책임을 공유하는 것) 등 미국 문화로 인해 철저하게 또한 고유하게 좌절되는 인간의 욕구 세 가지를 제시한다.[13] 이 같은 관찰을 서로 엮으면 〈방랑자〉 같은 비가를 감상하려는 일반적인 성향이 우리 문화에 존재함을 알 수 있다. 앞에서 문화를 '사회의 여가 요구와 기회가 표현된 것'으로 정의했고 방금 그 '요구'를 설명했으니, 이제 '기회'를 설명할 차례다.

〈방랑자〉의 감상 기회를 제한하는 한 가지 요인은 이 시의 감상이 대학 영문학 수업에서 주로 이루어진다는 것이다. 하지만 비슷한 처지에 놓여 있던 다른 형태의 시들은 대학의 울타리를 뛰어넘었다. 뛰어난 시 작품을 학계에 가두는 것은 투탕카멘 왕의 무덤을 숨겨두고 고고학 수업을 듣는 학생에게만 보여주는 것과 같다. 그렇다면 문제는 중개자에게 있다.

통시적 대중문화의 선두주자인 성경에서 이 문제에 대한 해결책을 찾을 수 있다. 성경이 대중에게 보급되는 데는 히에로니무스, 루터, 제임스 왕이 지명한 학자들 같은 번역자가 큰 몫을 했다. 호메로스 번역의 전통에도 해답이 들어 있다. 각 세대가 호메로스를 새로 번역하는 것은 나름의 해석을 제시하는 행위다(이는 오래된 영화를 리메이크하는 것과 비슷하다). 고대 영국 시는 성경이나 호메로스 서사시와 마찬가지로 번역의 여지가 넓게 열려 있다. 고대 영국 시는 호메로스 서사시와 마찬가지로 공식구를 쓰고 있으며, 구약성경의 시가詩歌와 마찬가지로 단어보다는 개념으로 운을 맞추는 대구(고대 영문학 용어로는 '변이variation') 체계를 이룬다.[14] 이렇듯 고대 영국 시는 이미 훌륭하게 번역된 두 유형의 시와 공통점이 있기에 시인들의 폭넓은 관심을 끌어 다양하게 번역될 여지가 충분하다.

물론 고대 영국 비가가 셰익스피어를 비롯한 통시적 대중문화의 선두주자와 맞설 수는 없을 것이다. 하지만 비가의 가상 수용자와 현대 미국 문화의 관심사가 비슷하고 비가의 번역 가능성이 크다는 점을 고려할 때, 다음 사반세기에는 비가의 독자 수가 개조 자동차 경주나 팬케이크 운반 경주 관람객 못지않으리라 예상된다. 〈데오르Deor〉라는 비가에는 "Ðaes ofereode; thisses swa maeg"라는 구절이 반복된다(이 시에서 음유 시인scop 데오르는 궁정시인 자리를 빼앗긴 것을 한탄하고 있으나 그의 지혜와 인내심을 보건대 그 자리를 되찾을 것으로 보인다). 의역하자면 이런 뜻이다. "다른 고난도 지나갔으니 이번 고난도 그러하리라." 여기에 담긴 변치 않는 지혜, 용기(고귀한 정신, 역경에서 드러나는 덕성), 그리고 고독으로 빚은 존엄은 현대인에게도 강한 호소력을 지닌다. 고대 영국 비가의 현 위치는 채프먼이 번역한 호메로스를 연상시킨다(고대 그리스 시인을 대중에게 읽히기 위해 영어로 번안한 것은 이것이 처음이었다).

채프먼의 번역은 지금도 감동을 주며 200년을 뛰어넘어 키츠에게 말을 걸었다. 키츠의 소네트는 아직까지도 채프먼의 위업을 웅변하고 있다. 고대 영국 시는 래플에게서, 아니면 조만간 다른 번역가에게서 자신의 채프먼을 발견할 것이다. 이것은 대중문화 분야에서 환영할 만한 사건이리라.

_12_
《영국 남부 성인전》을 통한 오락, 교화, 대중교육

현대 대중오락을 주름잡은 것 중 하나는 카우보이, 탐정, 스파이가 등장하는 폭력물이다. 이런 이야기가 바람직한 삶의 태도를 가르쳐주지는 않지만 장렬하게 죽음을 맞이하는 방법을 배울 수는 있다. 얀코프스키의 중세 성인전 연구에서는 대중을 위한 기독교 영웅 이야기가 어떻게 삶과 죽음의 방법을 가르쳐주는지 살펴본다. 이 이야기들은 대중문화의 진정한 예다. 얀코프스키가 지적하듯 이 이야기들은 라틴어 원본을 영어로 번안Englishing하되 낭독을 듣는 청중을 매료시킬 흥밋거리로 양념을 했기 때문이다. 현대 대중문화 연구자에게는 고급 읽을거리의 대중화에 대해 얀코프스키가 제시하는 특징(단순화, 확장, 구체화)이 유용한 길잡이가 될 것이다. 논문 첫머리에서는 토머스 모어의 처형 장면을 예로 들며, 유명한 사건이 금세 대중의 입에 오르내리는 전설의 위치에 오르는 대중문화의 또 다른 측면을 보여준다.

●●
클라우스 P. 얀코프스키 Klaus P. Jankofsky

미네소타 대학 덜루스 캠퍼스 대학원 영문학과 부교수 겸 학장보를 지냈으며, 죽음을 주제로 한 중세 영국과 유럽의 문학, 도상학, 심리학을 연구했다.

클 라 우 스   P.   얀 코 프 스 키

　　　　　　머리글자 'Ro : Ba :'로만 알려진 익명의 저자
가 쓴《토머스 모어 경의 생애*The Lyfe of Syr Thomas More*》에서 우울증
에 시달리며 모어에게 여러 차례 도움을 청한 윈체스터 출신의 한 남
자가 모어의 처형장을 찾아와 다시 한 번 간청한다.

　　"모어 선생님, 절 아십니까? 주님의 이름으로 간구하노니 저를 도와주십시
　　오. 저는 그 어느 때보다 괴롭습니다." 토머스 경이 대답했다. "알다마다. 평
　　안히 돌아가 날 위해 기도해주게. 내 반드시 자넬 위해 기도하겠네."[1]

　'하나님의 첫째가는 종' 모어는 자신이 성인의 반열에 올라 사람들
의 병고를 덜어줄 것임을 알고 있었을까? 분명한 사실은 모어의 전기

를 쓴 작가들이 — 로퍼와 하프스필드가 대표적이다 — 모어를 성인으로 묘사했으며, 독자가 스스로를 비판하고 격려하는 모범으로 제시했다는 것이다. 헬런 화이트가 말하듯 이들의 주목적은 역사를 기록하는 것이 아니라 대중을 교화하는 것이었다.[2] 이런 점에서 이들은 역사적 사실에 과장 섞인 해설을 곁들이는 중세 전통을 이어받았다 (이 전통은 12~15세기 영국 역사 기록에서도 관찰된다). 마찬가지로 중세 초기 영국 성인전聖人傳 중에서 가장 뛰어난 작품으로 손꼽히는 이른바 《영국 남부 성인전South English Legendary》, 그중에서도 〈토머스 베켓의 생애Life of St. Thomas a Becket〉에는 영국 성인의 전기적 사실과 역사적·정치적 사실이 풍부하게 담겨 있다. 라틴어 원본과 자료를 영어로 번안하되 무학無學의 영국 청중들에게 친숙한 영국의 역사와 관습과 사건을 이들이 알고 있는 지방의 전통과 유물과 예배당에 맞게 내용을 고친 덕에 이들 성인전은 단순히 신도를 교화하는 차원을 넘어 역사 기록의 성격까지 지니게 되었다.

모어 전기와 《영국 남부 성인전》의 또 다른 공통점은 성인과 순교자의 삶을 '완성이자 성취'로 묘사한다는 것이다(차이점은 모어 전기는 이야기가 긴 반면 성인전은 대부분 짧다는 것이다[3]). 자신의 삶과 비교할 기준이자 모범이 되는 것이다. 이런 완벽한 삶으로부터 사람들은 더 완벽한 삶을 살아가기 위한 가치와 지침을 끄집어낼 수 있다. 이런 관점에서 보면 《영국 남부 성인전》은 겉으로는 각양각색의 이야기를 모아놓은 것처럼 보이지만 그 속에 일관성과 통일성을 갖추고 있다.

이 글의 목표는 《영국 남부 성인전》을 특징짓는 (또한 야코부스의 《황금 전설》과 구별되는) 주요한 속성을 파악하고, 오락과 교화의 전형적인 요소를 발견하며, 16~17세기 영국에서 정치적·종교적 이유로 벌어진 공개 처형에서 보듯 '전형적인 영국적' 기독교인이 고통과 죽음을 받아들이는 데 성인의 삶에서 이끌어낸 교훈이 영향을 미쳤다고 주장하는 것이다. 궁극적 가치, '양심에 따른 선택의 자유를 가지고 도덕적 책임을 지는 개인적 성격'이라는 개념, 올바른 자기 성취의 의무, 신에 대한 믿음, 지상의 삶이 끝남을 맞이하는 의연함 등은 삶과 죽음을 대하는 당시의 지배적인 태도를 보여준다.[4] 또한《영국 남부 성인전》의 단순한 서사 구조에서 찾아볼 수 있는 특징이기도 하다. 이 글에서는 사람들이 고통과 죽음을 마주할 때 갖는 생각과 감정이 13세기부터 현대 초입까지 연속되어 있음에 초점을 맞춘다.

《영국 남부 성인전》은 우리가 읽고 있는 현대판과 같은 형태로는 존재한 적이 없다. 현존하는 최초의 문헌은 옥스퍼드 대학 보들리 도서관에 있는 MS Laud 108이다. 여기에는 64인의 생애가 무작위로(연대 순서와 계급 순서가 섞여 있다) 배열되어 있다.[5] EETS 시리즈의 최신 전집에는 성인축일sanctorale 자료, 전설 본문(본디오 빌라도와 가룟 유다의 생애도 짧게 실려 있다), 전례축일temporale 자료, 교회력에 따른 행사의 기록(이를테면 할례축일, 주의 공현대축일, 부활절, 성모승천일, 모든 성인의 축일, 위령의 날) 등 90가지 항목이 실려 있다.[6]

이 글에서《영국 남부 성인전》기록 전승의 복잡한 내력을 살펴보지는 않겠지만, 그 기원은 13세기 후반(자료에 따르면 1270~1285년경) 영국 남부, 특히 우스터 지방이었을 것이다. 이곳의 성당 도서관은《영국 남부 성인전》같은 방대한 저작을 만들어낼 여건을 갖추고 있었다.《영국 남부 성인전》의 출전으로는 새럼Sarum 예배에 쓰인 것과 비슷한 '전설legenda', 일부 '대전大典,summa', 제노바의 도미니쿠스 대주교 야코부스의 《황금 전설》, 토착 성인(이를테면 토머스 베켓)에 대한 기록, 영어로 쓴 전례축일 기록 사본, 성경에 대한 일반 지식, 교회력 등이 있다.[7]

성인전의 목적은 평신도에게 신앙을 가르치려는 것이었다. 하지만 놀랍게도 성인전에서는 선교적 열정을 찾아볼 수 없고, 덕의 위계가 나타나지 않으며, (더 중요하게는) 서술 기법이 설교와 다르다(특히 천국, 지옥, 연옥, 죽음의 사말四末을 설명하면서 지옥의 유황불을 들먹이지 않았다). 성인전은 불필요한 여담이나 시시콜콜한 도덕적 교훈을 제시하지 않았으며 청중은 한 번 듣고도 내용을 이해할 수 있었다. 형식은 기본적으로 장엄하고 고양된 7보격 2행 연구聯句, couplet를 이룬다. 《영국 남부 성인전》은 그 인기를 반영하듯 50권 이상의 필사본이 남아 있으며, 기록 전승의 내력이 매우 복잡하지만 전체 구조를 특징짓는 원리는 아래와 같다.

① 복잡한 신학-교리 문제와 성인전 전통을 '단순화'했다.
② 청중의 지식과 상상력을 감안하여 주제를 설명적·해설적·교훈적으로 '확장'했다.
③ 원본이 단순한 3인칭 서술이었을 부분을 생생한 대화와 장면 묘사를 통해 '구체화'('극화'라고도 한다)했다.

훌륭한 연사가 그러하듯, 원작자의 목표는 청중을 즐겁게 할 뿐 아니라 마음의 양식을 제공하는 것이었다. 이를 위해 서술 중간에 곧잘 끼어들어 청중에게 직접 이야기하기도 했다.

―멍하니 앉아 있지만 말고 '아멘' 하시오―

이것은 성 베드로가 마법사 시몬과 맞서 놀라운 묘기를 부리는 장면에서 청중이 놀라 입을 다물지 못할 때 정신을 차리도록 하는 말이다. 이야기에 해설을 덧붙여 청중이 자신의 경험을 떠올리도록 하기도 한다. 성 스위딘의 시신을 파내니 냄새가 향기로웠다, 라고 연사가 말하면 청중은 자신의 경험을 떠올린다. 이따금 재치 있는 한마디를 던져 완급을 조절하기도 한다. 그러면 청중은 고문과 고통의 끔찍한 이야기에 시달리다 한숨 돌리는 것이다. 적이 고꾸라지거나 사형 집행인이 숨지면, 중세 영국 로맨스에서 적이나 거인이나 괴물의 팔다리를 자르고 불구로 만들 때의 오싹한 유머를 연상시키는 논평을 내뱉는다.

시몬 마구스가 신전 지붕에서 공중으로 날아오르려다 땅에 처박히는 대목에서 해설자는 이렇게 말한다.

자신이 기러기인 줄 알았나.
깃털이 너무 연약하여 소용이 없었네.
보기 좋게 땅에 떨어졌다네.
해가 중천인데 우박을 맞는 꼴이라니!
423~426

성 알반의 목을 벤 사형 집행인은 자신의 행동을 뽐낼 수 없었다. 해설자가 말하길 그 자리에서 눈이 뽑혔기 때문이다.

장사壯士 대신 장님이 오는도다.(90)

이야기 자체의 흡인력도 있지만, 이 같은 해설은 지루함을 없애고 유머러스한 안도감을 주고(현대 독자 눈에는 웃기지 않을 수도 있다. 이를테면 외경에서, 오이디푸스 콤플렉스에 시달리는 유다가 아버지의 과수원에서 사과만 훔치는 것이 아니라 배까지 슬쩍하는 장면과는 다르다), 선을 행하면 결국 상을 받고 악을 행하면 벌을 받는다는 진리를 일깨우는 효과가 있다.

이야기 말미에서 저자가 기도를 권하거나 "그는 천벌을 받아 마땅하도다"(빌라도가 자살한 뒤에)나 "그의 영혼이 천국에 올라갔도다"(성인의 경우) 같은 한마디를 덧붙이면 해설자와 청중 사이에 유대감을 일으키고 영혼 구원이라는 공통 관심사를 더 확실히 전달할 수 있다.

성인전은 한 성인의 생애에 대한 여러 (심지어 모순되는) 전승들을 통일된 이야기로 제시하며, 과거의 인물에 대한 호기심을 충족시키고, 청중에게 기이한 이야기와 모험담을 들려주고, 성인의 기쁨과 고통과 고뇌와 최후 승리를 대리 경험하게 해주는 뛰어난 성과로 평가해야 한다. 성인전이 가진 기독교식 모험 로맨스로서의 오락적 가치는 '성인들의 업적을 알림Banna Sanctorum'이라는 제목이 붙은 서문에서도 분명히 알 수 있다. 서문의 확장된 비유는 두 가지 차원에서 청중의 경험을 본문으로 연결한다. 첫째, 자연적인 계절의 순환이라는 차원에서 기독교의 씨앗을 심고 순교자의 피로 물을 주면 기독교 세계라는 열매가 열린다. 둘째, 중세의 싸움과 전투라는 차원에서 성인은 최고의 기사이자 우두머리 왕이신 그리스도의 전우이고, 예언자와 장로는 전위 부대이며, 그리스도를 따르는 모든 기독교인은 후방에서 그리스도의 승리를 지켜내는 임무를 띤다.

60행에 이르는 비유를 마무리하며 해설자는 사람들이 세속적 오락 문학에 나오는 싸움과 전투 이야기에서 듣고 싶어 하는 '거짓 이야기'와 자신의 '진정한 이야기'를 대조한다.

> 사람들은 왕과 기사의 전투 이야기에 열을 올리나
> 대부분 꾸며낸 이야기로다.
> 그 누가 거짓 이야기를 듣고 싶어 하겠는가?
> 용감한 기사인 사도와 순교자의 담대한 전투 이야기를 들으라.
> 여기에는 거짓이 없도다.
> 이들은 당당하게 전투에 임하고 두려움에 달아나지 않았으며
> 악한 자들에게 산 채로 사지를 찢기우는 고통을 당하였도다.
> 이 이야기를 일어난 순서대로 들려주겠노라.
> 59~66

이보다 더 중요한 것은 《영국 남부 성인전》의 어조와 분위기가 다른 장르와 전혀 다르다는 것이다. 작품 어디를 보아도 성인, 제자, 사도, 신앙 고백자, 처녀, 순교자의 삶을 서술하는 장면에서 연민과 따뜻한 인간적 감정을 느낄 수 있는 것은 주인공의 고통과 기쁨을 더 '사실적'이고 (의도적으로) 과장되게 묘사하는 한편 청중의 감정에 직접

호소하기 때문이다. 이 점에서 《영국 남부 성인전》이 영국 문학과 영국(또는 영국민)의 집단 정서 형성에 이바지했다고 말할 수 있다.

두 가지 예만 들어보겠다. 하나는 성 율리아나의 생애에서, 또 하나는 〈성 토머스 베켓의 생애〉에서 발췌했다.[8]

성 율리아나의 순교를 고작 몇 문장으로 간략하게 묘사한 라틴 원문과 대조적으로,[9] 《영국 남부 성인전》은 날카로운 철제 톱날이 파고들어 성 율리아나의 벌거벗은 몸을 조각조각 가르는 장면을 상세하게 묘사한다. 회전 톱날이 어찌나 깊이 파고들었던지 뼈가 쪼개지고 골수가 빠져나온다.

> 공포의 톱날이 내려와
> 율리아나에게 꽂혔도다
> 바퀴가 그녀의 온몸 위를 회전하며
> 날카롭게 벼린 톱날이 벌거벗은 몸을 파고들어
> 몸을 조각조각 찢고
> 뼈를 쪼개고 골수를 빼냈도다
> 골수가 사방에 흩어지고 율리아나는 숨이 끊어졌도다.
> 141~147

율리아나는 숨이 끊어질 지경이 되어서도 그리스도께서 자신보다 훨씬 큰 고통을 겪으셨음을 되뇌었고, '악한 자'들은 그녀의 죽음을 지켜보며 농지거리를 내뱉었다. 이 같은 해설은 성 율리아나의 극심한 고통을 표현하기 위한 것이었다.

그녀는 영혼이 떠나갈 지경이었으니

연약한 팔다리가 한 번도 겪어보지 못한 고통이로다.

하지만 예수 그리스도께서 더 큰 고통을 겪으셨음을 보았도다.

그녀의 죽음이 임박한 것을 보고 악한 자들은 기뻐하였도다.

148~151

나중에 칼을 든 천사가 하늘에서 내려와 회전 톱날을 부수는 장면이 나온다. 하지만 그 전에 해설자가 신의 개입을 암시하며 한마디 던진다. "하지만 우리 주께서는 그녀가 죽도록 내버려두지 않으시는도다."(152)

이 문장에서는 해설자의 태도가 드러난다. 다른 장면에서와 마찬가지로 해설자는 단일 사례를 보편적 맥락으로 연결한다. 그리하여 성인의 고통이 결국 신의 뜻에서 비롯하며, 성인전에 등장하는 적대적인 재판관, 행정장관, 왕, 고문 형리, 사형 집행인이 인간을 굴복시키려 하지만 ─ 최후의 수단은 칼로 성인의 목숨을 끊는 것이다 ─ 실제로는 신 자신과 맞서게 됨을 보여준다. 성인, 특히 순교자는 궁극적으로 신의 뜻을 목격하는 증인이요 이를 이루는 수단이다.

《황금 전설》[10]의 라틴어 원본은 불로 지지고 녹인 납을 부어도 굴복하지 않던 성 율리아나의 최후를 단 한 문장으로 서술한다. "그는 율리아나의 목을 베라고 명령했다."

이에 반해《영국 남부 성인전》은 직접화법과 감정적 표현을 써가며 긴박감과 극적인 효과를 연출한다. 재판관이 외친다.

나를 분노케 하다니, 더는 참을 수 없구나.

이년을 망나니에게 데려가

목을 베어 다시는 내 눈에 띄지 않도록 하라.

성녀 율리아나는 재판관이 죽음을 재촉하는 것이 반가웠도다.

고통 끝에 자신이 가야 할 곳이 가까워짐이라.

그녀는 자신을 이곳에 보내셨음을 예수 그리스도께 감사했도다.

저를 망나니에게 데려가 이 족쇄에서 풀어주소서.

184~190

예전에 감옥에 있을 때 성 율리아나에게 혼쭐이 났던 지옥의 악마 벨리알이 처형장에 나타나 멀찍이 물러선 채 "빨리 해치워"라고 말하는 유머러스한 장면이 잠깐 끼어든 뒤 처형 장면이 이어진다.

그리하여 처녀는 처형장에 당도하여

무릎을 꿇고 주께 기도 드렸도다.

그녀가 기도 드리는 동안 망나니가 날카로운 칼을 뽑아 들어

목을 베니 머리가 풀밭을 구르더라.

203~206

무릎 꿇고 기도하는 모습, 날카로운 칼날, 머리가 풀밭을 구르는 장면은 《영국 남부 성인전》에서 순교를 묘사하는 전형적인 수법이다. 이것은 성인의 고통에 대한 청중의 정서적 반응을 극대화하기 위한 것이다. "오, 엄청난 고통이로다"나 "차마 눈 뜨고 못 볼 장면이구나"

같은 과장된 표현은 독자의 흥미를 자극하고 성자의 고통을 대리 체험하게 함으로써 이야기의 효과를 높인다.[11]

한편 "기쁘고 행복하게", "영광스럽게도", "마땅하도다" 같은 상투적 표현과 이야기가 끝난 뒤 기도를 권하는 구절은 고통의 묘사와 최후의 영광스러운 결말 사이에 균형을 잡아준다. 감정에 호소하면서도 이와 대조적으로 담담하게 확신과 위안을 주는 전체적인 조화야말로 《영국 남부 성인전》의 전형적 특징이다.

보이지 않는 것을 드러내고 초자연적 현상과 기적을 '지금 이곳에서' 구체적으로 보여주기 위해 《영국 남부 성인전》은 육체적 고통을 '사실적'으로 —지나치게 사실적이라고 말할 수도 있겠다— 묘사함으로써 감정을 고양시키는 방법을 쓴다. 영국에서 가장 유명한 성인 토머스 베켓의 죽음은 이러한 '사실주의'가 역사적 진실성과 상징성을 동시에 얻을 수 있음을 보여준다.

〈토머스 베켓의 생애〉는 분량이 길 뿐 아니라 문학적·예술적 관점에서 가장 뛰어나다고 평가된다. 베켓과 헨리 2세와의 정치적 갈등에는 세상과의 투쟁, 세속 관직과의 투쟁, 성직자로서의 임무와 자신의 운명과의 투쟁이 녹아 있다. 이 갈등은 성당에서의 피할 수 없는 살해로 정점에 도달해 순교를 통해 해소된다.

베켓의 죽음은 (한 번은 자신의 입을 통해, 또 한 번은 해설자의 입을 통해) '그리스도를 본받는 것imitatio Christi'으로 간주된다. 죽는 장면에서는 그리스도의 죽음을 연상시키는 세 가지 사건이 일어난다. 첫째, 수도사들이 겁에 질려 달아나는 장면은 "목자를 치니 양들이 흩어지리라"라는 성경 구절을 연상시킨다. 둘째, 살인자들이 베켓을 희롱한다. 마지막으로, 로버트 드 브록이 살해당한 베켓에게 돌아와 두개골이 쪼개진 곳으로 뇌를 긁어내어 다섯 번째 상처를 입히는 장면은 그리스도의 다섯 상처를 연상시킨다.

《영국 남부 성인전》은 베켓이 살해당하는 장면을 시간순으로 서술하다 중간에 끼어들어 세부 장면을 예형론적typlogical으로 설명한다. 쓰러진 대주교의 관자놀이 주위로 흘러내린 피와 뇌수는 사실적인 동시에 상징적이다.

> 베켓의 두개골을 쳐서 박살내니
> 뇌수가 바닥에 쏟아졌도다.
> 하얀 뇌수와 붉은 피가 섞이니
> 서글픈 광경이지만 아름다운 색채요
> 머리 주위에 커다란 후광이
> 눈에 들어오는도다.
> 성인을 그려도 믿지 않음은
> 머리 주위에 있어야 할 것이 없음이라.
> 이것이 후광이요 성인의 정당한 증거니
> 후광으로써 성인임을 아노라.
> 2161~2170

피와 뇌수가 뒤섞인, 사실적이고도 잔혹한 세부 묘사는 전통적 성인전의 색채 상징으로 해석되며 —피의 빨간색은 순교를, 뇌의 흰색은 순결을 나타낸다 —성인의 특징인 후광에 비유된다. 이와 더불어 끔찍하고 역겨운 장면에 아름다움이라는 가치가 부여된다("보기 좋도다", "아름다운 사례"). 현대인이 납득할 수 없는 이러한 미적 판단이 가리키는 것은 죽음의 영적 차원이다. 즉 성인의 죽음은 '주님 보시기에' 소중하다.[12]

물론 이것은 성인전, 특히 《영국 남부 성인전》에서 찾아볼 수 있는 고통과 고문에 대한 (종종 과장된) 묘사가 궁극적으로 뜻하는 바다.

여기에서 《영국 남부 성인전》 전체를 대표하는 또 다른 특징이 발견된다. 피 묻은 머리나 몸의 묘사는 미술사 용어로 '연민의 상像, imago pietatis' 또는 '경배화畵, Andachtsbild'라 부르는 그림과 연관이 있다. 이 그림의 의도는 관람자의 정서적 공감을 일으키고 신앙심을 고취하고 고통을 깊이 자각하도록 하여, 자신의 영혼을 구원하기 위해 흘린 그리스도의 피가 얼마나 소중한지를 생생하게 느끼도록 하는 것이다.[13] 다시 말하자면 내면화 과정, 즉 개인의 교화를 위한 출발점이 되는 것이다. 이 같은 '교화'는 (18세기 이후의 의미인) 신앙적 자극이나 유쾌한 감동이라는 의미를 뛰어넘어 육신이 거룩한 존재의 성전으로서 거룩해질 수 있고, 기독교인이 그리스도의 신비로운 육신과 그의 교회에 속하며, 자신이 더 훌륭한 존재가 될 수 있음을 언어로 가르친다는 중세적 의미로 해석해야 한다.

이런 맥락에서 이 같은 개인적 내면화 과정이 공적인 환경에서 일어날 수 있고, 실제로도 종종 일어난다는 사실에 주목해야 한다. 은수자隱修者(은둔하여 수도하는 자-옮긴이)는 대부분 (적대적이든 우호적이든) 관중 없이 죽음과 고통을 겪는다. 이렇게 보면 청중은 —그 광경을 직접 목격하는 관중이든 이들의 생애를 읽고 듣는 청중이든 —성인과 순교자가 자신의 본성physis으로써 입증하는 내적 고백과 성품에 대한 증인 역할을 한다. 죽는 법을 배우는 동시에 가르치는 것이다.

따라서 이 작품에 실린 성인들의 생애를 연구함으로써 두 가지 결론을 이끌어낼 수 있다. 첫째, 육신의 고통은 더 위대한 목적에 종속되므로 가치를 지닌다. 둘째, 육신의 고통은 (존 던의 말을 빌리면) "모든 것을 평가하는 최후"다. 두 번째 결론은 성인전만 봐서는 분명히 드러나지 않을 수도 있다. 성인전의 도식에 따르면 독자/청중이 처음부터 결말을 예상할 수 있기 때문이다. 하지만 중세 시대 영국의 역사 기록과 연대기에 나타난 묘사와 논평에서 보듯 실제 삶에서는 두 번째 결론이 중요한 역할을 했다.[14] 성인의 생애를 통해 삶의 모범과 고된 역경에 대처하는 행동의 모범을 배운 청중에게, 자신의 동시대인들이 죽음을 앞두고 보이는 행동은 궁극적 확신과 믿음, 충성, 절대적 도덕의 기준이 되었다.[15]

성인전의 교훈이 실제 행동에 직접 영향을 미쳤으리라는 것은 섣부른 가정일 테지만, 이런 식의 종교 교육과 교회의 가르침, 15~16세기의 법적·정치적 현실이 가져온 누적 효과는 《영국 남부 성인전》의 효력이 끝난 지 200년이 지나 폭스의 《기독교 순교사화Book of Martyrs》[16]가 열렬한 박수갈채를 받은 데서 확인할 수 있다.[17]

기적을 거짓으로 치부하고 가톨릭 교회를 부패한 기구로 배척하는 상황에서 성인전 도식이 살아남았을 뿐 아니라 새로운 프로테스탄트 순교자의 삶과 죽음을 기록하는 데서 정점에 이른 것은 놀랄 일이 아니다.[18] 16~17세기에 초기 기독교 박해를 연상시키는 정치적·종교적 박해를 당해 수천 명이 죽었고, 이들의 죽음과 고통이 초기 성인전 전통을 연상시키는 방식으로 기록되었다는 사실은 특정한 인식과 표현 방식의 내적 연속성을 입증한다.

영국에서 사형이 공개리에 집행되고 —수만 명이 처형을 구경하는 경우도 적지 않았다 —사형수의 마지막 진술이 입에서 입으로 퍼져나간 것은 비뚤어진 선정성이나 저속한 호기심 때문만은 아니다.[19] 처형 장면은 일종의 교화 수단이었다. "……죽음이 더 널리 전파될수록 많은 이들에게 더욱 유익할 것이요." 여기에서 '유익하다'는 말은 잠재적 범죄를 예방하는 효과를 말하는 것이 아니다(그것은 당시에 낯선 개념이었다). "많은 이들에게 더 유익할 것이요, 그것을 보는 모든 이의 눈에 더욱 영광스러울 것이다."[20] 여기에서 '유익하다'는 말은 기독교적 미덕, 회개, 겸손, 신념 그리고 삶과 죽음의 문턱에서 영생을 기대하는 궁극적 믿음을 생생하게 보여주는 교훈적 장면이라는 뜻이다. 세속의 법과 규칙을 어겨 목숨을 잃은 사람조차 자신의 죽음으로 일종의 대속代贖을 이루었다.

성인전에서 배운 교훈은 현실에 적용된 듯하다. 죽음을 맞이하는 사람들이 신념, 기독교적 겸손, 인내, (종종) 일종의 쾌활함, 심지어 교수대 유머를 발휘하는 것은 전형적인 영국적 현상이리라.

엘리자베스 시대의 어떤 학자는 이렇게 썼다. "우리의 사형수는 활기차게 형장을 향한다. 우리나라는 자유롭고 담대하고 고귀하고 생기가 넘치기 때문이다. …… 영국의 죄인들은 누구보다 꿋꿋하고 대담하고 의연하게 죽음을 맞는다."[21]

"이렇듯 죽음을 온전히 받아들이는 태도는 삶을 온전히 받아들이는 것에서 비롯한다."[22]

여기에서 《황금 전설》의 14세기 초 원고(Huntington Library HM 3027)
의 삽화를 떠올릴 수 있을 것이다. 이 그림에서 사형 집행인들과 사형
수들은 히죽거리거나 입술에 미소를 머금고 있는 반면 왕과 재판관,
행정장관은 분노로 가득 차 있다. 수많은 사람들이 처형 장면을 구경
한 것은 삶과 죽음의 문턱에 선 사람을 쳐다보며 죽음이 죄의 대가이
자 영생으로 들어가는 문이라는 기독교의 역설을 풀기 위함이 아니
었을까?

《영국 남부 성인전》의 가르침은 여느 기독교 교육과 마찬가지로 가
장 넓은 의미에서 '대중적'이다. 모든 사람을 대상으로 하기 때문이
다. 단순화되었지만 통일된 형태로 이야기를 제시하고, 삶의 구조와
의미를 대중의 수준에 두면서도 우아하게 설명하며, 청중 자신의 영
혼이 조물주에게서 비롯함을 일깨운다는 점에서 《영국 남부 성인전》
은 더 완전한 삶을 살아가기 위한 예비 교육이다. 이것이야말로 《영국
남부 성인전》의 본질적인 목적과 의도였을 것이다.

성인전을 비롯한 모든 전승에서 성인과 순교자는 신실한 믿음과 영
웅적인 행동 덕분에 지상과 천국 모두에 속한 뛰어난 인물이었다. 그
리하여 이들은 중개자의 역할을 부여받았다. 성인과 순교자에 대한
숭배는 그에 대한 보답이었다. 그렇다면 Ro : Ba :의 이야기에서 토머
스 모어가 처형된 뒤 윈체스터 출신 남자의 우울증이 깨끗이 나았다
해도 놀랍지 않으리라.

_13_
고딕 시대의 사랑과 죽음: 프랑수아 비용과 도시, 파리

대중문화 연구에서 가장 큰 성과를 낼 수 있는 영역은 여러 문화가 교차하는 지점이다. 조지프 J. 헤이스의 글은 활판 인쇄술이 발명되기 직전인 중세 막바지를 배경으로 이들 교차점을 엮어 낸다. 당시 엘리트 문화는 시골에서 도시로 이동하고 있었으나, 사랑을 노래하는 궁정문학은 변화하는 세태에 적응하지 못했다. 게다가 도시에서는 전혀 새로운 문학 수용자가 형성되고 있었다. 이는 1000년 전 로마가 무너진 뒤로 한 번도 볼 수 없던 현상이었다. 헤이스는 낡은 문학 양식과 새로운 문학 양식, 낡은 독자와 새로운 독자 사이에서 중요한 위치를 차지하는 인물로 파리의 시인 프랑수아 비용을 지목한다. 클라우스 얀코프스키와 마찬가지로 헤이스는 죽음과 죽음 당함을 대하는 태도가 수용자와 사회 전반이 중요시하는 가치를 잘 보여준다고 생각한다. 비용의 시에서 죽음은 당대의 유명한 〈죽음의 무도Dance of Death〉 목판화에서 보듯 중세 엘리트의 지위를 끌어내려 평등을 이루는 힘으로 작용한다.

••

조지프 J. 헤이스 Joseph J. Hayes
캘리포니아 주립대학 풀러턴 캠퍼스 영어·비교문학 교수다. 중세 미술과 문학에서 귀족 문화와 대중문화가 서로 영향을 주고받는 문제에 관심이 많다.

　　　　　　　　중세가 저문 뒤로 대중의 마음속에 우뚝 솟
은 존재가 있으니, 그가 바로 프랑수아 비용이다. 그가 보여준 죽음
에 대한 저항, 어두운 세계와의 연결, 기괴한 냉소주의는 후대인들에
게 높은 평가를 받았다. 19세기 프랑스 시인들에게 비용은 낭만적 보
헤미안의 원형이었다. 로버트 루이스 스티븐슨은 비용을 "가장 처량
한 위인"으로 묘사했다. 그때보다 더 냉소적이 된 우리 시대는 비용의
시구 "눈물 흘리며 웃노라Je ris en pleurs"를 반어적 모토로 삼는다. 비
용의 삶이 한 시대의 상상력에 어떤 본보기가 되든, 1489년에 초판이
출간된 뒤로 비용의 시는 매순간 대중을 사로잡았다. 그는 서구 세계
에서 '도시' 시인으로 명성을 떨친 최초의 인물이기 때문이다. '궁정'
문학과 '대중'문학 전통을 버무려 만들어낸 비용의 시에서, 중세 언어

로 표현된 '도회적' 상상력이 처음으로 모습을 드러낸다.

이 글은 세 부분으로 나뉜다. 첫째, 비용을 중세의 시적 실천, 특히 궁정 시의 조건과 테마라는 맥락 안에서 살펴본다. 둘째, 파리를 연애와 상업의 '로쿠스locus'(주제로서의 장소—옮긴이)로 보는 비용의 독특한 시각을 설명한다. 마지막으로, 《유언 시The Testament》에서 에로스와 타나토스의 통상적인 갈등을 역전시킴으로써 대중적 요소와 궁정적 요소를 결합했음을 보인다(삶의 원리 '에로스'는 구별하고 분리하는 것으로, 죽음의 본능 '타나토스'는 통합하고 평등하게 하는 것으로 간주된다).

시골

비용의 작품이 놓인 문학적 맥락이 중요한 이유는 '시' 하면 궁정 시를 일컫는 고딕 시대 후기 유럽에서 비용이 독립적인 시인이었기 때문이다. 그의 동료와 선배인 중세 궁정시인(기욤 드 마쇼, 외스타슈 데샹, 오트 드 그롱송)은 왕을 즐겁게 하는 광대에 지나지 않았으며 사회적 지위도 낮았다. 이들에게 시는 천직이 아닌 취미 생활이었다. 궁정시인은 귀족에게 생계를 의탁하고 있었기에 주제와 스타일, 형식을 귀족의 입맛에 맞추어야 했다. 시를 발표하고 낭송하는 것은 부르주아 시인이 궁정 수용자와 사회적으로 교류하는 주요한 (때로는 유일한) 수단이었다.

이 같은 후원 제도가 참신하고 창조적인 시작詩作을 장려했을 수는 있겠지만, 그보다는 후원자의 마음에 들지 않는 주제와 양식을 억압하는 경우가 더 많았을 것이다. 따라서 중세 궁정시인의 관심사는 궁정인과 마찬가지로 정치적·문화적으로 보수적일 수밖에 없었다.

중세 초기에는 궁정 자체가 대개 시골에 위치했으며, 궁정 시의 로쿠스는 대부분 황금시대를 모방한 이상화된 목가적 공간이었다. 이 같은 전원 풍경을 무대로 연인(시인)의 가망 없는 열정과 귀부인의 냉담함(그녀의 '위험') 사이의 식상한 다툼이 궁정인의 관점에 갇힌 좁은 세상을 배경으로 펼쳐진다. 궁정문학에서 노래하는 사랑은 시인과 귀부인의 사소한 충돌로 묘사되며, 관능적인 유희의 언저리에서는 (사랑 또는 육체의) 죽음이 어른거린다. 게다가 이런 태도는 궁정의 테두리를 벗어나지 않았으며 고귀함을 상징했다. 요한 하위징아가 말하듯 "〔궁정의〕 삶은 나름의 규칙을 따르는 고상한 유희. 이 예술 유희의 기준에 도달할 수 있는 것은 소수의 귀족 집단뿐이다. …… 사교 생활의 형태로 아름다움을 추구하는 행위는 귀족적 배타성을 원죄처럼 지닌다."[1]

간단하게 설명하자면, 사랑을 이루지 못한 시인과 매정한 귀부인 사이의 긴장은 '에로스'를 분리와 계층화 과정으로 전환시킨다. 궁정 집단은 문학적 사랑에 정교한 틀을 부여함으로써 자신을 평민과 분리한다. 게다가 궁정의 남녀가 벌이는 관능의 전투에서 휴전은 없다. 죄인이 성인에게 종속되듯 남자는 여자에게 종속된다. 이 갈등의 밑바닥에는 성적인 결합을 통해 구원을 받고자 하는 소망과 그러지 못하리라는 절망이 깔려 있다.

목가적 배경에서 벌어지는 '의지의 관능적 충돌'이라는 중세적 전통은 궁정이 도시로 옮겨가 청중의 폭이 넓어진 뒤에도 여전히 살아

남았다. 중세 말이 되면서 (서정시의 테마와 주제는 그다지 달라지지 않았지만) 궁정이 도시와 밀접하게 연관됨에 따라 문학 수용자가 부쩍 늘었다. 도시 유력자들의 경제적·사회적 영향력이 커지고 귀족적 삶을 동경하는 상업 계급이 출현하면서 시는 궁정의 좁은 테두리를 벗어났다.[2] 하지만 낡은 목가적 양식의 연애시에 대한 도시 수용자의 관심은 줄어들기는커녕 오히려 더 커졌다. 그래서 중세 끝 무렵, 연애시는 수용자 증가에도 불구하고 테마와 태도 면에서 표준화되고 경직되려는 경향이 커졌다. 감정 표현은 열정과 귀부인의 오만함('위험') 사이의 다툼으로 축소되어 하찮은 문학적 관습으로 전락할 지경에 이르렀다.

문학에 대한 프랑수아 비용의 공헌은 이 같은 정적이고 낡은 목가적 이상에 저항했다는 것이다. 시로 쓴 유언장《유언 시》에서 그는 빈털터리 불한당이자 때로는 학자로서 '대중적' 요소와 '궁정적' 요소를 뒤섞어 새로운 '도회적' 스타일을 창조함으로써 낡은 스타일을 새로운 스타일로 대체했다.

여기에서 '궁정적'이란 귀족의 목가적 이상에 부합하는 관심사, 틀, 풍fashion을 일컫는다. '궁정적' 요소는 표현에 격식을 차리고 신중을 기하며, 성적인 도회적 결합의 대상을 간접적으로만 언급하며, 관습적 표현을 동원한다. 궁정시인은 예의범절(궁정의 법도)을 지켜야 하며 도발적이거나 공격적으로 행동해서는 안 된다.

중세 문화에서 '대중적'이라는 용어는 정의하기가 더 까다롭다. 궁정적 관심사와 대중적 관심사는 상호 배타적이지 않았다. 편의상 '대중적'이라는 용어를 '주제와 테마를 귀족 집단에서 가져오지 않은 자유분방한 표현 양식'(즉 '궁정적이 아닌')으로 정의하겠다. 대중시인은 자기가 원하는 인물을 시적 대상으로 삼아 자기가 원하는 식으로 표현하며 비공식적이고 외설적 언어를 쓸 수 있다. 더 중요한 사실은 분명하게 정해진 청자聽者가 없다는 것이다. 대중시인은 '모든 귀부인'에게나 '동료 주정뱅이'에게, 또는 특정인을 전혀 염두에 두지 않고 시를 쓸 수 있다. 궁정시인은 표현에 격식을 차리고 신중을 기하지만 비용은 속어와 거친 어투를 내뱉는다. 또 궁정시인은 성적 결합을 암시하는 데 그치지만 비용은 자신과 남의 연애담을 늘어놓는다. 그리고 이름 없는 귀부인과 알레고리적 인물을 등장시키지만, 비용은 이름까지 들먹이며 파리의 창녀를 찬양하고 자신에게 매정하게 대한 여인들에게 저주를 퍼붓는다. 여기에서 명심할 것은 비용의 행동이 궁정 전통의 개혁(또는 재해석)이었다는 것이다. 그는 시를 무無에서 창조하지 않았으며, 궁정적 형태의 외양을 유지한 채 이를 대중적 요소와 결합했다.

비용은 ① 새로운 유형의 시적 화자와 ② 사랑이라는 테마를 추구하는 독창적인 접근법을 제시했다는 점에서 이중으로 혁신적이었다. 비용은 도덕적 '발라드ballade'와 연인의 '비탄complainte'을 비롯한 친숙한 테마를 이용해 궁정풍의 형식와 장르로 시를 썼으나 권주가勸酒歌, 익살 시sotte chanson, 풍자시의 대중적 전통으로부터 새로운 시적 화자를 창조했다.[3] 비용은 귀족적 형식과 '악한惡漢picaro' 화자를 결합함으로써 자신의 시에 걸맞은 목소리를 찾았던 것이다. 비용은 시를 독특한 스타일로 탈바꿈시켰다. 궁정적 요소와 대중적 요소의 결합은 이른바 '도시 시都市詩'의 대표적 특징이 되었다. 이는 도회적 '귀족' ─도시 유력자 ─이 궁정적 예의범절과 상업적 행동거지를 결합한 것과 매우 비슷하다.

이 같은 새로운 스타일은 낭만적이고 이상주의적이기보다는 냉소적이다. 궁정적 양식과 대중적 양식을 결합함으로써 비용은 목가적 궁정의 전유물이던 주제를 도시와 (그리하여) 폭넓은 수용자에게 개방했다. 비용이 이 같은 새로운 스타일을 발전시킬 수 있었던 것은 후원자의 속박에서 자유로웠기 때문이다.

두 번째 혁신 ─사랑이라는 테마를 다루는 방법 ─을 통해 비용은 새로운 도회적 전통에 안착한다. 《유언 시》의 세상에는 애태우는 연인과 냉담한 귀부인 대신 매음굴과 선술집의 창녀와 뚜쟁이가 살고 있다. 비용의 눈에 비친 파리는 무엇보다 노름꾼, 사기꾼, 어릿광대, 떠돌이 악사, 유랑 배우, 주정뱅이가 거처하는 장소다.

> 이런 쓰레기에서 벗어날지어다.
> 밭을 일구고 꼴을 베고
> 말을 빗기고 노새를 먹이라.
> 글을 모르는 무지렁이라도
> 순리를 따르면 넉넉하게 살 수 있으리라.[4]

파리 하층민의 삶은 사랑을 표현하는 유일한 맥락이 된다. 따라서 비용의 시를 제대로 이해하려면 15세기 파리의 독특한 환경을 감안해야 한다.

도시

여느 중세 기독교인과 마찬가지로 비용은 도회적 중심이 신의 도시와 인간의 도시에 대한 은유라고 생각했다. 단테는 여기에 세 번째 도시인 디스, 즉 지옥을 더한다. 디스는 사악한 장소이며 점점 좁아지는 깔때기 모양이다. "나는 비통의 도시로 통하는 길이요,/ 버림받은 자들에게 통하는 길이요,/ 영원한 슬픔으로 통하는 길이다"(Inferno, 111).[5] 천상의 도시에 이르는 성시聖市 예루살렘을 방문하고 죽어서는 지상의 도시를 떠나 천상의 예루살렘을 순례하는 것이야말로 모든 기독교인의 목표였다.

천상의 도시가 비추는 찬란한 빛에 비하면 인간의 도시는 어두운 그림자요, 위대한 예루살렘의 하찮고 불완전한 도치倒置였다. 인간의 도시는 세속의 도시요 죄악의 장소였기에 중세 문학은 이곳을 탐욕의 무대로 묘사하며 인간의 사랑을 신의 사랑과 대조했다. 당시의 도덕문학에서는 인간의 사랑을 병적이고 덧없으며 죽음에 속한 것으로, 신의 사랑은 불변하고 영원한 것으로 묘사했다. 비용은 동시대인이자 도시 시인으로서 인간의 사랑만으로는 죽음과 부패를 피할 수 없음을 포착해 시의 중심 이미지로 삼았다.

천상의 도시에서는 에로스가 궁극적으로 아가페로 변화한다. 하지만 중세 시대 인간의 도시에서는 에로스가 타나토스로 이어진다. 하늘의 도시에서 인간의 사랑은 영성靈性으로 확장되나 땅의 도시에서는 무無로 축소된다. 따라서 천상의 도시와 지상의 도시를 결합하는 것은 사랑과 죽음의 연결성이다. 신의 도시에서 죽음을 통해 (천상의)

사랑에 도달한다는 역설은 인간의 도시에서 (인간의) 사랑이 죽음과 부패로 귀결될 수밖에 없다는 결론을 이끌었다. 중세 문학에서 죽음에 대한 강박관념과 죽음과 사랑의 필연적 결합은 고딕 시대 말에 광기의 수준에 이른다.

> 13세기 이후로 탁발 수도회가 대중에게 설교하면서 죽음을 기억하라는 끝없는 훈계가 전 세계에서 음산한 메아리로 울려퍼졌다. 15세기가 가까워지자 이 으스스한 생각을 모든 사람의 머릿속에 주입할 새로운 수단—대중 목판화—이 생겼다. 설교와 목판화라는 두 가지 표현 수단은 …… 죽음을 …… 그 무엇도 죽음을 피할 수 없음을 …… 단순하고 실감 나는 형태로 표상했다.[6]
>
> 파리에 있는 '죄 없는 사람들의 묘지'에는 죽음의 공포를 불러일으키는 온갖 이미지가 뒤섞여 있다. 이곳에서는 종교적 전율을 갈망하는 중세의 영혼이 마음껏 공포를 느낄 수 있었다. …… 날마다 수많은 사람이 회랑 아래를 거닐며 그림을 보고 간단한 글귀를 읽고 종말이 다가오고 있음을 새삼 깨달았다. …… 이곳은 공터이자 회합 장소였다. 납골당 앞에는 상점이 늘어섰으며 매춘부들이 회랑 아래를 서성거렸다. …… 끔찍한 광경이 그토록 친숙해졌다.[7]

저물어가는 중세에 사람들이 죽음의 '신체적' 측면에 점점 주목하는 것에 발맞추어, 비용은 궁정 서정시의 이상화된 형식적인 사랑 묘사를 신체적이고 구체적인 표상으로 바꾸었다. 비용에게 죽음은 단순한 문학적 장치가 아니다. 비용의 작품에서는 죽음이야말로 '유일한' 실체인지 모른다. 하지만 궁정 시의 목가적 배경에서는 죽음을 묘사할 때 격식을 차려야 했기에 비용은 시의 로쿠스를 궁정에서 도시로 옮겨야 했다. 시의 무대가 도시로 이동할 수밖에 없었던 것은 중세 후기 예술에서 사실주의와 신체적 측면이 부각되었기 때문이리라.[8]

하늘의 도시는 사랑과 죽음의 결합을 그리스도 수난상에서 찾는다지만, 세속의 도시는 어디에서 찾아야 하는가? 생멸하는 물질인 인간의 몸에서 찾아야 하지 않겠는가? 몸을 통해서만 감각적 사랑을 알 수 있으며, 몸을 통해서만 인간의 도시에서 죽음의 표현을 발견할 수 있다. 따라서 비용은 《유언 시》에서 매음, 속임수, 변신이라는 세 가지 테마를 통해 몸에 초점을 맞춘다.

사랑에 대한 비용의 태도를 가장 잘 보여주는 것은 〈뚱보 마르고에 대한 발라드Ballade de la Grosse Margot〉다. 이 시의 주요 테마는 매음이며, 테마를 발전시키기 위해 두 가지 스타일을 이용한다. 비용은 궁정 시의 언어와 스타일을 파리 하층민의 속어로 대체한다. 첫째 연은 두 스타일이 번갈아가며 우스꽝스러운 효과를 자아낸다.

내가 이 여인을 사랑하여 기쁘게 봉사한다고 해서

나를 타락한 바보라 부르려는가?

그녀에게는 누구라도 좋아할 수밖에 없는 무언가가 있어

그녀의 사랑을 얻기 위해서라면 기꺼이 방패와 칼을 들겠지만

손님이 오면 얼른 술병을 챙겨

조용히 술을 홀짝거리지.

손님에게 물과 치즈와 빵과 과일을 내놓고

값을 후하게 쳐주면 이렇게 말한다네. "좋소이다.

동하면 또 오시오.

우리가 운영하는 이 갈봇집으로."

(II. 1591~1600.《프랑수아 비용》(동문선, 1995) 454쪽)

용감하고 영웅적인 모험이라는 낡은 궁정적 이상은 뚜쟁이가 갈보를 보살피고 갈보(귀부인)의 손님(기사)에게 술과 음식을 대접하는 영웅적인 임무로 둔갑한다. 사랑을 찾기 위한 모험 — 중세 연애시의 특징 — 은 돈을 찾기 위한 모험으로, 가장 천한 직업을 가지고 탐욕을 추구하는 것으로 전락한다. 비용은 사모하는 귀부인의 마음을 얻기 위해 용감하게 싸우는 고귀한 연인이기는커녕 자신의 여인을 딴 남자에게 내주는 기둥서방 노릇을 한다. 여인의 사랑을 자기만의 소유로 간직하는 것이 아니라 수많은 사람과 나누는 것이다. 거래가 이루어지는 곳은 마르고의 침대이며, 비용의 역할은 문지기다. 지역 상공 회의소의 열성 직원이라도 된 양 비용은 손님에게, 욕정이 동하면 다시 찾아오라고 권한다.[9] 자신의 일은 수치를 추구하고 명예를 멀리하는 것이지만, 비용은 아무리 부끄럽더라도 삶은 삶이라고 결론 내린다.

바람 불고 우박 떨어지고 서리 내려도 빵은 부족하지 않네.

나는 색을 밝히고 그녀도 색을 밝히니

누가 나으냐? 동점일세.

유유상종이요, 못된 쥐에 못된 고양이라네.

수치를 좇으니 수치가 우리 몫이요

명예를 멀리하니 명예가 우리를 멀리하는구나.

우리가 운영하는 이 갈봇집에서.

(II. 1621~1627.《프랑수아 비용》458쪽)

사람들이 몸을 매개로 서로를 (드러내놓고, 냉소적으로) 이용하는 방식은 비용의 상업적 은유에서 중요한 부분을 차지한다.

《유언 시》에서는 죽음과 육체의 쇠락이라는 포괄적인 테마가 상업적 은유를 포함한다. 〈투구장수 아낙이 노래하는 한탄가Les Regret de la Belle Heaumière〉에서 비용은 몸을 파는 생활을 (뚜쟁이가 아니라) 매춘부의 시각에서 바라본다. 투구장수 아낙은 늙은 뚱보 마르고다. 아낙은 자신의 과거 —"아름다움으로 나는 상인과 점원과 성직자에게 군림했으나" — 와 지금의 처지를 대조하며 탄식한다.

이마에는 주름살, 머리는 백발

눈썹은 달아나고 눈은 침침하네.

반짝이는 눈으로 추파를 던져

숱한 남자의 애간장을 녹였건만.

코는 추한 매부리코,

털 난 귀는 축 늘어지고

핏기 없는 뺨은 희멀겋고

턱은 접히고 입술은 보이지도 않는구나.

(II. 509~516.《프랑수아 비용》267쪽)

시간의 참화를 보여주는 이 목록의 결말은 중세 말의 교훈 '네가 죽을 운명임을 명심하라memento mori'를 연상시킨다.

> 인간의 아름다움이란 결국 이렇게 되고 마는 것.
> 팔은 짧아지고 손은 주름지고
> 어깨는 구부정해지고
> 가슴은? 어린애 가슴처럼 밋밋해지고
> 궁둥이는 가슴 신세가 되고
> 그곳은? 말도 말구려!
> 허벅지는 허벅지가 아니라 막대기요,
> 소시지처럼 얼룩덜룩하다오.
> (II. 517∼524. 《프랑수아 비용》 268쪽)

몸을 파는 것이 마르고와 프랑수아에게 생계 수단이라면, 몸의 경제적 가치가 하락하는 것은 투구장수 아낙의 근심거리다. 아낙은 '인간의 아름다움이 끝장난 것'을 한탄하지만 이 시의 부차적 테마는 '인간의 사랑이 끝장나다'다. 아낙은 자신의 (유한한) 아름다움 덕에 누리던 권세가 세월과 함께 시들어감을 절감한다.

> 아, 잔인하고 오만한 늙음이여
> 이리도 속히 나를 짓밟았구나.
> 대체 무엇이 있어
> 스스로 목숨을 끊지도 못한단 말인가?

(II. 457~460. 《프랑수아 비용》 260쪽)

마지막 연에서 '불쌍한 바보 같은 노파들povres vielles sotes'이 모닥
불 곁에 엉덩이를 대고 주저앉은 광경은 인간의 아름다움이 겪는 과
정을 — 청춘의 사랑은 불붙어, 잠시 찬란하게 타오른 뒤, 금세 사그
라든다 — 한눈에 보여준다. 투구장수 아낙의 운명은 모든 여인의 운
명이다. 마르고의 갈봇집이 몸을 팔고 사는 세상에 대한 은유라면, 늙
은 갈보의 운명은 세상 사람 모두가 같은 운명임을 보여준다. 아낙이
말한다. "하지만 이것이 모든 인간의 운명인 것을." 궁정의 귀부인이
든 한창때의 소녀든 육체의 쇠락을 피할 수는 없다. 투구장수 아낙은
이들에게 청춘을 만끽하라고 충고한다. 사람들은 '사랑 자체가 미덕'
이라고 말하지만, 투구장수 아낙은 늙음과 가난이 미덕을 부패시키
며 정직은 젊음과 부의 사치임을 보여준다.

　비용은 〈연인에게 보내는 발라드Ballade à s'amie〉에서 '죽음이 사랑
을 부패시킨다'라는 테마를 더 노골적으로 드러낸다. 여기에서 비용
은 늙음과 함께 찾아오는 육체의 쇠락을 잔인할 정도로 자세하게 묘
사하며 마르트에게 자만을 버리라고 충고한다. '현재를 즐겨라carpe
diem'라는 테마를 표현하는 장치 중 하나는 재치 있고 간접적인 주장
이지만, 비용은 "그대가 내게 무슨 짓을 저질렀는지 보라!"며 마르트
를 직접 책망함으로써 모든 장치를 깨부순다. 성적性的 거래와 상업적
거래를 뒤섞고 거리의 여인을 누구보다 높이 평가하는 비용의 진지
한 눈으로 볼 때, 귀부인의 '위험'은 사람의 애간장을 태우는 가장假裝
이며 야속한 세월의 조롱거리에 불과하다.

그대의 활짝 핀 꽃이

바래고 시들 때가 올 터인데

내가 그때까지 입을 벌릴 수 있다면 웃어주련만

그때가 되면 부질없는 짓이로다.

나도 늙고 그대도 빛바랜 추녀가 될지니

강물이 흐를 때 실컷 마실지어다.

모든 사람을 이 절망에 빠뜨리지 말고

불쌍한 남자가 가라앉기 전에 구해주기를.

(II. 958~965.《프랑수아 비용》336쪽)

요약하자면 비용은 인간의 사랑을 육체의 쇠락이라는 더 넓은 관점에서 바라보며, 중세 말의 두 가지 공통된 —연관된— 테마인 세상의 덧없음과 여인의 기만欺瞞을 부각시킨다. 특히 비용은 여인의 기만이 삶의 종말을 상상하지 못한 결과라고 여긴다. 비용의 여인들이 섹스와 죽음의 연관성을 (비용이 그러했듯) 깨달았다면 '나중을 위해' 현재의 즐거움을 미루지 않았을 것이다.

비용의 서정시 중에서 가장 유명하면서도 난해한 〈그 옛날의 귀부인을 노래하는 발라드Ballade des Dames du Temps Jadis〉는 육체의 유한함과 세속적 사랑의 덧없음을 노래한다. 비용은 상업주의와 사랑의 기만이라는 익숙한 테마에 더해 변신이라는 세 번째 테마를 제시한다. 주제는 이번에도 육체의 쇠락이지만, 시의 범위는 세속적 사랑에서 신화적 사랑, 신의 사랑까지 온갖 종류의 사랑을 넘나든다.

시에 등장하는 여인들은 대부분 사랑의 변화를 경험하며, 이 덕분에 신화나 전설을 통해 육체의 쇠락을 초월한다. 죽은 여인들은 모두 유명한 사랑의 전설에 등장하는 주인공이다. 비용은 매춘부 두 명(플로라와 타이스), 사랑의 상처로 죽은 여인(에코), 연인을 이용하고 파멸시킨 왕비(잔 드 나바르), 무훈시武勳詩의 세 여주인공(비에트리스, 알리즈, 베르트), 신과 국가를 사랑하여 목숨을 버린 여인(잔 다르크), 영적 사랑과 인간의 사랑의 갈등으로 희생된 여인(엘로이즈), 사랑으로 죽음을 초월한 유일한 여인(성모 마리아)을 노래한다.

수수께끼 같은 반복구 "그런데 작년에 내린 눈은 지금 어디에 내리는가?"는 육체의 쇠락이 영원하나 사랑의 전설은 죽음 뒤에도 살아남음을 일깨운다. '무한'의 그림자인 죽음은 성녀든, 죄인이든, 왕비든 모든 여인의 연인이다. 시에서는 육체와 함께 쇠락하는 인간의 사랑만이 살아남아 문학적 변신을 달성한다. 누구나 똑같은 최후를 맞이하기 때문에 영원한 것은 청춘의 육체적 쾌락과 죽음 뒤 사랑의 기억뿐이다. '어디에?'라는 물음에 대한 비용의 대답이 또 다른 물음인 것은 이 때문이리라.

제일인자여, 이번 주에도
올해에도 묻지 마시오. 그들이 어디에 있는지를.
이렇게 대답할 수밖에 없다오.
그런데 작년에 내린 눈은 지금 어디에 내리는가?
(Ⅱ. 353~356.《프랑수아 비용》 241쪽)

에로스와 타나토스

비용의 파리에서 서로 맞물려 있는 고리들—대학, 선술집, 감옥, 교회—은 만인을 같은 경계 안에 몰아넣으며, 이 안에서 공동의 투쟁이 벌어진다. 파리는 소우주이며 모든 시민은 공동 운명체다.[10] 궁정시인의 임무는 주인공을 이상화하고 비위를 맞추는 것이었으며, 작품이 얼마나 구별되고 배타적인지가 시적 재능의 잣대였다. 목가적 환경의 궁정시인과 대조적으로, 도시 시인은 모든 사람을 평등하게 대한다. 그의 임무는 사람들의 차이점이 아니라 공통점을 보여주는 것이다. 비록 지상의 사회에서 평등하지 않더라도 죽음의 사회에서는 모두가 평등하다.

　죽음의 이미지는 우리를 '죽음의 무도舞蹈danse macabre'로 이끈다. 여기에서는 황제와 농민이 손을 맞잡는다.

> 가난뱅이든 부자든,
> 현자든 바보든, 성직자든 평신도든,
> 귀족이든 농노든, 후하든 인색하든,
> 작든 크든, 잘생겼든 못생겼든,
> 깃을 세운 귀부인이든,
> 신분이 어떠하든,
> 수건을 썼든 모자를 썼든,
> 죽음은 비켜가는 법이 없다.
> (II. 305~312.《프랑수아 비용》232쪽)

죽음의 이미지는 프랑스 어디에서든 고딕 시대 말기의 중요한 특징이었다. 노먼 O. 브라운이 말하듯 "삶의 무도는 잘못의 미로迷路, 이 세상의 미로에서 헤매는 이야기 전체를 가리킨다."[11] 삶의 잘못, 즉 육체의 잘못을 나타내는 성적 사랑은 완전한 태초의 잘못, 아담과 이브의 타락, 불평등을 낳는 행위를 표상한다. "침입당한 여자는 미로다. …… 성교는 타락을 되풀이하며 죽음과 탄생을 세상에 가져다준다."[12] 비용이 간파했듯 이 세상의 도시는 이 세상의 육체다. 육체의 쇠락은 종種의 쇠락을 미리 보여준다.

사랑에 대한 긍정적 목가적 이상이 죽음의 존재를 (관능적 유희의 가장자리를 제외하면) 부인하는 것은 '타나토스'의 손이 미치지 못하도록 궁정을 보호하기 위해서다. 목가적 배경은 타락 이전의 '처음 시대etas prima'를 암시한다. 이렇게 보면 궁정 시에서 성적 완성과 죽음이라는 테마를 노골적으로 다루지 않는 이유를 짐작할 수 있다. 하지만 비용은 타나토스를 에로스의 한복판에 놓음으로써 이러한 관행을 깨뜨렸으며, 이를 통해 분리의 목가적 이상을 평등의 도회적 이상으로 바꾸었다.

심리학자들은 에로스가 '온전하게 하려는' 본능인 반면 타나토스는 분열과 파괴를 지향한다고 말한다. 하지만 중세의 대중 정신을 이해하려면 이 은유를 뒤집어야 한다. 고딕 유럽의 궁정문학에 표현된 것처럼, 사랑은 (통설과 반대로) 계층화하고 나누고 구별하고 분열시키고 불안정하고 불확실하며 더 고귀한 사랑의 그림자임을 알아차려야 한다. 인간의 사랑을 육체의 죽음에 종속하는 것으로 묘사할 때만이 '전체성'을 성취할 수 있다. 도시는 타락 이후의 상태요, 인간 조건을 관찰하는 로쿠스다. 도시는 죽음 또는 돈 ─ 둘은 동일하다 ─ 을 향해 에너지를 쏟는다.[13] 중세가 저물 무렵의 시적 도시는 '에로스의 도시erotopolis'라 부를 수 없다. 오히려 '죽음의 도시necropolis'인 것이다.

에로스와 타나토스의 통상적인 은유적 관계를 뒤집음으로써, 비용은 궁정적 주제와 테마에 (대중적 시의 전유물이던) 자아와 육체의 동일시를 결합하는 새로운 글쓰기의 가능성을 열었다. 비용의 작품에는 죽음의 이미지에 대한 중세 후기의 강박관념이 생생하게 드러나지만, 이는 역설적으로 중세 후기 문화에 새로운 생명력을 불어넣었다. 자신의 세상은 자신이 몸담고 있는 세상 ─ 대중적 정서라기보다는 궁정적 정서 ─ 과 분리되지 않으며, 자기 자신이 그 자체의 국가가 된다. "진정한 계시는 바깥에 있는 도시나 왕국의 환상이 아니라 도시와 왕국을 자신의 몸과 동일시하는 환상을 동반한다."[14] 유럽 르네상스의 여명기, 예술 분야의 대중 정서에서 에로스는 자신으로부터 분리되는 길이었으며 타나토스는 결합과 평등으로 이르는 길이었다. 프랑수아 비용 이후 문화는 시골의 궁정에서 평등한 도시로 옮겨갔다.

_14_
르네상스 시대
영국의
도회지
브로드사이드
발라드에
나타난
사회적 테마

프레더릭 O. 바게의 글은 인쇄된 대중문화 자료를 다룬다는 점에서 시기적으로 구텐베르크 이후에 해당한다. 하지만 바게는 브로드사이드 발라드가 구전口傳의 형태를 유지했으며, 영국 남부 성인전의 필사 원고나 요즘 아이들이 돌려 보는 가사집과 그다지 다르지 않다고 말한다. 브로드사이드 발라드를 인쇄한 것은 단지 노랫말을 암기해 민요 가락에 맞춰 부르기 위한 것이었다. 훨씬 후대의 대중문화처럼 일회용 문화였던 것이다. 일회용이라는 성격과 창작의 익명성 때문에 대중문화 연구 방법론은 불완전한 퍼즐을 맞추는 고고학을 닮았다. 하지만 이 같은 성격에서 문화의 패턴이 드러난다. 바게의 글은 텔레비전 시트콤 〈모드Maude〉의 주인공(모드 핀들리는 진보적 여성주의자다─옮긴이)과 별반 다르지 않은, 대담하고도 다소 불경스러운 여인의 발라드로 시작한다. 이어지는 발라드는 삼류 잡지와 〈탐정 미스터리 실화True Detective Mysteries〉(실제 사건을 소재로 한 라디오 프로그램─옮긴이)처럼 선정적이지만, 서사 양식과 인물 유형은 중세를 답습한다. 민속학자는 브로드사이드에서 유형─모티프를 쉽게 알아볼 수 있을 것이다. 죽음, 도시, 도덕 교육 등 앞에서 언급한 테마는 쉽게 눈에 띄지만, 이 글에서는 책 전체의 숨겨진 테마인 '여성'이 두드러진다.

· ·

프레더릭 O. 바게Frederick O. Waage
이스트테네시 주립대학 영문학과 조교수다.

17세기 초의 브로드사이드 발라드 〈바스 출신의 음탕한 여인Wanton Wife of Bath〉[1]을 보자. 초서 덕에 유명세를 탄(《캔터베리 이야기》에 〈바스의 여인 이야기The Wife of Bath〉가 실려 있다 – 옮긴이) 여인이 천국에 들어가게 해달라고 요구한다. 솔로몬에서 막달라 마리아에 이르기까지 모든 성인, 그리스도의 동료, 선대 인물은 여인이 죄를 지었으므로 천국에 들어올 수 없다고 말한다. 그러자 여인은 (자신은 저지른 적 없는) '그들의' 죄를 끄집어내며 비난을 퍼붓는다.

유딧이 말했지. "거기 문이 부서져라 두드리는 사람이 누구신가요?" 그녀가 말했지. "이 잘난 암캐들은 밖에서 사람 멱을 따도 못 들을 위인이군."

아! 이 말을 들은 유딧은 수치심에 얼굴이 새빨개졌다네.

(Rox., VII, 215)

동료들이 여인에게 모욕을 받았는데도 그리스도가 여인을 용서하고 받아들인 것은 여인이 들려준 주제넘은 우화 때문이다.

여인이 말했지. "당장 나를 용서하세요. 내가 음탕했던 것은 사실이나 일찍이 인자한 아비가 탕자를 용서하지 않았던가요?"

(Rox., VII, 215)

여인은 "고집불통"에다 "못된" 아내지만, 민족주의적 함의를 가지며 역설적으로 영웅이 된다. 이 발라드의 주목적은 오락이지만, 여인은 천국 입구에서 소란을 피움으로써 (성공회건 청교도건) 기존의 신앙을 뒤엎었다. 어떻게 보면 위선적 성인보다는 자칭 잔소리꾼이지만 솔직한 이 여인이 더 훌륭한 인물이다. 여인은 성인들의 죄를 지적하며 이들의 본모습을 폭로하고 천국이 제집인 양 잔소리를 늘어놓는다.

음탕한 여인은 16~17세기 런던의 브로드사이드 발라드에서 유행한 '상반된 극적 상황에 처한 여러 상반된 사회적 유형' 중 하나다. 브로드사이드 발라드는 도시형 사회의 성장과 종교적·사회적 갈등을 거치며 문화가 변형되는 중요한 시공간에서 탄생했다. 〈바스 출신의 음탕한 여인〉 같은 당시의 많은 브로드사이드는 성聖과 속俗, 남녀의 사회적 영역과 영적 영역을 결합한다(하지만 신성한 결합은 아니다). 이는 전통적인 세계관의 자기모순을 드러낸다. 미적·지적 구조로 양식화되고 지속성을 갖춘 '문학적' 창작물이 아니라 브로드사이드 발라드가 르네상스 문화를 대표하는 것은 이러한 '찰나적' 성격 때문이다.

인쇄된 브로드사이드의 노랫말은 옛 가락(또는 새로운 가락)에 맞는 운율 구조를 이루었으며, 제목은 '~의 가락에 맞추어 부르시오'가 전부였다. 사람들은 노랫말을 암송했다. 도시 브로드사이드에 담긴 테마, 사상, 역사는 대부분 최대한 많은 수용자에게 호소할 수 있도록 선정되었으며, 따라서 본질적으로 보편적이고 '민주적'이었다. 종교적·사회적 장벽도 없었다.[2]

중요한 사실은 브로드사이드가 인쇄되기는 했으나 보존을 염두에 두지는 않았다는 것이다. 노랫말을 외우고 나면 종이는 버렸다.[3] 튜더 왕조와 스튜어트 왕조의 브로드사이드가 대부분 한두 부밖에 남지 않은 것은 이러한 일회적 성격 때문이다. 비유하자면 브로드사이드는 건물이 아니라 건축가의 설계도 — 즉 순수한 구전 작품을 만들어내기 위한 지침 — 였다. 도시의 발라드 작가는 '독자'가 아니라 '청중'을 대상으로 썼다. 발라드는 '집단' 창작이 아니라[4] 개인 창작이었으며 상당수 작가는 이름이 알려져 있다. 이들은 예술적 개성을 지니고 있었으나, 작품의 영속성을 신경 쓸 필요가 없었기에 몰리나 캠피언 같은 전문적인 '본격' 음악가나 작사가와 달리 작품에 형식을 부여하거나 시의성이 떨어지는 주제를 선택하지 않아도 되었다. 남기려는 의도가 없었다는 점에서 브로드사이드는 르네상스 문학의 '백악관 테이프'(닉슨의 테이프는 워터게이트 사건의 스모킹 건이었다–옮긴이)인 셈이다. 따라서 승인된 문학보다 더 '진실'에 가까웠다. 브로드사이드에는 당대인이 경험한 인간사의 실제 모습이 담겨 있다.

브로드사이드 연구는 대부분 왕정복고 시기와 그 이후만을 다룬다. 오늘날에는 '그 밖의 엘리자베스 시대 사람Other Elizabethans'이라는 개념보다 '그 밖의 빅토리아 시대 사람Other Victorians'이라는 개념이 더 솔깃하게 들린다.⁵ 방대한 양의 브로드사이드가 수집되어 있지만, 대중문화에 대한 관심이 늘어난다고 해서 브로드사이드가 편집되거나 재출간되지는 않았다. 르네상스 브로드사이드 중에서 가장 쉽게 접근할 수 있는 것은 1870년대와 1880년대에 발라드학회에서 정리한 '록스버러 발라드Roxburghe Ballads'다(이 글에서 설명할 노랫말 대부분의 출전이기도 하다). 과거의 브로드사이드가 재출간되지 않고 있는 근본적인 이유는 출간 비용이 아니다. 이것을 어떻게 읽어야—엄밀히 말하자면 '들어야'—할지 몰라 가치를 제대로 평가할 수 없기 때문이다. 우리는 브로드사이드가 인습적이라고 생각할 뿐 급진적이고 독특한 면을 보지 못한다. 〈바스 출신의 음탕한 여인〉은 우스꽝스럽고 신경에 거슬리며, (이를테면) '차일드 발라드Child ballads'(프랜시스 차일드가 수집한 민요-옮긴이)의 미덕으로 꼽히는 '시적 순수성'과 신비감이 결여되어 있다. 민요 〈그린슬리브스Greensleeves〉는 한 가락에 붙은 수많은 노랫말 중 하나일 뿐이다. 사람들이 특별히 좋아한 노랫말의 제목이 노래 제목으로 되어 다른 노랫말을 제치고 살아남은 것이다. 따라서 노랫말과 짝을 이루는 노래를 찾는 것이 매우 중요하다. 우리가 브로드사이드 노랫말을 경시하는 이유는 대부분의 가락이 사라졌기—또는 노랫말과 분리되었기—때문이다. 노랫말 자체만 떼어놓고 보면 브로드사이드는 르네상스 시만큼 세련되거나 복합적이지 않다.

런던 브로드사이드는 대개 '외면적'이다. 테마가 겉에 드러나며, 대상을 연민하기보다는 조롱하기 때문이다. 많은 브로드사이드에서 나타나는 중요한 이중성은 신을 경외하는 기독교인으로서 갖추어야 하는 처신에 대한 통념을 재확인하는 동시에 부인한다는 것이다. 〈바스 출신의 음탕한 여인〉은 발라드에 등장하는 수많은 악녀 중 하나다. 주인공을 가리키는 이름은 당시의 통념을 그대로 따르고 있다. 역설 — 악녀가 성인들에게 조목조목 설교를 늘어놓는 것 — 이 생기는 것은 발라드가 설정한 상황 때문이다. 발라드 작가는 풋내기가 아니다. 그는 '불가능한' 상황을 설정해 통념을 뒤엎는 것이 아니라 통념을 가지고 논다. 물론 브로드사이드의 비非역설적(통념적-옮긴이) 표현에 대한 공감대가 없다면 이렇게 할 수 없었을 것이다.

이렇듯 신앙을 존중하는 태도는 종교적 브로드사이드에서 가장 뚜렷이 나타난다. 하지만 여기에서도 죄를 후회하는 의례적 탄식에 반전이 숨어 있다. 종교적 브로드사이드에서 가장 흔한 것은 죄인이 악한 세상을 비난하는 형식이다. 화자는 극단적으로 개인화된다. 가창자는 죄인이 '되며'(브로드사이드는 읽기보다 듣는 것이므로), 청중은 가창자의 노랫말이 아니라 인간 자체에 주목해 가창자와 죄인을 동일시한다. 〈참회하는 죄인의 구슬픈 탄식The Sorrowful Lamentation of a Penitent Sinner〉(Rox., VIII, 99)의 기도가 유별나게 들리지 않는 것은 이 때문이다.

주여, 당신께서 저를 매질하셨기에 당신을 두려워하나이다.
하지만 예수 그리스도께서 제 영혼을 구원해달라고 간구하실 것임을 아나이다.

하지만 개인화가 지나치면 불경으로 이어질 수도 있다.

하지만 자애로운 아버지시여, 저를 너무 괴롭히지는 마소서.
연약하고 고달픈 육체가 자비로운 예수에게서 달아날까 걱정되나이다.

이 구절은 참회가 아니라 협박처럼 들린다. 게다가 '하나님 아버지'가 '매질'을 계속하다가는 매 맞는 자식에게 협박당하는 인간 아버지와 다를 바 없어진다. 뒤에서 설명하는 '탕자' 발라드와 같은 상황이 벌어지는 것이다.

죄인의 자기비판은 종종 '잘못 살아온 인생을 철회함'의 형태를 띤다. 실제 일어난 사건을 배경으로 화자가 실제 인물을 연기하면서 발라드 가창자는 청중의 삶 속에 파고든다. 대표적인 것으로 프랭클린의 타이번 고별사가 있다.

오, 나의 더러운 목숨을 끊음으로
만인을 영원한 죽음에서 돌이킬 수 있기를![6]

물론 발라드 가창자는 마치 유죄판결을 받은 죄수 바로 곁에 있는 듯, 그를 도덕적으로 추상화하기보다는 실제 인물로 구체화한다. 가창자—죄인이 진실을 더 많이 토로할수록 청중에게서 인간적 연민을 더 많이 얻어내며, 이 연민은 죄인의 추상화된 도덕적 지위와 모순된다. 뉘우치는 악당의 독백은 ―그는 유죄를 선고받아 법을 완성하고 용서받아 은혜를 완성한다 ―죄인이라는 범주와 설교적 목적을 뛰어

넘어 그를 개인적 영웅으로 만든다(복잡한 구조의 교훈적 비극으로는 이만
한 효과를 낼 수 없다).

> 저의 일생에는 영원한 불이 마땅할 터이나
>
> 자비로우신 하나님께서 제 영혼을 받아주셨나이다.
>
> 내 나라여, 잘 있거라. 불의를 행하고 손에 피를 묻힌 내가
>
> 죽는 것은 너의 정의로 인因함이로다! (B-L.B., 87)

자서전적 참회가 흥미로운 것은 주인공의 영적 역할 때문이 아니라
파란만장한 삶 때문이다. 조롱하듯 세상을 들쑤신 루크 허턴의 유명
한 삶은 이를 잘 보여준다. 죄인의 대명사 허턴은 열두 명의 동료 ―
'열두 사도'라고 불렸다 ― 와 함께 부잣집을 털었다. 말썽을 부리지
못하도록 허턴에게 한직閑職인 교도관을 맡겼으나 처지가 뒤바뀌어
그가 감옥에 들어가게 된다. 허턴의 친척들은 그가 죄를 저지른 것보
다 "토지를 위태롭게 한 것"을 슬퍼했다(중죄인은 국가에 재산을 몰수당했
다-옮긴이). 허턴의 무법적인 삶은 축일祝日을 따라 펼쳐졌다. 성 누가
(루크) 축일에 태어난 그는 "생일을 기념하여 / 용감한 사내 19명에게
강도질을 했다."[7] 허턴은 자신과 같은 악행을 저지르지 말라는 상투
적인 경고를 내뱉으면서도 실제로는 자신의 범죄 행각을 보란 듯 떠
벌렸다. '나'의 목소리를 통해 교리와 경험을 분리하는 한편, 루크의
본모습과 화자가 생각하는 루크를 분리한다는 점에서 발라드의 역할
은 이중적이다.

〈경건한 발라드A Godly Ballad〉(Rox., III, 198)를 쓴 익명의 저자는 진

부한 신앙적 구절을 엮어 세월의 덧없음을 일깨우고 '은혜의 열매'를 갈망하도록 한다. 하지만 청중은 무상無常으로부터 진부한 도덕적 결론을 이끌어낼 뿐 아니라 '해소되지 않는 무상함'이라는 비非기독교적 관점을 배운다(두 관점은 모순되는 것이 아니라 서로 보완하는 관계다).

> 자식이 태어나는 것은
> 부모에게는 기뻐할 일이나,
> 자식은 눈물을 흘리며 자신의 불행을 슬퍼하고
> 우리의 죄악됨을 책망하누나.
> 자녀는 죽음의 사자使者이니
> 세월이 유수 같음을 알려주누나. …… (Rox., III, 198)

갓 태어난 아기의 울음이 아비의 죄 때문이라는 생각은 종교적 비관주의에 지나치게 빠진 탓이다. 아기가 육신으로나 영혼으로나 '죽음의 사자'인 것은 '사실'이지만 탄생을 희망으로 여기는 전통적인 관념과는 배치된다. 이 발라드가 역설적인 이유 중 일부는 작자가 여자이기 때문인지도 모른다. 익명 브로드사이드는 저자의 목소리가 추적되지 않기 때문에 극단적으로 개인적인 속내를 드러낼 수 있다. 하지만 브로드사이드의 목소리는 발라드 가창자의 문학적 목소리이기도 하다. 발라드 작사가가 자신의 페르소나를 노랫말에 담으면, 이 페르소나는 노래를 부르는 가창자의 목소리와 성격이 된다. 〈경건한 발라드〉 저자는 자신의 페르소나를 내비치며, 마치 신앙심을 돈으로 사라는 듯 도중에 발라드를 끝맺는다.

그대의 원대로 했으니

이제 대가를 주세요.

그대의 소원을 이루려니

나의 부족함이 드러납니다.

여인의 지혜가 모자란 것은

타고난 잘못이 아니라

교육을 받지 못하여

천성이 온전히 발휘되지 못했을 뿐이랍니다. (Rox., III, 199)

    가창자의 목소리는 청중을 '그대'라고 직접 호명함으로써 '메타 발라드'를 창조한다. 뒤죽박죽이 된 신앙적 시구는 어느새 사회적 역설의 고발장이 되어 있다. 이 역설은 전통적으로 천성을 보완하는 인간의 '기술'인 교육이 충족된 천성 '안에' 또한 '그보다 전에' 존재한다는 것이다. 이로부터 발라드 가창자(작자)는 용납될 수 없을 만큼 여성주의적인 사회학을 이끌어낸다. 여자는 천성적으로 현명하거나 기술이 뛰어나다. 이 같은 내재된 지혜를 완성하는 데 필요한 교육의 박탈은 천성에 반反한다. 여성이 열등하다는 교리는 사회적으로 거짓이다.

    위에서 논의한 발라드들은 종교적 '진실'과 세속적 '진실'의 불일치를 드러낸다. 미적 관점에서 보면, 이 차이는 극단적으로 개인적인 것과 극단적으로 공식화된 것의 불일치다. 여기에서 '공식화'는 실연의 상처로 목숨을 끊는 처녀나 말썽꾼 아내 같은 공식화된 인간형, 또는 불가능한 예언이나 쑥덕공론 같은 공식화된 언어 구성물을 뜻한다. 〈경건한 발라드〉에서는 저자(가창자)의 개인적 목소리가 공식화된 구조에 생생하게 끼어든다. 사회적 도덕, 가족 생활, 사랑, 돈 같은 세속적 문제를 전면에 내세우는 발라드는 가창자의 고유한 특성을 훨씬 단단하게 공식에 끼워넣는다. 살인, 강간, 유괴를 다루는 무수한 시사時事 발라드에서 노래하는 고유한 사건은 사람들이 가정하는 사회질서가 실패했음을 보여주는 사례이기도 하다.

더 흔하고 쓰라리고 매혹적인 것은 도시 중산층이나 노동자계급의 가족 사이에 벌어지는 적대와 폭력을 다룬 브로드사이드다. 〈몹쓸 운명Fortune My Foe〉의 유명한 가락은 다음 사건에 영원한 생명을 불어넣었다. "앤 월렌의 탄식. 1616년 6월 22일 토요일 스미스필드 근방 카우레인에서 아내에게 살해당한 선반공 존 월렌을 추모하며. 아내는 7월 1일에 스미스필드에서 화형당했다"(Rox., I, 85). 저자는 앤 월렌의 이야기를 실감나게 전하면서 고백적인 어조를 덧입힌다. "사랑하는 남편에게 치명상을 입혔어요. / 그리하여 사랑하는 이의 숨이 끊어졌지요"(Rox., I, 86). 이야기 중간에 생생하고 재치 넘치는 대화체 시를 선보이기도 한다. 술집을 전전하다 밤 늦게 집에 들어오는 남편이 얼마나 지긋지긋했는지 하소연하는 장면에서다. 말다툼을 하다 "그이가 일어나 귀싸대기를 올"리자, 앤은 (의도하지 않았겠지만 의미심장하게) 남편의 연장을 집어들었다.

> 그이의 배를 향해 이 끌을 던졌어요.
>
> 내가 왜 그랬을까, 그이의 창자가 쏟아졌어요.
>
> 당신이 무슨 짓을 저질렀는지 보라고 그이가 말했어요.
>
> 날 죽게 만들었으니 이제 속이 시원하냐고. (Rox., 86)

남편 존은 다음 날까지 숨이 붙어 있었다. "아내들이여, 저를 본보기로 삼아 행동을 조심하세요." 〈앤 윌렌의 탄식〉의 도덕적 교훈은 '남편을 죽이지 말라'이지만, 실제 서술된 장면은 폭력과 공격을 방어하기 위해 도덕적으로 정당한 무기를 가지고 행한 '자연스러운' 정서적 대응이었다. 거룩한 사랑이 있어야 할 곳—부부간—에서 살인을 저지르는 중대한 사회적 범죄에 대해 범죄자 자신이 제시하는 것은 도덕적 원인이 아니라 정서적 원인이다. 앤은 남편이 집안의 질서를 깨뜨린 것에 대해 고상하지 못한 말로 받아친다. 그러자 남편은 말을 주먹으로 받는 치명적인 (또한 가족의 일원으로서 정당화될 수 없는) 반격을 가한다. 그에 상응하는 물리적 반응이 죽음을 낳은 것이다. 정서적으로 보면 아내의 대응은 남편의 대응과 다를 바 없다. 하지만 브로드사이드의 '도덕적' 외양에서 겪게 되는 것은 죽음뿐이지만 해설자가 제시하는 심리적 의미에는 죽음을 둘러싼 '상황'이 포함된다. 페르소나로서의 앤이 자신의 정당하지 않은 살인을 탄식할 수 있으려면 상황이 의미가 없음을 받아들여야 한다. 브로드사이드의 청중은 살인의 모순적인 의미—죄이지만 한편으로는 이해할 만한 행동이기도 하다—를 경험한다.

집안 이야기가 실제 일어난 사건이 아니라 저자가 공식적 플롯을 이용해 꾸며낸 것이라면 또 다른 이중적 의미가 생길 수 있다. 〈적수를 만난 남편The Husband who met with his match〉(Rox., III, 224)은 재뉴어리와 메이 모티프(초서의 《캔터베리 이야기》 중 〈상인 이야기〉에서 노인 재뉴어리와 젊은 여인 메이의 결혼을 가리킨다-옮긴이)를 담은 작품이다. 한 구두쇠 노인이 나이 든 여인을 잇따라 아내로 맞고는 아내가 얼마 안 가

죽을 때마다 유산을 챙긴다. 그 뒤 구두쇠는 경솔하게도 젊은 여인과 결혼한다. 영리한 여인이 재산을 흥청망청 써대자 구두쇠는 화병에 죽고 만다. 그러자 여인은 유산을 가지고 젊은 구혼자들을 유혹한다. 이 플롯에서는 구두쇠가 (금전적 탐욕과 대조적으로) 성적 탐욕의 행위를 '실패'하는 순간 '제 꾀에 당하다'라는 공식이 탐욕을 응징하고 냉소적인 시적 정의를 실현한다. 이와 함께 모든 사회적 발라드가 여주인공을 은연중에 옹호하려는 성향이 있음을 뚜렷이 보여준다. 공식적 틀을 깨뜨리는 극적인 장면은 "넉넉 잡아도 쉰이 안 넘은" 세 번째 "나이 든" 아내가 첫날밤에 본모습을 드러내는 순간이다(남편의 욕망과 마찬가지로 거짓으로 꾸민 외모는 허상이다).

> 하얀 치아 두 줄을 입에서 꺼내어
> 조그만 둥근 곽에 넣고
> 얼굴에서 유리 의안義眼을 꺼내니
> 남편은 아내가 어떻게 된 줄 알고 기겁하더라.
> (Rox., III, 278~279)

(남편이 아내를 두려워하는 것은 외모 때문이 아니라 아내가 매독에 걸렸을까 봐서다.) 이어 아내는 가발을 벗고 의족을 뺀다. 인간의 탈을 거의 벗은 아내는 "남편의 원기를 회복시키기 위해" 남편에게 재산 창고의 열쇠를 던진다. 이로써 "……남편은 아내를 향한 연정이 일어 함께 침대로 갔다. / 남편이 아내를 끌어안았다. 그 밖에 뭐가 더 필요한가?"

인공의 여인을 창조하고 "그 밖에 뭐가 더 필요한가?"라고 말하는 발라드 작자는 단순한 성性의 의미마저 부인하는 물질만능의 상징적 세계를 구축했다. 그의 세계관은 구두쇠의 세계관과 다를 바 없다. 공식에 따른 줄거리는 도덕적 비난으로 이어지고 작자는 자신의 도덕을 미묘하게 깎아내린다. 구두쇠는 악한 것이 아니라 똑똑하지 못했을 뿐이다.

브로드사이드에서는 사회적 관계가 종종 도시 생활과 시골 생활의 차이로 표현된다. 런던 시市는 일종의 우주다. 이곳의 법칙은 기독교 신앙이 지배하는 삶과 충돌한다(또는 불가능한 도전을 건다). '시골의' 순박함을 도시에서 어떻게 유지할 수 있겠는가? 제임스 1세 시대에 이름을 떨친 다작多作의 발라드 작가 마틴 파커가 쓴 〈요조숙녀의 정당한 몫A Fayre Portion for a Fayre Maid〉(Rox., I, 365)에 나오는 여주인공은 도시를 처음 본 시골 처녀다. 발라드의 부제는 이렇다.

> 워스터셔 출신의 검소한 처녀,
> 늙으신 어머니의 선물 1마르크로
> 런던에서 한 해를 난다.
> 그녀가 모든 처녀에게 팔자 고치는 법을 가르쳐준다.

이 처녀는 도시에 사는 온갖 계층의 구혼자에게 선물을 받아 풍족하게 생활한다. 비도덕적인 독신의 페넬로페처럼, 처녀는 구혼자들에게 이루지 못할 희망을 계속 불어넣는다. 처녀는 정절을 이용해 금화를 벌면서도 (남자들이 금화를 내주고 사는 것은 남자 자신의 환상인 탓에) 여전히 정절을 지킬 수 있다.

저는 시골에서 자란

어리석은 여자이지만

네덜란드 남자, 프랑스 남자,

온갖 나라의 남자에게 청혼을 받는답니다.

스페인 남자와 이탈리아 남자는

마음을 다해 저를 사랑하겠노라 맹세해요.

어머니께서 주신 1마르크면

한 해를 날 수 있답니다. (Rox., I, 366)

부자를 좋아하고 시골뜨기 친척을 경멸하고 시골에 사는 누이가 도시에 와서 자기처럼 살기를 바라는 이 처녀는 검소함과는 거리가 멀다. 이와 짝을 이루는 또 다른 이야기에서는 한 처녀가 타락해 생판 모르는 남자의 아이를 임신하고는 사태를 무마하려고 남편을 물색한다. "처녀가 아기를 낳는 안타까운 장면이로고! / 아내인 적도 없는데 어머니가 되는구나"(Rox., III, 47). 발라드 〈서부 지방의 영리한 처녀 Witty Western Lasse〉의 극적 화자 '나'가 들려주는 것은 모험담이 아니다. 연인에게 버림받고 어떻게 살아가야 할지, 세상의 조롱과 무관심에 어떻게 대처해야 할지 고민하는 이 처녀는 자신의 심정을 독백으로 읊는다. 처녀는 지금 도덕적 어려움이 아니라 사회적 어려움에 처해 있다. 이 처녀 또한 런던에서 구원을 찾는다.

아무도 알아보는 이 없는 낯선 곳에 몸을 누이리.

배 속의 지독한 통증에서

벗어나는 날이면

처녀로 행세하리라.

아, 절대 울지 않으리! (Rox., III, 48~49)

발라드 후반부에서는, 부도덕의 소굴 도시를 이용해 역설적으로 자
신의 정절을 회복하려는 그녀의 계획을 들려준다. 아기를 낳은 뒤의
계획은 이렇다(아기의 운명은 알 바 아니다).

수수하고 단정한 몸가짐으로

상인 하나를 속여먹되

행동을 조신하게 하여

혼인을 성사시키고 말리라. (Rox., III, 49)

처녀는, 결혼으로 문제가 해결되지 않으면 아무 남자하고나 즐겁
게 살 작정이다. 이 계획이 "가증스럽다"고 말하면서도 이왕 이렇게
된 거 즐기자고 생각한다. 이 부도덕한 고백이 (처녀의 결심을 비판하는)
아이러니의 효과를 노린 것인지는 분명치 않다. 그럴 것 같지는 않다.
처녀가 중요시하는 것은 자신의 감정, 특히 절망감에서 해방되는 것
이기 때문이다. 주목할 것은, 발라드 전반부에서는 버림받고 배신당
한 여인의 가련한 처지를 내세우되 브로드사이드 뒷면의 후반부에서
는 런던에서 살아남기 위한 냉소적인 목표를 조목조목 설명하고 있
다는 것이다. 브로드사이드에서는 남자의 꾐에 넘어간 가련한 여인
과 남자를 가차 없이 속여넘기는 파렴치한 여인, 시골의 순박한 여인

과 런던의 요부라는 이중적 자아를 따로(다른 지면에서) 그러나 동등하게 표현한다. 이 작품 같은 브로드사이드의 일회성을 보완하는 것이 '불확실한 결말'이다. 사회적 발라드에서는 두 번째 부분(뒷면)이 첫 번째 부분에 대한 대답이다. 이를테면 앞면이 구혼자의 이야기라면 뒷면은 구혼을 받은 사람의 이야기다. 갈등을 해소하는 세 번째 면이 없는 것이다. 브로드사이드의 구조는 논리적이 아니라 문답식이다.

〈악착같이 모으는 자와 펑펑 쓰는 자The Userer and the Spendthrift〉(Rox., I, 129)는 이러한 비非결정성을 보여주는 좋은 예다. 돈은 미덕을 평등하게 하는 위력을 지니고 있다. 이 브로드사이드의 모토는 '아비는 벌고 아들은 쓴다'다. 전반부(앞면)에서는 아버지가 독백체 시로 자신의 재물을 칭송하고, 후반부에서는 방탕한 아들이 자신의 사치 행각을 고백하고 탄식한다. 앞면에는 아비가 금을 갈퀴로 모아들이는 장면이, 뒷면에는 아들이 금을 갈퀴로 휘젓는 장면이 목판화로 실려 있다. 두 사람의 독백은 '나처럼 살지 말라'라는 훈계로 끝맺지만, 속을 들여다보면 작용과 반작용의 필연적인 패턴 —버는 것과 쓰는 것은 계절의 순환처럼 확고하고 필연적인 패턴이다 —이 드러난다. 낭비자, 즉 '방탕한 아들'의 삶은 브로드사이드 남자 주인공의 주요 모티프다(여자 주인공의 주요 모티프는 순결을 빼앗긴 처녀다). 이같이 낭비자는 공인된 사회질서를 어지럽힌다.

16세기 말의 교훈적 발라드 〈젊은이에게 전하는 충고A Warning to Youth〉는 런던 상인의 방탕한 아들이 아버지 사후에 재산을 탕진하는 이야기다(Rox., III, 36). 아들은 근사하게 남장한 여인들로 규방을 채우고는 끊임없이 새로운 성적 자극을 찾는다. 급기야 규방을 팔아치운 뒤 "낯선 여인을 알기 위해 낯선 나라로" 여행하기에 이른다. 아들은 안트베르펜에서 과부의 딸인 아리따운 숫처녀를 만나 구애하다 술 취하게 만들어 겁탈한다. 임신한 처녀는 '서부 지방의 처녀' 신세가 되지만, 그녀와 달리 운명을 기꺼이 받아들이지 않는다.

> 그녀가 말했다. "내 태에서 숨 쉬는 이 아기는
> 결코 세상을 보지 못하리.
> 나의 사랑을 조롱하는 여인네에게
> 후레자식 소리를 듣지도 않으리. ……" (Rox., III, 39)

정절을 잃은 것보다 더 고통스러운 것은 '불명예'였다. 하지만 여인은 독주를 마셔 스스로 목숨을 끊음으로써 아기를 상징적으로 죽인다. 여인 어머니의 '과부의 저주'가 "기적 같은" 효력을 발휘해 탕아는 팔다리가 썩어 들어가고 입이 짓무른다. 하지만 발라드 작자는 "행동거지를 조심하라"라는 경고가 담긴 마지막 구절에서, 과부의 저주가 지닌 위력을 보여주는 사례로 리처드 3세와 국모國母 마거릿의 왕위 쟁탈전을 인용한다. 탕아와 몹쓸 짓을 당한 처녀와 과부의 이야기는, 특히 왕실의 역사적 비유를 통해 ―리처드 3세는 유혹하는 자의 원형原型이다― 영원한 생명력을 가진다. 발라드의 핵심은 탕아와 희생자의 극적인 만남, 관능적인 유혹 장면이며 도덕적 교훈은 부차적이다.

뉘우치지 않는 죄인이 순진무구한 여인을 배신하는 모티프는 자녀가 부모를 배신해 혈연을 끊는다는 상투적 테마로 연결된다. 〈노인과 아내를 노래한 기막힌 새 발라드A Most Excellent New ballad of an Olde

Man and His Wife〉(Rox., II, 348)에서는 빈털터리가 된 부부가 잘사는 아들의 새집을 찾아간다. 발라드 작자는 제삼자의 시점을 취하고 있지만 자신을 부부와 극도로 동일시한다.

둘은 풀밭에 앉아
신발과 양말을 가지런히 벗어놓고
깨끗한 끈을 목에 걸었다.
목숨을 걸었다. (Rox., III, 349)

하지만 간절한 애원도 소용없이("이 배에 너를 품고／이 가슴으로 너를 먹이지 않았느냐") 아들은 매정하게 부모를 내친다. "그때는 그때고 지금은 지금입니다.／그걸로 부모의 도리를 다했다고 생각하십니까?" 하지만 아들이 부모를 어떻게 대하는지 보고 있던 그의 자식들이 자기도 똑같이 해야겠다고 마음먹는다. 부모가 그랬던 것처럼 아들이 애원해보지만 자식들은 이렇게 말한다. "듣기 싫어요.／죽을 사람은 죽어야죠"(Rox., III, 351). 자식들은 아들의 재산을 차지한다. 하지만 이 소식을 들은 사촌이 "모두 잠든 한밤중에／커다란 몽둥이를 들고 와" 이 자식들을 죽이고 재산을 가로챈다. 결국 그도 붙잡혀 사형당한다. 어떤 측면에서 보면 이 이야기는 앞에서 언급한 탕아의 신비한 파멸과 마찬가지로 인과응보의 연쇄이기도 하다. 이 발라드의 노골적인 표현에서 보듯, 이는 소우주적 가족-사회가 계승하고 창조하는 자기 파괴의 '법칙'이다(여기에서는 '신성함'을 찾아볼 수 없다). 아들이 가치 체계를 창조하고 그의 자식들이 이를 뒤엎는다. 선반공 존 윌렌처럼, 이

아들은 자신을 파괴할 '자연적인' 상황을 만들어낸다. 이 발라드는 자의에 의한 선택이 어떤 결과를 낳는지 순차적으로 보여준다.

　종교적 질서와 세속적 질서가 충돌하는 패턴의 절정은 〈바스 출신의 음탕한 여인〉의 자매편이라 할 〈악마와 말썽꾼The Devil and the Scold〉(Rox., II, 366)이다. 작자는 이 브로드사이드가 순전히 귀로 감상될 것을 염두에 두고 썼다.

> 친애하는 이웃들이여, 따끈따끈한 소식을 듣고 싶다면
> 귀 좀 기울여보시오.
> 노래를 듣다가 자리를 뜨면
> 직접 읽어야 할 테니. ……

　이 노래에는 세속적 도덕이 담겨 있다. 말썽꾼에게 "세상을 속여먹는" 방법을 배울 수 있으니 말이다. 하지만 말썽꾼 아내는 급기야 사사건건 남편이 말하는 반대로 행동한다.

> 남편이 말했지. "여보, 교회에 가서
> 가장 근사한 좌석에 앉으오."
> 아내는 술집에 가서
> 마시고 드러누워 토했지. …… (Rox., II, 369)

　그녀의 청개구리 같은 행동에 매료된 악마가 아내를 지옥에 데려가주겠다고 남편과 거래를 한다. 시공을 초월하는 한 민속 발라드의 얼

개를 따라 악마는 말馬로 둔갑해 여인에게 자기 등에 올라타라고 꼬드긴다. 하지만 여인은 내릴 생각을 하지 않고 내키는 대로 악마를 몰고 다니며 마치 지옥에 있는 듯한 고통을 선사한다. 심지어 말이 자기 것인 양 귀에 표식을 달기까지 한다. 결국 악마는 자포자기하고는 지옥조차 다룰 수 없는 여인을 남편에게 도로 데려다 준다. 발라드 작자는 말썽꾼을 어찌나 싫어하는지 고객으로 받아주지도 않는다. "하지만 정숙한 남편과 아내들이여, / 가기 전에 하나씩 사주시오." 이 우스꽝스러운 상투적 표현에서 말썽꾼은 사회적 악역인 동시에 집단적 문화 영웅이다. 그녀를 구원하는 것은 자신의 악덕이 지닌 힘이다.

　지금까지 설명한 브로드사이드는 모두 사회적 진실을 바라보는 '이중적 관점'을 보여준다. 이로 인해 집단이 진실을 받아들이기가 더 힘들어진다. 16세기와 17세기 런던 길거리에서 불려진 온갖 주제와 테마에 비하면 브로드사이드는 극히 일부에 지나지 않는다. 브로드사이드는 구전문학과 인쇄 문학의 분수령에서 — 상당수가 평범한 민요를 문자화한 것이다 — 이중적인 의미와 영향력을 지닌 예술 작품이자 문화사의 형성 동력이었다는 점에서 대중문화 연구자의 관심을 받을 만하다.

_15_
종교개혁을
이끈 것은
대중이었다

활판 인쇄술의 발명이 루터의 종교개혁을 가능케 한 하나의 요인이었음은 의심할 여지가 없다. 성경이 널리 보급되지 않았다면 만인사제직("every man his own priest") 개념은 공염불에 그쳤을 것이다. 한편 종교개혁이 현대 세계의 문자해독 능력을 끌어올린 주요인이라는 것 또한 의심할 여지가 없다. 하지만 페테르 J. 클라센은 종교개혁 초기에 신구교를 선택하는 데 문자해독 능력은 필수 조건이 아니었다고 주장한다. 삽화, 발라드, 설교, 정치 연설, 토론 등은 인쇄 매체 못지않게 대중의 종교개혁운동에 영향을 미쳤다.

앞의 두 글에서 드러난 대중문화의 한 가지 측면은 클라센의 '종교개혁을 이끈 것은 대중이었다'라는 주제와 일맥상통한다. 그것은 사회적 실체이자 역사적 힘으로서의 대중이라는 개념이다. 슈레더가 머리말에 썼듯 현대 마르크스주의 학자들도 대중문화의 이 같은 측면을 강조했으며, 클라센은 자신이 다루는 주제에 마르크스주의가 기여했음을 밝히고 있다. 그중 하나가 인과관계다. 신교가 발전한 것은 오로지 지배 세력 때문일까, 대중운동의 결과일까? 클라센은 이에 대한 통상적인 대답을 언급한 뒤 여러 독일 도시의 기록을 샅샅이 꼼꼼하게 살펴보며 이를 검증한다. 그 결과 원인과 결과가 복잡하고 역동적인 패턴을 이루고 있음이 드러났다. 단순하거나 이데올로기적인 설명으로는 이를 제대로 포착할 수 없다. 이 글에는 마르케세가 언급한 약 1600년 전 고전 시대의 도시를 연상시키는 사례가 등장한다. 1529년 로트바일 시에서는 대중이 루터파에 치우치자 의회에서 이 문제를 해결하기 위해 이웃 마을의 농민들을 불러들였다. 구교를 열렬히 지지한 이 농민들은 도시 지배 계층을 도와 가톨릭이 다수를 점하는 데 협력했다.

● ●

페테르 J. 클라센 Peter J. Klassen

캘리포니아 주립대학 프레즈노 캠퍼스 역사학과 교수이며 사회과학대학원 학장을 지냈다. 저서와 논문으로 《1525~1560년 재세례파의 경제 현실*The Economics of Anabaptism*, 1525~1560》, 〈종교개혁 시기 유럽의 교회와 국가Church and State in Reformation Europe〉가 있으며 그 밖에 여러 논문을 썼다.

　　　　　　　제국의 종교개혁에 대한 가정 중에서 가장
자신 있게 천명되고 가장 널리 받아들여진 것은 '지역의 정치적 지
배 계층이 종교개혁에 대한 태도를 결정했다'는 가정이다. 역사가
들은 종교개혁이 "위로부터 부과되었다"[1]는 견해를 기정사실화했
다. 많은 연구자들은 '관료 주도적' 종교개혁을 운위하며 관료를 결
정적 요인으로 파악한다. 정책을 수립하고 집행하는 것은 정부 관료
이며 전체로서의 시민은 중요하지 않다는 것이다. 제후, 시의회, 성
직제후ecclesiastical prince 등의 관료 계층은 도시나 영지의 종교적 변
화를 결정할 영향력을 지니고 있었다. 《신新 케임브리지 현대사New
Cambridge Modern History》 종교개혁 편은 이러한 관점을 잘 보여준다.
"…… 종교개혁은 세속 권력(제후나 관료)이 선호하는 대로 진행되었

돼지로 표현된 어수룩한 독일 대중에게 '구교의 속임수에 넘어가 교황과 타협하고 루터를 저버리지 말라'고 경고하는 내용을 담고 있는 브로드사이드 팸플릿.

다. 지배 세력이 종교개혁을 억압하기로 마음먹은 곳에서는 종교개혁이 지속되지 못했다."[2] 미국의 저명한 종교개혁 전문가는 비슷한 맥락에서 이렇게 말했다. "단언컨대 사람들이 (적어도 외면적으로) 신교도가 된 것은 지배 세력이 그렇게 명령했기 때문이다."[3] 종교개혁 역사 문헌의 대부분이 비슷한 결론을 내리고 있다.

현대의 종교개혁 역사가들도 상당수가 이 가정을 당연한 것으로 받아들인다. 수긍하지 못하는 사람에게는 "지역의 종교는 제후가 결정한다cuius regio, eius religio"라는 구절을 전가의 보도처럼 들먹인다. 오언 채드윅은 펠리컨 판 《종교개혁사History of the Reformation》에서 세속 권력이 결정적 역할을 했음이 분명하다고 말한다. "북부의 함부르크에서 남부의 취리히와 제네바에 이르기까지 제국 전역에서 도시들은 새로운 교리를 순순히 받아들였으며, 시의회는 교구를 개혁하고 감독하는 임무를 선뜻 떠맡았다."⁴ 하지만 시의회가 왜 이런 역할을 맡았는지, 의사결정 과정에서 시민이 어떤 역할을 했는지는 여전히 미궁 속이다.

어떤 역사가들은 대중의 영향력과 관련해 농민 봉기를 주요한 전환점으로 지목했다. 토마스 뮌처를 비롯한 농민 지도자의 지휘하에 수천 명의 빈민이 압제자(대개는 지방 영주)에 대항하여 일어났다. 전술과 장비가 형편없던 농민군은 영주의 군사력에 상대가 되지 않았으며 반란은 농민의 피바다에 침몰했다. 일부 역사가는 이에 실망한 농민들이 그 뒤로 루터와 종교개혁에 등을 돌렸다고 주장했다. 이는 대중의 의지가 무력함을 농민이 깨달았기 때문이라는 것이다. 여러 마르크스주의 역사가들도 비슷한 결론을 내렸다. 옛 동독 역사가들의 '집단적' 역사 서술에 따르면, 루터는 착취당한 농민과 도시 노동자가 압제자에게 맞서 봉기할 기회를 제공했으나 지방 제후와 신흥 부르주아 자본가에게 경도되어 결국 1523년에 "농민·평민 대중"⁵을 버렸다. 대중이 루터의 종교적 개혁을 사회혁명의 수단으로 삼을 수 없음을 깨닫자 루터와 그의 종교개혁은 대중적 호소력을 잃었다.⁶ 이때 착취당하는 빈민에게 새로운 지도자가 등장했다. 토마스 뮌처가 "민중의 개혁"⁷(옛 소련 역사가 고故 M.M. 스미린이 붙인 이름이다)을 이끌었다. 독일 마르크스주의자 알프레트 모이젤에 따르면, 뮌처의 패배를 끝으로 종교개혁운동은 "군주의 종교개혁"⁸으로 위축되었다.

물론 마르크스주의 역사가들만 이렇게 생각한 것은 아니었다. 주요 교과서들은 농민 봉기 이후 루터주의가 "폭넓은 계급 지지"⁹를 잃었다고 주장했다. 제임스 매키넌은 비슷한 맥락에서 농민의 패배와 함께 "루터주의는 대중 교의教義에서 밀려났다"[10]고 썼으며, 오늘날 가장 저명한 역사가 중 한 명은 농민 봉기 이후 "독일의 관료 주도적 종교개혁은 제후와 귀족 편에 섰다"[11]고 주장한다.

　물론 초기의 루터주의 운동이 대중의 폭넓은 지지를 얻었음은 주지의 사실이다. 알레안드로 추기경은 루터를 지지하는 민중의 외침을 곧잘 언급했는데, 이는 당대인들이 얼마나 위기감을 느꼈는지 잘 보여준다. 하지만 대중의 열렬한 지지는 종교개혁 정책을 형성하는 결정적 요인으로 간주되지 않았다. 최근 들어 당시의 종교개혁 드라마에서 도시민과 농민의 역할이 과소평가되었다고 주장하는 연구자가 늘고 있다. 베른트 묄러[12], 프란츠 라우[13], 헬마르 융한스[14], 게르하르트 제바스[15] 등의 연구는 뒤늦게나마 이를 바로잡으려는 시도였다. 대중의 견해가 어느 정도까지 관료를 실제로 움직였는지, 대중이 왜 그렇게 행동했는지 알려면 사료를 더 면밀히 조사해야 한다. 숱한 사례에서 보듯, 관료가 종교개혁을 극렬히 반대했음에도 종교개혁은 도입되고 확립되었다. 농민 봉기 전이든 후든, 대중의 압력은 종종 결정적 요인이었다. 정치적 지배 세력의 행정 기구가 변화의 수단으로 이용된 것은 분명하지만 이것은 종종 관료를 압박한 결과였다. 관료가 대중의 압력에 굴복하기를 거부하다 자리에서 쫓겨나는 일도 있었다.

　대중의 압력이 관료의 의지를 꺾은 사례는 부지기수다. 그렇다고 해서 이런 현상이 보편적이었던 것은 아니다. 따라서 농민과 도시민이 결정적 역할을 했다고 일반화하는 것은 관료의 전능한 역할을 무비판적으로 받아들이는 것 못지않게 위험하다. 명심할 것은 종교개

Tyrannen/vnd ein Hund der tobt/   Wer die ertödt/der wirt gelobt.

혁명을 선동하는 팸플릿들은 독재자를 미친개처럼 죽이라고 주장했다.

grausamliche manigfaltigen wüterey/ deß Blutdirstigen Türcken vmb gnedige hilff.

'피에 굶주린 투르크인'이라는 널리 퍼진 이미지는 대중에게 공포를 자아냈다.

선동가들은 교황이야말로 '악마의 통치'를 가져오는 만악의 근원이라고 비난했다.

다혈질의 인문주의자 울리히 폰 후텐은 자신의 '진리'가 교황에게 승리를 거두리라 확신했다.

후텐은 자신과 루터가 교황과 벌이는 전쟁에 농민의 참여를 호소했다.

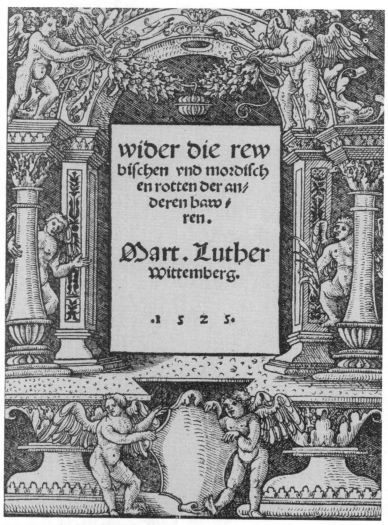

wider die rew
bischen vnd mordisch
en rotten der an/
deren baw/
ren.

Mart. Luther
Wittemberg.

.1 5 2 5.

반란 농민을 향한 루터의 격렬한 비난을 담은 팸플릿.

혁 시대에 독일이 독립공국, 제국자유도시, 사원 영지領地 같은 여러 정치 단위로 이루어졌다는 것이다. 정치 구조는 상당한 정도의 민주정에서 사실상의 독재까지, 실질적인 독립에서 대체적인 예속까지 다양했다. 이 모자이크의 모든 상황에 들어맞는 공식은 없었으며, 종교개혁에 대응하는 일관된 정책은 존재하지 않았다. 하지만 두 가지는 단언할 수 있을 것이다. 도시와 영지가 신교를 받아들이거나 가톨릭을 고수한 것은 제후나 시의회가 그렇게 명령했기 때문이 아니며, 대중이 특정한 한 가지 자극에 반응했기 때문도 아니다.

대중의 견해가 중요했음을 보여주는 한 가지 증거는 대중의 견해에 영향을 미치기 위해 막대한 노력이 있었다는 것이다. 팸플릿과 브로드사이드가 엄청나게 살포되었으며(그림 참조) 광장 등 도시 곳곳에서 대중 연설이 벌어졌다. 인구에 회자된 수많은 발라드와 민요에서 보듯 대중운동은 나름의 형태로 표현되고 확산되었다.[16] 예상과 달리 문맹은 그다지 문제가 되지 않았다. 브로드사이드의 삽화가 활자 못지 않은 설득력을 발휘했기 때문이다. 연설가(또는 낭독자) 또한 문맹의 걸림돌을 뛰어넘는 데 한몫했으며, 당시에 불린 노래들은 문자 없이도 깊은 공감을 불러일으켰다. 여러 요인으로 인해 대중이 조작에 취약했던 것은 사실이다. 하지만 자극된 대중 정서가 한쪽으로 치우쳤거나 무지의 소산이었다고 해도 그 영향력은 결코 무시할 수 없었다. 16세기 도시와 농촌을 휩쓴 것은 깨어난 군중, 그리하여 운명을 스스로 개척하고자 마음먹은 군중이었다.

하지만 대중의 압력이 승리했다고 해서 (농민전쟁 전후로) 종교개혁 찬성 세력이 승리한 것은 아니다. 시민이 기존 신앙을 고수하는 경우도 적지 않았다. 로트바일 제국자유도시는 대중운동 내부의 갈등을 보여주는 흥미로운 예다. 종교개혁이 깊숙이 침투하자, 1524년 뉘른베르크 의회에서 교황 특사 캄페조 추기경은 로트바일이 '급진 루터파lutheranissimo'가 되었다고 경고했다.[17] 그런데도 콘스탄츠 공의회에서 친親개혁적 서한을 시의회에 보냈을 때 의회는 전령을 탑에 가두었다.[18] 긴장이 높아지자 의회는 평화를 도모하기 위해 양측 지도자를 추방하려 했다. 하지만 분란을 막으려는 조치는 수포로 돌아갔으며, 시는 적대적인 두 파로 갈렸다. 양측 지도부가 대중 집회를 열고 지지자를 대규모로 규합하는 통에 1529년 7월과 8월에는 시민끼리 폭력 사태가 벌어질 지경이었다. 페르디난트 대공은 로트바일 시가 특단의 조치를 취하지 않으면 제국 고등재판소를 로트바일에서 이전하겠다고 경고했다(고등재판소는 재정 수입과 명성의 원천이었다).[19]

하지만 이 같은 경제적 압박으로도 대중의 입을 틀어막을 수는 없었다. 결국 의회는 로트바일 관할하에 있는 이웃 마을 농민들을 도시로 이주시켰다. 농민들은 보편화된 반反성직주의 정서를 공유하지 않고 옛 종교를 열렬히 추종했기 때문에 이제 구교가 인구의 다수를 점하게 되었다. 의회는 여세를 몰아 '기존 신앙을 거부하는 자는 시를 떠날 것'을 명했다. 결국 60~100가족이 시를 떠났다.[20] 로트바일은 도시민과 농민 대다수의 압박에 의해 가톨릭으로 남았다. 카를 황제는 이를 치하하며 시의 제국 재정 분담금을 15년간 유예했다.[21]

바하우를 비롯한 여러 제국자유도시에서는 종교개혁운동이 세를 얻지 못한 탓에 대중의 압박 없이도 옛 신앙을 유지할 수 있었다. 1520년대 하일브론처럼, 각각 가톨릭과 루터파를 지지하는 대중이 격렬히 맞서 힘이 양분된 탓에 시의회가 주도권을 발휘한 경우도 있었다. 하지만 한쪽이 다수가 되면 시의회의 주도권은 사라졌다.[22] 네카어 강 유역 로텐부르크 같은 지역은 대중의 확고한 지지 덕에 가톨릭으로 남았다.

북부 여러 도시도 대중의 압력이 종교에 영향을 미쳤다. 한자동맹 도시이자 대주교 관할지인 오스나브뤼크에서는 양측 지도부가 대중 논쟁으로 격돌했다. 당시의 한 연대기 작가는 루터파의 가르침이 확고한 지지를 얻어 대성당을 제외한 모든 교회에 도입되었으며, 이는 "영적 기관이나 세속적 기관의 승인 없이"[23] 이루어졌다고 말했다.

변화가 달갑지 않은 의회는 계속 저항했지만, "민중"[24]의 압박에 못 이겨 조금씩 변화를 받아들일 수밖에 없었다. 적어도 투쟁에 참여한 사람이 보기에 그 결과는 지배 세력의 뜻과는 전혀 다른 시민의 진정한 영향력을 입증했다.

'민중'(der gemeine Mann[25])이 결정적 역할을 수행했다는 증거는 고슬라르에서도 찾아볼 수 있다. 고슬라르 시의회는 거듭 기존 입장을 고수하려 했지만, 1528년이 되자 민중의 외침을 더 외면했다가는 반란이 일어나리라는 것을 깨달았다.[26] 끝까지 반대하던 뷔르거마이스터(자치체 행정 책임자-옮긴이)는 자리에서 쫓겨났으며, "광부와 민중"[27]이 종교개혁운동을 밀어붙이자 관료는 마지못해 민중의 뜻에 굴복했다. 브레멘, 조스트, 뤼네부르크, 헤르포르트에서도 변화를 거부하던 시의회가 민중의 거센 압력에 못 이겨 루터주의를 받아들였다.

각성한 민중의 힘을 가장 똑똑히 보여준 곳은 뤼베크였다.[28] 루터 지지자들은 종교개혁의 열망을 잘 보여주는 구절 "하나님이여, 하늘에서 굽어보소서Ach Gott, vom Himmel sieh darein"를 노래하며 미사를 방해했다. 하지만 시의회는 변화에 격렬히 저항했으며 둘 사이에 긴장이 점점 고조되었다. 몇 차례 충돌은 1529년 12월 10일에 절정에 이르렀다. 군중이 시 광장에 모여 루터파 성직자를 임명하라고 의회에 요구한 것이다. 의회는 이를 거부했다. 민중 측의 한 연설가가 "하나님 말씀에 따라 살고 하나님 말씀에 따라 죽을"[29] 각오가 된 사람은 손을 들라고 말하자 많은 이들이 손을 들었다. 의회는 이에 굴복해 루터파 설교자를 두 명 임명했다.

하지만 시민들은 여기에 만족하지 못하고 도시 전역에서 미사를 금지하라고 요구했다. 의회는 이번에도 저항했다. 의회는 미사를 전면 금지하면 끔찍한 결과가 생길 것이라고 경고하며 제국의회의 결정을 기다리라고 권유했다.[30] 시민들은 이 또한 거부했다. 사면초가 신세가 된 의회는 결국 무릎을 꿇고 종교개혁을 정식으로 실시하는 데 동의했다. 이에 따라 시에서는 요한 부겐하겐을 초청해 종교개혁을 이끌도록 했다.

할레 시에서는 성직자와 정치 지도자가 종교개혁을 저지하기 위해 손을 잡았으나 허사였다. 할레 시는 호엔촐레른의 알브레히트 대주교 관할하에 있었다. 그는 모리츠부르크에 거주하면서 시정市政을 통제하려 했다. 1525년 농민 봉기가 실패하자 알브레히트는 자신의 입지를 굳힐 수 있었으나 이는 일시적이었다. 루터주의가 다시 꿈틀거리자 알브레히트는 일부 의원을 몰아냈다. 이와 더불어 형제인 브란덴부르크 선제후 요아킴 1세에게 도움을 청했다. 둘은 작센 공公 게오르크, 브라운슈바이크-칼렌베르크 공 에리히, 브라운슈바이크-

볼펜뷔텔 공 하인리히와 손잡았다. 이렇듯 막강한 동맹을 맺고서도 알브레히트 대주교는 루터파의 성장세를 꺾을 수 없었다. 시민들이 루터파 인사를 시의원으로 선출하자, 알브레히트는 "옛 종교를 반대하는 거대한 의회보다는 작지만 순종적인 기독교인 의회"[31]를 선택하겠다고 공언하고는 루터를 지지하는 의원들을 면직했다. 하지만 2년 뒤인 1541년, 알브레히트는 패배를 인정해야 했다. 협상하기로 마음먹은 그는 할레 시가 새로운 조세제도를 받아들이면 신교에 대한 반대를 철회하겠다고 제안했다. 시민들은 종교적 자기 결정권의 대가로 추가적인 조세 부담을 기꺼이 받아들였다. 이에 따라 알브레히트는 세수를 늘리고 대중은 새 종교를 믿을 수 있게 되었다.[32] 얼마 지나지 않아 알브레히트는 할레 시를 떠나 자신의 교구인 마인츠의 우호적인 환경으로 피신했다.

소규모 영지와 도시국가는 이웃의 힘센 국가로부터 영향을 받았기 때문에 상황이 곧잘 복잡하게 전개되었다. 힐데스하임에서는 종교개혁이 지지를 얻기 시작하자 주교와 의회가 변화에 저항했다. 시의 단호한 소수파는 열성적 루터파인 헤세의 필리프에게 도움을 청했다.[33] 필리프와 동맹의 개입에 두려움을 느낀 시의회는 대세에 순응하여 종교개혁을 받아들였다. 외부의 위협은 종교개혁의 향방을 좌우했다. 가톨릭과 프로테스탄트 모두 이 전술을 즐겨 썼다. 독립공국이었으나 바바리아 영토로 둘러싸인 작은 백령伯領 오르텐부르크가 루터주의를 받아들이자 바바리아 공公은 군사력을 동원해 옛 종교를 되살렸다.[34] 그노이엔의 단호한 루터파 제후 요한 알브레히트 공작도 새로운 종교 질서를 도입하기 위해 군사력을 이용했다.[35] 하지만 더 작은 공국에서도 내부 요인이 영향을 미치는 경우가 드물지 않았다. 바덴 백령에서는 영주 하인리히 플라켄슈타인이 바이닝겐의 종교적 변화를 막기 위해 애썼으나 격렬한 저항에 부딪혀 실패했다.[36]

오르테나우의 빌헬름 폰 퓌르스텐베르크 백작은 새로운 가르침을 자신의 명령으로 규제하거나 금지할 수 없음을 깨달았다.[37] 리페 백령에서 루터주의의 성장을 막으려던 지배 세력은 자신들이 역부족임을 절감하고 대중의 압력에 굴복했다.[38] 이에 반해 하그 백령에서는 루터주의를 공식 정책으로 선호했으나 대중이 옛 신앙을 고집했다.[39] 슈트라스부르크, 뉘른베르크, 아우크스부르크 같은 주요 대도시 여러 곳에서는 의회가 "대중의 압력"[40] 때문에 종교개혁을 받아들였다.

이와 더불어 바바리아, 오버작센, 니더작센, 헤세 등지에서 옛 종교가 유지되거나 새 종교가 확립되는 데는 강력한 통치자가 결정적 역할을 했다. 이는 정치체제가 효과적으로 작동했거나 대중이 종교개혁을 반대했기 —이런 경우는 드물지 않았다— 때문이다. 역사가들은 제국의 많은 대중이 종교 제도의 변화를 바라지 않았다는 사실을 쉽게 잊어버린다.

사람들이 자신의 신앙에 부합하는 예배에 참석하기 위해 여러모로 노력했다는 사실은 지배 세력이 공식 종교 정책을 결정하는 동안 대중이 수동적으로 방관하지 않았음을 보여주는 또 다른 증거다. 끈질긴 가톨릭 신자들은 옛 종교를 지키기 위해 먼 거리를 왕래했으며, 전통 방식의 미사를 드리기 위해 이웃 마을이나 도시에 가는 수고를 마다하지 않았다. 프랑크푸르트가 종교개혁을 받아들이자 옛 종교를 고수하는 교구민들은 인근 보켄하임에 가서 미사를 드렸다.[41] 튀빙겐

이 종교개혁의 물결에 휩쓸리자 구교 추종자들은 인근 루스트나우를 찾았다. 슈베비슈할에서 루터주의가 승리를 거두자 많은 도시민들은 미사를 드리기 위해 기꺼이 다른 지역의 교회로 갔다.[42]

가톨릭도, 프로테스탄트도 공식 정책을 무턱대고 받아들이지 않았다. 마찬가지로 작센 공 게오르크가 루터주의를 극렬히 반대하자, 아나베르크의 농민과 라이프치히의 도시민은 자신이 원하는 대로 예배 드리기 위해 여러 시간의 여정을 감수했다.[43] 심지어 과격파를 추방하고서도 종교 정책의 통일성을 기할 수는 없었다. 공교롭게도 작센 선제후령의 프레데리크는 중요한 수입원인 성유물聖遺物을 처분할 의향이 전혀 없었다. 대중의 요구에 굴복하여 성유물을 없앤 것은 결코 그의 뜻이 아니었다.

울름 외곽의 (하지만 울름 시가 관할하고 있는 배후지인) 농민 교구에서는 종교개혁 세력이 왕성한 곳에서도 가톨릭 신앙이 유지되고 있었다. 수많은 교구민이 이웃 마을에 가서 미사를 드린다는 사실을 알게 된 시의회는 대규모 조사를 실시했다. 일부 응답자는 개인적 또는 경제적으로 어떤 결과가 닥치더라도 옛 신앙을 포기하지 않겠다고 공언했다.[44] 법원 기록에서 보듯이 신앙을 지키기 위해 고통을 감수하는 것은 프로테스탄트의 전유물이 아니었다. 기존 신앙을 고수하는 이들은 시의회의 결정도 흔쾌히 받아들이지 않았다. 통치 집단이 내린 결정에 신앙이 좌우될 수 없다는 생각은 가톨릭과 프로테스탄트가 다르지 않았다.

도시에서는 — 제국자유도시이든 제후령 도시이든 — 관료 이외의 구성원이 의사결정을 내리는 경우가 많았다. 로이틀링겐 제국자유도시는 관료 세력에 반대하는 대중의 힘을 똑똑히 보여주는 본보기다. 이곳에서는 루터의 가르침을 전파하는 마테우스 알베르가 많은 추종자를 거느리고 있었다. 1523년이 되자 상황의 심각성에 놀란 콘스탄츠 주교, 슈바벤 동맹, 페르디난트 대공은 이단의 득세를 막기 위해 손잡았다.

1523년 9월, 슈투트가르트의 합스부르크 왕가[45]는 로이틀링겐 시에서 적절한 행동을 취하지 않으면 뷔르템베르크에서 경제적 보복 조치를 단행하겠다고 경고했다.[46] 시의회는 이단 고발을 부인하면서도, 만에 하나 의혹이 사실로 밝혀진다면 시정 조치를 취하겠다고 발표했다.

페르디난트 대공이 거듭 고발장을 제출하고,[47] 거기에다 슈바벤 동맹에서 이단의 위험을 경고하자 시의회는 혐의를 벗어나야겠다고 마음먹었다. 알베르는 도시의 안녕을 위한 희생 제물이 될 터였다. 의회는 로이틀링겐에서 심문을 개최할 것을 콘스탄츠 주교에게 요청했으며, 주교는 이를 수락해 요하네스 라밍 박사를 대리인으로 보냈다. 시의회는 알베르가 대중의 지지를 받고 있음을 알기에 잠재적 위험에 대처하기 위해 여러 길드에 지원을 요청했다. 하지만 길드는 요청을 거부했다. 도시 광장에서 열린 기념비적 회의에서 길드는 의회가 태도를 바꿀 것을 요구했다. 길드는 "소의회와 대의회, 또는 전체 시민 Gemeinde"[48]을 심문하지 않으면 알베르를 심문할 수 없다고 말했다.

시의회는 시민의 단호한 반대에 부딪히자 태도를 바꾸었다. 대중의 압력이 의회의 의지를 꺾은 것이다. 뷔르거마이스터와 의회는 시민 군중의 요구에 못 이겨 "하나님의 순수한 말씀을 지키"[49]겠다는 서약에 동참했다. 대중의 힘이 막강한 정치적 압력을 이겨냈다.

페르디난트 대공은 쉽게 물러서지 않았다. 1524년 9월 18일, 그는 뷔르템베르크의 모든 주민에게 로이틀링겐과 접촉하거나 상거래를 하지 말라고 명령했다.[50] 하지만 이런 극단적인 조치에도 로이틀링겐 시민들은 결심을 꺾지 않았다. 심지어 슈바벤 동맹이 군사 개입을 들먹였을 때도 좀 더 유화적인 태도를 취했을 뿐 루터주의를 버리지 않았다.[51]

종교개혁이 진행된 수많은 지역에서 로이틀링겐의 사례가 다양하게 변주되었다. 중요한 제국자유도시 울름에서는 루터주의가 일찍이 세력을 얻자 의회에서 루터파로 의심되는 사람들을 체포하고 투옥했다.[52] 의원들은 "민중"[53]에게 호소하는 종교개혁운동이 도시의 평화와 질서를 위협한다고[54] 굳게 믿었다. 많은 이들의 눈에 선동적일 뿐 아니라 이단적으로 비친 이 운동을 금지하려고 몇 해를 허비한 뒤, 시의회는 결국 압력에 굴복해 시민에게 결정을 맡겼다. 2000명 가까운 시민이 투표에 참여했으며, 87퍼센트가 루터주의를 지지했다. 압도적인 민의를 확인한 시의회는 이를 실행에 옮겼다. 콘스탄츠에서는 대중 정서가 일찍이 결정적 —또한 억압적 — 요인으로 작용했다. 제국 대리인이 루터에게 적대적인 칙령을 발표하려 하자 장터에 모인 군중이 그를 막아섰다. 지방 사제인 요한 바네르가 루터에게로 돌아서자, 1524년에 콘스탄츠 주교 후고는 바네르를 면직하고 사제 활동을 금지하려 했다. 시의회는 주교의 뜻을 따르려 했으나 사태를 통제할 수 없었기에 바네르는 설교를 계속할 수 있었다.[55]

다른 지역에서도 대중의 압력이 분출되었다. 코부르크에서는 시민의 압력이 어찌나 거세었던지 1524년에 시의회가 무릎을 꿇었다.[56] 뮐하우젠에서는 수사 하인리히 파이퍼가 기성 종교를 거세게 공격해 1523년부터 열성 추종 세력을 거느렸다. 의회는 파이퍼에 대해 조치를 취하려 했으나 군중의 위협이 두려워 단념할 수밖에 없었다. 마인츠 대주교가 조치를 촉구하자 의회는 극단적인 변화를 피해갈 수 있는 타협안을 모색했다. 이에 군중은 의회에 일련의 요구를 내걸었다 (1523년 7월 3일). 시민들의 단호한 태도에 의회가 굴복했으나 이미 늦었다. 분노한 시민들은 의원들을 몰아내고 새 의회를 구성했다.[57]

대중의 힘을 보여주는 사례는 무수히 많지만 이따금 다른 요인이 결정적인 영향력을 발휘했던 것도 사실이다. 반反루터 세력의 군사적 지원은 낡은 질서를 유지하는 데 톡톡히 효력을 발휘했다. 슈베비슈 그뮌트에서는 종교개혁운동이 세를 얻자 시의회가 이를 저지하기로 굳게 마음먹었다. 1524년에 시민 대표가 루터파 성직자를 임명해달라는 서면 청원을 제출했지만, 의회는 이미 지방 성직자들이 "순수한 복음"[58]만을 설교하도록 교육받았다며 거부했다. 변화를 바라는 이들은 이를 받아들일 수 없었으며, 긴장이 점차 높아갔다. 결국 슈바벤 동맹이 무력으로 개입해 시의회의 손을 들어주었다.[59]

몇 년 뒤 변화의 요구가 다시 일었을 때는 슈투트가르트의 합스부르크 주지사가 지원한 군사력 덕에 이를 저지할 수 있었다.[60] 의회가 대중운동을 분쇄할 수 있었던 것은 외부의 거듭된 군사 지원 덕분이었다(시의 프란체스코주의자가 이끄는 격렬한 반反루터 운동도 한몫했다[61]).

시의회는 주요 안건을 시민들에게 맡김으로써 시민과의 마찰을 피하기도 했다. 1529년에 비버라흐 시는 슈파이어의 저항운동에 대해 어떤 태도를 취할 것인지를 시민 투표에 부쳤다. 대다수가 루터파 측에 표를 던졌으며 이 조치에 반대한 관료들은 자리에서 쫓겨났다.[62] 에슬링겐에서 루터주의의 도입을 놓고 실시한 투표에서 유권자 1076명 중에서 142명만이 반대표를 던지자 시의회는 다수의 요구를 받아들였다.[63]

메밍겐처럼 시의회가 각성된 시민의 힘을 뒤늦게 깨닫는 경우도 있었다. 이곳 의회는 처음에는 루터주의의 성장에 반대했다. 1523년 7월에 일군의 시민들이 시의회에 루터주의의 수용을 요구하자 시의회는 저항했다. 점차 종교개혁의 압력이 거세지자 구교 지지자들은 "민중"[64]의 요구에 굴복하지 말라고 의회에 경고했다. 하지만 뷔르거마이스터를 비롯해 변화를 반대하던 이들은 자리에서 쫓겨나야 했다.[65] 그러고도 시의회가 시민의 요구를 수용하는 데 지지부진하자 1524년 여름에 대중 시위가 열렸으며, 시의회는 민의를 따를 수밖에 없었다. 루터파 예배가 전격적으로 도입된 것은 1525년 초였다. 대중은 확실한 승리를 거두었다. 얼마 뒤 농민전쟁의 소용돌이에서 슈바벤 동맹이 구교를 회복하겠다며 개입했지만, 1525년 말에는 루터파 사제가 다시 임명되었다.[66] 외부의 압력과 농민의 패배에도 불구하고 시민들은 루터주의를 단호하게 밀어붙였다. 그 뒤로 슈파이어 칙령에 대해 태도를 정해야 했을 때 시의회는 시민들에게 결정을 맡겼다. 812명 중 751명이 루터주의를 지지했으며, 시의회는 이를 승인했다.[67]

명심할 것은 관료 기구가 마지못해 대중에게 굴복하기는 했지만 관료제는 여전히 시민들이 자신의 결정을 구현하는 수단이었다는 것이다. 중요한 사실은 시의회를 비롯한 통치 기구가 의사결정을 내리지 않았다는 것이다. 이들 기구는 (도시민이든 농민이든) 대중의 의지를 실현하는 도구였다. 따라서 종교개혁에 대한 대응이 단순히 '관료 주도적 종교개혁'으로 표현되었다는 — 즉 정치적 통치 기구가 대응 조치를 결정했다는 — 가정은 폐기하거나 수정해야 한다. 시의회나 제후는 종종 자신의 의지에 반하는 조치를 취해야 했으며, 시민들은 새로운 — 또는 낡은 — 종교를 열렬히 옹호하고 결정권을 행사했다. 대중의 동기는 단순한 한 가지 원인으로는 설명할 수 없다. 경제적·정치적·사회적·종교적 요인이 밀접하게 얽혀 있었기 때문에 대중의 역할을 단지 경제 정의나 참정권, 종교 자유를 위한 투쟁으로 보아서는 안 된다. 물론 제후의 군사력이 대중운동을 짓밟은 경우도 많았지만, 대중의 의지는 그 뒤로도 살아남아 지역의 종교를 결정하는 데 영향력을 행사했다. 일단 결정이 내려지면 소수파는 — 프로테스탄트든 가톨릭이든 — 제도권 예배를 거부하거나 박해를 감수하거나 다른 곳으로 이주함으로써 종교적 독립을 추구했다. 따라서 독일의 종교개혁의 향방을 결정하는 과정에서 대중의 역할을 사소한 것으로 치부하거나 물질적·영적 요인의 중요성을 경시해서는 안 된다.

_16_
계급, 세대, 사회 변화: 1636 ~ 1656년 매사추세츠 세일럼의 사례

로마 시인 유베날리스 이후로 우리가 하층계급에 대해 알고 있는 것은 대부분 풍자 작가와 엘리트 계급 관찰자에게 들은 것들이다. 식민지 시대 미국도 예외가 아니다. (미국의 개성을 발전시킨 요인 중 하나인) 문맹층 하위문화의 모습을 알려면 세라 켐블 나이트와 윌리엄 버드 같은 이들의 글을 읽어야 한다. 존 프라이는 지배적 사회와 새로 등장하는 대중사회가 만나는 법정이라는 접점에 주목한다. 프라이의 연구 대상인 매사추세츠 세일럼은 수십 년 뒤에 귀신들림의 집단 광기, 중상모략, 신정神政의 몰락으로 얼룩지게 되지만, 분쟁과 계급 충돌의 씨앗은 17세기 중반에 이미 싹을 틔웠다. 프라이는 지리멸렬한 논쟁과 혼란스러운 증언을 엮어 반反문화와 세대차의 사례를 보여준다. 이 사건에는 무지렁이 농부와 술집 종업원뿐 아니라 학구적인 청교도 엘리트의 반항적 자녀가 등장한다. 이 글은 인쇄술이 발명된 지 200년 뒤의 시기를 다루고 있지만 '인쇄술 이전의 대중문화'에 대한 글로 손색없다. 매사추세츠는 1647년에 '예로부터 현혹하는 자, 사탄old deluder, Satan'이라는 이름의 학교법을 통과시켰는데, 이로 인해 뉴잉글랜드에서 다음 세대에야 문자해독이 보편화되었으며 미국 독립 전쟁기에 이르러서야 오늘날과 같은 의미의 대중매체가 대중문화를 좌우하는 국민사회national society가 등장했기 때문이다.

● ●

존 프라이John Frye

1970년부터 일리노이 주 리버그로브 트라이튼 칼리지에서 역사와 인문학을 가르치고 있다. 오하이오 주립대학에서 석사 학위를 받았으며 UCLA에서 아프리카사史로 박사 과정을 수료했다. 이 논문의 기초 연구는 노스웨스턴 대학의 1975년 NEH 연구비 지원을 받아 수행되었다.

존　　　　　　　프　　　라　　　이

　1950년대에 흑인음악 양식이 백인 중산층 청소년에게 선풍적인 인기를 끌었다. 보수적 윤리주의자들은 이를 퇴행적 현상으로 비난했다. 이들의 비난은 청교도 사회 매사추세츠에서 300년 전에 울려 퍼진 경고를 연상시킨다. 물론 이것은 흑인음악이 아니라 문화적 변화 전반에 대한 경고였다. 매사추세츠베이 식민지는 산업화 이전 사회였지만, 1645년 청교도 엘리트와 1955년 보수주의자가 청년층의 문화적 변화에 대해 똑같이 반대 목소리를 냈다는 사실은 대중문화 연구의 중요한 공통 주제를 암시한다.

　매사추세츠의 청교도 사회에 대해서는 방대한 연구가 이루어졌다. 청교도 엘리트는 생각할 수 있는 모든 측면에서 분석되고 해부되었다. 신학과 정치학, 연애와 편지, 시와 산문, 질병과 오락 각각에 대해 수십, 아니 수백 건의 논문이 발표되었다. 경제생활에 대해서도 방대한 문헌이 있다. 하지만 인구 집단의 문화생활과 가치는 (당연하게도) 관심의 대상이 되지 못했다. 이 글에서 '청교도'는 베이 식민지 지배층 또는 (부차적으로) 교인 일반을 가리킨다. 이들이 인구의 소수라는 —절반 이하인 것은 분명하다—데는 대다수 연구자의 의견이 일치한다. 이 글에서 논의할 두 번째 집단은 형사 고발이나 민사소송, 또는 둘 다를 다루는 법원 기록에 곧잘 등장한다. 이 집단을 '계층'으로 지칭하기는 했지만 엄밀한 사회학적 정의를 염두에 둔 것은 아니다. 이들은 서로 친분이 있는 사람들의 집단일 뿐이다. 친구 아니면 적이며 대부분 경제적 하위 계층이다. 이들은 가난하거나 부유한 농민의 무일푼 아들이었다. 명심할 것은 매사추세츠베이 식민지의 인구 대다수가 두 범주 어디에도 속하지 않았다는 것이다. 대부분의 사람들은 우범 계층에도, 청교도 계층에도 속하지 않았다.

자료 출처는 대부분 에식스 군county 입스위치 읍town에 해당하는 에식스 법원 기록이다. 이 지역의 인구는 700~800명으로 추산된다.[1] 입스위치를 선정한 것은 연구의 편의를 위해서다. 입스위치는 전형적인 베이 식민지 읍이다. 1641년부터 1656년까지 입스위치에서는 군郡 법정이 19차례 열렸다.

1651년 1월, 마크 시먼즈는 "거짓말에 대해" 벌금 10실링, "세 건의 다른 거짓말에 대해 각각 5실링, 욕설에 대해 5실링"을 선고받았다.[2] 또한 일요일에 구인 영장을 집행하고 "치안판사 새뮤얼 시먼즈 씨에게 치욕스러운 표현을 쓴"[3] 것에 대해 견책 처분을 받았다. 증인이 열두 명 이상 출석하고 형사와 민사가 뒤섞인 이 사건은 예외적인 경우가 아니었다. 열두 명의 증인이 맺고 있는 기나긴 복잡한 관계를 들여다보면 지역사회 내부의 갈등과 이 갈등에 내재한 가치가 모습을 드러낸다. 이번 사례는 선행하는 사건이 있다는 점에서도 전형적이었다. 귀에 표식이 달리고 (또는 달리지 않고) 로버트 더치나 굿맨 코빈의 소유인 (또는 소유가 아닌) 돼지를 둘러싼 사건이었다. 하지만 고발 항목은 '거짓말'이었다.

고발장에 따르면, 시먼즈의 첫 번째 거짓말은 문제의 돼지에 대한 모순된 진술이었다. 파울러가 증언한바, 시먼즈는 표식이 너무 작아 보이지 않았다고 말해놓고는 "거실" 창문에서도 똑똑히 보였다고 두 번 번복했다.[4] 그런데 파울러는 시먼즈의 이 말을 인용한다.

> "조지프 파울러, 자네는 내가 자네를 고발한 줄 알고 있지만 맹세컨대 아니라네. 나는 모르는 일이야."[5]

리처드 킴볼 1세가 파울러의 증언을 뒷받침했다.

두 번째 거짓말은 대니얼 롤프의 소환에 대한 것이었다. 시먼즈는 일요일에 구인영장을 집행했을 뿐 아니라 애초에 영장에는 이름이 적혀 있지도 않았으며, 롤프는 제 발로 법원에 출석했다.

세 번째 거짓말을 증언한 사람은 존 킴볼이었다. 킴볼의 증언에 따르면 시먼즈는 조지프 파울러와 존 브로드스트리트를 "고발한 뒤에" 파울러에게 자신 고발자가 아니며 "당신을 위해서라면 어떤 일도 마다하지 않겠다"고 말했다.[6]

네 번째로 나선 토머스 위트브리지가 말하길, 시먼즈는 헨리 킴볼

이, 소 두 마리와 소년 한 명을 데리고 밭을 가는 대가로 자신에게 5실링 6다임을 지불했다고 동네방네 떠들고 다녔다. 이것은 터무니없이 높은 금액이었다.

이 사소한 고발 내용을 읽어 내려가기란 독자에게 고역일 것이다. 사실 지금 벌어지고 있는 일은 일종의 복수다. 파울러, 킴볼 부자, 대니얼 롤프, 위트브리지, 존 브로드스트리트는 모두 혈연이나 지연으로 맺어져 있다. 이들은 이 사건 전후로 벌어진 기나긴 갈등의 등장인물이다. 여느 기록과 마찬가지로 여기에서도 사람들은 청교도 법정을 입씨름 수단으로 써먹고 있다. 이들의 말다툼은 실제 사건과 별 관계가 없었으며, 정말 중요한 문제를 법정에 가져가는 일도 없었다. 시먼즈를 공격하는 증언에서 보듯이 이 사람들에게 법정은 전쟁터였다. 시먼즈의 고발은 일종의 공격이었으며, 지금 그는 연합군의 반격을 받고 있다고 생각할 것이다. 법정이 전쟁터로 이용되고 있음을 법관이 눈치챌 때도 있다. 법원은 1650년 11월에 이미 시먼즈와 킴볼의 분쟁을 해소하려 시도했으나 수포로 돌아갔다.[7] 몇 년을 질질 끈 지루한 법정 싸움에서 보듯 청교도 법정은 (사회를 지배하거나 통제하기는커녕) 재결자보다는 중재자나 심판에 가까웠다. 소송에 소송을 거듭하며 계속된 공동체 내부의 분쟁은 청교도 통치 집단이 감당할 수 없는 (또는 감당하려 들지 않는) 영역이 있음을 보여준다.

1651년 1월, 같은 회기에 회부된 또 다른 거짓말 사건은 의미심장하다. 예의 존 브로드스트리트가 조지프 뮤지를 명예훼손으로 고발한 사건이다. 뮤지는 브로드스트리트가 "로드아일랜드"[8]에서 사생아를 얻었다는 소문을 퍼뜨렸다. (킴볼 부자와 친분이 있는) 토머스 콧은 뮤지가 "[사생아들이] 자기네 아비처럼 로웰lowell 귀라서 어디서든 알아볼 수 있다"[9]라고 말했다고 증언했다. 그런데 방대한 증언을 뒤져보니 누군가 브로드스트리트가 로드아일랜드에서 여자들과 '교제'했으며, 귀에 '표시가 된dole'(필자는 dole이 lowell로 잘못 전달되었으리라 추측하는 듯하다—옮긴이) 소를 소유했다고 말한 사실이 드러났다.[10] 뮤지가 말을 잘못 알아들었는지, 브로드스트리트를 일부러 중상모략했는지는 우리의 주제와는 상관이 없다. 증언에서 밝혀진 또 다른 사실은 뮤지가 퍼뜨린 소문 때문에 브로드스트리트와 존 크로스(지역 유지인 나이든 농부)와의 사이가 틀어졌다는 것이다. 여러 증언에 따르면, 최근에 사망한 존 크로스는 이렇게 말했다. "그(브로드스트리트)를 무척 아껴서 딸아이를 줄 생각이었지. 그렇게 일러두기도 했고 …… 그런데 조지프 뮤지가 전하는 소문이 들리더군. ……"[11]

두 사건이 기독교 윤리와 진실에 대한 청교도적 강박관념을 나타낸다는 생각은 잘못이다. 두 사건은 공동체 내에서 (대부분 교회에 다니지 않는) 사람들 간의 갈등을 나타낸다. 여기에서 불거진 것은 도덕적·법적 문제지 청교도적 문제가 아니었다. 영국을 비롯한 전 세계의 전前 산업 농업 사회가 이와 다르지 않았다. 문제는 하위 계층과 청교도 통치 기구의 대립이 아니라 하위 계층끼리의 대립이었다. 청교도 법정에서 사건을 다루었다고 해서 이것이 청교도 윤리 문제가 되지는 않는다. 두 사건에서 청교도 지배 계층과 하위 계층의 법과 가치는 외면적으로 일치한다. 하지만 다른 사건에서는 외면상의 일치가 사실이 아님이 드러난다. 단지 하위 계층 내의 갈등이 청교도 법률로 표현되었을 뿐이며, 우리가 청교도 법정 기록에서 보는 것은 이 갈등의 일부다(가장 중요한 부분은 아니겠지만).

성性에 대한 가치는 청교도 연구의 주요한 테마이자 대중의 주요 관심사였다. 상당수의 법정 기록에는 세라 터너라는 인물이 등장한다.[12] 기록에 따르면 세라는 토비어스 손더스에게 "희롱하듯"[13] 물을 뿌렸다. 손더스는 이에 화답해 그녀를 붙잡았으며 둘은 한바탕 소동을 벌였다. 문제는 주위에 있던 사람들이 (법원 표현에 따르면) "저속한 행위"[14]에 눈살을 찌푸렸다는 것이다. 세라는 로버트 타일러가 자기네 "순무"[15]를 먹었다며 자기에게 입 맞추라고 유혹했다.

또 다른 등장인물 존 본드가 여러 여인에게 부적절한 처신을 했다는 증언도 나왔다. 본드는 치안판사가 "인간의 탈을 쓴 악마"[16]라고 말했다는 혐의도 받았다. 그는 1648년에 비슷한 사건으로 처벌을 받은 전력이 있었다. 또 훈련장에서 소동을 벌이고 다른 두 사람과 대포를 넘어뜨린 사건에도 연루되어 있었다. 그 와중에 조지프 파울러는 "소령" (존 엔디컷: 매사추세츠베이 식민지 총독—옮긴이)으로 추정된다)을 모욕한 죄로 벌금 40실링을 선고받았다.[17] 존 본드 1세와 토비어스 손더스(대니얼 롤프와 인척 관계였다)는 존 본드 2세를 위해 법정 보증을 섰다.

이들 사례에서는 이제 막 등장하던 하위문화의 여러 측면이 관찰된다. 첫째, 손더스가 존 본드의 법정 보증을 서고 존 본드와 조지프 파울러가 의기투합해 거친 언행을 내뱉는 것에서 우범 계층이 혈연과 지연으로 맺어져 있음을 알 수 있다. 이에 대해서는 법정 기록 곳곳에 숱한 사례가 있다. 둘째, 앞에서 언급한 '저속한' 행위는 드문 일이 아니었으며 (그 자리에 있던 많은 사람들이 성적 행위를 도발적 자극으로 여긴 것이 문제지) 음란한 행위로 발전할 가능성도 없었다. 신고된 범죄와 신고

되지 않은 범죄의 수를 비교할 수 있다면 좋겠지만 안타깝게도 이는 불가능하다. 하지만 이 같은 성적 희롱이 벌어졌다는 것은 이를 뒷받침하는 하위문화가 있었음을 입증한다. 터너, 손더스, 본드의 문제는 이런 행위를 못마땅하게 여겨 신고한 주변 사람들이 있었다는 것이다. 셋째, 존 본드는 (입스위치 하위 계층의 보편적 정서인) 체제에 대한 적개심을 보여준다. 이는 일반적으로 하위 집단이 상위 집단에 품는 전형적인 증오심이다. 이 증오심은 다양한 정치적·종교적 권위를 대상으로 한다. 토머스 스콧은 교리문답을 외라는 주의를 듣고도 이를 거부하다 벌금을 물었다. 게다가 재세례파와 어울린 탓에 죄가 가중되었다(매사추세츠베이 재세례파는 반체제적 성격을 띠고 있었다).

노동과 시간에 대한 청교도적 태도에 대해서는 많은 연구가 이루어졌다. 한 사건에서는 젊은이 다섯 명이 "적절치 않은 밤 시간에 장작과 술을 가지고 숲에 들어간"[18] 일로 법원의 엄한 견책을 받았다. 5인의 악당은 토머스 스콧, 토머스 쿡(재세례파), 조지프 파울러, 존 킴볼, 토머스 킴볼(둘은 스콧의 친척이다)이다. 법원은 아내와 이웃 주민들이 이들을 찾아나서야 했다며 불편한 심기를 드러냈다. 이것은 분명 청교도적 가치에 맞는 행동이 아니었다. 질서와 목적에 부합하는 행동에 대한 청교도의 관심을 보여주는 사건과 법률은 수없이 많다. 치안판사의 관심사는 시간이었다. 그는 남을 기다리게 하는 사람에게 벌금을 물렸으며 이따금 시간을 '잘 지키라'는 명령을 내렸다.[19] 시계가거의 없던 시절이었지만 법원은 한 시간을 네 등분으로 나누었다.[20] 반면에 여기에서 논의하는 집단은 시간에 대해 훨씬 전통적이고 전형적인 농민의 태도를 가진 듯하다. 법원의 꼼꼼한 기록을 살펴보면,

주민들은 증언할 때 정확한 날짜 대신 '미카엘 대축일 미사 중간에'나 '훈련하기 여남은 날 전' 같은 두루뭉술한 표현을 썼다. 이는 시간과 의무에 대한 청교도적 관념과 하위 계층의 관념이 어떻게 다른지를 똑똑히 보여준다. 청교도적 여흥과 오락의 토대가 되는 부, 여가, 교육을 모두가 갖춘 것은 아니었다. 시간에 대한 청교도적 관념은 그 신학적 토대를 거부하거나 이에 무관심한 집단에는 별 영향을 미치지 못했을 것이다.

  매사추세츠베이 식민지의 법정 공방 네 건에는 두 가지 서로 다른 문화 체계가 연관되어 있다. 하나는 청교도 지배 계층의 문화이고 다른 하나는 이와 동떨어진 하위 계층의 문화다. 거짓말, 성性을 대하는 태도, 시간, 여가의 네 가지 이슈는 오늘날의 사법 기준으로 보면 대체로 문제가 되지 않는다. 하지만 청교도 계층이 다른 계층에 자신의 문화를 강요한다는 관점으로는 이를 설명할 수도 이해할 수도 없다. 이 관점은 하위 집단 문화의 중요성을 간과한다. 이따금 청교도적 가치가 엄격하게 적용되더라도 하위 집단의 범죄행위가 눈에 띄게 감소하는 일은 없었다. 하위 집단의 혈연·지연 관계는 이들이 자신의 가치 체계를 유지하는 데 든든한 바람막이가 되었다. 1654년의 법원 기록에 따르면 존 본드는 치안판사에게 '당돌한 태도'로 대들어 지지자에게 찬사를 받았다.[21] 본드가 청교도 계층을 상대로 위험천만한 언행을 계속할 수 있었던 것은 주위 사람들의 호응과 부추김 때문이었을 것이다. 청교도 사회 매사추세츠에서 이 같은 하위문화가 지속된 것은 청교도의 태도와도 관계가 있다(이들의 태도는 인간 사회가 완벽할 수 없으며 언제나 악이 존재한다는 신학적 전제에서 비롯한다). 하지만 이러한 청교도의 태도에는 하위문화의 위치를 이해하는 데 실마리가 될 또 다른 측면이 있다.

청교도의 종교 경험은 성화聖化로 귀결되는 강력하고 개인적인 경험이었다. 하지만 성화는 부모에게서 자식에게 계승되지 않았다. 성화된 부모의 자녀에게는 자기 나름의 열정적인 구원 경험이 필요했다. 청교도의 저술들에는 자녀 걱정이 짙게 드리워 있다. 자녀는 연약하며, 음탕하고 사악한 자들이 나쁜 본보기가 되어 자녀를 거룩한 삶에서 일탈하게 했다는 것이다.[22] 일부 청교도는 매사추세츠의 불경한 자들에게 벗어나기 위해 뉴잉글랜드를 떠나 더 외딴 곳으로 또 한 번 이주할 것을 권하기도 했다.[23] 한 청교도는 "게으르고 불경한 젊은이와 하인 들에게서 우리 자녀를 떼어놓아야 한다"고 경고했다.[24] 청교도 신학뿐 아니라 입스위치와 매사추세츠 전역의 하위 계층이 보여준 끈질긴 생명력을 보건대 청교도의 우려에는 그럴듯한 근거가 있었다. 거룩한 시민국가를 만들겠다는 베이 식민지 창건자들의 꿈은 물거품이 되었다. 어떻게 보면 청교도 문화와 입스위치 하위문화의 충돌에서 청교도 문화는 소멸하고 하위 계층의 문화는 살아남았다. 범죄 기록이 있는 식민지 주민 상당수는 젊은이와 하인, 즉 "불경한 젊은이"와 음탕한 하인이었다. 이들의 가치는 청교도의 우려대로 신학적 규범에 승리를 거두었다.

앞에서 언급한 젊은이 상당수는 ─마크 시먼즈, 토머스 스콧, 존 킴볼 2세 ─지역 유지의 자제들이다. 아버지들은 교인이며 배심원 등의 책무를 맡고 있다. 하지만 자녀들은 하층민과 어울렸으며, 반항하고 이단에 빠지고 무례한 행동을 저질렀다. 일부는 청교도 자녀를 나뿐 길로 유혹하는 첨병 노릇을 했다. 물론 여기에는 (이 자리에서 충분히 논할 수는 없지만) 경제적·사회적 이슈도 결부되어 있지만, 서로 다른 가치 체계 중 하나를 선택하는 문화적 이슈 또한 중요한 요소다. 젊은 이가 성적으로 문란한 생활을 하거나 음주와 이단에 탐닉하는 것이 또 다른 문화 충돌의 징후일 수는 있겠지만 그 자체로 중요한 도덕적 선택인 것은 아니다.

지금까지 설명한 것들은 대중문화 연구와 어떤 관계일까? 청년 집단에 기반한 문화적 변화의 사례는 얼마든지 찾을 수 있다. 1950년대에 백인 중산층 젊은이들이 흑인음악 양식을 받아들인 것은 가장 쉽게 떠올릴 수 있는 예다. 다른 비교 사례도 끌어낼 수 있다. '젊은 세대' 문제는 역사 이전으로 거슬러 올라갈 것이다. 하지만 앞에서 설명한 입스위치의 사례와 매스컬처에 기반한 현대의 문화적 변화를 보노라면 더 포괄적인 물음이 제기된다. 사람들은 (생리적이 아니라 문화적으로) 미성숙한 세대가 성숙한 세대보다 문화적 변화를 더 쉽게 받아들인다고 생각한다. 각 계층이 저마다 판이한 문화를 가진 계층화 사회에서는 한 집단의 젊은 구성원들이 다른 계층의 가치와 태도, 신념을 흡수함으로써 변화의 물꼬를 틀 수 있다. 입스위치와 베이 식민지 전역에서 일어난 사건들은 이런 해석을 가능하게 한다. 온갖 가치를 담고 있는 오락이 대량으로 생산되고 소비되는 우리 시대의 문화는 이러한 변화의 여지가 훨씬 크다. 그렇다고 해서 문화적 변화에 다른 요인이 중요하지 않다는 말은 아니다. 하지만 나의 가설은 대중문화에서 비롯하는 사회 변화를 해석할 가능성을 열어준다.

_17_
시멘트 사자와 헝겊 코끼리: 판티족 아사포의 대중미술

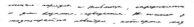

이 글은 문화 전통이 만나는 접점에서 대중문화를 탐구할 때 큰 성과를 얻을 수 있음을 똑똑히 보여준다. 도런 H. 로스의 '시멘트 사자와 헝겊 코끼리'는 전통적인 토착 사회와 확장된 대도시 체계의 접점, 현지 수공예 생산과 대량생산의 접점, 지역적 상징·가치 집합과 외부에서 부과된 상징·가치 체계의 접점을 보여준다.

판티는 현대 가나의 한 부족으로 대부분이 문맹이지만 고도로 문명화되었으며, 유럽과 멀리 떨어졌는데도 르네상스 시대 이후로 유럽의 영향을 받았다. 농경과 어로를 주업으로 하는 판티족은 속담을 비롯한 풍부한 아프리카 전통을 유지하면서도 영국의 다양한 조직·상징 형태를 받아들여 민속문화도 매스컬처도 아닌 엄연한 대중문화를 발전시켰다. 로스의 독창적인 연구는 판티족의 전통적인 대중미술인 시멘트 제단과 천 깃발에 주목한다. 로스는 미술사, 민족지학, 민속학의 방법론을 동원해, 그중에서도 토착 상징물인 코끼리와 외래 상징물인 사자에 대한 분석을 통해 미술, 사회·정치제도, 창조성을 입증하는 전통적인 재치와 지혜, 대중문화에 수반되는 활력을 발견한다.

●●

도런 H. 로스 Doran H. Ross

미술사가이며 아프리카를 중점적으로 연구한다. 아프리카 미술을 주제로 글을 여러 편 썼으며 《가나의 미술 *The Arts of Ghana*》을 허버트 콜과 함께 썼다.

유니콘, 그리핀, 천사, 인어는 아프리카 미술
의 전통적인 주제가 아니다. 대포, 비행기, 전함도 마찬가지다. 그런
데도 가나 중남부 판티족의 대중미술에는 이들 이미지가 야생동물,
숲의 정령, 전사 같은 아프리카 토속 테마와 뒤섞여 있다. 밝게 채색
된 실물 크기의 신전 조각상(그림 1)과 이에 못지않게 화려한 아플리케
깃발(그림 2)은 전통적인 판티 전사 집단의 주요 미술 양식이다. 기법
과 상당수의 소재는 유럽에서 빌려온 것이지만, 이를 토속 모티프와
결합한 것은 판티 고유의 방식이다.[1]

　판티족은 인구가 60만을 조금 넘으며 '아칸Akan'이라는 문화 · 언
어 집단에 속한다. 전통적인 21개 판티 국가를 다스리는 것은 대족장
이며 장로위원회와 소족장이 그를 보좌한다.[2] 경제는 기본적으로 자

그림 1. 비리와의 아사포 신전으로 1958년에 건축되었다.

그림 2. 1976년에 에쿰피아크라의 아사포 부대를 위해 만든 깃발로, "코끼리만이 야자나무를 쓰러뜨릴 수 있다"는 속담을 표현했다.

급적 농업과 어업이지만, 큰 부락에서는 상인과 공무원으로 구성된 중산층이 늘고 있다. 판티족은 서아프리카에서 가장 교육 수준이 높지만 성인 대다수는 아직까지도 문맹이다. 기독교가 여러 지역에 전파되었으나 토속신앙이 여전히 성행하고 있으며, 서구적 형태와 공존하는 경우도 많다.

연안의 판티 국가들은 사하라 이남 아프리카의 어떤 지역보다 더 오래, 더 속속들이 유럽과 접촉했다. 1471년에 포르투갈을 시작으로 네덜란드, 영국, 프랑스, 스웨덴, 덴마크, 브란덴부르크 등이 금과 노예를 놓고 각축을 벌였다. 유럽의 이익을 뒷받침하기 위해 1482년부터 1828년까지 해안을 따라 무역과 노예 수송을 위한 요새가 건설되었다. 황금해안의 주도권 쟁탈전은 영국이 통치권을 차지한 1872년에야 종결되었다. 영국은 1957년에 가나가 독립할 때까지 유일한 식민모국 지위를 누렸다. 이 500년 동안 유럽의 요새와 주둔군은 판티의 전통적인 전사 집단(아사포Asafo)에 깊은 영향을 미쳤다.

'아사포'는 범汎아칸적 군사 기구이지만 판티족 아사포는 남다른 예술성을 갖추고 있다. 물론 아사포의 원래 임무는 국가를 방어하는 것이었지만, 이와 더불어 상당한 정치적 영향력을 발휘했고 지금도 발휘하고 있다. 전 세계 수많은 사회에서 군사 부문은 지배 엘리트의 권력을 견제하는 균형추 역할을 한다. 아사포 집단은 궁극적으로는 족장에게 복종하지만, 족장의 선출에 밀접하게 관여하고, 취임식을 책임지며, 족장의 지배를 유지하는 데 필요한 의례에 반드시 참여해야 한다. 어떤 국가에서는 족장을 자리에서 몰아낼 권한까지 갖고 있다. 아사포의 지원을 받지 못하면 족장은 국가를 제대로 통치할 수 없다.[3]

군사적·정치적 역할과 별도로 아사포는 판티 사회에서 여러 필수적인 역할을 수행한다(또는 수행했다). 공적 영역에서는 도로와 공중위생 시설을 건설하는 일종의 공공사업 부서 역할을 했으며, 종교적 영역에서는 신을 보호하고 부족원의 장례 절차를 책임진다. 이들이 진행하는 주요 연례 축제가 적어도 하나 있으며, 특별한 날에 공동체 오락(북, 노래, 춤)을 제공하기도 한다.

전통적인 판티 국가는 아사포 부대를 2~14개 또는 그 이상 보유하고 있으며 마을마다 현역 부대가 7개까지 있다. 각 부대는 지역, 명칭, 번호로 구분한다[이를테면 케이프코스트 브로푸음바('백인의 자식들') 제5부대]. 아사포의 내부 조직은 서양 군대와 비슷한 편제를 갖추고 있다. 각 부대에는 부대장('수피' 또는 '아사포헨'이라 한다), 하급 장교, 지정된 기수旗手, 나팔수, 고수鼓手, 사제(또는 여사제)가 있다. 일부 부대는 여성 장교 한두 명이 지휘하는 여군 분견대를 갖추고 있다.

판티 아사포는 18~19세기에 자기들끼리 또한 주변 아칸 국가들과 수많은 전쟁을 치렀다. 20세기 들어 영국(그 뒤로는 가나) 정부가 아사포의 군사적 역할을 대체했으나, 부대 간의 무수한(종종 치명적인) 충돌은 여전히 아사포의 호전적 성격을 드러낸다. 라이벌 관계는 여전히 지속되고 있으며, 아사포 부대는 원래의 공적·종교적 역할을 상당수 유지하며 매우 뛰어난 사회적·친교적 조직으로서 지금도 활발하게 운영되고 있다.

한 판티족 마을에 아사포 부대가 둘 이상 있으면 부대끼리 라이벌 관계가 생기기 쉽다. 특이하게도 예술이 종종 싸움의 원인이 되기도 한다. 각 부대는 자기들만 쓸 수 있는 색상, 천 무늬, 문장紋章을 갖고 있다. 각 부대는 예술적 자산을 애지중지하기 때문에 다른 부대가 예술적 특권을 침해하는 것은 공격 행위로 간주된다. 지난 100년 동안 식민모국과 가나 정부는 이러한 배타적 권리를 법률로 뒷받침했다.

여느 판티 미술과 마찬가지로 아사포 디자인은 대개 전통적인 속담이나 잠언을 나타낸다(물론 역사적 사건이나 단순한 문양도 흔하다). 시각적 이미지와 언어적 속담의 결합은 아사포 미술을 이해하는 데 필수적 요소다. 판티족의 구두 전승 속담은 그 자체로 잘 발달된 예술이다. 속담은 보편적 문화 현상이지만, 판티족을 비롯한 아칸 사회에서는 좀 더 중요한 구실을 한다. 판티족은 성문법이 없기 때문에 부족 문제를 다루는 전통적 관습이 속담의 형태로 표현된다.[4] 현재 쓰이는 속담 개수는 수천 개에 이르지만, 아사포 미술에 자주 쓰이는 것은 250개 정도다. 속담 개수가 제한적이기 때문에 표준화된 표현이 가능하며 다른 지역 사람들이 서로의 미술적 메시지를 '읽을' 수 있다. 한편 아칸족의 정신세계에는 고도로 발전한 은유적 사고 체계가 스며 있어서 하나의 그림 속담이 다른 주제나 상황으로 확장될 수 있다. 이를테면 아사포 신전과 깃발에 흔히 등장하는 코끼리는 혼자 있거나 다른 사물과 상호작용하는 모습으로 그려진다. 혼자 있는 코끼리는 "코끼리는 숲에서 가장 힘센 동물이다"라는 단순하고 분명한 메시지를 전달하며, 이는 이 아사포 부대가 마을에서 가장 강력하다는 뜻이다. 이 메시지를 더 세련되게 표현하자면 "코끼리를 따라가는 자는 숲의 이슬에 젖지 않는다", 즉 코끼리가 수풀을 헤치고 길을 열어준다는 뜻이다. 더 복잡한 장면도 있다. 코끼리가 덫 위에 서 있는 모습은 "코끼리에게는 덫이 소용없다"는 뜻이다. 이때 덫은 라이벌 부대를 나타낸다.

그림 3. 1974년에 에쿰피에사퀴르에서 만든 80미터짜리 깃발로, "독수리조차 죽은 코끼리를 두려워한다"는 속담을 표현했다.

누운 코끼리 옆에 독수리가 있는 그림(그림 3)은 "독수리는 코끼리가 죽어도 여전히 두려워한다"는 뜻이다. 마찬가지로 (죽은 동물을 먹고 산다는 점에서) 열등한 존재인 독수리는 자기 부대보다 약한 라이벌 부대를 나타낸다. 같은 맥락에서 코끼리가 야자나무를 코로 감고 있는 매우 흔한 그림(그림 2)은 "코끼리만이 야자나무를 뽑을 수 있다"는 뜻이다. 야자나무는 숲에서 가장 힘센 나무로 여겨지지만 이 깃발의 소유자는 코끼리가 그보다 더 힘이 세다고 말한다.

코끼리라고 해서 항상 우월한 것은 아니다. 코끼리가 라이벌 부대의 상징물이라면, 코끼리와 야자나무는 이런 뜻일 것이다. "코끼리조차 야자나무를 쓰러뜨릴 수 없다." 깃발 제작자는 두 속담을 버무려 이런 해석을 내놓았다. "코끼리는 야자나무를 이길 수 없었기에 둘이 친구가 되었다." 영양이 코끼리 등에 올라탄 그림은 "코끼리는 가장

그림 4. 에쿰피에두마파의 군
사용 신전으로 1974년에 완공
되었다.

큰 동물이지만 숲을 다스리는 것은 (매우 영리한 동물로 여겨지는) 영양이
다"라는 뜻이다. 마지막으로, 코끼리 입에 손을 넣고 있는 남자(그림 4)
는 "코끼리는 거대한 동물이지만 이빨이 없어서 물지 못한다"는 뜻이
다. 이들 사례에서 알 수 있듯, 상당수의 아사포 그림은 실제의 (또는
가상의) 천적 관계를 표현하며, 이러한 언어적–시각적 메시지는 예술
을 통해 펼쳐지는 일종의 전투다. 따라서 아사포 도상의 주된 테마는
다른 부대를 깔아뭉개고 자기 부대의 힘과 영광을 과시하는 것이다.

부대 간의 경쟁을 제외하면, 아사포 체제에서는 판티 지배층의 엘
리트주의적 성격을 찾아볼 수 없다. 판티족은 모계사회라서 모계 가
문 하나가 부족장을 독점하지만, 부계적인 아사포는 민주적이며 모
두에게 개방되어 있다. 이 차이는 예술에서도 나타난다. 부족장의 문
장紋章은 금 같은 귀금속과 손으로 짠 천으로 만들지만, 아사포 문장

그림 5. 사라파아보아노의 '군함' 포수반으로, 1931년에 건축되었다.

은 쉽게 구할 수 있는 시멘트와 시중에서 파는 일반 천으로 만든다.

아사포의 예술적 표현 중에서 가장 눈에 띄고 오래가는 것은 시멘트 신전인 포수반posuban이다.[5] 만화를 연상시킬 정도로 화려한 외양은 갈색 진흙 벽을 두르고 양철 지붕을 얹은 판티 전통 가옥과 대조적이다. 1977년 당시 판티족 사회에는 61개의 포수반이 세워져 있었다. 가장 이른 것은 1883년에 건축되었지만, 절반 이상이 1950년 이후에 세워졌으며 아직 공사 중인 것도 여럿이다.[6] 군사적 신전인 포수반은 토속 건축과는 거의 관계가 없으며 해안에 늘어선 유럽 요새를 거칠게 본떴다. 판티족은 포수반을 '포수반', '초소', '신전'이라 일컬으며 '요새'와 '성'이라는 표현도 쓴다. 신전이 요새와 같은 개념이기는 하지만 세부적 형태는 대부분 교회 건축에서 빌렸다. 흥미롭게도 65개 포수반 중 5개는 중무장한 유럽 전함을 본떴다(그림 5).

그림 6. 아노마부 제6부대의 전함 포수반. 1952년에 건축되었으며, 사진은 연례 축제인 아트란비르 때 찍었다.

포수반은 실속 없이 현란하기만 한 것 같지만, 아사포 회의, 장례식, 축제가 열리는 등 중요한 구실을 한다(그림 6). 부대의 신은 포수반 안이나 위에 모셔져 있으며, 연중 지정된 시각에 제물을 바치고 기도를 올린다. 대부분의 신전에는 사람들이 활동할 만한 내부 공간이 없지만, 상당수 부대는 이곳에 북, 깃발, 제복 같은 부대 상징물을 보관한다. 포수반은 공공 기념물의 역할도 한다. 판티족에게 포수반을 왜 짓느냐고 물으면 흔히들 "마을에 중요하니까"나 "외부인에게 과시하려고"라고 답한다.

포수반에서 가장 흔한 장식물은 요새를 연상시키는 대포와 대포알이다. 네 곳은 심지어 유럽의 옛 요새에서 진짜 대포를 가져다 놓았다. 포수반의 절반 이상은 전·현직 부대 지휘관의 조각상이 하나 이상 놓

그림 7. 고모아아시쿠마의 아사포 신전. 1959년경에 건축되었으며, 사자 상과 부대의 수석 장교 동상이 놓여 있다.

여 있다. 조각상은 전통 전투복을 입고 부적을 주렁주렁 매달고 있다 (그림 7). 대포와 부대 지휘관은 대상을 직접 표현한 것이어서 속담과 연결되는 일이 거의 없다. 유달리 화려한 한 포수반의 조각들을 살펴보면 얼마나 다양한 속담이 신전에 표현되었는지 알 수 있을 것이다.

판티족 마을 레구에는 아사포 부대가 두 곳 있으며(제1부대와 제2부대) 신전 건축의 예술적 경쟁에서 보듯 치열한 주도권 다툼을 벌이고 있다. 제2부대의 포수반(그림 8)은 1936년 5월 1일에 공식적으로 문을 열었으나, 대부분의 조각상은 신전이 대규모 개축된 1960년대 중반부터 들어서기 시작했다. 신전 정면에는 부대 지휘관 두 명의 조각상이 서 있다. 말을 탄 사람은 신전을 처음 지을 때 부대장이었다. 이 승

그림 8. 레구 제2부대의 포수반. 1936년에 건축되었으며, 1960년대 중반에 개축되었다.

마상은 "말이 미쳐도 기수는 미치지 않는다"는 유명한 속담을 뜻한다. 곧 지도력이 중요하다는 뜻이다. 옆에는 또 다른 아사포헨이 저울을 들고 있다. 이것은 "싸우기 전에 적을 헤아려보라"라는 뜻이다. 행동하기 전에 상황을 살피라는 뜻으로 해석할 수도 있다. 적을 얕잡아보지 말라는 경구는 앞쪽 벽의 저울 그림 밑에 판티어로 쓴 "전쟁을 측량하라"는 구절로 거듭 표현된다. 앞과 양옆의 벽에 그려진 고기잡이 배 그림은 마을의 주업을 나타낸다.

네 구석에는 제2차 세계대전 당시의 군복을 입은 실물 크기의 병사 조각이 눈에 띈다. 많은 판티족이 황금해안 연대에 소속되어 동아프리카와 버마에서 전투를 치렀다. 이들이 귀국하면서 신전의 위대한 전사들을 장식하는 전통적인 전투복에 유럽 군복이 추가되었다. 포수반 뒤에는 천사가 책을 펴 든 채 서 있다. 이것은 부대 내 기독교인

그림 9. 레구 제2부대 신전의 세부로, 제2차 세계대전에 참전한 병사와 일련의 속담 모티프가 표현되어 있다.

을 배려한 것이며, 이교도 상징물과 기독교 상징물을 같은 신전에 배치한 것은 판티족의 종교적 절충주의를 나타낸다.

포수반 한쪽 구석에는 무릎 꿇은 병사(그림 9) 뒤로 다섯 개의 속담을 표현하는 그림이 벽에 음각되어 있다. 맨 위의 토끼풀은 장식일 뿐이지만, 아래의 손은 "손이 없으면 건축할 수 없다", 즉 지도력이 중요하다는 경구를 표현한다. 손 아래에는 머리가 둘 달린 용이 있다('푼툼엠파' 또는 '사사본삼'이라 부른다). 이 용은 현명하고 전능하지만 사악한 숲의 정령으로 통한다. "용은 하늘을 날고 땅을 파고 어디든 갈 수 있다." 용과 연관된 속담은 다소 길면서도 전형적이다. "너는 용이 나쁜 짓을 저지르려 한다고 생각한다. 용은 나쁜 짓을 남몰래 생각한다. 용을 만날 때는 이미 늦었다." 제2부대는 푼툼엠파를 자신의 상징물로 내세우며, 상대방이 제2부대의 힘을 예측하더라도 전혀 대응할 수 없으리라고 말한다. 더 간단한 속담도 있다. "날 수 없다면 사라지리라", 즉 무슨 짓을 해도 제2부대에게서 벗어날 수 없다는 뜻이다.

그 아래의 도마뱀은 "도마뱀이 지은 집에 쥐는 들어올 수 없다"는 속담을 표현한다. 이것은 제2부대의 공로를 가로채지 말라는 뜻이다. 도마뱀 오른쪽에는 활과 화살을 든 사람이 가상의 카멜레온을 겨냥하고 있다. 이 그림은 "너무 빨라도 화살을 맞고 너무 굼떠도 화살을 맞는다", 즉 알맞은 속도와 알맞은 방법으로 일을 처리하라는 뜻이다. 마지막으로 맨 아래에는 둔덕에 꽂은 깃대 양옆으로 두 사람이 서 있다. 아사포 말로는 "모든 동물이 깃발(아사포 행사를 나타낸다)을 보여주려 나와도 쥐가 빠지면 아무도 깃발을 보여줄 수 없다"며, 모든 사람이 중요하고 단결이 성공으로 이어짐을 뜻한다.

다시 신전 앞으로 오면, 2층에 한 여인이 서아프리카 전통 놀이인 와리 판 앞에 앉아 있다. 여인은 여성 분견대 지휘관이며, 와리에서 자기를 이겨보라고 제1부대를 도발하고 있다. 아사포는 카드, 체커, 와리 같은 놀이를 전쟁의 은유로 즐겨 사용해 자기 부대의 용기를 과시한다. 2층에는 노란색 사자와 초록색 사자(제2부대의 색상이다)가 두 마리씩 있다. 사자는 제2부대의 상징이며, 표범은 제1부대의 상징이다. 제2부대는 "죽은 사자가 산 표범보다 훌륭하다"고 말하는데, 이는 제2부대가 최악의 조건이고 제1부대가 최상의 조건이라도 전자가 후자보다 낫다는 뜻이다. 시멘트 대포와 대포알, 양날검은 세로로 서 있는 역기 모양과 더불어 부대의 군사력을 나타내는 상징이다. 역기 모양은 대포알이 어떻게 만들어지는지 보여준다. "네가 우리 무기를 빼앗아도 얼마든지 더 만들 수 있다." 2층 아치에 그려진 식물은 브레비아로, 가나의 키 큰 나무를 덮은 흔한 덩굴식물이다. 아사포는 자기들이 브레비아처럼 어떤 어려움도 이겨낼 수 있다고 말한다.

신전 꼭대기에는 코끼리가 코로 야자나무를 감은 채 서 있다. 레구에서는 이 상징물을 달리 해석한다. "코끼리가 야자를 떨어뜨리면 코끼리만이 종려주酒를 맛볼 수 있다." 이것은 도마뱀 그림과 마찬가지로, 남의 공로를 가로채지 말라는 경고다. 판티족은 종려주를 '전쟁 의약품'이라 부르며 중요시한다. 신전 네 구석의 종려주 단지가 이를 잘 보여준다.

시멘트 조각들은 신전을 장식하고 있지만 주제는 완전히 세속적이다. 지금까지 설명한 속담은 아사포뿐 아니라 일상생활에도 적용된다. 이를테면 "날 수 없다면 사라지리라"는 속담을 써서 아이에게 집안일과 책임을 피할 수 없음을 가르칠 수 있다. "말이 미쳐도 기수는 미치지 않는다"는 속담은 제 팔자를 가지고 남을 탓하지 말라는 뜻으로 해석할 수 있다. 여러 신전에서 발견되는 수탉 상을 보면 채무 분쟁에서 흔히 인용되는 속담인 "수탉이 딴 마을 가서 울까 봐 사지 않는다"가 떠오른다.[7] 아사포 미술의 다의성은 조각상의 생명을 연장시킨다. 이를 통해 상징이 더 생생하게 인식되며 '대중'미술의 성격이 더 분명히 드러난다.

아사포 신전의 흔한 상징물들은 출처가 다양하다. 하지만 많은 모

그림 10. 1920년에 건축된 탄톰의 포수반으로 꼭대기에 비행기가 놓여 있다.

티프는 영국 식민지 경험의 직간접적 산물이다. 유럽 요새를 본떠 포수반을 짓고 대포로 장식한 것이 좋은 예다. 전함과 비행기(그림 10)는 군사적 힘을 과시하는 수단으로서 유럽 병사, 해군 장교, 원주민 경찰, 현대 경찰 등과 비슷한 위치에 있다. 다른 모티프들은 영국의 영향이 뚜렷하지 않다.

세 번째로 자주 등장하는 모티프(신전 31곳에서 발견된다)인 사자는 언뜻 보기에는 토착 상징물로 착각할 수도 있다(그림 11). 하지만 사자는 주로 초원에 사는 동물로서, 판티의 울창한 숲과 아칸 대부분의 지역에서는 찾아보기 힘들다. 반면에 숲에 사는 표범(신전 16곳에서 발견된다)은 이 지역에 비교적 흔하다. 이는 언어에도 반영된다. 사자를 뜻

그림 11. 1950년에 건축된 에냔덴퀴라 신전의 사자, 대포, 브레비아(부분).

하는 아칸어 '기아타^{gyata}'는 가나 북서부 초원 지대에 사는 만데족 언어에서 차용한 반면, 표범을 뜻하는 '오세보^{osebo}'는 토착어다.[8] 크리스탈러가 1879년에 작성한 3600개의 속담 목록에 따르면 사자가 나오는 속담보다 표범이 나오는 속담이 네 배 더 많다.[9]

판티 미술에서 사자와 표범의 관계는 흥미로운 문제를 제기한다. 사자는 '쿠두오^{kuduo}'(놋쇠 용기容器 ─옮긴이)와 금 분동^{goldweight}(금의 무게를 재는 기준이 되는 조각상 ─옮긴이) 같은 오래된 미술 양식에서는 거의 찾아볼 수 없으나 표범은 두 양식 모두에 가장 흔히 등장한다.[10] 쿠두오와 금 분동 제작이 중단된 시기가 1900년경이니까 사자가 판티 미술의 상징물로 이용된 지는 얼마 되지 않는다. 그런데도 사자와 표범이 함께 등장하는 두 속담에서는 사자가 표범보다 뛰어난 동물로 묘사된다. "죽은 사자가 산 표범보다 훌륭하다." "표범의 종려주 단지에 입을 댈 수 있는 것은 사자뿐이다." 하지만 사자가 표범보다 더 강한 상징이라면 이전의 미술 양식에는 왜 등장하지 않았을까? 그것은 사자가 실제로 유입된 것이 비교적 최근이기 때문이다.

영국인이 사자를 판티족에게 소개하지는 않았지만 사자를 인기 있는 동물로 만든 것만은 분명하다. 아칸족은 유럽 문장紋章에 무척 매료되어 토산품인 의자, 빗, 북 등을 이런 문장으로 장식했다. 물론 사자는 유럽 문장에서 가장 흔한 상징이며 영국과 네덜란드 왕실 문장에도 등장한다. 이들 문장은 서아프리카 지배층 사이에서 유럽의 권위를 나타내는 상징으로 널리 쓰였다. 하지만 사자는 요새 입구, 육군과 해군의 깃발, 선수상船首像, 군복 단추, 빅토리아식 의자, 문고리, 닻걸이cathead 등 식민 지배와 연관된 수많은 제품에서 찾아볼 수 있다. 의심할 여지 없이 사자는 황금해안에서 유럽의 힘을 나타내는 가장 보편적인 상징이었다. 판티족이 유럽의 힘을 상징하는 요새와 대포를 열심히 받아들였음을 볼 때 '유럽' 사자가 인기를 누린 이유를 이해할 만하다.

유럽 문장에서 빌려온 상징은 사자만이 아니다. 오보헨 포수반에 설치된 유니콘(그림 12)은 영국 왕실 문장의 유니콘을 연상시키지만, 더 중요한 사실은 가나 연안에서 손꼽히는 무역회사를 소유한 스완지 가문의 문장이었다는 것이다. 유니콘은 상표 역할을 했으며 천에 찍거나 놋쇠 제품에 새기는 등 이 회사의 제품 대부분에서 찾아볼 수 있었다. 현재 유니콘은 F&A스완지 사의 후신 유나이티드아프리카컴퍼니의 상징이다.

사자도 여러 서아프리카 회사의 상징물로 쓰였다. 판티 같은 문맹

그림 12. 오보헨의 포수반. 1945년경에 건축되었으며, 유니콘 조각은 1960년대에 덧세운 것이다.

사회에서는 문장紋章과 상표가 회사의 정체성을 확립하는 데 중요한 역할을 했다. 회사의 상징은 판매점의 장식으로, 화물선의 표식으로, 제품의 상표로 쓰였다. 회사들은 대개 상징물로 구분되었으며, 아프리카인이 알아보기 힘든 유럽식 이름보다는 '사자 회사'나 '유니콘 회사'로 통했다.[11]

아사포 신전에 자주 등장하는 상징물 중에는 출처를 밝히기 힘든 것도 있다. 코르만티네, 엘미나, 사라파아보아노에서 발견되는 인어(그림 5)는 서아프리카에 널리 퍼진 상징이며 예로부터 '마미와타 Mammy Wata'라 불린다. 이 모티프는 과거에 해안을 오간 선박의 선수상船首像에서 유래했을 것이다.[12] 솔트폰드 로타운의 그리핀은 기원을 알 수 없다. 하지만 이것이 그리핀임은 분명하다. 아래에 '그리핀 griffin'이라는 단어가 돋을새김되어 있었기 때문이다(읽을 수 있는 사람은 거의 없겠지만). 독수리도 기원이 불분명하다. 포수반에는 흔히 등장하지만 판티족 속담이나 민간전승에서는 거의 찾아볼 수 없다. 독수리는 유럽 문장紋章에서 가장 흔한 새이며, 판티족의 독수리 상징과 마찬가지로 종종 머리가 여럿 달린 모습으로 표현된다. 푼툼엠파(또는 사사본삼)는 코카트리케, 와이번, 그리핀 같은 문장紋章 속 괴물을 닮았지만 이것은 단순한 우연의 일치일 것이다.

코끼리와 야자나무 모티프가 자주 등장하는 것은 영국 식민 지배의 영향 때문일 것이다. 영국은 야자나무 앞에 서 있는 코끼리 옆모습을 황금해안 식민지의 상징물로 삼았다. 이 상징은 우호적인 부족장에게 선물하려고 대량생산한 메달과 부족장의 공식 대리인을 나타내는 전령의 지팡이에도 새겨져 있다. 더 중요한 사실은 영국 요새에서 이 상징물을 찾아볼 수 있다는 것이다. 코끼리가 코로 야자나무를 감고 있는 판티족 전통 상징이 아니라 영국의 양식을 채택한 아사포 신전이 적어도 하나 있으며, 대부분의 아사포 집단은 두 양식에서 영국을 떠올린다.

유럽의 영향을 받은 또 다른 일상적인 아사포 모티프로는 맹꽁이자물쇠와 열쇠, 시계가 있다. 판티족이 자물쇠와 열쇠를 상징으로 이용했다는 사실은 이미 1602년에 데 마레이스가 기록한 바 있다. "그들은 서랍이나 벽장이 없으면서도 근사하게 보이려고 허리띠에 열쇠를 매달았다."[13] 유럽인의 수중에 있던 맹꽁이자물쇠는 사람을 감금할 수도, 들어오지 못하게 할 수도 있었다. 판티족은 자유와 노예 신세를 좌우하는 이들의 권력을 절감했다. 아사포가 자물쇠와 열쇠를 상징물로 쓰는 이유는 부족이나 국가에서 자신의 권력을 상징적으로 과시하기 위해서다. "우리는 나라의 자물쇠이자 열쇠다. 우리가 움직이기 전에는 아무도 움직일 수 없으며, 우리가 동의하지 않으면 어떤 결정도 내릴 수 없다." 몇몇 포수반에 놓인 쇠사슬도 같은 맥락이다.

시계는 행동을 통제한다는 점에서 권력을 상징한다. 해안 마을의 삶을 지배한 것은 '제 시간에 일을 처리한다'는 서구식 사고였다. 시각을 알리는 수단은 깃발을 게양하고 대포를 발사하고 종을 울리는 것이었다. 판티족은 시간을 지배하는 자가 사람을 지배한다는 사실을 똑똑히 깨달았다. 아사포 신전의 멈춰 선 시계는 이 같은 권력을 나타낸다. 고정되어 있는 시각은 신전마다 다르다. 부대의 힘을 더욱 실감나게 표현하기 위해 중요한 전투가 시작된 시각이나 끝난 시각에 시계를 맞추어놓은 곳도 있다.

아사포 미술에 영향을 미친 마지막 요소는 기독교다. 아쾀에 있는 신전 두 곳에는 그리스도가 그다지 성경적이지 않은 몸짓으로 아사포 부대를 축복하는 조각상이 놓여 있다. 포수반 네 곳의 천사는 일반적으로 '신의 전령'을 나타낸다. 기독교의 전형적인 악마는 문장紋章의 괴물과 전통적인 푼툼옘파(또는 사사본삼)의 형태를 접목해 여러 개의 머리, 날개, 뾰족한 꼬리, 삼지창, 뿔을 가진 근사한 잡종 괴물로 표현된다. 앞서 설명한 전지전능한 숲의 정령이 이것이다. 마지막으로 색다른 사례가 하나 있다. 아담과 이브가 사과나무 옆에 서 있는 장면은 엘미나의 아사포 제4부대가 이 마을의 '웜비르Wombir'(최초의) 부대임을 나타낸다.[14]

영국에서 유래한 상징에서는 토속 모티프에 연결된 것과 같은 풍부한 속담을 찾아보기 힘들다. 하지만 이 같은 식민지의 흔적은 판티 미술에 속속들이 퍼져 있다. 식민지적 맥락에서 아사포 포수반으로의 전환은 영국의 권력을 상징적으로 재현한다.

그렇지만 유럽풍 모티프가 전부 정치적 의도를 지닌 것은 아니다. 유리병 같은 평범한 물건도 아사포 디자인에 영감을 주었다. 여러 신전에서 발견되는 순전히 장식적인 클럽 모양(♣)은 클럽 맥주라는 이름의 현대식 술에서 따온 것이다. 고모아타르콰 포수반의 황새stork는 로열스토크 진의 병에 새겨진 상표를 본떴다. 고모아데비소에는 종려주 단지 옆에 시멘트 맥주병이 서 있다. 이 상징이 의미하는 바는 "세상 그 무엇도 맥주를 이길 수 없지만 종려주만은 맥주를 이길 수 있다"는 속담으로, 전통적 사물과 가치가 현대적인 것보다 뛰어나다는 뜻과 더불어 데비소 아사포 부대가 이웃의 타락한 부대들보다 뛰어나다는 뜻을 지닌다. 흔히 눈에 띄는 또 다른 아사포 모티프로는 유리병을 공격하는 흰개미가 있다. 판티족이 말한다. "흰개미는 무엇이든 먹을 수 있지만 병만은 먹지 못한다." 말하자면 누구에게나 천적이 있다는 뜻이다.

문화적으로 변용된 모티프 이외에 온전한 토속 상징 또한 판티족 대중문화의 큰 몫을 차지한다. 외래 상징의 예를 더 살펴보기 전에 토착적인 판티 아사포의 예술 형태를 소개하겠다. 깃발(프랑카)은 시멘트 포수반과 같은 역할을 하지만, 가지고 다닐 수 있고 움직인다는 점이 다르다. 판티족 사회에는 포수반이 61개밖에 없지만, 아사포 깃발은 부대마다 20~25개씩 무려 3000개로 추산된다.

전형적인 아사포 깃발은 가로가 1.8미터, 세로가 1.2미터가량이며, 평범한 면 헝겊을 기계와 손으로 오려 붙인 아플리케 작품이다. 깃발

그림 13. 아노마부 제6부대의 새 깃발은 대족장을 승인한다는 뜻이다.

을 새로 제작하는 때는 주로 아사포 지휘관을 임명하는 경우다. 새 지휘관은 새 깃발 제작을 의뢰하고 비용을 대야 하며, 이렇게 만들어진 깃발은 부대의 공유 재산이 된다. 모티프를 바꿀 때는 다른 부대의 특권을 침해하지 않도록 대족장(그림 13)과 투포헨, 즉 아사포 연합 부대 사령관의 공식 승인을 받아야 한다. 낡아 헤어진 깃발을 갈거나 낡은 모티프를 현대적으로 —이를테면 범선 전함을 제2차 세계대전 당시의 구축함으로 —바꾸기 위해 깃발을 새로 제작하기도 한다. 낡은 깃발은 과거의 전투와 앞서 간 부대원을 기리고 부대 고유의 색깔과 천, 상징을 입증하기 위해 고이 간직한다.

깃발을 전시하는 경우는 대부분의 주요 축제, 새 지휘관의 임명, 부대원 장례식 등이다. 전시 방법에는 여러 가지가 있다. 대다수 부대는 포수반 위나 근처에 세운 깃대에 깃발을 게양한다. 영내를 가로질러 빨랫줄처럼 깃발을 죽 걸어놓은 곳도 있다. 하지만 깃발을 전시하는 주요 방법은 전문 훈련을 받은 무용수가 펼치는 정교한 무용 동작이

그림 14. 레구의 깃발 춤.

다(그림 14).

깃발은 포수반의 여느 요소와 마찬가지로 유럽의 군사적 과시 전통에서 비롯했다. 물론 모든 해안 요새에서는 깃발이 쉽게 눈에 띈다. 가나가 유럽과 접촉한 500년 내내 가나 해안을 가득 메운 연대기와 해군기, 국기의 다채로운 물결은 깃발 생산의 기폭제가 되었다. 가나 해안 지역에서 깃발을 현지 생산한 지는 300년이 다 되어간다.[15] 케이프코스트 성 책임자가 쓴 편지에서 보듯, 우리가 알고 있는 아사포 전통은 1859년에 완전히 만개했다.

각 부대는 위대한 전통을 세울 때, 다른 부대와 마찰이 없을 경우 원래의 '부

15   16

그림 15. 1974년에 공개된 아베아제도미나세 아사포 제1부대 신전의 무장한 여전사(부분)로, "우리 여인들이 전쟁을 준비하면 남자는 무얼 하나?"라는 속담을 표현했다.

그림 16. 아노마부 제6부대의 깃발 모티프로, 그림 15와 같은 의미를 표현했다.

대기旗'를 가지고 마을 곳곳을 지나간다. 하지만 다른 부대를 모욕하고자 할 때는 도발적인 뉘앙스가 담긴 깃발을 들고 그 부대의 영역을 통과한다.[16]

현대의 깃발에서는 군사적 신전의 모티프를 많이 찾아볼 수 있다. 이를테면 그림 15와 16의 무장한 여인은 "우리 여인들이 전쟁을 준비하면 남자는 무얼 하나?"라는 잘 알려진 속담을 연상시킨다. 하지만 아사포 부대의 속뜻은 여성주의의 부활을 예견하는 것이 아니라 우리 여자들이 이렇게 강인하고 훌륭한 무장을 갖추고 있으니 남자는 훨씬 강하지 않겠느냐고 으스대는 것이다. 여기에서도 아사포의 배타주의가 지배적 테마로 작용하고 있다. 코끼리가 코를 야자나무에

그림 17. 에쿰피에사퀴르 깃발의 세부로, "원숭이는 갈 수 있는 만큼만 뛴다"는 속담을 묘사했다.

감고 있는 장면은 두 양식에서 고루 나타나는 모티프다(그림 2). 그림 2에는 새가 사람 머리 위에 앉아 있는 두 번째 장면이 코끼리 장면과 짝을 이룬다. 판티족 속담에 "유별난 일에는 유별난 원인이 있다"는 말이 있다. 여기에서 유별난 일은 사람 머리 위에 새가 앉아 있는 것이고 유별난 원인은 코끼리가 숲의 나무를 모두 쓰러뜨렸다는 것이다. 이 그림은 남들의 이상한 행동 뒤에 어떤 이유가 숨어 있는지 생각해보라는 충고다. 이 이야기를 들려주는 것은 옆에 지팡이를 든 남자다.

판티족 마을에서는 작은 깃발뿐 아니라 길이가 90미터에 달하는 커다란 아플리케 깃발도 있다. 특별한 날이면 이 깃발을 기다란 장대로 꿰거나 뱀처럼 구불구불하게 받쳐들고는 마을을 행진한다. 에쿰피에사퀴르의 80미터짜리 깃발에는 신전과 작은 깃발에서 볼 수 있

그림 18. 에쿰피에사쿼르 깃발의 그림으로, "고양이 목에 걸린 주머니는 쥐가 결코 손대지 못한다"는 속담을 표현했다.

는 30가지 모티프가 그려져 있다. 그중 몇 가지만 살펴보자. 이 나무 저 나무로 뛰어다니는 원숭이(그림 17)는 "원숭이는 갈 수 있는 만큼만 뛴다", 즉 과욕을 부리지 말라는 속담을 표현했다. 쥐 네 마리와 맞서고 있는 고양이(그림 18)는 "고양이 목에 걸린 주머니는 쥐가 결코 손대지 못한다"는 뜻이다. 당연히 고양이는 깃발을 가진 부대를, 쥐는 라이벌 부대를 나타낸다. 대가리가 없는 생선 옆에 파리가 들끓는 장면(그림 19)은 "파리는 어떤 생선이든 먹을 수 있지만 절인 생선만은 먹지 못한다"는 속담을 표현했다. 절인 생선은 라이벌 부대(파리)가 건드릴 수 없는 에사쿼르 아사포를 나타낸다.

시멘트 신전과 아플리케 깃발은 판티 아사포에서 가장 눈에 띄는

그림 19. 에쿰피에사퀴르 깃발의 그림으로, "파리는 어떤 생선이든 먹을 수 있지만 절인 생선만은 먹지 못한다"는 속담을 표현했다.

미술 형태이기는 하지만 유일한 형태는 아니다. 복식服飾, 노래, 북 연주, 무용이 서로 상승작용을 일으키며 전쟁터의 이미지를 만들어낸다. 심각하면서도 종종 호전적인 아사포 이미지는 기본적인 사회적 가치의 표현을 통해 순화된다. 게다가 집단 정체성과 동지애를 다지는 소재에서는 미국 대학 사교 클럽의 노래와 상징물을 연상시키는 일종의 유희성을 찾아볼 수 있다. 아사포 미술은 점점 인기를 더해가고 있으며 전통과 현대의 조합으로 계속 발전할 것이다. 여러 면에서 아사포 미술은 관습의 산물인 동시에 관습의 끊임없는 진화를 가져오는 촉매이기도 하다.

대중문화의 방법론과 참고 문헌

프레드 E. H. 슈레더

　　　　　　방법론을 논하기 전에 대중문화를 학술적으로 연구하는 목적을 짚고 넘어가겠다.

　모든 학술적 연구의 배후에는 단순한 원인 — 호기심 — 과 단순한 목표 — 호기심의 충족 — 가 있다. 하지만 단순하다고 해서 깊이가 얕은 것은 아니다. 개와 고양이도 호기심을 가지고 있지만, 인간의 호기심은 한계가 없으며 '우리는 왜 이렇게 행동하는가', '인간 존재의 목적과 본질은 무엇인가'와 같은 문제를 탐구하기 때문이다. 철학자와 신학자는 이 같은 물음을 일상적으로 직면하지만 일반인이 이런 물음을 묻는 경우는 위기가 닥쳤을 때뿐이다. 인문학과 사회과학 분야의 학술 연구자에게는 '심층 구조'로서 모든 연구 아래 깔려 있을 심오한 철학적 물음이 사소한 사항과 지엽적 문제, 정교한 방법론에 가려질 때가 많다. 게다가 학자들은 큰 물음을 전체로 다루기보다는 자신의 관심 분야에 가장 가까운 일부만 떼어 연구하려 한다.

대중문화 분야의 큰 물음은 이것이다. "하루하루의 삶에는 어떤 의미와 가치가 있는가?" 달리 표현해보자. 당신은 오늘 밥을 먹고, 신문을 보고, 부가세를 내고, 텔레비전을 시청했다. 그래서 어쩌라고? 그게 나랑 무슨 상관인데? 이런 일들이 아무 의미가 없다면, 아무 가치가 없다면, 인간으로서 우리의 존재 또한 의미와 가치가 없지 않겠는가? 윌리엄 셰익스피어는 일상에서 의미를 찾는다는 평범한 문제를 맥베스의 예외적인 삶에 비추어 드러냈다. 맥베스는 역사책에서나 볼법한 괴상한 사건을 겪은 뒤 인간은 바보가 이야기하는, 소란으로 가득한, 아무 의미도 없는 이야기의 등장인물에 지나지 않는다고 결론 내린다. 국제적 분쟁에 몸담고, 운명을 거스르려다 성공과 실패를 맛본 맥베스가 이렇게 말했다면 평범한 우리의 어제와 오늘, 내일은 과연 어떤 의미를 지닐까?

따라서 대중문화 연구는 아무리 학술적 방법을 취한다 해도 그 본성은 냉철한 객관성이 아니다. 일상의 존재에서 의미를 이끌어내려는 시도인 것이다. 무엇보다 대중문화 연구의 방법은 평범하고 이름 없고 사소하고 일상적인 것을 택해 걸작과 지도자와 위대한 사건 못지않은 진지한 관심을 기울이는 것이다. 이 책에서 먼 과거의 사회에 이 방법을 적용한 것은, 과거인의 일상생활이 의미를 지니고 있듯 (보편적 관심사와 주된 연구 추세에 현혹되지 않고 애정과 공감을 발휘한다면) 우리의 삶도 가치를 지니고 있음을 보여주려는 의식적인 노력이었다. 이것이야말로 대중문화 연구의 가장 원대한 방법이며 '그래서 어쩌라고?', '그게 나랑 무슨 상관인데?'라는 물음에 대처하는 자세다.

하지만 학문에서 논하는 '방법'은 이 같은 거대한 이상이 아니다. 그보다는 비판적이고 분석적인 접근법, 연구하고 결과를 발표하는 엄격한 토대를 말하는 것이다. 이를테면 나는 대학원 시절에 '미국학'이라는 신생 분야에서 훈련을 받았다. 미국학은 20년 넘도록 자신의 '방법'이 무엇인지 자문했다. 열매다운 결과는 없었지만 소용이 없지는 않았다. 이론적 논증과 방법론적 도그마는 유용한 출발점이 될 수 있다. 단 추상적 완벽성의 추구가 실천의 걸림돌이 되어서는 안 된다. 따라서 방법론은 실질적existential이며 절충적eclectic이어야 한다. '실질적'이란, 물음에 답하는 '방법'이 실천에 있지 실천에 대한 이야기에 있지 않다는 뜻이다. 물음에는 그 물음에 답하기 위한 방법이 담겨 있다. 이를테면 시기를 궁금해하는 물음에는 역사적 방법이 내포되어 있으며, 이유를 궁금해하는 물음에 답하려면 여러 접근법 중에서 취사선택하게 된다(이들 접근법은 또 다른 물음으로 연결된다). 사람들이 종교운동에 저항하는 이유가 궁금할 경우처럼 심리적 접근법이 필요할 때도 있다. 하지만 대개는 여러 접근법을 끌어 쓰게 되며, 우리는 미술사학자의 분석 도구, 인류학자의 기능적 설명, 역사학자의 진화적 서사 등에 의존한다. 대중문화 연구 방법론이 절충적인 것은 이 때문이다.

사회과학자는 방법론을 이론화하려는 경향이 남들보다 강하다. 한 가지 이유는 인간사가 엄청나게 복잡하기 때문일 것이다. 사회집단을 구성하는 개인은 의식적인 삶과 무의식적인 삶을 동시에 살며, 환경과 외부 집단, 역사적 전통이 상호작용해 무한히 다채로운 영향을 미치니 말이다. 이유가 무엇이든 대중문화의 방법론적 이론은 대부분 사회과학에서 유래한다. 이들 방법론을 언급하고 구체적인 읽을거리를 제시하기 전에 내가 절충주의를 택한 이유를 다시 한 번 강조하고자 한다. 대중문화 연구에서 '방법'에 대한 관심은 대부분 '학술적' 관심이기 때문이다.

'학술적'이란 말은 한편으로는 현실과 동떨어질 정도로 이론적이라는 뜻이며, 다른 한편으로는 연구와 학습의 진지한 대상이라는 뜻이다. 전자의 '학술적'으로 말하자면, 방법에 대한 논의의 대부분이 '거대 방법The Method', 즉 자연과학에서 가정하는 만능 도구인 현자의 돌을 찾는 데 치우쳐 있다. 하지만 그런 '방법'은 없다. 게다가 방법에 대한 관심은 현실적 과정이 아니라 방어적 수사법이기 일쑤다. 이 수사법의 배후에 있는 논리는, 새로운 연구 분야는 기존 분야로부터 공격을 받기 때문에 학계에서 권위를 인정받으려면 난해한 언어로 거창한 이론을 펼쳐야 한다는 것이다.

하지만 방법론은, 특히 자신의 물음과 문제, 주제를 탐구하다 대중문화의 낯선 영역에 내던져진 학생과 연구자에게는 정말로 중요한 문제다. 인문학 훈련을 받은 사람에게도 이런 일이 일어날 수 있다. 인문학 방법론은 대중성, 전형성, 반영성보다는 오로지 위대함, 독창성, 영향력을 설명하는 데 치중하기 때문이다. 페이디아스, 베르길리우스, 아퀴나스를 연구하는 데 쓰던 도구는 그라피티, 유머집, 외경에는 알맞지 않다. 기존의 비평 도구는 이런 대중문화 현상이 평범하고 하찮고 깊이가 얕고 틀렸다며 내치기에 바쁘다. 이런 판단은 유효할지는 몰라도 비생산적이다. 미적·논리적 일관성의 최고 기준에 도달하지 못했다고 해서, 처음이나 마지막이나 최고나 유일한 것이 아니라고 해서 그 존재가 지워지는 것은 아니다. 인간사에 미치는 중요성이 사라지는 것도 아니다.

엘리트 비평의 피상성에 빠지지 않는 대중문학 연구 방법을 제시한 책으로는 John Cawelti, *Adventure, Mystery, Romance : Formula Stories as Art and Popular Culture*(University of Chicago Press, 1976)가 있다. 이 책은 대중문화 연구자에게 큰 영향을 미쳤으며 과거의 대중문학에도 적용할 수 있을 것이다. 이 책을 읽었다면 반론 격인 David N. Feldman, "Formalism and Popular Culture"(*Journal of Popular Culture*, IX:2 Fall 1975, pp. 384~402)를 눈여겨보라. 필자는 러시아 '형식주의' 기법을 '엘리트' 문학과 대중문학에 두루 적용할 수 있다고 주장한다. 펠드먼의 논문은《대중문화 저널》특집(IX:2)에 실렸다. 특집에 실린 여러 방법론적·이론적 논문은 모두 현대 대중매체를 강조하며, 고대·중세 문화에 관심을 두지 않는다. 하지만 민속학자 조지프 아르파드Joseph Arpad의 논문은 클로드 레비스트로스의 이론을 받아들여 문자 이전 사회와 문맹 사회의 연관성을 분명히 보여준다. 문화인류학자 마이클 리얼Michael Real의 소논문은 단행본 *Mass-Mediated Culture*(Prentice-Hall, 1977)의 예고편 격이다. 이 단행본에서 리얼은 문화인류학, 커뮤니케이션 이론, 사회학으로부터 다양한 이론과 방법을 차용한다. 구조주의에 대한 명쾌한 서지 정보와 방법론을 제시한 논문 두 편이 *American Quarterly*(XXX:3, pp. 261~297) 1978년판 서지편에 실렸다. John G. Blair, "Structuralism and the Humanities"와 David Pace, "Structuralism and the Social Sciences"는 롤랑 바르트와 블라디미르 포프 등의 대중문화 분석을 구체적으로 언급하고 있다.

이쯤 되면 내가 인문학 방법론으로 대중예술을 비평한다는 논점에서 벗어나고 있는 것처럼 보일 것이다. 물론 인문학은 사회과학 방법을 확고하게 받아들였으며, 인문학과 예술의 최근 추세는 엘리트 문화 산물을 승인하고 평가하는 전통적인 방법에서 탈피했다. 그럼에도 인문학의 주요 비평 기법이 대중적 현상을 분석하는 데 갖는 가치는 제한적이다. '신비평' 연구는 개인성을 추구하지 않는 문학에는 거의 쓸모가 없으며, 전기적 연구는 익명 창작이나 집단 창작에는 무의미하다. 시각 미술과 조형미술도 마찬가지다. 하지만 추상적인 형식 비평, 전위적인 새로운 변화의 지각, 창조적 천재성의 세밀한 분석이라는 현재의 형태는 대량 복제되는 무의식적 예술에 대한 이해를 넓히는 데 그다지 유용하지 않다. 공연 예술 연구 또한 엘리트적·평가적 편향을 지니고 있지만, 더 큰 문제는 20세기 이전에는 실제 공연을 기록하는 것이 거의 불가능했으며, 대중적 공연 가운데 문자나 그림으로 기록된 것이 거의 없다는 사실이다.

방법론적으로 대중예술에 대한 인문학적 비평과 연구에서 가장 폭넓게 활용된 방법은 역사적 접근법, 즉 다양한 장르의 예술운동, 스타일, 기법, 유행을 기록하고 연대기적으로 정렬하는 것이었다. 미국 대중예술사의 명저로는 Russel B. Nye, *The Unembarrassed Muse : The Popular Arts in America*(Dial, 1970)가 있다. 이 책의 관심사와 좀 더 가까운 저술로는 Peter Burke, *Popular Culture in Early Modern Europe*(New York University Press and Harper Torchbook, 1978)이 있다. 버크는 1500~1800년경의 시기를 대상으로 연구하다가 파편, 전승, 부정적 증거 등을 재구축하는 다양한 방법을 개발해야 함을 깨달았다. 방법론을 다룬 장과 방대한 참고 문헌은 꼭 읽어볼 만하다.

버크의 책은 과거의 문자 이전 사회를 대상으로 한 최초의 참고 서적이다. 미술사가 앨런 고원스Alan Gowans는 《대중문화 저널》에 실린 기념비적 논문 "Popular Arts and the Historic Artifact: New Principles for Studying History in Art"(VII:2, Fall, 1973, 466~483)에서 현재의 비평 학파가 현실성이 없고 지나치게 20세기 중심적이라고 비판하며, 역사적 시각으로 예술을 바라보는 현실적 보편 원칙을 제시했다. '대중문화'가 포괄적 일반 용어로 쓰인 것은 60년밖에 되지 않으므로 방법론적으로 유용한 문헌이 제대로 분류되지 않은 경우가 있다. 그중 하나가 George Kubler, *The Shape of Time: Remarks on the History of Things*(Yale University Press, 1962)다. 쿠블러는 현대 미술사 방법론의 한계와 왜곡을 효과적으로 비판하며, 인간이 만든 '모든' 사물에 적용할 수 있는, 또한 문화적 산물의 다채로운 복잡성을 역사적 관점에서 인식하는 이론과 방법을 구축한다.

예술의 연장선상에 있는 방법론에서 사회과학 방법론으로 전향할 때 주목할 것은 사회과학이 엘리트적 사고의 뿌리 깊은 패턴으로 고정되지 않았다는 것이다. 하지만 시간을 거슬러 살펴보면(이것은 인문학의 장기다) 통계 자료, 표본 추출, 확률에 의존하는 사회과학 방법을 적용할 수 없는 경우가 많다. 이는 자료가 부족하기 때문이기도 하고 (방법론적으로) 통계적 접근을 가장한 — 물론 이는 합리적이거나 적어도 흥미롭다 — 해석적·투사적 도약이 필요하기 때문이기도 하다. 하지만 이것은 사회과학 방법론을 적용할 때 신중을 기하라는 것이지 아예 적용하지 말라는 것이 아니다. 이런 종류의 흥미진진한 연구는 점차 늘고 있다. 《사회사 저널*The Journal of Social History*》에는 이런 유형의 논문이 많이 실린다. 지금은 18세기와 19세기 유럽과 미국·캐나다에 치중하고 있지만, 이러한 편집 방침은 제약보다는 기여가 클 것으로 보인다.

사회과학에서 비롯한 또 다른 방법론은 정신분석과 문화에 대한 행동적 연구 분야에서 찾을 수 있다. 정신분석은 인간 행동의 보편성을 전제하므로 고급문화와 하위문화, 과거와 현재에 두루 적용할 수 있다. 이따금 과잉 해석의 오류에 빠지기도 하지만, 그렇지 않을 때는 대중생활의 전체 영역을 보여준다. 이를테면 Lloyd DeMause, *The History of Childhood*(Harper Torchbook, 1974)가 있다. 이 책은 제한적이고 파편화되고 접근하기 힘든 자료를 가지고 작업할 때의 문제점과 가능성을 잘 보여준다. 《사회사 저널》은 아동뿐 아니라 가족과 성 행동의 역사에도 깊은 관심을 보였다. 이들 논문은 정신분석 이론에 치중하지는 않는다. 정신분석을 인문학 분야(이를테면 미술사)에 적용한 모범 사례로는 Walter Abell, *The Collective Dream in Art*(Harvard University Press, 1957 ; Schocken Paperback 1966)를 들 수 있다. '미술, 심리학, 사회과학을 통해 본 심리·역사적 문화론'이라는 부제가 붙은 이 책은 쿠블러의 책과 마찬가지로 과거의 편협한 개별 학문적 관점에 경종을 울린다. 마지막으로 제목만 보아서는 대중문화 관련서로 분류하기 힘들지만 McCall, *Africa in Time —Perspective : A Discussion of Historical Reconstruction from Unwritten Sources*(Oxford University Press, 1969)를 추천한다. 매콜은 인류학자지만 이 책에서는 고고학과 민속학뿐 아니라 민속식물학ethno-botany과 민속동물학 ethno-zoology 같은 분야를 넘나들며 학식을 바탕으로 한 상식을 펼친다. 매콜은 상당수의 사례를 고전기 역사, 중세사, 이슬람 역사에서 들고 있으며 문자 이전 시대를 철저하게 의식하고 있다. 이 점에서 앞서 언급한 모든 단행본, 논문과 마찬가지로 이 책의 참고 문헌이 방법론적 자료를 기하급수적으로 늘려주리라는 것은 말할 필요가 없다.

눈썰미 있는 독자라면 내가 주요 문헌을 빠뜨린 것을 알아차렸을 것이다. 그것은 해당 저서를 무시하거나 반대해서가 아니라 내가 미처 알지 못했기 때문이다. 하지만 내가 제시한 목록은 일반적인 사회학·미학 이론이 아니라 대중문화를 의식적으로 다루는 저작에 한정된다. 또한 내게 보수적인 편견이 있었음을 인정해야겠다. 대중문화연구자들은 방법론을 찾기 위해 온갖 현대 이론을 뒤지는 경향이 있다. 따라서 대중문화 방법론에 대한 책과 논문에서 노스럽 프라이, 마셜 매클루언, 클로드 레비스트로스, 카를 융, 에른스트 카시러 같은 주요 이론가들을 인용하는 일이 잦다. 하지만 기존 분야에서 중요한 업적이 쏟아지고 있음을 명심해야 한다.

사회적 사건과 문화적 표현의 원인 또는 특정 현상의 진화와 발전을 탐구할 때는 자연스럽게 전통적인 역사적 방법을 쓰게 된다. 마찬가지로 문학과 미술 분야에는 양식, 구조, 테마, 변화를 분석하는 전통이 확립되어 있다. 사회학과 인류학에서는 문화적 행동과 문화적 산물을 탐구하는 방법이 다양하게 구축되어 보편적으로 쓰이고 있다. 하지만 전통적인 방법이 현대의 정통적 접근법으로 제시되는 경우는 많지 않다. 각 분야의 전문가는 전통적 방법이 너무나 익숙하기 때문에 이같이 각인된 방법론을 상식으로 전제한다. 하지만 각 분야에서 중요하고 정당하다고 간주하는 물음은 해당 학문 분야에만 통하는 것이지 인류에게 보편적인 것이 아니다. '그래서 어쩌라고?'와 '그게 나랑 무슨 상관인데?'라는 도발적 물음이 타당한 것은 이 때문이다. 우리의 목표와 방법이 언제나 자명한 것은 아니다.

　궁극적으로 보면 방법론은 목적을 이루기 위한 수단이며, 수단보다는 목적을 더 중요시해야 한다. 새로운 방법론을 적용하고 기존의 한계를 넘어 논증을 전개하고 다양한 분야를 능수능란하게 활용해 동료를 압도하고 견고한 사실이나 이론을 확립하는 일이 지적인 기쁨을 주는 것은 사실이지만, "꼬리에 꼬리를 물다 이해할 수 없을 지경이 된" 물음에 모든 정력을 허비한다면 "우리 모두에게 이렇게 말할 수 있으리라. 우리는 이해하지 못하는 것에 감동받지 않는다고." 대중문화의 재료인 '평범한 것'은 매리앤 무어가 말하는 시의 원료와 다르지 않다(인용문은 무어의 시 〈시Poetry〉다-옮긴이). "이것들이 중요한 이유는 거창한 해석을 달 수 있기 때문이 아니라 쓸모 있기 때문이다."

주

3. 아시리아인의 유머감각을 찾아서

1 J. Pritchard, *Ancient Near Eastern Texts*(ANET), 96~이하 제3판(1969).

2 A. Oppenheim, *Letters from Mesopotamia*(1967), No. 86, Cf. ANET, pp. 626~627.

3 ANET, p.606.

4 A. Olmstead, *History of Assyria*(1923), pp.83~84.

5 A. Parrot, *Art of Assyria*(1961), pp.311~312.

6 ANET, pp.559~560.

7 H. Berr in introduction to L. Delaporte, *Mesopotamia*(1925).

8 T. Jacobsen in *Before Philosophy*(1949), pp.138~140.

9 C. Contenau, *Everyday Life in Babylon and Assyria*(1954), pp.301~302.

10 M. Civil in *Studies Presented to A. Leo Oppenheim*(1964), p.74.

11 H. Saggs, *The Greatness that was Babylon*(1962), 444n.

12 E. Budge, *Assyrian Sculptures in the British Museum*(1914), pl.xvi.

13 Parrot, pl.392.

14 Parrot, pl.100.

15 C. Gadd in *Antiquity* 9(1935), pl.1, 216.

16 Parrot, pl.97C.

17 Budge, p.xxviii.

18 Olmstead, fig.104.

19 Olmstead, fig.90.

20 Olmstead, fig.91. Cf. Contenau, pl.iii.

21 Parrot, pl.60.

22 ANET, pp.160~161.

23 W. Lambert, *Babylonian Wisdom Literature*(1960), p.247.

24 Lambert, p.232.

25 Lambert, p.247.

26 Lambert, p.247.

27 Lambert, p.250.

28 Lambert, p.259.

29   Lambert, p.250.

30   E. Gordon, *Sumerian Proverbs*(1959), p.43.

31   Lambert, p.230.

32   S. Kramer, *The Sumerians*(1963), p.236.

33   Olmstead, pp.617~618.

34   Olmstead, p.618.

35   Oppenheim, No.116.

36   Gordon, p.210.

37   Lambert, p.99.

38   S. Kramer in JAOS LXIX(1949), pp.205-210.

39   B. Landsberger in K. Kraeling, *City Invincible*(1960), p.95.

40   ANET, p.410~411.

41   ANET, pp.41~42.

42   Kramer, pp.199, 213n.

43   C. Gadd, "Teachers and Students in the Oldest Schools"(1956), pp.30~36.

44   Cited in Gadd, "Teachers and Students", p.36.

45   Landsberger, 100~101; Kramer, pp.243~246.

46   Gadd, "Teachers and Students", p.38.

47   Jacobsen, p.231.

48   Jacobsen, pp.231~232.

49   E. Speiser in JCS 8(1954), pp.98~105.

50   Oppenheim, *Ancient Mesopotamia*, p.274.

51   Cf. ANET 106, 여기에서 엔릴은 인간의 소란 때문에 잠을 이루지 못한다.

52   ANET, p.64.

53   Contenau, p.266.

54   Lambert, pp.191~209.

55   ANET, p.430.

56   Lambert, p.219.

57   Lambert, p.215.

58   Saggs, p.444.

59   O. Gurney in *Anatolian Studies* VI(1956), pp.145~162. 또한 AS VII(1957), pp.135~136; AS XXII(1972), pp.149~158; 그리고 JCS XXVI(1974), pp.88~89를 보라.

60   Gurney in AS XXII(1972), pp.149~458.

61   Olmstead, p.626.

62   Olmstead, x.

4. 고전 세계의 도회적 삶

1   A.J. Rose, *Patterns of Cities*(Australia: Thomas Nelson Ltd., 1976), p.16; Mason Hammon, *The City in the Ancient World*(Cambridge: Harvard Univ. Press, 1972), pp.33~47; Gideon Sjoberg, "The Origin and Evolution of Cities", *Scientific American*, 213(Sept. 1965), p.56; Robert M. Adams, "The Origin of Cities", *Old World Archaeology: Foundations of Civilization*, ed. C.C. Lamberg-Karlovsky(San Francisco: W.H. Freeman and Co., 1972), pp.137~144.

2   Sjoberg, pp.55~56.

3   John Scarborough, *Facets of Hellenic Life*(Boston: Houghton Mifflin Co., 1976), p.1.

4   D.H. Stott, "Cultural and Natural Checks on Population Growth", *Environment and Cultural Behavior*, ed. Andrew Vayda(New York: American Museum of Natural History, 1969), p.91.

5   Janet Roebuck, *The Shaping of Urban Society*(New York: Charles Scribner's Sons, 1974), p.32; Gideon Sjobert, *The Preindustrial City Past and Present* (New York: Free Press, 1960), pp.67~70.

6   E. Jones, *Towns and Cities*(New York: Oxford Univ. Press, 1970), p.81.

7   John Sihamaki, *The Sociology of Cities*(New York: Random House, 1964), p.52; Fritz Heichelheim, "Effects of Classical Antiquity on Land", *Man's Role in Changing the Face of the Earth*, ed. W.L. Thomas(Chicago: The University of Chicago Press, 1956), p.172.

8   Norman Pound, "The Urbanization of the Classical World", *Annals of the Association of American Geographers*, 59(1969), pp.135~136.

9   J. Ward-Perkins, *Cities in Ancient Greece and Italy: Planning in Classical Antiquity*(New York: George Braziller, 1974), pp.29~32.

10   James Reid, *The Municipalities of the Roman Empire*(Cambridge: The University Press, 1913), p.4.

11   Hammond, pp.288~289.

12   A.H.M. Jones, *The Greek City*(Oxford: The Clarendon Press, 1940), p.81.

13   Allan C. Johnson, "Villages in the Orient", *Municipal Administration in the Roman Empire*, ed. Frank F. Abbott and Allan C. Johnson(Princeton: Princeton Univ. Press, 1926), pp.23~24.

14 C.B. Welles, "The Greek City", *Studi in Onore di Aristide Calderini e Roberto Paribeni*, I(Milan: A Nicola & Co., 1956), p.87.

15 Roebuck, p.33.

16 A.H.M. Jones, pp.367~378.

17 A.H.M. Jones, p.272.

18 T.R.S. Broughton, "Roman Asia", *An Economic Survey of Ancient Rome*, ed. Tenny Frank(Patterson: Pageant Books, 1959), p.637.

19 Frank F. Abbott, "Municipal Finances", *Municipal Administration in the Roman Empire*, ed. Frank F. Abbott and Allan C. Johnson(Princeton: Princeton Univ. Press, 1926), p.139.

20 Johnson, p.26.

21 M. Diakonoff, "The Rural Community in the Ancient Near East", *Journal of the Economic and Social History of the Orient*, 18(1975), p.127.

5. 고전 시대의 의사 이미지

* 이 글에 인용된 고전 작가의 글과 번역문은 《옥스퍼드 고전 사전*The Oxford Classical Dictionary*》을 참조하기 바란다.

1 *The Story of Civilization.* Part V: *The Renaissance*, New York, 1953, p.531.

2 6 vols., Bloomington, 1955~1958.

3 Plato, *The Republic* 360 E.

4 Aristotle, *Politics* 1287 a.

5 이를테면 Cicero *De Haruspicum responsis* 16, 35; Livy *History* 40, 56, 11; 42, 47, 6; Tacitus *Annals* 12, 67, 2; *Agricola* 43, 2; Plutarch *Moralia* 195 B; Capitolinus *Gordiani Tres* 38, 5 f., in *Scriptores Historiae Augustae*.

6 Pliny the Elder *Historia Naturalis* 29, 8, 20.

7 Publilius Syrus *Sententiae* 373.

8 Hierocles and Philagrius *Facetiae* 139.

9 Lucian *Slander* 13.

10 이를테면 Quintilian *Institutio oratoria* 7, 2, 17 f.; 2, 16, 5; Calpurnius Flaccus *Declamationes* 13; pseudo-Quinrilian *Declamationes minors* 321; Libanius *Progymnasmata* 7, 3.

11 고대 로맨스에 등장하는 의사의 역할에 대해서는 다음을 보라. Darrel W. Amundsen, "Romanticizing the Ancient Medical Profession: The Characterization of the Physician in the Graeco-Roman Novel", *Bulletin of the History of Medicine*, 48, 1974, pp.320~337.

12 Apuleius *The Golden Ass*, 10, 23.《황금 당나귀》(매직하우스, 2007) 355쪽.

13 하지만 개개의 이야기에서는 대개 부차적인 테마였다.

14 Xenophon of Ephesus *Ephesian Tale*, 3, 5ff.

15 Apuleius *The Golden Ass*, 10, 11.《황금 당나귀》(매직하우스, 2007) 326쪽.

16 Darrel W. Amundsen, "The Liability of the Physician in Classical Greek Legal Theory and Practice", *Journal of the History of Medicine and Allied Sciences*, 32, 1977, pp.172~203을 보라.

17 Darrel W. Amundsen, "The Liability of?the Physician in Roman Law", in *International Symposium on Society, Medicine and Law*, ed. H. Karplus, Amsterdam and New York, 1973, pp.17~30을 보라.

18 Darrel W. Amundsen, "History of Medical Ethics. IV. Europe and the Americas. A. Greece and Rome", to be published in the *Encyclopedia of Bioethics*를 보라.

19 S. A. Handford(trans.), *Fables of Aesop*, Maryland, 1954, number 95. Similar to Babrius *Fables*, 121.

20 Handford(n. 19), number 161.

21 Hierocles and Philagrius *Facetiae*, 142.

22 Pliny the Elder *Historia naturalis*, 29, 8, 20 f.

23 Martial *Epigrams*, 11, 71.

24 Amundsen(n. 18)을 보라.

25 Hierocles and Philagrius *Facetiae*, 260.

26 Martial *Epigrams*, 11, 74.

27 *Greek Anthology* 125.

28 Dio Chrysostom *Discourses*, 32, 19.

29 Seneca *On mercy*, 1, 24, 1.

30 Hedylus in *Greek Anthology*, 123.

31 Lucilius in *Greek Anthology*, 257.

32 Callicter in *Greek Anthology*, 118.

33 Nicarchus in *Greek Anthology*, 113. Ausonius *Epigrams*, 81과 거의 똑같다.

34 Nicharchus in *Greek Anthology*, 112.

35 Ausonius *Epigrams*, 80.

36 Calicter in *Greek Anthology*, 122.

37 Lucian in *Greek Anthology*, 401.

38 Palladas in *Greek Anthology*, 280.

39 Martial *Epigrams*, 1, 30; cp. 1, 47.

40 Ibid., 7, 74.

41 Handford (n. 19), number 169.

42 Phaedrus *Fables*, 1, 14.

43 면허와 가장 가까운 것으로 '공공 의사public physician'(그리스의 *demosieuontes iatroi*, 로마 치하 이집트의 *demosioi iatroi*, 로마의 *archiatri populares*)가 있었다. 이들이 어떤 역할을 했는지는 매우 모호하다. 하지만 '공공 의사'가 현대적 의미의 '면허'를 가지고 있지 않았으며, 대부분(적어도 상당수)의 의사가 '공공 의사'는 아니었음이 분명하다.

44 앞에서 인용한 Amundsen의 문헌(nn. 16, 17)을 보라.

45 Amundsen(n. 18)을 보라.

46 Callicter in *Greek Anthology*, 120.

47 Nicarchus in *Greek Anthology*, 112; cp. 작자 미상의 풍자시 in *Greek Anthology*, 126.

48 Hierocles and Philagrius *Facetiae*, 177.

49 Babrius *Fables*, 75.

50 Ansonius *Epigrams*, 4.

51 *The Physician*, 1.

52 Cicero *Epistulae ad familiars*, 4, 5, 5.

53 Luke 4:23; Euripides Fragment 1086 참조.

54 Babrius *Fables*, 120.

55 Avianus *Fables*, 6.

56 Amundsen(n. 18)을 보라.

57 L.W. Daly, *Aesop without Morals*, New York and London, 1961, number 114.

58 Plutarch *Moralia*, 71 A.

59 Dio Chrysostom *Discourses*, 33, 6 f.

60 Aristotle *Nicomachean Ethics*, 1180 b.

61 Aristotle *On Respiration*, 480 b.

62 Aristotle *Metaphysics*, 981 a.

63 Aristotle *Poetics*, 1282 a.

64 Aulus Gellius *Noctes Atticae*, 18, 10.

65 *Apollonius, Prince of Tyre*, 25 ff.

66 T.C. Allbutt, *Greek Medicine in Rome*, New York, 1921, p.184.

67 J.L. Lowes, "The Loveres Maladye of Hereos", *Modern Philology*, 11, 1914, pp.491 ff을 보라.

68 여기에 대해서는 Amundsen(n. 11), pp.333ff을 보라.

69 Ibid., pp.335 f.

70 Apuleius *The Golden Ass*, 10, 2. 《황금 당나귀》(매직하우스, 2007) 327쪽.

71 *Apollonius, Prince of Tyre*, 18.

72 Heliodorus *Ethiopian Romance*, 4, 7.

73 Aristainetos *Epistulae*, 1, 13; 번역은 Amundsen(n. 11), pp. 329 ff에서 인용.

74 Heirocles and Philagrius *Facetiae*, 175 a.

75 Ibid., 3.

76 Ibid., 235.

77 Ibid., 185.

78 Ibid., 183.

79 Ludwig Edelstein, "Hippocratic Prognosis", in *Ancient Medicine: Selected Papers of Ludwig Edelstein*, ed. Owsei Temkin and C. Lilian Temkin, Baltimore, 1967, p.76, n.13에서 인용.

80 Martian *Epigrams*, 5, 9.

81 Petronius *Satyricon*, 42. 《사티리콘》(공존, 2008) 111쪽.

82 Tacitus *Annals*, 6, 46; Suetonius *Life of Tiberius*, 68, 4; Plutarch *Moralia*, 794.

83 Plutarch *Moralia*, 231 A.

84 Pliny the Elder *Historia naturalis*, 29, 8, 16.

85 Ibid., 29, 8, 21.

86 Ibid., 29, 5, 11.

87 Ibid., 29, 8, 18.

6. 신들림, 섹스, 히스테리

1 *Plato*. Vol. I(*Phaedrus* 244 A & B). Translated by Harold North Fowler. Cambridge, Mass.: Harvard Univ. Press, 1971, pp.465~467.(Loeb Classical Library 36). 《파이드로스》(문예출판사, 2008) 54쪽.

2 Ibid., pp.467~469. 《파이드로스》(문예출판사, 2008) 56쪽.

3 Laing, R.D. *The Politics of Experience*. New York: Ballantine Books, 1968, pp.114~115.

4 Ibid., p.123.

5 *Plato*(*Phaedrus* 265 B) Vol. I. p.533. (Loeb Classical Library 36). 《파이드로스》(문예출판사, 2008) 111쪽.

6 Lucan, *The Civil War*(*Pharsalia* V, 128~197). Translated by J. D. Duff. Cambridge, Mass.: Harvard Univ. Press, 1962, pp.249~253.(Loeb Classical

Library 220).

7　이를테면 아이스킬로스의《오레스테이아Oresteia》를 보라.

8　Dodds, E.R, *The Greeks and the Irrational*. Berkeley: Univ. of California Press, 1971, p.270.

9　*Diodorus of Sicily*(IV.3). Translated by C.H. Oldfather. Cambridge, Mass.: Harvard Univ. Press, 1967, p.347.(Loeb Classical Library 303).

10　*The Greeks and the Irrational*, p.270.

11　*Plutarch's Moralia* XII(*De Primo Frigido* 18.953D). Translated by Harold Cherniss and William C. Helmbold. Cambridge, Mass.: Harvard Univ. Press, 1968, p.273.(Loeb Classical Library 406).

12　도즈는《그리스인들과 비이성적인 것*The Greeks and the Irrational*》, pp. 270~282의 '마이나드주의' 부록에서 바쿠스 축제가 역사적으로 실재했다는 증거를 많이 수집했다.

13　Ibid., p.278.

14　*Plato*(*Ion* 534 B). Translated by W.R.M. Lamb. Cambridge, Mass.: Harvard Univ. Press, p.424(Loeb Classical Library 164).

15　*Plato* Vol. I(*Phaedrus* 249 D & E), p.483(Loeb Classical Library 36).《파이드로스》(문예출판사, 2008) 70쪽.

16　*Cicero: De Natura Deorum, Academica*(*De Natura Deorum* II, 167). Translated by H. Rackham. Cambridge, Mass.: Harvard Univ. Press, 1967, p.283(Loeb Classical Library 268).

17　신약성경의 영어 번역은 필자가 라틴어 불가타 판본을 그리스어 판본과 대조하며 번역한 것이다.

18　Harris, Marvin, *Cows, Pigs, Wars and Witches*. New York: Vintage Books, 1975, pp.155~203은 정치적으로 중요한 농민 종교운동을 탁월하게 기술한 책이다(국내에는《문화의 수수께끼》(한길사)라는 제목으로 출간되었다-옮긴이).

19　*Lucretius. De Rerum Natura*(IV, 1058~1072). Translated by W.H.D. Rouse. Cambridge, Mass.: Harvard Univ. Press, 1967, p.323(Loeb Classical Library 181).

20　Caelius Aurelianus, *On Acute Diseases and Chronic Diseases*. Translated by I.E. Drabkin. Chicago: Univ. of Chicago Press, 1950, pp.557~559.

21　Ibid., p.523.

22　Dodds, E.R. *Pagan and Christian in an Age of Anxiety*. New York: W.W. Norton, 1965에서는 이에 대하여 분명하고 예리하게 논지를 전개하고 있다.

23　Harnack in Oesterreich, Traugot K, *Possession and Exorcism*. Translated by

D. Ibberson. New York: Causeway Books, 1974, p.158에서 인용.

24 *Flavius Philostratus — The Life of Apollonius of Tyana*(IV, xx). Translated by F.C. Conybeare. Cambridge, Mass.: Harvard Univ. Press, 1912, pp.389~ 393(Loeb Classical Library 16).

25 Tamborino, Julius. *De Antiquorum Daemonismo*. Giessen: Religionsgeschict- liche Versuche und Vorarbeiten vol. vii. 3.

26 *Possession and Exorcism*, p.155.

27 Veith, Ilza. *Hysteria: The History of a Disease*. Chicago: Univ. of Chicago Press, 1965, p.3.

28 Ibid., p.5.

29 *Plato* Vol. VII(*Timaeus* 91 B & C). Translated by R.G. Bury. Cambridge, Mass.: Harvard Univ. Press, 1952(Loeb Classical Library 234).

30 *The Extant Works of Aretaeus, The Cappadocian*. Translated and edited by Francis Adams. London: Sydenham Society, 1857, pp.285~287.

31 *Soranus' Gynaecology*(III, iv). Translated and with an Introduction by Oswei Temkin. Baltimore: Johns Hopkins Univ. Press, 1956, pp.149, 152.

32 *Hysteria: The History of a Disease*, pp.31~39.

33 *The Apology and Florida of Apuleius of Madaura*(69). Translated by H.E. Butler, Oxford: Clarendon Press, 1909, p.114.

34 Hunt, Morton. *The Natural History of Love*. New York: Funk & Wagnall's, 1959, p.115.

35 Merton, Thomas(trans.). *The Wisdom of the Desert*. New York: New Directions, 1960, pp.55~56.

36 *The Natural History of Love*, p.110.

37 Ibid., 109.

38 *Corpus Scriptorum Ecclesiasticorum*. Vindobanae: Academia Litterarum Caesarea, 1868, pp.474~475.

39 *The Natural History of Love*, p.116.

40 *Clement of Alexandria*(Exhortation to the Greeks). Translated by G.W. Butterworth. Cambridge, Mass.: Harvard Univ. Press, 1968, p.127(Loeb Classical Library 92).

7. 그리스와 로마의 마녀

1   3세기의 비슷한 상황에 대해서는 E.R. Dodds, *Pagan and Christian in an Age of Anxiety: Some Aspects of Religious experience From Marcus Aurelius to*

Constantine(Cambridge Univ. Press, 1965)을 보라.

2 마녀술과 사회현상이 밀접한 관계라는 증거는 어느 시기에서나 발견할 수 있다. 이를테면 세일럼 마녀재판을 제대로 이해하려면 당시의 사회적·정치적·경제적·종교적 요인을 고려해야 한다. 마녀 열풍이 일어난 데는 단순한 종교적 광신뿐 아니라 기근, 마을 규약의 변경, 사회구조의 붕괴, 전쟁, 잉글랜드에서 들어온 새로운 이단 종파 등 여러 요인이 있다. 사회현상과 마녀재판의 관계는 1950년대 매카시즘에서도 그대로 재연된다. AR. Cardozo, "A Modern American Witch-Craze", in M. Marwick, *Witchcraft and Sorcery*(Middlesex, England, 1970), pp.369~377를 보라. 마윅의 책에는 아프리카, 그리스, 중세 시대, 신대륙을 막론하고 마녀술을 연구하는 사람이라면 빼놓을 수 없는 뛰어난 논문이 많이 실려 있다.

3 '피쿠스picus'는 라틴어로 '딱따구리'라는 뜻이다.

4 메데이아는 기원전 431년에 에우리피데스가 쓴 유명한 비극의 주요 등장인물이다. 이 희곡에서 메데이아의 주술은 독이 묻은 옷과 마차로만 언급된다. 에우리피데스는 메데이아 내면의 심리적 갈등, 즉 열정과 이성의 갈등, 모성애와 복수의 갈등을 그려내기 위해 의도적으로 주술의 비중을 낮추었다. 메데이아를 마녀로 묘사했다면 중요한 성격 특성이 결여되어 관객이 공감하지 못했을 것이다. 메데이아는 1세기에 세네카가 쓴 또 다른 희곡에도 등장한다. 여기에서는 메데이아가 처음부터 마녀로 등장하며 극이 진행되는 내내 주술을 부린다. 따라서 에우리피데스의 메데이아 묘사는 예외적이다(핀다로스의《피티아 송가*Pythian Odes*》와 비교해보라).

5 고대 문헌에 따르면, 마녀는 의식을 행할 때 몸을 조이는 것을 아무것도—반지조차도—착용하지 않았다.

6 오비디우스는 고전 시대 마녀술이 기록된 최근 문헌이므로 여러 면에서 마녀술의 정점을 보여준다. 따라서 그리스·로마 마녀에 대해 알 수 있는 가장 중요한 자료다. 소小플리니우스의 글은 주술과 미신에 대한 최고의 자료다.

7 '히포마네스hippomanes'는 고대에 강력한 사랑의 묘약으로 알려져 있었다. 이것은 갓 태어난 말의 이마에 난 혹으로, 암말이 즉시 먹어치우지 않으면 새끼가 미친다고 한다. 마녀는 암말이 먹기 전에 히포마네스를 낚아채야 한다.

8 도마뱀을 갈아넣겠다는 협박은 시마이타가 애송이임을 보여준다. 마녀술에 정통한 마녀라면 이런 상황에서는 언제나 두꺼비를 쓸 테니까!

9 이 단락에서는 유감주술類感呪術이 작용하는 대원칙을 볼 수 있다. 여기에서 유감주술—즉 '비슷한 것끼리는 영향을 주고받는다' 또는 '결과는 원인과 같다'—을 나타내는 것은 밀랍 인형이다. 적의 형상을 만들어 온갖 고통을 가하는 것은 보편적인 풍습(이를테면 부두교)이다. 인형이 고통을 겪으면 그 사람도 같은 고통을 겪는다. 옷은 접촉주술接觸呪術을 상징한다. 즉 "어떤 사물이나 사람에게 접촉한 것은 아무리 멀리 떨어져도 항상 접촉을 유지한다." 따라서 누군가 내 발자국 위에 날카

로운 유리를 놓아두면 내가 상해를 입을 수 있다. 델피스의 옷을 태우면 델피스도 (아마도 열병으로) 타게 될 것이다.

10 S. Lilja, *The Roman Elegists' Attitude to Women*(Helsinki, 1965), pp.104, 118~119에서 보듯, 네 시인이 주술을 믿었는지는 별개 문제다. 요점은 이들 시인이 주술과 마녀술을 믿는 청중을 대상으로 시를 썼다는 것이다. 마녀술과 이들 네 시인에 대해서는 I. Bruns, "Der Liebeszauber bei den augusteischen dichtern", *Preussische Jahrbucher*, CIII(1901), pp.193~220을 보라.

11 이 같은 상황은 2세기에도 반복된다. "Freedom and Fear" in E.R. Dodds, *The Greeks and the Irrational*(Berkeley, 1951)를 보라.

12 '데픽시오눔 타벨라이defixionum tabellae'는 '저주의 서판'이라는 뜻이다. 적에게 저주를 내리고 싶으면 납으로 만든 서판에 주문을 써서 끈으로 묶거나 못으로 펜 다음 아무도 찾을 수 없는 곳에 – 이를테면 바다나 관 속에 – 둔다. 이 주제를 다룬 권위 있는 책으로는 *Defixionum Tabellae*(written in Latin) by A. Audollent (published by Albertus Fontemoing, Paris, 1904)가 있다.

13 중세 마녀가 사용한 세 가지 약물에 '하늘을 나는 환각'을 일으키는 성분이 들어 있었다는 최근 연구는 흥미롭다. 첫 번째 약물에는 독미나리hemlock와 아코니트 aconite가 들어 있었는데, 둘을 섞으면 정신착란을 일으킨다. 두 번째 약물에는 섬망으로 이어질 수 있는 흥분 상태를 일으키는 벨라도나가 들어 있었다. 세 번째 약물에는 아코니트와 벨라도나가 들어 있었는데, 둘을 섞으면 흥분과 불규칙한 심장박동을 일으킨다. 이들 약물은 먹거나 몸에 발랐다(몸에 바르는 경우 음문이나 갈라진 피부를 통해 혈류에 스며들었다). 그러면 환각과 들뜬 기분이 든다. 하늘을 나는 기분은 심장 부정맥 때문에 생긴다.

14 11세기에 마녀에 대한 가톨릭교회의 입장이 돌변했다. 11세기 초에 발표한 《주교 법령*Canon Episcopi*》에서는 마녀술이 단순한 망상이며, 마녀술은 헛된 의식儀式에 지나지 않는다고 언급했다. 마녀술이 800년간 명맥을 유지한 탓에 처벌은 일정 기간 금식과 기도를 하는 가벼운 수준이었다. 하지만 11세기 후반에 마녀술을 악마의 소행으로, 마녀를 사탄 숭배자로 규정한 교황 조서가 발표되었다. 마녀는 모조리 붙잡혀 처형되었다. 이러한 변화는 부분적으로 내부 분열과 이단에 대한 교회의 반응이었다. 정치적 요인도 빼놓을 수 없다. 국왕과 교황은 재산을 불리기 위해 종종 손을 잡고 마녀사냥을 벌였다. 이를테면 프랑스의 필리프 2세는 교황의 허가를 받아 성전 기사단을 몰살하고 재물을 빼앗았다. 마녀사냥은 저항을 억누르고 당시의 비참한 경제 여건에서 대중의 관심을 돌리는 데 효과적인 수단이었다. 이에 대한 훌륭한 논의로는 "The European Witch Craze of the Sixteenth and Seventeenth Centuries"(3장), *Religion, Reformation and Social Change* (London, 1967) by H.R. Trevor-Roper가 있다.

15 머리는 《서유럽의 마녀 숭배 The Witch-Cult in Western Europe》와 《마녀의 신 The God of the Witches》에서 자신의 이론을 발표했다. 이론의 요점은 마녀술이 실제 현상이었다는 것이다. 마녀술은 지중해와 유럽 전역에 존재하던 이교 종교로, 신자들은 풍작을 가져다주는 뿔 달린 신을 숭배했다고 한다. 머리는 이를 입증하기 위해 여러 유럽 문화에서 개별 현상을 끄집어내어 자기 이론에 끼워 맞추었다. 맥락과 동떨어진 발췌와 인용은 용납할 수 없는 오류로 이어졌다. G.L. Burr, "A Review of M.A Murray's Witch-Cult in Western Europe", American Historical Review, XXVII, 4(1922), pp.780~783을 보라. 고대 그리스와 뿔 달린 신을 설명하는 부분에서는 각 주장마다 오류가 발견되었다. 첫째, 머리는 판이 그리스인의 뿔 달린 신이었다며 이름을 증거로 제시한다(판pan'은 그리스어로 '모든'이라는 뜻이며, 따라서 판이 유일신이었다는 것이다). 하지만 판은 매우 후기에 등장한 신이다. 기원전 5세기에 처음 나타나며, 기원전 1250년에 기록된 선문자 점토판의 주요 신들 가운데 있지 않았다(물론 점토판은 1952년에야 해독되었으므로 머리는 이 사실을 알 수 없었다). 게다가 케른이 밝혔듯이(Die Religion der Griechen, iii, 127), '판'은 '먹이다'라는 뜻의 '파-스코pa-sco'에서 왔으며, 이것을 ('모든'을 뜻하는) 형용사 'pan'과 연관짓는 것은 잘못된 추론이다. 또한 머리는 디오니소스가 기원전 700년경에 수입된 후기의 신이라고 말했지만, 선문자 B 점토판에 따르면 기원전 1250년에도 디오니소스를 숭배했다(Ventris-Chadwick, Documents in Mycenaean Greek, p.127 및 주를 보라). 게다가 머리는 프릭소스와 헬레네의 전설이 청동기 초기(기원전 3000~2200년)로 거슬러 올라간다고 주장하지만 이 전설은 그 뒤로 2000년이 지나도록 한 번도 언급된 적이 없다. 머리의 연구 방법을 더 분명히 보여주는 증거는 청동기시대에 크레타에서 황소가 종교적으로 매우 중요했음을 언급하지 않는다는 것이다. 크레타의 황소 숭배야말로 자신의 이론을 뒷받침하는 강력한 증거지만 머리는 고고학 증거를 전혀 참조하지 않은 듯하다.

16 '모계matrilineal사회'와 '여가장女家長matriarchal 사회'가 다르다는 것을 명심하라. '여가장 사회'는 '여자가 지배한다'는 뜻인 반면 '모계사회'는 단순히 '여성이 남성보다 높은 지위를 누리는 사회'다. 모계사회에는 족외혼, 여자를 통해 이어지는 혈통, 어머니를 통한 상속, 여성의 역할과 생식력에 대한 강조 등이 나타난다. 자세한 내용은 Encyclopedia of Religion and Ethics에서 'matrilineal' 항목을 보라. 그리스와 로마가 모계사회였다는 것은 여러 증거로 확인된다. J. Bachofen's Mutterecht와 아래 나열한 Briffault의 책, 특히 G. Thompson, Studies in Prehistoric Greek Society를 보라.

17 R. Briffault, The Mothers: A Study of the Origins of Sentiments and Institutions (New York, 1927), vols. I~III을 보라. 이어지는 단락들에서는 브리포의 아이디

어를 많이 채택했다.

18 Briffault 2권 1장을 보라.

19 그리스·로마의 기우제를 포괄적으로 다룬 문헌으로는 M. Morgan, "Greek and Roman Rain-Gods and Rain Charms", *Transactions of the American Philological Association*, XXXII(1901), pp.83~109를 보라.

8. 로마의 가정 종교

1 George Kubler, *The Shape of Time*, New Haven: 1962, 특히 p.9.

2 Bernard Herman and David Orr, "Pear Valley, et al: An Excursion into the Analysis of Southern Vernacular Architecture", *Southern Folklore Quarterly* V. 39, no. 4, Dec., 1975, pp.307~325.

3 Warde Fowler, *Roman Ideas of Deity in the Last Century B.C.*, London: 1914, pp.15, 25를 보라. 또한 R.M. Ogilvie, *The Romans and Their Gods in the Age of Augustus*, London: 1969, pp.102~105를 보라.

4 제의의 초기 발전상에 대해서는 Jesse Benedict Carter, *The Religion of Numa*, London: 1906을 보라.

5 '라라리움lararium'에 대해서는 George K. Boyce, *Corpus of the Lararia of Pompeii, Memoirs of the American Academy in Rome*, 14, Rome: 1937, and David Gerald Orr, *Roman Domestic Religion: A Study of the Roman Household Deities and their Shrines*(Ph.D. dissertation, University of Maryland, College Park, Md, 1972)를 보라.

6 David Gerald Orr, "Roman Domestic Religion: The Evidence of the Household Shrines", in *ANRW*, Band II. 16. 1. Berlin: 1978, p.1559.

7 Ovid *Fasti* 6. 301~308; *Trist.* 5.5.10. Cato *R.R.* 143.2. 화덕에 대해서는 H.J. Rose, *Religion in Greece and Rome*, New York: 1959, p.178을 보라.

8 '살아 있는 불vivam flammam'에 대해서는 Ovid *Fasti* 6.291을 보라. '베스타 Vesta'에 대해서는 이와 더불어 Gerhard Radke, *Die Goetter Altitaliens, Fontes et Commentationes* 3, Muenster: 1965, pp.320~324 and H. Hommel, *Vesta und die fruehroemische Religion, ANRW* 1, 2, Berlin: 1972, pp.397~420 을 보라. 국가 제의에 대해서는 Thomas Worsfold, *The History of the Vestal Virgins*, London: 1952를 보라.

9 Boyce, op. cit., no.77 and no.420을 보라.

10 Michael Grant, *The Roman Forum*, New York: 1970, pp.55~60.

11 Ovid, *Fasti*, pp.295~398.

12 화덕의 불을 신성시하는 것은 고대 그리스 가정 제의에서도 마찬가지였던 듯하다.

베스타에 해당하는 그리스 여신 헤스티아도 완전한 사람의 모습으로 묘사된 적은 한 번도 없었다. 그리스 종교에서든 로마 종교에서든 화덕은 세속적 역할과 비非세속적 구실을 두루 했다.

13 로마 종교에서 라레스가 언제 생겨 어떻게 발전했는지에 대해서는 두 가지 상반된 이론이 제시되었다. 첫 번째 이론에서는 라레스가 원래 농경의 신이었다가 밭과 농작물의 지배력을 바탕으로 집 안에 들어왔다고 주장한다. Kurt Latte, *Roemische Religionsgeschicte, Handbuch der Altertumswiss*. V. 4. Munich: 1960, pp.166~174; R.E.A. Palmer, *Roman Religion and Roman Empire, Five Essays*, The Haney Foundation Series 15, Philadelphia: 1974, pp.114~115, 117을 보라. 두 번째 이론에서는 라레스가 조상의 영혼을 표현한 것이라고 주장한다. E. Samter, *Familienfeste der Griechen und Roemer*, Berlin: 1901, pp.105~108을 보라. 이 견해는 라레스가 농경지에서 왔다는 초기 이탈리아인의 관념과 그리스인의 관념이 결합된 것인 듯하다. Margaret Waites, "The Nature of the Lares and Their Representation in Roman Art", *AJA*, 24(1920), pp.241~261을 보라.

14 최근 로마 외곽의 토르티그노사에서 발견된 명문銘文은 이러한 견해를 뒷받침한다. Guarducci, "Cippo latino arcaico con dedica ad Enea", *Bull. Com.* 76, *Bull. del Mus. della civilta Romana* 19, 1956~1958, pp.3~13을 보라. '누멘 numen'은 사물에 달라붙어 초자연적 능력을 부여하는 일종의 종교적 힘으로 여겨졌다.

15 Virgil *Georg.* 3. 344. Martial 10. 61. 5.

16 *Corpus Inscriptionum Latinarum*(afterwards CIL) III 3460. Ovid *Trist.* 4. 8. 22.

17 Cato *R.R.* 143.3.

18 Plautus, *Aulularia*에서는 라르가 프롤로그를 읊는다! 이 구절은 라르의 수호신적 속성을 잘 보여준다. *Aulularia* 1~5.

19 축제를 훌륭히 묘사한 글로는 W. Warde Fowler, *The Roman Festivals of the Period of the Republic*, London: 1899, pp.279~280이 있다. 또한 Louise Holland, "The Shrine of the Lares Compitales", *TAPA*, 68(1939), pp.428~441을 보라. '콤피타compita'는 건물 네 개가 만나는 곳 또는 직각으로 교차하는 네 거리의 성스러운 장소다. 로마 측량학에서는 도시를 계획할 때 정사각형과 직사각형을 이용했기 때문에 로마 시내에는 이런 지점이 많았다. 폼페이를 동서로 가로지르는 주요 축에는 거의 매 콤피타마다 하나씩 길거리 제단이 있었다.

20 도로와 여행객의 라레스: CIL II 4320, CIL XIV 4547.
    병사와 막사의 라레스: CIL III 3460
    경기의 라레스: CIL VI 36810

황제 거주지의 라레스: CIL VI 443, 445~449.

로마의 라레스: Ovid *Fasti* 5. 129.

21 Tibullus 1. 10. 21~24. Horace *Carmina* 3. 23. 3~4.
Horace *Sat*. 2. 5. 12~14.

22 '불라bulla'에 대해서는 Petronius, *Sat*. 60. 8을 보라.

23 Boyce, op. cit., Plate 18, no. 1; Plate 24, nos. 1 & 2. Orr, dissertation,
Corpus A, no.3.

24 Waites, op. cit., pp.257 ff. Georg Wissowa, *Religion und Kultus der
Roemer*, Handbuch der altertumswiss., IV, 5, Munich: 1902, p.172. '리톤
rhyton'에 대해서는 Orr, *ANRW*, p.1568, no.67을 보라.

25 Orr, *ANRW*, p.1569, n.74.

26 Lillian M. Wilson, *The Clothing of the Ancient Romans*, Baltimore: 1938,
pp.55~56.

27 W. Warde Fowler, *The Religious Experience of the Roman People*, London:
1933, pp.73~74. Orr, *ANRW*, p.1563, n.28.

28 Martial 8. 75. 1.

29 Horace *Carmina* 2.4.15; 3.23.19. '디 페나테스Di Penates'는 화덕에 모시는 모든
신을 일컫는다.

30 Cicero *Rep*. 5.7. 또는 Orr, dissertation, pp.42~43을 보라.

31 Fowler, *Religious Experience*, p.74. 또한 H.J. Rose, "On the Original
Significance of the Genius." *CQ* 17, pp.57~60을 보라.

32 H.J. Rose, *Religion in Greece and Rome* New York: 1959, p.193. 여자는 자
신의 '유노'로 표상되었다. 이 관념은 생식력의 표상에 젊음의 관념이 포함되어 있
음을 보여준다.

33 Orr, *ANRW*, p.1570.

34 Tibullus 1.7.49; 2.2.1.

35 Ovid *Trist*. 3.13.17.

36 Orr, *ANRW*, p.1571.

37 길거리 제단: Orr, dissertation, Plate XI, pp.125~127. 또한 V. Spinnazola,
Pompei alia luce degli scavi di Via dell'abbondanza 3 volumes. Rome: 1953,
pp.177ff. 집안의 누멘: CILX 860.

38 이를테면 그리스에서도 뱀은 집의 수호자였으며 행운을 가져다주는 동물이었다.
뱀은 미래를 내다보는 수단으로 쓰이기도 했다. Martin P. Nilsson, *Greek Folk
Religion*, New York: 1940, p.71을 보라. 플리니우스는 사람들이 뱀을 애완동
물로 길렀다고 언급한다. *N.H.* 29.72를 보라. 플리니우스는 독사(아스피데스

Aspides)와 독 없는 뱀(드라코네스Dracones)을 구분하기도 했다.

39 Persius *in Georg.* 3. 417.

40 Nilsson, p.71. 또한 M. Nilsson, *The Minoan-Mycenaean Religion and its Survival in Greek Religion*, Lund: 1927, p.281을 보라.

41 Nilsson, *Greek Folk*, p.71.

42 Orr, *ANRW*, p.1573.

43 Ibid., pp.1574~1575.

44 이를테면 어떤 표상(이를테면 라레스)은 다른 곳의 표상과 닮았다. 로마에서 발견된 – 지금은 이탈리아 로마의 콘세르바토리 궁에 있다 – 라레스와 게니우스 상을 보라.

45 Orr, *ANRW*, p.1585.

46 Ibid., Plate One, Fig. one.

47 Ibid., Plate One. Fig. two.

48 Ibid., p.1578.

49 *Boyce*, Plate 30, Fig. four.

50 Ibid., p.18.

51 Ibid., Number 77.

52 Orr, *ANRW*, Plate Seven, Fig. fourteen, p.1582.

53 Margherita Guarducci, "Dal gioco letterale all Crittographia Mistica", in *ANRW*, 16.2., Plate seven, Fig. eleven을 보라.

10. 중세 대중종교 연구에 대한 방법론적 고찰

1 Raoul Manselli, *La religion populaire au moyen âge. Problèmes de méthode et d'histoire*(Montreal-Paris: 1975), p.234. 내가 언급한 문헌은 비교적 최근 자료에 한정되었으며, 나의 출신 배경과 교육 배경 탓에 프랑스어, 캐나다 프랑스어, 이탈리아어에 편중되어 있다.

2 In E. Delaruelle, E.R. Labande, P. Ourliac, *L'Eglise au temps du Grand Schisme et de la crise conciliaire*(1378~1449), II(Paris: 1964), pp.601~879(Fliche-Martin, *Histoire de l'Eglise depuis les originies jusqu'à nos jours*, vol. 14/2).

3 Etienne Delaruelle, *La piété populaire au moyen âge.* Avant-propos de P. Wolff, Introd. de R. Manselli et A. Vauchez(Torino: 1975), pp.XXVIII~563.

4 학술대회 논문집: *La religion populaire en Languedoc du XIIIeà la moitié du XIVe siècle*(Toulouse: 1976), p.472. – '대중신앙과 행위'는 교회사학회(영국) 제9차 여름 학회(케임브리지 대학 피츠윌리엄 칼리지에서 개최)와 제10차 겨울 학

회의 주제이기도 했다. 이 학술대회의 논문집도 출간되었다. G. J. Cuming, D. Baker, ed., *Popular Belief and Practice*(Cambridge University Press: 1972), XII~321 pp.(*Studies in Church History*, 8).

5 주소: 2715 Cote Ste-Catherine, Montreal, Canada, H3T 186. 연구소에서는 1970년부터 해마다 토론회를 열고 있으며 자료를 정기적으로 발표한다.

6 G. 르 브라의 방대한 저술 가운데 특히 최근작 *L'église et le village*(Paris: 1976) 289 pp.와 고전으로 평가받는 *Introduction a l'histoire de la pratique religieuse en France*, 2 vols.(Paris: 1942~1945)와 *Etudes de sociologie religieuse*, 2 vols.(Paris: 1955~1956)를 보라.

7 이 자리에서는 이 주제에 대한 견해들을 간략하게 언급하는 것조차 불가능하다. *Social Compass*, XIX/4(1972)의 'Popular Religiosity' 특별판과 *La Maison-Dieu*, 122(1975)의 'Religion populaire et réforme liturgique' 특별판을 보라. 여기에서는 프랑스와 연관된 문제에 대한 최신 연구 성과가 담겨 있다. 대중종교는 *Archives de sciences sociales des religions*에서 다루었다.

8 안타깝게도 이를 다룬 최근 문헌은 없다. 다소 오래되기는 했지만 체계적인 저작으로 Paul Sebillot, *Le paganisme contemporain chez les peuples celto-latins*(Paris: 1908), XXVI~378 pp.가 있다.

9 Jacques Le Goff, "Culture cléricale et traditions folkloriques dans la civilisation mérovingienne", in *Annales. E.S.C.*, 22(1967), pp.780~791과 "Folklore et culture ecclésiastique: saint Marcel de Paris et le dragon", in *Studi C. Barbagallo*, II(Naples: 1970), pp.53~90에서 방법론에 대한 성찰을 찾아볼 수 있다. 중세 직후의 시기에 대해서는 Keith Thomas, *Religion and the Decline of Magic. Studies in Popular Beliefs in Sixteenth- and Seventeenth-Century England*(London: 1971), 853pp.이 고전으로 평가받는다. 이 책에는 중세에 대해서도 풍부한 자료가 실려 있다.

10 최근 연구 중에 패러다임 전환을 가져올 만한 것으로는 Richard Kieckhefer, *European Witch Trials: Their Foundations in Popular and Learned Culture, 1300~1500*(London: 1976), X~181 pp.; Norman Cohn, *Europe's Inner Demons. An Enquiry Inspired by the Great Witch-Hunt*(Sussex Univ. Press: 1975), XVI~302 pp.; Jeffrey Burton Russel, *Witchcraft in the Middle Ages*(Ithaca and London: 1972), XII~394 pp.를 보라. Alan Macfarlane, Carlo Ginzburg, H.C. Erik Midelfort, William E. Monter 등의 저작도 참고해야 한다.

11 이를테면 Paul Adam, *La vie paroissiale en France au XIVe siècle*(Paris: 1964), 328 pp.및 주6에서 언급한 G. Le Bras의 연구를 보라. Emmanuel Le Roy

Ladurie, *Montaillou, village Occitan*(Paris: 1975), 642 pp.에는 중세 교구의 삶에 대한 인류학적 정보가 많이 담겨 있다.

12 이 관점에 대해서는 Jacques Toussaert, *Le sentiment religieux en Flandre à la fin du moyen âge*(Paris: 1963), 886 pp.를 보라.

13 이를테면 Peter Heath, *The English Parish Clergy on the Eve of the Reformation*(London-Toronto: 1969), XIII~249pp.를 보라.

14 주 3을 보라. 모델로 삼을 만한 최근 연구로는 Jonathan Sumption, *Pilgrimage. An Image of Mediaeval Religion*(London: 1975), 391pp.가 있다.

15 J. Maître, art. "La religion popularire", in *Encyclopaedia Universalis*, vol. 14 (Paris: 1972), p.35.

16 Imit.,I,23.4. 이 비판은 초서, 랭런드, 니콜라 드 클라망주 등과 통하는 부분이 있다.

11. 공시적·통시적 대중문화 연구와 고대 영국 비가

1 *Approaches to Popular Culture*, ed. by C.W.E. Bigsby(London: Arnold, and Bowling Green, Ohio: Bowling Green University Popular Press, 1976) 에 실린 Bigsby, Williams, Barbu, Burke, Kress, Hodge and Craig의 글을 보라. *Theories and Methodologies in Popular Culture*, ed. by Ray B. Browne, et al(Bowling Green University Popular Press)에 실린 Browne and Rollin 의 글을 보라. *The Popular Culture Reader* ed. by Jack Nachbar and John L. Wright(Bowling Green University Popular Press, 1977)에 실린 Browne and Nye의 글을 보라.

2 J. Frederick MacDonald, "'The Foreigner' in Juvenile Series Fiction, 1900~ 1945", *Popular Culture Reader*, pp.125~139.

3 R. Serge Denisoff, "Death Songs and Teenage Roles", *Popular Culture Reader*, pp.116~124.

4 Ray B. Browne, "Popular Culture: Notes Toward a Definition", *Popular Culture Reader*, pp.1~9; Russel B. Nye, "Notes for a Rationale for Popular Culture", *Popular Culture Reader*, pp.10~16.

5 T.S. Kuhn, *The Copernican Revolution: Planetary Astronomy in the Development of Western Thought*(Cambridge: Harvard University Press, 1957), and *The Structure of Scientific Revolutions*(International Encyclopedia of Unified Science, Vol. II, No.2)(Chicago: Univ. of Chicago Press, 1962; 2d enlarged edition, 1970).

6 Walter J. Ong, S.J., "The Writer's Audience is Always a Fiction", *PMLA*, 90 (1975), pp.9~21.

7 Raymond Williams, "Communications as Cultural Science", *Approaches*

to *Popular Culture*, pp.27~38, and Stuart Hood, "The Dilemma of the Communicators", *Approaches to Popular Culture*, pp.201~212.

8   *The Making of Homeric Verse: The Collected Papers of Milman Parry*, ed. by Adam Parry(Oxford: Clarendon, 1970); Albert B. Lord, *The Singer of Tales*(1960; rpt. New York: Athenaeum, 1965); Jeff Opland, "*Scop* and *Imbongi*: Anglo-Saxon and Bantu Oral Poets", *English Studies in Africa* 14(1971), pp.161~178, and "*Imbongi Nezibongo*: The Xhosa Tribal Poet and Contemporary Poetic Tradition", *PMLA*, 90(1975), pp.185~208; Jr. F. P. Magoun, "Oral-Formulaic Character of Anglo-Saxon Poetry", *Speculum*, 28(1953), pp.446~467; and S.B. Greenfield, "The Formulaic Expression of the Theme of 'Exile' in Anglo-Saxon Poetry", *Speculum*, 30(1955), 200-206.

9   W.B. Knapp, "Bibliography of the Criticism of the Old English Elegies", *Comitatus*, 2(1971), pp.71~90.

10 S.B. Greenfield, *A Critical History of Old English Literature*(New York: New York University Press, 1968), pp.213~214.

11 Greenfield, *Critical History*, pp.216~218.

12 "The Literature of Exile", *Mosaic*, 8(1975), special issue edited by R.G. Collins and John Wortley; essays by various hands.

13 Philip Slater, *The Pursuit of Loneliness: American Culture at the Breaking Point*(Boston: Beacon, 1970), p.5. 이 책을 알려준 팜 레Pham Le에게 감사한다.

14 Ruth apRoberts, "Old Testament Poetry: The Translatable Structure", *PMLA*, 92(1977), pp. 987~1004.

12. 《영국 남부 성인전》을 통한 오락, 교화, 대중교육

1   E.V. Hitchcock-P.E. Hallett, eds. *The Lyfe of Syr Thomas More, Sometymes Lord Chancellor of England by Ro: Ba:*(EETS as 222, London: OUP, 1950), pp.260~261. "이 불쌍한 남자는 극심하고 고통스러운 좌절의 유혹에 시달렸다 ……"

2   H.C. White, *Tudor Books of Saints and Martyrs*(Madison: Univ. of Wisconsin Press, 1963), p.124.

3   〈캔터베리의 에드먼드Edmund of Canterbury〉와 〈토머스 베켓Thomas a Backet〉을 제외하면 〈성 브렌던St. Brendan〉처럼 비교적 긴 글도(734행) 한 시간 안에 낭독할 수 있다.

4   W. Farnham, "Tragic Prodigality of Life", *Essays in Criticism*, second series, Univ. of Calif. Publications in English IV(1934), pp.185~198; Th.

Finkenstaedt, "Galgenliteratur. Zur Auffassung des Todes im England des 16. und 17. Jahrhunderts", *DVJS* 34(1960), pp.527~553; L.R Smith, "English Treason Trials and Confessions in the Sixteenth Century", *Journal of the History of Ideas* 15(1954), pp.471-498; L.B. Wright, *Middle Class Culture in Elizabethan England*(Chapel Hill, N.C.: Univ. of North Carolina Press, 1935) 를 보라.

5　현존 원고들의 관계와 원고에 대한 설명 및 평가의 역사에 대해서는 M. Goerlach, *The Textual Tradition of the 'South English Legendary'*(Univ. of Leeds: Leeds Texts and Monographs, New Series 6, 1974), p.90을 보라.

6　Ch. d'Evelyn-A.J. Mill, eds., *The South English Legendary*(3 vols., EETS OS 235, 236, 244, London: OUP, 1956~1959). 이 글의 인용문은 모두 이 책에서 발췌했다.

7　Goerlach, p.78, p.29, *et passim*.

8　또한 "St. Valentine"(39 f.), "St. Peter"(473~475), "St. Lawrence"(145~154), "St. Bartholomew"(243~246), "St. Denys"(127~130), "St. Quentin"(87~112), "St. Clement"(112~114), "St. Oswald the Bishop"(90~93)을 보라.

9　이를테면 B. Mombritius *Sanctuarium seu Vitae Sanctorum*(ed. by two monks of Solesmes, Paris, 1910), vol. II, pp.77~78; and J. Bolland, ed. *Acta Sanctorum*(Antwerp, 1684), Februarius II, p.877에서 성 율리아나의 생애를 다룬 구절을 보라.

10　T. Graesse, ed., *Legenda aurea Jacobi a Voragine*(Vratislaviae, 1890³), p.178.

11　《영국 남부 성인전》의 이러한 측면에 처음으로 주목한 것은 Th. Wolpers, *Die englische Heiligenlegende des Mittelalters*(Tuebingen: Niemeyer, 1964), 특히 pp.235~237, 246ff였다.

12　이 구절을 중세 영국의 인식 태도라는 더 큰 맥락에서 해석한 것으로는 나의 "A View into the Grave: 'A Disputacion betwyx by Body and Wormes' in British Museum MS ADD. 37049", TAIUS 7(1974), pp.137~159를 보라.

13　Wolpers, pp.30ff. *et passim*.

14　나의 *Darstellungen von Tod und Sterben in mittelenglischer Zeit.Untersuchung literarischer Texte und historischer Quellen*(Duluth, 1970), 특히 4장을 보라.

15　16~17세기에 대해서는 주 4의 참고 문헌을 보라.

16　원래 제목인 *Actes and Monuments*(4th edition, London, 1583)로도 알려져 있다.

17　Goerlach, p.31, p.62.

18　이런 맥락에서 'The Vtilitie of the Story'라는 제목이 붙은 서문은 매우 흥미롭다. 여기에서 폭스는《영국 남부 성인전》의 'Banna Sanctorum' 서문과 비슷

한 용어를 쓰고 있다.

"우리 시대의 순교자들이 찬양을 덜 받아야 할 이유가 없다. 고통받은 이들의 수, 고통의 크기, 죽음 앞에서 보여준 의연함, 후대에 베푼 대속의 열매, 복음의 전파, 그 무엇을 보더라도 결코 부족함이 없다. 이들은 새로이 샘솟는 피로 진리의 나무에 물을 주었으며 썩어 쓰러진 나무를 자신의 죽음으로 되살렸다. 이들은 전투의 최전선에 섰으며 적과의 첫 조우와 적의 폭력을 감당했다. 그리하여 압제를 이겨내는 방법을 가르쳐주었다. 이들과 같은 용기를 지닌 자는 늙고 지친 병사처럼 전투의 후방에서 승리를 거두었다. 이들은 세상의 이름난 농부처럼 교회의 황량한 밭에 씨를 뿌렸다. 이들의 피를 거름 삼아 교회는 어려움을 이겨내고 결실을 맺었다. 곡식이 떨어지지 않도록 서둘러 곳간에 모아들일지어다."

19 Finkenstaedt, p.533.

20 R. Pitcairn, ed. *Criminal Trials and other Proceedings before the High Justiciary in Scotland*(Edinburgh, 1883, vol. II, p.447); Finkenstaedt, p.533 에서 인용.

21 Farnham, p.188; also Finkenstaedt, pp.545~46, quoting from a different source, F.J. Furnivall, ed., Harrison, *Description of England*(New Shakespeare Society, 1881, ff), vol. II, p.447; 저자가 현대 영어로 바꾸었음.

22 Farnham, p.194.

13. 고딕 시대의 사랑과 죽음

1 Johan Huizinga, *The Waning of the Middle Ages*(1924; rpt. Garden City, N.Y.: Doubleday, 1954), pp.39~40.

2 Gervase Mathew, *The Court of Richard II*(London: John Murray, 1968), pp.53, 107.

3 비용의 〈역설의 발라드*Ballad des Contres-Verites*〉는 전체가 '역설적per antiphrasim' 스타일로 되어 있다. 〈마리 도를레앙에게 보내는 서간시Epitre a Marie d' Orleans〉는 '왕실에 바치는 송가royal panegyric'다. 〈연인에게 보내는 발라드 *Ballade a s'Amie*〉는 〈투구장수 아낙의 갈보들에 대한 교훈을 노래하는 발라드 *Ballade de la Belle Heaulmiere*〉처럼 '연인의 비탄을 노래한 시'다.

4 프랑스어판 표준 텍스트는 Auguste Longnon et Lucien Foulet, *Francois Villon, Oeuvres*(Paris: H. Champion, 1967)다. 영어 번역은 불영 대역본인 Galway Kinnell, *The Poems of Francois Villon*(Boston: Houghton Mifflin, 1977)를 썼다. 인용된 구절은 1709~1712행이다《프랑수아 비용》(동문선, 1995) 473쪽).

5 *The Inferno*, tr. John Ciardi(New York: New American Library, 1954), p.42.

6 Huizinga, p.146.

7   Ibid., pp.148~149.

8   Eugene Robison Swigart, "Three Poets of the City: Theocritus, Villon and Beaudelaire", Diss. SUNY Buffalo, 1972, pp.32, 151.

9   David Kuhn, *La poetique de Francois Villon*(Paris: Armand Colin, 1967), p.30.

10   St. Augustine, *City of God*, 18.2를 보라. "인간의 도시는, 세계 곳곳에 엄청난 규모로 퍼져 있고 도시마다 천차만별임에도 단일한 공동체다. 공통의 속성이라는 끈이 전 인류를 하나로 묶는다." 이것을 Norman O. Brown, *Love's Body*(New York: Random House, 1966), p.40과 비교해보자. "통합의 진정한 형태는 정신분석학에서도, 기독교에서도, 프로이트에게도, 교황에게도, 카를 마르크스에게도 찾아볼 수 있거니와 '우리는 한 몸이니라'(성경 고린도전서 12:12 – 옮긴이)다."

11   *Love's Body*, p.40.

12   Ibid., p.48.

13   "인간의 비인간화는 몸으로부터 소외되는 것이다. 그리하여 인간은 영혼을 얻지만 …… 영혼은 사물 속에 있다. 화폐는 세상의 영혼이다. 금은 …… 육신의 죽음이다. …… 그렇다면 도시는 무엇인가? 도시는 의존과 자연이라는 여성적 원리에 저항하는 새로운 남성적 공격 심리를 반영한다"(Norman O. Brown, *Life Against Death* Middletown, Conn.: Wesleyan University Press, 1959), pp.281~282). 따라서 비용은 쓸모없는 동전이나 자신이 소유하지 않은 물건을 유증함으로써 화폐가 자신을 부패시키지 못하도록 한다. "[돈을]사랑함이 일만 악의 뿌리가 되나니 radix malorum omnium cupiditas"(성경 디모데전서 6:10 – 옮긴이).

14   Northrop Frye, *Fearful Symmetry: A Study of William Blake*(Boston: Beacon Press, 1947), p.431.

14. 르네상스 시대 영국의 도회지 브로드사이드 발라드에 나타난 사회적 테마

1   *The Roxburghe Ballads*, ed. W. Chappell and J.W. Ebsworth(Hertford, England, 1890), VII, 212~216. 이 시리즈를 인용할 때는 'Rox.' 뒤에 권수와 쪽수를 표기했다.

2   브로드사이드 중에는 비非대중작가가 쓴 고상한 작품이 많다. 이를테면 말로의 "내 애인이 되어 함께 살자꾸나Come live with me and be my love……"와 이에 대한 롤리의 답변이 양면에 나란히 실리기도 했다. 발라드 작가는 런던과 영국의 생활에서 관찰되는 모든 현상을 주제로 삼았으며, 사건을 보도하는 데 놀라운 순발력을 발휘했다. 이를테면 사형 집행이 예고되면 하루 전에 처형 장면을 묘사한 글과 희생자를 그린 삽화가 나돌았다. 또한 누군가 암송해 사람들에게 전하던 민요와 발라드가 문자화되기도 했다.

3 목판화로 찍은 표제는 브로드사이드가 인쇄 매체로서 내적인 미적 가치나 형태를 지니지 않았다는 당시의 통념에 대한 반증이다. 교체하여 쓰는 표준 활자는 점차 브로드사이드마다 고유한 활자로 바뀌었다. 브로드사이드 수집가 새뮤얼 피프스가 브로드사이드의 미학을 보는 방식은 순박함에 대한 세련된 관심이었다. 이는 요즘 자동차 범퍼 스티커를 수집하는 것에 비유할 만하다.

4 마틴 파커, 로런스 프라이스, 윌리엄 엘더턴은 이름난 브로드사이드 작가였다. '전통' 발라드가 '집단적으로' 창작되었다는 이론은 과거 논쟁에서 일부 기여하기는 했지만 일반적으로는 폐기된 주장이며, 이름이 알려지거나 무명인 일부 작가가 자신의 무기명 작품을 집단 창작, 즉 여러 사람의 손과 목소리를 거친 작품으로 내세우는 경우에만 타당하다. 이러한 '민중의 소리vox populi'로서의 자기 표상이 전복적 잠재력을 지니고 있음은 영국 혁명에 앞서 유포된 팸플릿의 영향력으로 입증된다.

5 '대중적인 것'과 엘리자베스·제임스 1세 시대 작품의 연관성, 당대 과학과 사회 이론의 비판적 혁신에 대해서는 충분한 연구가 이루어지지 않았다.《계간 헌팅턴 도서관Huntington Library Quarterly》에 실린 나의 〈컴퍼스를 들다: 베이컨 시대 대중 과학 저작의 경험주의Touching the Compass: Empiricism in Popular Scientific Writing of Bacon's Time〉에서 이 주제를 다루고 있다. '그 밖의 엘리자베스 시대 사람'은 어떤 면에서 장인匠人과 경험주의자(브로드사이드 작가와 마찬가지로 교리가 아니라 인과관계에 따라 경험을 판단했다) 대중이었다.

6 물론 루크 허턴과 가말리엘 래치 같은 범죄자를 찬양한 인쇄 매체는 브로드사이드 발라드만이 아니었다. 발라드와 고백적 팸플릿의 주된 차이점은 죄인의 목소리가 직접 드러나는가다.

15. 종교개혁을 이끈 것은 대중이었다

1 J.K.F. Schlegel, *Kirchen-und Reformations-Geschichte*(Hanover: Helwing, 1829), II, 399.

2 Cambridge University Press, 1958, p.5.

3 Hans Hillerbrand, *Men and Ideas in the Sixteenth Century*(Chicago: Rand McNally, 1969), p.66.

4 1964, p.68.

5 Karl-Heinz Klingenburg, Sibylle Badstubner, et al., *Deutsche Kunst und Literatur in der früehbuergerlichen Revolution*(Berlin: Henschelverlag, 1975), pp.12, 13.

6 Ibid., pp.11~18.

7 M.M. Smirin, *Die Volksreformation des Thomas Muentzer und der grosse Bauernkrieg*(Berlin, 1952).

8 *Thomas Muentzer und seine Zeit*(Berlin, 1952), p.109. 또한 Abraham Friesen, *Reformation and Utopia*(Wiesbaden, 1974)를 보라.

9 Jerome Blum, et al., *The Emergence of the Modern World*(Boston: Little Brown, 1966), p.119. 또한 Will Durant, *Reformation*(New York: Simon & Schuster, 1957), p.393; Preserved Smith, *The Age of the Reformation*(New York: Henry Holt,1920), p.111; and Richard S. Dunn, *The Age of Religious Wars*, 1559~1689(New York: Norton, 1970), p.6을 보라.

10 *Luther and the Reformation*(New York: Russell and Russell, 1962), III, pp.201~202.

11 George H. Williams, *The Radical Reformation*(Philadelphia: Westminster, 1962), p.82.

12 *Reichsstadt und Reformation*(Guetersloh: Gerd Mohn, 1962).

13 "Der Bauernkrieg und das angebliche Ende der lutherischen Reformation als spontaner Volksbewegung." *Luther-Jahrbuch*, 1959, vol. XXVI(1959), pp.109~134.

14 "Der Laie als Richter im Glaubensstreit der Reformationszeit", pp.31~54.

15 "The Reformation in Nurnberg", in *The Social History of the Reformation*, ed. L.P. Buck and J.W. Zophy(Columbus, 1972).

16 Hella Brock, "Moglichkeiten emotional-gedanklicher Vertiefung von Einsichten in den deutschen Bauernkrieg durch Werke der Musik", in Max Steinmetz, ed., *Der Deutsche Bauernkrieg und Thomas Muentzer*(Leipzig: Karl-Marx-Universitat, 1976), pp.272~279를 보라.

17 Edmund Hahn, "Die Reformationsbewegung in der Reichsstadt Rottweil", unpub. ms., 1926, p.22.

18 G. Rettig, "Bittschrift der vertriebenen Rottweiler an die Eidgenossen 1529", *Archiv des historischen Vereins des Kantons Bern*, Bd. XI(1896), p.412.

19 Ludwigsburg, Hauptstaatsarchiv, August 6, 1529(Ferdinand to "den Ersamen, weisenn Burgermeister vnnd Rat der Statt Rotweill", B 203, Bu, 2).

20 Hahn, "Rottweil", pp.44 ff.

21 Stuttgart, Hauptstaatsarchiv, B. 203, Rottweil, August 17, 1530.

22 1527년에 가톨릭 예배와 루터파 예배를 방해하는 대중 시위가 벌어졌다(Moriz von Rauch, *Johann Lachmann der Reformator Heilbronns*[Heilbronn: Rembold, 1923] p.24). 또한 격렬한 투쟁을 기술한 수많은 기록에 대해서는 Moriz von Rauch, *Urkendenbuch der Stadt Heilbronn*, vierter Band(Stuttgart: Kohlhammer, 1922)를 보라.

23 연대기 작가는 루터파 사제의 임명이 "세속 통치 기구의 동의를 받지 않고ohne die Zustimmung der Geistlichen der weltlichen Obrigkeit" 시행되었다고 기록한다. 주체는 '대중Volk'이었다(Heide Stratenwerth, *Die Reformation in der Stadt Osnabrueck*(Wiesbaden, 1971), pp. 70, 71.

24 Osnabruecker Geschichtsquellen, Bd. II. *Die niederdeutsche Bischofschronik von Ertwin Erstman*, fortgesetzt bis 1533 von Dietrich Lilie, hrg. von Fr. Runge(Osnabruck, 1894), p.106.

25 Holscher, *Die Geschichte der Reformation in Goslar*(Hannover, 1902), p.36.

26 "······ es droht Aufruhr vom gemeinen Hausen", Goslar Stadtarchiv, Arch Nr. 2115, quoted in Holscher, op. cit., p.36.

27 소의회의 의원 6인 중 한 명이 마인츠 대주교 알브레히트에게 말했다. "Bergknappen und der gemeine Mann [haben] den Rat genotigt, Amsdorff von Magdeburg herzurufen ······ noch bisher hat die Obrigkeit mit eigenem Willen keine Neuerung gestattet ······", ibid.

28 Heinrich Schrieber, *Die Reformation Luebecks*(Halle, 1902).

29 당시의 한 연대기 작가는 극적인 사건을 이렇게 기록했다. "Einige von den Burgern, die auf dem Rathaus waren, als sie sahen, dass der Ehrbare Rat nicht in Gottes Wort einwilligen wollte, riefen sie aus dem Fenster zu denen auf dem Markt: 'Wer bei Gottes Wort leben and sterben will, der hebe die Hand aufl' Da hob der Volkshaufen die Hand auf", quoted in *Die Reformation in Augenzeugenberichten*, hereausgegeben von Helmar Junghans(Duesseldorf: Karl Rauch, 1967), p.385.

30 의회는 이러한 조치가 가져올 결과로 종교개혁이 도입될 것이라고 경고했다. "······ zum ewigen Verderben dieser Stadt gereichen. ······ Als nun die Herren sahen, dass die Gemeinde so fest an dem ersten Artikel [abolition of the mass] hielt und dass sie nichts erreichen konnten, gingen sie wieder zu dem Ratsstuhl. ······ Darauf gab der Ehrbare Rat zur Antwort: Weil es also nicht anders sein konnte ······ [종교개혁이 도입될 것이라고]"(ibid., pp.386, 387).

31 Walter Delius, *Die Reformatioinsgeschichte der Stadt Halle/Saale*(Berlin: Union Verlag, 1953), p.58. 대주교는 "Kleiner Christlicher gehorsamer rath als eyner vii personen und der alten religion tzuwidder"를 선택하겠다고 말했다.

32 칼베 의회(1541)에서 알브레히트는 패배를 솔직히 인정했다. "Koennen doch Kaiser und Papst nicht wehren in diesen Landern, wie wollen wir's dann wehren? Darum handelt also, dass wir Geld Bekommen, wollen sie es ja so

haben und lutherisch sein, wohlan, das mogen sie tun ⋯⋯"(ibid., p.67).

33 Rudolf Steinmetz, "Die Generalsuperintendenten von Hildesheim", *Zeitschrift der Gesellschaft fuer niedersachsiche Kirchengeschichte*, 1938, Jahrgang 43, p.119.

34 Konrad Preger, *Pankraz von Freyberg auf Hohenaschau*(Halle: Verein fuer Reformationsgeschichte, 1895), p.29.

35 Heinrich Schreiber, *Johannes Albrecht I, Herzog von Mecklenburg*(Halle: Verein fuer Reformationsgeschichte, 1899), p.33.

36 Josef Ivo Hochle, *Geschichte der Reformation und Gegenreformation in der Stadt und Grafschaft Baden bis 1535*(Zurich: J.F. Kobold-Ludi, 1907), p.7.

37 Karl Ludwig Bender, "Die Reformation in Gengenbach", *Beitraege zur Badischen Kirchengeschichte*, Sammelband I(Karlsruhe: Evang. Presserverband, 1962), p.7.

38 Stratenwerth, *Osnabrueck*, p.109.

39 Hans Rossler, *Geschichte und Strukturen der evangelischen Bewegung im Bistum Freising, 1520~1571*(Nuemberg: Verein fuer Bayerische Kirchengeschichte, 1966), pp.116~128.

40 Naujoks, *Obrigkeitsgedanke, Zunftverfassung und Reformation*(Stuttgart: Kohlheimer, 1958), p.57. "⋯⋯ die groesste Stadte wir Strassburg, Augsburg and Nuembert unter dem Druck der Bevolkerung lutherische Pradikanten Angenommen hatten. ⋯⋯"

41 Gustav Bossert, "Die Wiedeneinfuehrung der Messe in Frankfurt, 1535", *Archiv fuer Reformationsgeschichte*, XIII(1916), p.150.

42 In Hall "sein vii von der alten geschlechten, und auch sonst etlich von der statt hinaus zu sant Johans zur kirchen gange. ⋯⋯" *Chronica zeit-unnd jarbuch vonn der statt Hall ursprung unnd was sich darinnen verloffen unnd wasz fur schlosser umb Hall gestanden*, durch M. Johnn Herolt zusammengetragen, in Geschichtsquellen der Stadt Hall, erster Band, bearbeitet von Christian Kolb(Stuttgart: Kohlhammer Verlag, 1894), p.189.

43 Karlheinz Blaschke, *Sachsen im Zeitalterder Reformation*(Guetersloh: Gerd Mohn, 1870), pp.10, 11.

44 도시 기록의 발췌문은 이러한 태도를 일부 보여준다. "Veit Rosslin geht nach S[oflingen], weil er beim alten Glauben bleiben will. Da der Glaub frei sei, hoffer, man weerd ihn auch dabei lassen; er will auich in Zukunft nicht hie an die Predigt gehen, sondern bei dem Alten, wie es an ihn

Kommen, bleiben", *Ulmische Reformationsakten von 1531 und 1532 in Wuerttembergische Vierteljahrshefte fur Landesgeschhichte*, neue Folge, IV. Jahrgang, 1894, p.337. 또 다른 대답은 10년 전 보름스에서 울려 퍼진 유명한 선언을 연상시킨다. "Apollonia Schinerlerin: sie sei Gott und U.L. Fr. zu lieb hinaus und werd aufihrem Glauben bleiben, es gefalle wem es wolle, sie sei Gott mehr schuldig dann einem Rat", ibid.

45 뷔르템베르크 공 울리히는 독립시市 로이틀링겐을 정복해 자신의 공국에 편입시켰으나 1519년에 슈바벤 동맹에 의해 영지에서 쫓겨났다. 합스부르크 왕가는 공국의 지배권을 차지하고 슈투트가르트에 자기네 '시장市長Statthalter'을 임명했다.

46 Paul Schwarz, *600 Jahre Burgerschaftliche Selbsterwaltung der ehemaligen Reichsstadt*(Beutlingen, 1974), p.93. `

47 Stuttgart, Staatsarchiv, Reichsstadt Reutlinger, Bu. 6, Jan., 11, 1524.

48 Reutlingen, Stadtarchiv, Markteid 1525, Nr. 574/8, p.2. 시 당국은 이 사건을 생생하게 기록했다. "Da haben die am marktt die spies nidergelassen ain Ring gemacht vnd mitainander gered man hab der gemaind allen in ire zunfthuse zusamen gebatten diwyl sie dann ietzo dyain so wollen sie die sach aldo handeln vnd nach dem burgermaister geshickt vnd im angezaigt das sich der prediger der kuntschaft hievorgemelt der prediger denn klein vnd gros Rat oder ain gantze gemaind auch verhorendenn er das Rain luttre wort gottes gepredigt …… so werd sich ain Rat darin …… halten wie sich gepur vnnd vf solhs haben sie nit wollen abtretten sonder begert als auch beschehen das wir all zesamen schweren sollen by dem goswort zu beliben vnd das zuhandthaben"(Reutlingen, Stadtarchiv, Nr. 574/8, pp.2, 3.

49 Ibid., p.2.

50 페르디난트는 이렇게 선포했다. "…… das Ir Obbemelt Statt Reutlingen, und Inwoner derselben, auh den Prediger obangetzaigt nun hinfuran in allen sachen meidet, …… noch ainicherlay gemainschaft oder hanndlung …… habet, noch teibet"(*Beylagen* in Christian F. Sattler, *Geschichte des Herzogthums Wurtemberg*, zweiter Theil[Tubingen: G.H. Reiss, 1770], pp.237, 238.)

51 Schwarz, *Reutlingen*, pp.8~11.

52 Naujoks, *Obrigkeitsgedanke*, p.56.

53 의회는 루터주의에 대해 이같이 우려했다. "…… nichts anders dann Uffruren. ……"(Ulm, Stadtarchiv, Ratsprotokolle, July 8, 1522).

54 의회는 새로운 가르침에 대해 이같이 개탄했다. "…… im gemainen man

wurtzelt und gewachsen, dass es mit gewalt ubel ze stilen sey", Naujoks, op. cit., p.57에서 인용.

55 August Willburger, *Die Konstanzer Bischoefe und die Glaubensspaltung* (Muenster: Aschendorffsche Buchdruckerei, 1927).

56 Hans Platze ue Walter Schlesinger, *Geschichte Thueringens*. III. Bd.(Koeln: Bohlau Verlag, 1967), p.49.

57 Koiditz, "Die Volksbewegung in Muehlhausen." 이 연구는 뮐하우젠에서 종교 개혁이 초기에 대중의 지지를 얻었음을 잘 보여준다. 따라서 "die Reformation in Muehlausen war urspringlich eine echte Volksbewegung ……"(p.133).

58 Naujoks, *Obrigkeitsgednke*, p.61.

59 Ibid., p.64.

60 Ibid., p.71.

61 Christoph Friedrich von Stalin, *Wirtembergische Geschichte*, vierter Theil (Stuttgart: J.G. Cotta'schen Buchhandlung, 1873), p.247.

62 Karl Weller u. Arnold Weller, *Wuerttembergische Geschichte im Sueddeutschen Raum*(Stuttgart: Konrad Theiss, 1972), p.125. 또한 Albert Angele, ed., *Altbiberach um die Jahre der Reformation erlebt und fur die kommenden Generationen der Stadt beschrieben von den Zeitgenossen und edlen Bruddern Joachim I und Henrich VI von Pfummern*(Biberach, 1962)를 보라.

63 Ibid., p.127; Naujoks, *Obrighkeitsgedanke*, p.88.

64 Wolfgant Schlenck, "Die Reichsstadt Memmingen und die Reformation", *Memminger Geschichtsblaetter*(1968), p.36; Memmingen, Stadtarchiv, Ratsprotokoll, 2. Februar 1524: "dieweyl denn ain rat selbst sag, er sey der gmaind nit gewaltig."

65 Schlench, *Memminger Geschichtsblaetter*, p.38.

66 Ibid., p.58.

67 Ibid., pp.64ff.

16. 계급, 세대, 사회 변화

1 Sidney Perley, *The History of Salem Massachusetts*(Salem, 1924), vol. II, p.176.

2 Essex Institute, *Records and Files of the Quarterly Courts of Essex County Massachusetts* Volume I, 1636~1656.(Salem, 1911), p.225.

3 Ibid., p.226.

4 Ibid.

5 Ibid.

6 Ibid.

7 Ibid., p.206.

8 Ibid., p.210.

9 Ibid.

10 Ibiords and Files of the Quarterly Courts of Essex County Massachusetts Volume I, 1636~1656. (Salem, 1911), p.225.

11 Ibid.

12 Ibid., pp.198~199.

13 Ibid., p.198.

14 Ibid.

15 Ibid., p.199.

16 Ibid.

17 Ibid., pp.147.

18 Ibid., pp.178~179.

19 5amuel Sewall, *The History of Woburn, Middlesex County, Massachusetts* (Boston, 1868), p.51.

20 Essex Institute, op. cit., pp.26, 33.

21 Ibid., p.368.

22 Edmund Morgan, *The Puritan Family*(New York, 1966), p.172.

23 Ibid., p.170.

24 Massachusetts Historical Society, *Collections*(Fourth Series), Volume VII, pp.24~25.

17. 시멘트 사자와 헝겊 코끼리

1 이 논문의 바탕이 된 연구는 1974~1976년과 1978년 중 여러 시기에 가나에서 수행되었다. 출처를 밝히지 않은 인용문은 모두 인터뷰 녹취록을 번역한 것이다. 테이프 녹취를 도와준 가나 대학 아프리카연구소의 B. A. 피렘퐁과 야우 보아텡 박사에게 감사한다. 마이클 에머슨은 에사퀴르 깃발을 그려주었다. 특히 아사포 작품을 이해하는 데 실마리를 던져준 캘리포니아 대학 샌타바버라 캠퍼스의 허버트 M. 콜에게 감사한다.

2 서아프리카 국가들이 흔히 그렇듯이 신뢰할 만한 인구통계는 입수할 수 없었다. 여기에 제시한 수치는 추정에 지나지 않는다. 게다가 어디가 판티족 국가이고 어디가 아칸족 국가인지에 대해 연구자마다 의견이 엇갈린다. 연구 대상인 21개국은 잘 발달된 아사포 미술과 판티족 고유의 예식을 가지고 있다는 점에서 판티족 국가로 분

류했다.

3 판티족 아사포의 구조와 역할을 가장 포괄적으로 논의한 글은 James Christensen, *Double Descent Among the Fante*(New Haven: Human Relations Area Files, 1954)다.

4 판티족 사회에서 속담의 역할을 더 깊이 논의한 글로는 James Christensen, "The Role of Proverbs in Fante Culture", *Africa*, 28(1958), pp.232~243이 있다. 아칸 미술에서 언어적-시각적 결합의 중요성을 보여주는 글로는 Herbert Cole and Doran Ross, *The Arts in Ghana*(Los Angeles: UCLA Museum of Cultural History, 1978), pp.9~12가 있다.

5 아사포 미술을 논의한 글 중에서 이전에 발표된 것으로는 Arthur ffoulkes, "The Company System in Cape Coast Castle", *Journal of the African Society*, 7(1907/1908), pp.261~77; George Preston, "Perseus and Medusa in Africa: Military Art in Fanteland 1834~1972", *African Arts*, 8, No.3(1975), pp.36~41, pp.68~71; Cole and Ross, pp.186~207이 있다.

6 아반지 신전을 묘사한 Cole and Ross, p.187, fig. 365에 따르면 최초의 포수반은 1888년으로 거슬러 올라간다. 이것은 부대 연장자와의 인터뷰를 기초로 한 것이다. 뒤이은 연구에서는 이 포수반을 찍은 최초의 사진에 '1883'이라는 연도가 똑똑히 쓰여 있음을 밝혀냈다.

7 Christensen, "Role of Proverbs", p.234.

8 Ivor Wilks, "The Mande Loan Element in Twi", *Ghana Notes and Queries*, No. 4(1962), p.27.

9 Johan Gottlieb Christaller, *A Collection of Three Thousand Six Hundred Tshi Proverbs*(Basel: Basel Evangelical Missionary Society, 1879. 크리스탈러의 연구는 모두 토착어로 되어 있다. 이들 속담 830개의 번역문은 Robert Rattray, *Ashanti Proverbs*(Oxford: Clarendon Press, 1914)에 실려 있다.

10 '쿠두오'는 놋쇠로 주조한 용기로, 제례와 귀중품 보관에 쓴다. 금 분동 역시 놋쇠로 주조하며 금의 무게를 달 때 쓴다. 두 조형물은 형태가 가지각색이며, 대부분 아칸족에게 중요한 동식물과 다양한 풍속을 표현했다. 현존하는 금 분동은 수백만 개에 이르며, 서아프리카에서 가장 매혹적인 대중미술로 손꼽힌다.

11 Frederick Pedler, *The Lion and the Unicorn in Africa*(London: Heinemann, 1974), pp.218~219.

12 Jill Salmons, "Mammy Wata", *African Arts*, 10, No.3(1977), 13. 새먼스의 글은 나이지리아 남부 대중문화에서 마미와타의 역할을 규명하고 있다.

13 Pieter de Marees, *A Description and Historical Declaration of the Golden Kingdom of Guinea*, in *Purchas His Pilgrims*, ed. Samuel Purchas(Glasgow:

Maclehose, 1905), p.171.

14 포수반을 건축하는 예술가는 다양한 현대 기독교 예배당에도 비슷한 상징물을 채워넣는다. 두 조각의 군사적 소재는 흥미로운 비교 대상이다. Paul Breidenbach and Doran Ross, "The Holy Place: Twelve Apostles Healing Gardens", *African Arts*, 11, No. 4(1978), pp.28~35를 보라.

15 1693년에 토머스 필립스는 크리스티안보르에서 네덜란드 요새를 탈취한 아칸족 지휘관을 방문한 뒤 이런 기록을 남겼다. "그가 내건 깃발은 흰색이었으며 깃발 한 가운데에서 흑인이 언월도를 휘두르고 있었다." Thomas Phillips, *Journal of a Voyage Made in the Hannibal of London, Ann 1693, 1694, from England …… to Guinea, in Churchill's Collection of Voyages and Travels*, ed. Awnsham Churchill(London: n.p., 1752) vol. VI, p.228.

16 J. Mensah Sarbah, *Fanti Customary Laws*(London: William Clowes, 1897), p.14.

참고 문헌

1. 들어가며: 인쇄술 이전의 대중문화를 발견하다

이 책과 유사한 문헌은 표준적인 역사 연구를 바탕으로 한 Norman F. Cantor and Michael S. Wertham, *The History of Popular Culture to 1815*(New York: Macmillan, 1968)와 Stanley Chodorow and Peter N. Steams, *The Other Side of Western Civilization*(New York: Harcourt, Brace, Jovanovich, 1975)뿐이다. 두 책은 상당 부분이 우리 책의 주제와 겹치며 꼭 읽어볼 만하다. 둘 다 훌륭한 서지 목록이 실려 있다. 두 책을 제외하면, 인쇄술 이전의 대중문화 연구는 일반적인 사회사·문화사·기술사, 특정한 역사적 시기에 대한 연구서, 공통된 주제나 주제어를 찾아볼 수 없는 논문들에 흩어져 있다.

옛 대중문화에 대한 요즘 문헌을 살펴보려면 《대중문화 저널》을 비롯해 역사, 종교, 문학, 고고학 및 관련 분야의 주요 학술지를 정리한 인문학 분야 서지 목록인 *Humanities Index*(*Social Sciences and Humanities Index*의 상위 분류)에서 시작하는 것이 좋다. 이것은 주로 미국의 영어 자료이며 영국의 인문학 서지 목록인 *British Humanities Index*가 이를 보완한다. 한편 고전, 중세 연구, 민속학의 거의 모든 연구를 망라한 매우 상세한 국제적 서지 목록이 두 가지 있다. 국제고전서지학회 La Société Internationale de Bibliographie Classique에서 발간하는 문헌 연감인 *L'Anee Philologique*는 그리스, 헬레니즘, 로마, 비잔틴, 라틴 문화에 연관된 모든 문헌을 포함하며, 현대언어학회Modern Language Association에서 해마다 발표하는 국제 서지 목록인 *MLA International Bibliography*는 중세 라틴·유럽 문학(또한 현재까지의 모든 문학)뿐 아니라 제의, 축제, 놀이, 의약품, 건축 등을 비롯한 민속 분야를 다룬다. 하지만 *MLA International Bibliography*는 민속을 제외하면 문학과 언어학만을 다루고 있기 때문에 비문학 자료를 참조하려면 예술 분야 서지 목록인 *Art Index*, 종교 분야 정기간행물 목록인 *Index to Religious Periodical Literature*, 의학 분야 서지 목록인 *Index Medicus*처럼 더 구체적인 주제를 찾아보아야 한다. 이 책에 실린 각 논문의 참고 문헌도 도움이 될 것이다. 이 소개글은 특정한 자료를 토대로 삼지 않았지만 초기의 기술과 메트로폴리스 발달 과정이 궁금하다면 Gosta E. Sandstrom, *Man the Builder*(New York: McGraw-Hill, 1970), John Pfeiffer, *The Emergence of Society*(New York: McGraw-Hill, 1977), *Meaning in the Visual Arts*(New York: Doubleday, 1955)에 실린 Erwin Panofsky," The History of the Theory of Human Proportions as a Reflection of the History of Styles", *The Man-*

Made Object, ed. Gyorgy Kepes(New York : Brazziller, 1966)에 실린 Gillo Dorfles, "The Man-Made Object"를 참고하기 바란다.

2. 문자 이전의 고대 기록 체계

Schmandt-Besserat, D., "The Earliest Precursor of Writing", *Scientific American*, Vol. 238, No. 6, pp.50~59(June 1978).

Schmandt-Besserat, D., "An Archaic Recording System and the Origin of Writing", *Syro-Mesopotamian Studies*, Vol. 1, No. 2(July 1977).

Oppenheim, A. Leo, "An Operational Device in Mesopotamian Bureaucracy", *Journal of Near Eastern Studies*, Vol. 17(1958), pp.121~128.

Amiet, Pierre, "Glyptique Susienne", *Mémoires de la Délégation Archéologique en Iran* Vol. XLIII, Paris : Paul Geuthner(1972), Vol. I, p.60ff., Vol. II, p.61ff.

Pullan, J. M., *The History of the Abacus*, 2nd. ed., New York : Praeger(1970).

Clairborne, Robert, *The Birth of Writing*, New York : Time Life Books, The Emergence of Man Series(1974).

4. 고전 세계의 도회적 삶

본문에 인용된 주요 고전은 다음과 같다.

Aelius Aristides. *The Roman Oration*(Greek Text and English translation), in James Oliver, *The Ruling Power : A Study of the Roman Empire in the Second Century after Christ Through the Roman Oration of Aelius Aristides, Transactions of the American Philosophical Society*, 43 n.s.(1953).

Aristotle. *Politics*. Greek Text and English Translation by H. Rackham. London : William Heinemann, Ltd., 1967.

Menander. *The Principal Fragments*. Greek Text and English Translation by Francis G. Allinson. London : William Heinemann., Ltd., 1959.

Paul. Acts. *New Testament*. Greek Texts and English translation by Alfred Marshall. London : Samuel Bagster and Sons, Ltd., 1958.

Pausanius. *Description of Greece*. Greek Text and English Translation by W.H.S. Jones. London : William Heinemann, Ltd., 1918~1935.

Plutarch. Aristides. *The Rise and Fall of Athens(Lives)*. English Translation by Ian Scott-Kilvert. Baltimore : Penguin Books, 1964.

Theognis. Fragments. *Greek Lyrics*. English Translation by Richmond Lattimore. Chicago : The University of Chicago Press, 1967.

Theophrastus. *The Characters*. Greek Text and English Translation by J.M.
Edmonds. London : William Heinemann, Ltd. 1946.
Thucydides. *The Peloponnesian War*. English Translation by Crawley. New
York : The Modern Library, 1951.

6. 신들림, 섹스, 히스테리

참고 문헌에 대하여: 이 같은 주제를 다룬 문헌은 방대하며 구하기가 힘들다. 여기에서
는 특별한 가치가 있으며 이 논문의 주제를 더 깊이 파고드는 데 간편한 입문서 구실
을 할 수 있는 문헌만을 소개할 것이다. 지면을 아끼기 위해 제목 옆에 주 번호를 달
았다. 전체 서지 정보는 주를 참조하기 바란다.

신들림 현상을 연구할 때 반드시 읽어야 할 책은 트라우고트 외스터라이히Traugott
Oesterreich의 《빙의와 퇴마*Possession and Exorcism*》(23)다. 이 책은 저명 연구자의 필
생의 업적으로, 다소 오래되기는 했지만 대부분의 문헌 자료를 객관적으로 분석하고
있다. 고대 그리스의 신들림을 분석한 최근 문헌인 E. R. 도즈E. R. Dodds의 《그리스
인들과 비이성적인 것》(8)은 문학적 · 문화적 관점에서 신들림을 연구하고 있다. 이
책은 학문적이면서도 기발하다.

카를 카우츠키Karl Kautsky의 《기독교의 토대*The Foundations of Christianity*》(New
York : Russel, 1953)는 고대 세계관의 전환을 앞당긴 경제적 변화를 간략하게 설명
한다. E. R. 도즈의 《불안의 시대, 이교도와 기독교인*Pagan and Christian in an Age of
Anxiety*》(22)는 고대 후기의 독특한 시대정신을 훌륭하게 묘사한다.

그레고리 질부르크Gregory Zilboorg의 《의학심리학사*A History of Medical
Psychology*》(New York : Norton, 1967)는 고대 그리스 · 로마의 의사에 대한 견
해 또한 이들이 고대 철학의 일반적인 조류와 어떻게 상호작용했는지에 대한 견해
를 보여준다. 일자 파이트Ilza Veith의 《히스테리: 어떤 질병의 역사*Hysteria : The
History of a Disease*》(27)는 질병으로서의 히스테리를 역사적으로 다루고 있으며,
의학사 글쓰기의 전형으로 손꼽히는 뛰어난 책이다. 고대의 의학적 관점을 연구하려
면 반드시 히포크라테스부터 시작해야 한다. 다행히 《히포크라테스 전집*Hippocratic
Corpus*》이 로브 문고 시리즈의 훌륭한 번역으로 출간되어 있다. '정신 질환'의 대처,
진단, 치료에 대해서는 후대의 의학 저술가인 아울루스 코르넬리우스 켈수스Aulus
Cornelius Celsus(로브 시리즈로 출간되었다) 아레타이오스Aretaeus(30), 카일리우
스 아우렐리아누스Caelius Aurelianus(20)가 특히 중요하다. 카일리우스 아우렐리
아누스의 책은 1세기에 소라누스가 그리스어로 쓴 저서를 이후에(5세기 경)에 라틴
어로 번역한 것이다.

인기 작가인 모튼 헌트Morton Hunt는 《사랑의 자연사*The Natural History of Love*》
(34)에서 초기 기독교인의 태도를 학술적이면서도 재미있게 기술하고 있다. 마빈 해

리스Marvin Harris의 《문화의 수수께끼》(18)는 종교운동과 메시아 사상에서 비롯한 혁명운동을 인류학적 관점에서 논하고 있는데, 반드시 읽어볼 만한 책이다.

로브 고전 문고Loeb Classical Library는 고대 작가의 문헌을 풍부하게 수록하고 있다. 번역은 전반적으로 정확하지만, 문학적 수준이 들쑥날쑥하며 초기에 출간된 일부 책은 빅토리아 시대의 과장된 문체로 쓰여 있다. 로브 시리즈의 또 다른 이점은 원문과 번역문이 나란히 인쇄되어 있어 라틴어나 그리스어를 배운 독자가 원서를 대조할 수 있다는 것이다.

더 폭넓은 자료 목록을 얻으려면 아래 주소로 연락하기 바란다. Gerald Erickson, Classics Department, 310 Folwell Hall, University of Minnesota, Minneapolis, MN 55455.

1. 고대의 광기
   A. 고대 원전
   B. 2차 자료

2. 그리스·로마의 에로티시즘과 가정생활

3. 고대의 꿈
   A. 1차 자료
   B. 2차 자료

4. 고전 시대의 주술과 마녀술
   A. 1차 자료
   B. 2차 자료

7. 그리스와 로마의 마녀

그리스·로마 마녀술을 연구할 때의 어려움은 이런 주제로 책을 쓴 사람이 아무도 없다는 것이다. 어떤 책은 마녀를, 어떤 책은 부적을, 어떤 책은 늑대인간을, 어떤 책은 특정한 예식을 다루지만 이 모든 주제를 두루 언급하는 책은 나온 적이 없다. 이 주제를 연구하려면 우선 S. Eitrem, *Oxford Classical Dictionary*에서 'magic' 항목을 읽은 다음 Pauly-Wissowa, *Real-Encyclopadie der Klassischen Altertumswissenschaft*, vierzehnter band, pp.301~393에서 'mageia' 항목을 읽으라. H. Hubert, *Dictionaire des antiquites grecques et romaines*의 'magic' 항목은 훌륭한 글이다. K. Smith, *Encyclopedia of Religion and Ethics*의 'Magic-Greek and Roman'도 뛰어나다. 이상 네 글은 전문가와 일반인 모두에게 알맞은 배경지식을 담고 있다.

가장 중요한 책으로는 E. Tavenner, *Studies in Magic from Latin Literature* (New York, 1916); B. Bekker, *De Betoverde Weereld* (Amsterdam, 1961); K. DeJong, *De Magie Bij De Grieken en Romeinen* (Haarlem, 1948); J. Lowe, *Magic in Greek and Latin Literature* (Oxford, 1929); L. Maury, *La Magie et l'astrologie* (Paris, 1923); and L. Thorndike, *A History of Magic and Experimental Science* (London, 1923)가 있다. 특별히 부적을 다룬 연구로는 M. Blumler, *A History of Amulets* (Edinburgh, 1887); D. Albert, *Secrets marvelleux de la magic naturelle et cabalistique* (Lyon, 1782); E. Budge, *Amulets and Talismans* (New York, 1970)가 있다. '악한 눈evil eye' 연구서로는 F. Elworthy, *The Evil Eye* (London, 1895) and by E. Gifford, *The Evil Eye* (New York, 1958)가 있다. 주술 파피루스는 K. Preisendanz, *Papyri Graecae Magicae* (Leipzig, 1928~1931)에서 다룬다. 본문을 번역하지는 않았지만 설명과 주가 훌륭하다. 늑대인간을 다룬 문헌은 K. Smith, *The Werewolf in Latin Literature* (Baltimore, 1892) and M. Summers, *The Vampire* (London, 1928)가 있다. G. Black, *A List of Works Relating to Lycanthropy* (New York, 1920)는 늑대인간에 대한 완벽한 서지 목록이 (설명과 함께) 실려 있다. 주술과 로마 종교는 E. Burriss, *Taboo, Magic and Spirits* (New York, 1931); F. Cumont, *After-Life in Roman Paganism* (New York, 1922); and W. Adams, *Dwellers on the Threshold* (London, 1865)를 보라.

8. 로마의 가정 종교

로마 가정 종교에 대한 글이 실려 있는 표준적 안내서는 다음과 같다. Latte, K., *Roemische Religionsgeschicte*, Handbuch der Altertumswiss. V 4 (Munchen: 1960); *Oxford Classical Dictionary*, 2nd ed., 1970; Wissowa, G., *Religion und Kultus der Roemer*, Handbuch der Altertumswiss. IV 5 (Munchen: 1912); De Marchi, A., *It Culto privato di Roema antica* (Milan: 1896). 오래되기는 했지만 가정 제의만을 독자적으로 다룬 논문으로는 이것이 유일하다; Ogilvie, R. M., *The Romans and their Gods in the Age of Augustus* (London: 1969); 이 뛰어난 연구서에는 가정 제의에 대한 간략한 글이 실려 있다; Orr, D., "Roman Domestic Religion: The Evidence of the Household Shrines", in *Aufstieg und Niedergang der Roemischen Welt*, Band 11.16.1. (Berlin: 1978), pp.1557~1591.

로마 가정 제의와 현대 이탈리아의 풍습을 연관 지은 본격 연구서는 아직 나오지 않았다.

9. 초기 기독교의 대중문화

표준 텍스트:

Edgar Hennecke and Wilhelm Schneemelcher, *New Testament Apocrypha*. English Translation edited by R. McL. Wilson. Philadelphia : Westminster Press. Two volumes, 1963, 1965.

다음은 영어, 독일어, 스페인어로 번역된 저작들이다.
M. R. James, *The Apocryphal New Testament*. New York : Oxford, 1955.
The Ante-Nicene Fathers, vols. VIII and X.
Michaelis, W., *Die Apokryphen Schriften zum Neuen Testament*. Bremen, 1958. (독일어).
A. de Santos Otero, *Los Evangelios Apocrifos*. 1956(스페인어).

다음 번역서들은 단지 서지 정보 차원에서 수록했다.
Cowper, R. Harris, *The Apocryphal Gospels and Other Related Documents Relating to the History of Christ*. 2nd ed. 1867.
Excluded books of the New Testament. New York. Harpers, 1927.
Hone, William, *The Apocryphal Books of the New Testament*. 1st edition 1820, several editions since. (이에 대한 비판으로는 M.R. James, op. cit. pp.XIV ff를 보라.)
The Lost Books of the Bible and The Forgotten Books of Eden. Cleveland : The World Publishing Co. 1926.
Pick, Bernhard, *The Apocryphal Acts of Paul, Peter, John, Andrew and Thomas*. Chicago : Open Court Publishing Co. 1909.
Pick, Bernhard, *The Extra-Canonical Life of Christ*. New York and London : Funk & Wagnalls Co. 1963.

'현대 외경'에 대한 입문서:
Edgar J. Goodspeed, *Strange New Gospels*. Chicago, Ill. : The University of Chicago Press, 1931.

일반 문헌:
Altaner, B., *Patrology*. New York : Herder & Herder, 1960.
Cross, F. L. *The Early Christian Fathers*. London, 1960.
Enslin, Morton S., "Along Highways and Byways", *Harvard Theol. Review*, 44 (1951), pp.67~92.
Findlay, Adam Fyfe, *Byways in Early Christian Literature*. Edinburgh, 1923.
Hervieux, Jacques, *What are Apocryphal Gospels?* London : Burns and Oates,

1960.

Jeremias, J., *Unknown Sayings of Jesus*. New York: Macmillan, 1957.

Milburn, R. L. P., *Early Christian Interpretations of History*. New York: Harpers, 1954. (pp.161~192에서 '죽음-*Transitus*' 문학을 언급한다.)

Robson, James, "Stories of Jesus and Mary." *The Muslim World* 40(1950), pp.236 ~243.

Quasten, J., *Patrology*. Vol. 1, Westminster, Md.: The Newman Press, 1950.

10. 중세 대중종교 연구에 대한 방법론적 고찰

고대 영국 비가의 뛰어난 번역본으로는 Burton Raffel, *Poems from the Old English* (Lincoln: Univ. of Nebraska Press, 1960); J. Duncan Spaeth, *Old English Poetry: Translations into Alliterative Verse* (1921; rpt. New York: Gordian, 1967); Keven Crossley-Holland and Bruce Mitchell, *The Battle of Maldon and Other Old English Poems* (London: Macmillan, 1965); Michael Alexander, *The Earliest English Poems* (Berkeley: Univ. of California Press, 1970); Charles W. Kennedy, *Old English Elegies* (Princeton: Princeton University Press, 1936) *An Anthology of Old English Poetry* (New York: Oxford, 1960) 등이 있다.

앵글로색슨 영국 문화의 입문서로는 Lester, *The Anglo-Saxons: How They Lived and Worked* (Chester Springs, Pa.: Dufour, 1976)가 가장 훌륭하다. 이 책을 읽은 뒤에는 Peter Hunter Blair, *An Introduction to Anglo-Saxon England* (Cambridge: Cambridge University Press, 1956)와 Dorothy Whitelock, *The Beginnings of English Society* (Hammondsworth: Pelican, 1963)를 읽어야 한다.

앵글로색슨 문화의 비문학 요소에 대해서는 R. L. S. Bruce-Mitford, *The Sutton Hoo Ship Burial: A Handbook* (London: British Museum, 1968)과 *The Archaeology of Anglo Saxon England*, ed. by David M. Wilson (London: Methuen, 1976)를 보라.

고대 영국 시의 표준 텍스트로는 *The Anglo-Saxon Poetic Records*, 6 vols., ed. by George P. Krapp and Elliott V. K. Dobie (New York: Columbia, 1931~1953)를 보라(현대 영어로 번역되지는 않았다).

문화 전반을 다루는 연간 학술지로는 *Anglo-Saxon England*, published by Cambridge University Press를 보라. 문학 연구에 대해서는 *Old English Newsletter*, published by SUNY-Binghampton의 연례 참고 문헌을 보라. 1978년 여름에 토론토 대학에서 출간한 S. B. Greenfield and Fred C. Robinson, *A Bibliography of Publications on Old English Literature from the Beginnings through 1972*에는 번역을 포함한 전체 서지 목록이 실려 있다.

14. 르네상스 시대 영국의 도회지 브로사이드 발라드에 나타난 사회적 테마

20세기 학계에서 브로드사이드 발라드는 점차 관심에서 멀어지고 있다. Hyder E. Rollins, "The Black-Letter Broadside Ballad", *PMLA*, 1919, pp.258~336는 여전히 유효하다. 포괄적인 주註가 실린 문헌으로는 Leslie Shepard, *The Broadside Ballad*(London, 1962)와 Claude M. Simpson, *The British Broadside Ballad and its Music*(New Brunswick, N. J., 1966)이 있다. 두 책은 풍부한 정보를 담고 있기는 하나, 브로드사이드를 (사회적 내용이든 심리적 내용이든) 문학작품으로서 심층적으로 다루고 있지는 않다. Shepard에는 AMS Press에서 1966년에 재출간한 *The Roxburgh Ballads*(주 1을 보라)와 Hyder E. Rollins의 선집—그중 가장 방대한 것은 *The Pepys Ballads*, 8 vols. (Harvard, 1929~1932)이다—을 비롯한 훌륭한 서지 목록이 실려 있다. 향후 발라드 및 브로드사이드 연구의 모범이 될 선행 연구로는 Charles R. Baskervil, *The Elizabethan Jig*가 있다.

16. 계급, 세대, 사회 변화

이 연구의 주요 자료는 Essex Institute, *Records and Files of the Quarterly Courts of Essex County Massachusetts* Volume I, 1636~1656.(Salem, 1911)이다. 논문을 준비하는 데 참고한 기타 자료로는 Massachusetts Historical Society, *Collections*(Fourth Series), Volume VII; Sidney Perley, *The History of Salem, Massachusetts*(Salem, 1924), Volume II; Samuel Sewall, *The History of Woburn, Middlesex County, Massachusetts*(Boston, 1868); Edmund Morgan, *The Puritan Family*(New York, 1966) 등이 있다.

찾아보기